云南能源统计年鉴

YUNNAN ENERGY STATISTICAL YEARBOOK

2005–2009

云南省统计局
云南省能源局 主编

云南出版集团公司
云南科技出版社
·昆明·

图书在版编目（CIP）数据

云南能源统计年鉴：2005～2009/云南省统计局主编．—昆明：云南科技出版社，2010.12
ISBN 978－7－5416－4391－0

Ⅰ．①云… Ⅱ．①云… Ⅲ．①能源经济—经济统计—云南省—2005～2009—年鉴 Ⅳ．①F426.2－54

中国版本图书馆 CIP 数据核字（2010）第 261339 号

云南出版集团公司
云南科技出版社出版发行
（昆明市环城西路 609 号云南新闻出版大楼　邮政编码：650034）
云南国浩印刷有限公司印刷　全国新华书店经销
开本：889mm×1194mm　1/16　印张：36.75　字数：940 千字
2010 年 12 月第 1 版　2010 年 12 月第 1 次印刷
印数：1～1800　　定价：400.00 元

序

云南省发展和改革委员会副主任
云南省能源局局长
马晓佳

能源是国民经济和社会发展的重要物质基础，与人民群众的生活息息相关。云南省水能、煤炭、风能、太阳能、生物质能等能源资源丰富。在国家西部大开发、西电东送战略推动下，云南省委、省政府高度重视能源发展，在各级政府、各有关部门支持和各大能源企业、全社会的共同努力下，得天独厚的能源禀赋正悄然转化为发展优势。

2004年以来，云南能源生产蓬勃发展，成为全省经济社会又好又快发展的重要推动力量，“十一五”能源生产发展步入一个崭新的时代，能源支柱产业培育初见成效。2010年，全省一次能源生产总量将达8650万吨标准煤，是“十五”末期的1.6倍；煤炭生产进入全国十大产煤省行列，原煤产量将达到9600万吨，是“十五”末期1.5倍；电力装机突破3700万千瓦，是“十五”末期的2.8倍；年发电量超过1350亿千瓦时，是“十五”末期的2.2倍；“十一五”西电东送累计电量突破1000亿千瓦时，是“十五”期间的4倍；成品油的购销累计突破3000万吨，是“十五”末的1.7倍。

未来云南能源发展的战略目标是“三基地一枢纽”，即：将云南打造成国家西电东送清洁能源基地、新兴石油炼化基地、新能源示范基地、国家境内外电力交换枢纽。能源战略目标的实现，需要加强能源统计工作。准确及时地掌握全省能源供应、生产、流通、消费、需求情况，对于科学制定能源发展规划和政策，发挥能源对社会经济发展的支撑作用，加快建设资源节约型、环境友好型社会，积极应对气候变化，统筹经济社会又好又快发展，全面建设小康社会，意义重大而深远。

云南省能源局、云南省统计局会同相关部门组织60余名专家，结合实际，历时一年，编著完成了《云南能源统计年鉴》（2005～2009）。全书分十三章，主要内容包括：综合、能源建设、能源生产能力、主要能源原材料及高耗能产品产量、工业及能源生产主要指标、分行业能源消费、规模以上工业能源消费、能源平衡表、规模以上工业能效、规模以上工业水消费、主要耗能设备、主要指标解释、附录等部分。与以往相比，本书创新性的增加了主要耗能产品及耗能设备、主要原材料产品以及水的消费资料。

我相信，这本书既是能源工作者的良师益友，也能为广大社会公众了解云南能源情况提供有益参考。

二〇一〇年十二月

《云南能源统计年鉴 2005 - 2009 年》
编委会和编辑人员

目　录

一、综合

二、能源建设

三、能源生产能力

四、主要能源、原材料及高耗能产品产量

五、工业及能源生产主要指标

六、分行业能源消费

七、规模以上工业能源消费

八、能源平衡表

九、规模以上工业能效

十、规模以上工业水消费

十一、主要耗能设备

十二、主要指标解释

十三、附录

一、综合

1-1 主要能源资源

全省及分流域水力资源

水力名称	理论蕴藏量		技术可开发量		经济可开发量	
	年电量	平均功率	装机容量	年发电量	装机容量	年发电量
	亿KW·h	MW	MW	亿KW·h	MW	亿KW·h
全省合计	**9144.21**	**104386.0**	**101939.1**	**4918.81**	**97950.4**	**4712.83**
金沙江	3503.08	39989.5	46339.9	2199.29	45981.5	2178.25
澜沧江	2181.51	24903.1	27489.5	1294.84	25584.2	1198.84
怒江	1590.34	18154.6	17988.1	900.46	17968.1	899.26
红河	882.94	10079.3	4258.5	217.07	4022.5	203.06
珠江	340.96	3892.2	2214.3	111.28	2174.3	109.13
伊洛瓦底江	645.38	7367.3	3648.8	195.87	2219.8	124.29

全省原煤资源储量

地区	储量	保有储量	褐煤	无烟煤	烟煤	煤层气（2千米以浅）
	亿吨	亿吨	亿吨	亿吨	亿吨	亿立方米
全省合计	**252.87**	**246.49**	**153.26**	**51.91**	**41.32**	**5000**

全省其它能源资源储量

地区	天然气	原油	薪材年可采量	秸秆年可采量	太阳能	风能及地热能
	亿立方米	万吨	万吨	万吨	亿吨标准煤/年	亿吨标准煤/年
全省合计	**30000**	**109**	**175**	**3222**	**714**	

注：资料来源《云南资源大全》2006年

1-2 能源生产总量及其构成（按等价热值计算）

年 份	能源生产总量	占能源生产总量的比重(%)				
	万吨标准煤	原煤	石油	天然气	水电	其它能源
1990	1594.50	79.80			20.20	
1991	1649.02	75.30			24.70	
1992	1763.66	77.10			22.90	
1993	1811.57	75.70		0.00	24.30	
1994	2073.79	71.50		0.00	28.50	
1995	2343.29	69.20		0.00	30.80	
1996	2514.30	68.60		0.00	31.40	
1997	3080.05	71.85		0.00	28.15	
1998	2451.49	71.99		0.00	28.01	
1999	2267.97	67.06		0.00	32.94	
2000	2471.77	64.03	0.00		32.11	3.86
2001	2611.54	65.48	0.00		30.53	3.99
2002	3259.95	67.19	0.00		29.41	3.40
2003	3608.45	64.24			30.78	4.98
2004	4455.68	68.13			27.04	4.83
2005	5353.36	68.93			26.61	4.46
2006	6075.09	75.29			22.42	2.29
2007	6546.65	73.82	0.00		23.70	2.48
2008	7595.31	68.87			29.48	1.65
2009	7851.21	68.65			28.59	2.75

1-3 能源生产总量及其构成（按当量热值计算）

年份	能源生产总量	占能源生产总量的比重(%)				
	万吨标准煤	原煤	石油	天然气	水电	其它能源
1990	1365.15	93.21			6.79	
1991	1356.16	91.56			8.44	
1992	1471.94	92.38			7.62	
1993	1543.21	90.04		0.00	9.96	
1994	1647.45	90.00		0.00	10.00	
1995	1836.36	88.30		0.00	10.85	0.85
1996	2003.00	86.11		0.00	11.19	2.69
1997	2579.81	85.78		0.00	7.99	6.23
1998	2434.59	87.41		0.00	8.58	4.01
1999	2145.48	85.28		0.00	10.59	4.12
2000	1943.66	81.43	0.00		13.66	4.91
2001	2080.33	82.20	0.00		12.79	5.01
2002	2624.51	83.46	0.00		12.32	4.23
2003	2843.03	81.54			12.14	6.32
2004	3619.45	83.87			10.18	5.95
2005	4358.14	84.66			9.85	5.49
2006	5150.21	88.81			8.49	2.70
2007	5524.85	87.48	0.00		9.59	2.94
2008	6120.64	85.46			12.49	2.05
2009	6375.27	84.55			12.06	3.39

1-4 能源消费总量及其构成（按等价热值计算）

年 份	能源消费总量	占能源消费总量的比重(%)				
	万吨标准煤	煤炭	石油	天然气	水电	其它
1990	1954.18	71.70	7.20	2.80	18.30	
1991	1961.92	67.00	8.50	2.80	21.70	
1992	2016.61	69.40	8.00	2.70	19.90	
1993	2089.80	70.00	8.00	2.70	19.30	
1994	2282.80	66.00	7.70	2.50	23.80	
1995	2640.55	66.10	6.90	2.20	24.80	
1996	2819.43	64.50	6.90	2.50	26.10	
1997	3428.98	71.38	6.01	2.01	20.60	
1998	3364.49	71.31	6.52	1.76	20.41	
1999	3287.97	68.22	7.18	1.88	22.72	
2000	3468.33	62.61	7.46	1.81	25.39	2.73
2001	3741.03	62.33	10.62	1.72	22.57	2.76
2002	4131.31	61.04	11.12	1.51	23.70	2.63
2003	4449.97	60.85	11.64	1.53	22.01	3.97
2004	5209.81	63.30	11.13	1.34	20.16	4.07
2005	6023.97	62.48	11.14	1.35	21.11	3.92
2006	6620.57	67.70	11.52	1.09	17.62	2.05
2007	7132.63	66.47	12.37	1.02	17.93	2.21
2008	7510.82	60.83	12.81	0.93	23.79	1.65
2009	8032.06	62.62	12.74	0.75	21.22	2.68

1-5 能源消费总量及其构成（按当量热值计算）

年 份	能源消费总量	占能源消费总量的比重(%)				
	万吨标准煤	煤炭	石油	天然气	水电	其它
1990	1688.40	82.99	8.33	3.24	5.44	
1991	1650.81	79.63	10.10	3.33	6.94	
1992	1726.84	81.05	9.34	3.15	6.46	
1993	1862.18	78.56	8.98	3.03	9.44	
1994	1897.79	79.39	9.26	3.01	8.34	
1995	2136.67	79.63	8.53	2.72	9.13	
1996	2311.65	78.88	8.42	3.05	9.65	
1997	2896.65	83.09	7.11	2.38	7.41	
1998	2825.36	82.59	7.76	2.10	7.55	
1999	2709.63	80.66	8.71	2.28	8.34	
2000	2940.74	76.82	8.80	2.13	9.02	3.22
2001	3240.39	74.64	12.26	1.99	7.93	3.19
2002	3576.86	74.05	12.84	1.74	8.33	3.04
2003	3861.70	72.53	13.41	1.76	7.72	4.57
2004	4576.79	74.19	12.67	1.53	6.98	4.63
2005	5219.55	73.72	12.86	1.56	7.34	4.52
2006	5976.53	77.48	12.77	1.21	6.27	2.27
2007	6487.79	76.11	13.60	1.13	6.73	2.43
2008	6534.34	72.98	14.72	1.07	9.33	1.89
2009	7222.76	73.94	14.16	0.83	8.08	2.98

1-6 分能源品种实物生产量

年份	原煤	其中：无烟煤	烟煤	褐煤	洗精煤	其它洗煤
	万吨	万吨	万吨	万吨	万吨	万吨
1990	2227.00	469.90	1198.13	558.98	122.91	61.46
1991	2194.00	465.13	1175.98	552.89	132.03	66.02
1992	2379.00	506.73	1270.39	601.89	128.94	64.47
1993	2402.00	514.03	1277.86	610.11	125.09	62.55
1994	2597.00	558.36	1376.41	662.24	162.88	81.44
1995	2803.00	605.45	1479.98	717.57	178.48	89.24
1996	3072.00	666.62	1615.87	789.50	194.24	97.12
1997	3296.67	718.67	1727.46	850.54	218.89	109.45
1998	3090.67	676.86	1613.33	800.48	221.13	110.57
1999	2663.63	586.00	1385.09	692.54	208.29	104.15
2000	2215.61	490.66	1151.55	573.40	207.71	121.74
2001	2394.10	347.60	1209.87	836.65	212.72	100.41
2002	3066.25	540.10	1648.58	877.57	245.85	133.49
2003	4059.78	899.06	2110.05	1050.67	260.29	165.35
2004	5316.61	1177.39	2763.28	1375.94	417.20	115.74
2005	6462.14	1495.70	3294.04	1672.40	550.80	176.82
2006	7339.08	1761.38	3742.93	1834.77	733.23	179.04
2007	7755.19	1976.69	3991.62	1786.88	670.91	387.37
2008	8657.43	2337.51	4415.29	1904.63	871.47	392.22
2009	8921.02	2452.26	4502.47	1966.29	826.25	394.66

1-6 分能源品种实物生产量（续1）

年 份	煤制品 万吨	焦炭 万吨	焦炉煤气 亿立方米	其它煤气 亿立方米	其它焦化产品 万吨	原油 万吨
1990		250.44	3.24	12.11	4.07	
1991		249.07	3.51	13.27	4.32	
1992		269.89	3.61	14.03	4.65	
1993		245.02	4.22	13.72	5.83	
1994		321.15	3.92	15.26	7.88	
1995	3.11	370.27	4.79	20.41	8.33	
1996	3.25	388.87	5.24	25.00	8.78	
1997	3.68	424.28	5.49	24.46	10.16	
1998	4.16	405.84	5.46	20.93	8.14	
1999	5.21	387.76	5.46	20.99	7.68	
2000	6.51	359.87	5.59	22.82	8.04	0.13
2001	6.61	444.00	5.76	38.60	9.37	0.12
2002	5.90	532.33	6.74	40.35	11.49	0.10
2003	5.31	659.67	7.80	51.13	13.35	0.09
2004	6.39	917.59	8.25	59.38	14.72	0.09
2005	10.48	1213.72	8.71	64.36	17.78	0.09
2006	24.35	1233.67	7.86	68.10	34.95	0.08
2007	20.50	1184.40	7.86	101.28	43.85	0.10
2008	20.84	1391.61	16.53	105.43	51.44	0.07
2009	23.09	1456.52	17.94	144.77	66.63	0.05

1-6　分能源品种实物生产量（续2）

年　份	天然气	电力	其中：火电	其中：水电	其中：风电及其它电	其它能源
	亿立方米	亿千瓦时	亿千瓦时	亿千瓦时	亿千瓦时	万吨标准煤
1990		125.78	50.32	75.46		
1991		140.85	47.73	93.12		
1992		155.75	64.49	91.26		
1993	1.12	172.07	46.98	125.09		
1994	1.61	203.42	69.42	134.00		
1995	1.81	228.42	66.37	162.05		
1996	1.21	253.65	71.20	182.45		
1997	0.99	253.14	85.51	167.63		
1998	0.89	264.62	94.64	169.98		
1999	0.88	298.20	113.29	184.91		
2000	0.08	317.46	101.38	216.08		94.52
2001	0.08	359.53	143.05	216.48		103.20
2002	0.19	426.99	163.96	263.03		108.72
2003	0.24	474.80	193.90	280.90		176.76
2004	0.18	548.06	248.22	299.84		212.85
2005	0.22	624.20	275.01	349.19		236.05
2006	0.24	753.63	397.91	355.72		136.01
2007	0.20	904.51	473.55	430.96		159.36
2008	0.12	1039.56	417.60	621.96		123.67
2009	0.02	1173.82	548.07	625.75		215.85

注：2009年水电产量中，含风电2.04亿千瓦时

1-7 分能源品种实物消费总量

年 份	原煤 万吨	洗精煤 万吨	其他洗煤 万吨	煤制品 万吨	焦炭 万吨	焦炉煤气 亿立方米
1990	2263.68	116.23	78.80		245.28	3.24
1991	2230.13	115.05	77.34		241.64	3.51
1992	2418.18	125.34	83.55		262.02	3.61
1993	2407.13	127.23	80.13		253.59	4.22
1994	2470.56	175.00	82.74		308.97	3.92
1995	2728.53	217.07	77.50	3.11	370.85	4.79
1996	3003.12	237.34	99.08	3.25	382.54	5.24
1997	3285.69	234.10	155.19	3.68	394.07	5.49
1998	3139.18	243.45	127.54	4.16	405.88	5.46
1999	2936.66	235.68	113.34	5.21	387.89	5.46
2000	3012.01	250.61	128.87	6.51	360.00	5.59
2001	3235.34	285.81	100.60	6.61	380.36	5.76
2002	3470.28	334.55	130.52	5.90	590.14	6.74
2003	4475.11	393.39	170.68	5.31	759.23	7.81
2004	5596.81	499.11	125.80	6.15	1046.32	8.26
2005	6550.88	689.59	168.87	10.29	1223.36	8.84
2006	7355.17	862.54	177.49	23.77	1252.01	7.85
2007	7454.36	1149.12	75.75	20.01	1377.39	7.86
2008	7852.66	1210.93	115.24	21.38	1331.43	16.53
2009	8522.00	1474.56	111.51	21.54	1276.33	17.94

1-7 分能源品种实物消费总量（续1）

年 份	其它煤气 亿立方米	原油 万吨	汽油 万吨	煤油 万吨	柴油 万吨	燃料油 万吨
1990	12.11		57.31	6.41	38.35	2.16
1991	13.27		59.45	6.65	39.79	2.24
1992	14.03		60.31	6.75	40.36	2.27
1993	13.72		62.57	6.71	41.62	2.88
1994	15.26		63.47	6.47	44.46	3.21
1995	20.41		64.92	9.15	46.89	2.80
1996	25.00		69.54	11.70	49.79	2.52
1997	24.46		72.88	14.90	51.08	1.76
1998	20.93		76.93	16.78	52.50	3.37
1999	20.99		81.23	19.43	53.96	6.45
2000	22.82		90.79	19.24	55.46	11.17
2001	38.60		111.47	20.55	114.45	8.68
2002	40.35		97.60	18.95	179.35	8.53
2003	51.14		106.10	20.02	207.45	5.69
2004	59.38	0.06	111.47	23.50	238.69	7.54
2005	64.36	0.07	122.95	28.71	283.90	3.91
2006	68.18	0.07	128.12	35.06	331.66	4.72
2007	101.28	0.11	158.11	36.18	382.15	5.04
2008	106.32	0.06	178.86	38.19	411.95	5.20
2009	144.86	0.07	193.27	37.24	437.70	5.16

1-7 分能源品种实物消费总量（续2）

年　份	液化石油气	天然气	其它石油制品	其它焦化产品	电力消费	其它燃料
	万吨	亿立方米	万吨	万吨	亿千瓦时	万吨标准煤
1990		4.24		4.07	124.55	
1991		4.40		4.32	141.07	
1992		4.46		4.65	154.88	
1993		4.59		5.83	196.67	
1994		4.67		7.88	195.53	
1995		4.71		8.33	223.71	
1996		5.82		8.78	252.39	
1997		5.67		10.16	263.90	
1998		4.89		8.14	270.33	
1999		5.10		7.68	296.70	
2000	10.22	5.27	5.23	8.04	317.25	94.52
2001	11.51	5.29	5.22	9.37	347.07	103.20
2002	4.35	5.14	5.93	11.53	393.46	108.72
2003	8.24	5.60	6.30	12.71	409.79	176.76
2004	8.68	5.76	6.35	14.97	475.19	212.12
2005	12.28	6.12	6.09	17.62	557.25	236.09
2006	13.83	5.45	7.16	19.82	645.62	155.88
2007	14.36	5.49	6.24	16.37	745.52	198.12
2008	14.60	5.28	7.71	32.40	829.44	190.45
2009	17.09	4.52	7.34	25.63	891.19	215.10

1-8 分能源品种实物终端消费量

年 份	原煤 万吨	洗精煤 万吨	其他洗煤 万吨	煤制品 万吨	焦炭 万吨	焦炉煤气 亿立方米
1990	1061.84		71.41		245.28	3.24
1991	1046.10		70.09		241.64	3.51
1992	1134.31		75.72		262.02	3.61
1993	1130.02		65.10		253.59	4.22
1994	1150.46		71.51		308.97	3.92
1995	1317.73	9.96	58.29	3.11	370.85	4.79
1996	1444.17	7.00	80.00	3.25	382.54	5.24
1997	1446.57	4.75	132.06	3.68	394.07	5.49
1998	1271.28	25.59	105.40	4.16	405.88	5.46
1999	1021.41	22.75	80.89	5.21	387.89	5.46
2000	1406.34	18.92	82.94	6.51	360.00	5.59
2001	1309.04	19.93	84.74	6.61	373.60	5.76
2002	1336.49	27.88	116.94	5.90	576.47	6.74
2003	1708.48	33.52	150.31	5.31	687.81	7.77
2004	2100.58	38.32	106.01	6.15	958.15	5.64
2005	2414.43	71.22	132.06	10.29	1138.94	8.05
2006	2426.52	77.51	131.69	23.77	1157.49	5.79
2007	2331.64	77.57	61.10	20.01	1282.04	6.06
2008	2560.01	33.70	58.13	21.38	1327.48	14.36
2009	3065.99	38.00	65.77	21.54	1274.55	15.46

1-8 分能源品种实物终端消费量（续1）

年份	其它煤气 亿立方米	原油 万吨	汽油 万吨	煤油 万吨	柴油 万吨	燃料油 万吨
1990	12.11		57.31	6.41	38.35	2.16
1991	13.27		59.45	6.65	39.79	2.24
1992	14.03		60.31	6.75	40.36	2.27
1993	13.72		62.57	6.71	41.62	2.88
1994	15.26		63.47	6.47	44.46	3.21
1995	20.42		64.92	9.15	46.89	2.80
1996	25.00		69.54	11.70	49.79	2.52
1997	24.46		72.88	14.90	51.08	1.76
1998	20.93		76.93	16.78	52.50	3.37
1999	20.99		81.23	19.43	53.96	6.45
2000	22.82		90.79	19.24	55.46	11.17
2001	38.60		111.47	20.55	112.84	8.68
2002	40.35		97.60	18.95	178.85	8.53
2003	39.87		106.10	20.02	206.69	5.69
2004	38.52	0.06	111.47	23.50	237.23	3.94
2005	42.52	0.07	122.95	28.71	282.09	3.91
2006	49.03	0.07	128.12	35.06	328.65	4.72
2007	79.65	0.11	158.11	36.18	379.86	5.04
2008	70.61	0.06	178.86	38.18	409.67	5.20
2009	96.25	0.07	193.27	37.24	437.21	5.16

1-8 分能源品种实物终端消费量（续2）

年 份	液化石油气	天然气	其它石油制品	其它焦化产品	电力消费	其它燃料
	万吨	亿立方米	万吨	万吨	亿千瓦时	万吨标准煤
1990		4.24		4.07	114.85	
1991		4.40		4.32	130.09	
1992		4.46		4.65	142.82	
1993		4.59		5.83	160.24	
1994		4.67		7.88	181.55	
1995		4.71		8.33	207.03	
1996		5.82		8.78	234.07	
1997		5.67		10.16	244.77	
1998		4.89		8.14	248.41	
1999		5.10		7.68	271.70	
2000	10.22	5.17	5.23	8.04	291.59	94.52
2001	11.51	5.29	5.22	9.37	321.96	103.20
2002	4.35	5.14	5.93	11.53	360.90	108.72
2003	8.24	5.60	6.30	12.71	372.35	154.41
2004	8.68	5.76	6.35	14.97	430.96	159.24
2005	12.28	6.12	6.09	17.62	505.68	176.37
2006	13.83	5.45	7.16	19.82	580.28	115.58
2007	14.27	5.49	6.24	16.37	681.39	107.19
2008	14.47	5.28	7.71	27.08	762.75	80.95
2009	17.02	4.52	7.34	16.78	825.79	166.09

1-9 分部门能源消费量（等价热值）

单位：万吨标准煤

年 份	能源消费总量	第一产业	第二产业	其中	第三产业	生活用能	其中	
				工 业			城镇居民	农村居民
1995	2640.55	133.38	1971.39	1948.65	190.02	345.76	122.20	223.59
1996	2819.43	150.90	2069.64	2036.82	208.20	390.69	148.10	242.59
1997	3428.98	182.86	2466.80	2429.07	240.75	538.57	189.76	348.81
1998	3364.49	179.42	2420.41	2383.39	236.22	528.44	250.08	278.36
1999	3287.97	282.40	2261.68	2224.42	275.50	468.40	222.87	245.53
2000	3468.33	297.89	2385.74	2346.44	290.61	494.09	181.52	312.58
2001	3741.03	271.83	2518.84	2481.69	404.99	545.37	218.72	326.64
2002	4131.31	264.90	2840.50	2796.86	473.48	552.43	222.37	330.06
2003	4449.97	239.17	3180.70	3132.01	525.53	504.57	206.46	298.06
2004	5209.81	216.33	3859.73	3802.21	616.96	516.79	227.32	289.51
2005	6023.97	228.12	4468.59	4390.68	734.12	593.14	292.96	300.18
2006	6620.57	225.14	4975.84	4883.00	791.77	627.81	282.73	345.08
2007	7132.63	237.90	5395.98	5300.98	848.27	650.47	316.50	333.97
2008	7510.82	205.26	5714.25	5597.96	910.28	681.03	359.77	321.26
2009	8032.06	215.93	5999.71	5868.90	971.21	845.21	446.36	398.85

1-10 分部门能源消费量（当量热值）

单位：万吨标准煤

年 份	能源消费总量	第一产业	第二产业	其中	第三产业	生活用能	其中	
				工 业			城镇居民	农村居民
1995	2136.67	82.52	1623.82	1606.58	142.24	288.08	84.96	203.13
1996	2311.65	94.12	1727.41	1706.36	158.99	331.13	107.85	223.28
1997	2896.65	119.24	2121.70	2097.11	183.03	472.67	145.35	327.32
1998	2825.36	107.91	2221.72	2195.96	190.59	305.12	129.01	176.11
1999	2709.63	114.58	2099.47	2072.45	204.98	290.57	120.62	169.94
2000	2940.74	268.02	2022.25	1995.02	236.86	413.61	125.88	287.74
2001	3240.39	241.96	2195.47	2165.81	355.61	447.35	147.58	299.77
2002	3576.86	234.27	2486.47	2452.30	416.97	439.15	139.24	299.91
2003	3861.70	203.85	2831.48	2794.36	454.69	371.68	111.70	259.95
2004	4576.79	195.50	3490.42	3447.11	528.41	362.46	119.57	242.90
2005	5219.55	203.06	4012.80	3960.51	619.97	383.72	141.37	242.35
2006	5976.53	187.44	4663.59	4599.61	697.13	428.37	147.37	281.00
2007	6487.79	201.89	5091.95	5026.41	748.76	445.19	178.53	266.66
2008	6534.34	174.06	5131.37	5045.71	800.62	428.30	191.22	237.08
2009	7222.76	193.16	5658.12	5560.63	844.84	526.64	238.68	287.96

1-11 分部门能源品种实物消费量（煤合计）

单位：万吨

年 份	消费总量	第一产业	第二产业	其中	第三产业	生活用能	其中	
				工 业			城镇居民	农村居民
1995	2765.09	70.00	2172.46	2164.17	38.63	484.00	119.00	365.00
1996	3043.55	78.00	2382.93	2374.03	41.37	541.25	151.25	390.00
1997	3296.94	79.13	2490.84	2481.09	43.19	683.78	301.48	382.30
1998	3162.24	80.28	2694.85	2685.05	44.43	342.68	148.86	193.82
1999	2960.20	81.45	2528.40	2518.27	45.90	304.45	125.30	179.15
2000	3062.04	198.34	2330.77	2320.29	71.04	461.89	128.49	333.40
2001	3628.36	153.98	2951.55	2938.67	85.65	437.18	115.66	321.52
2002	3556.01	146.81	2915.78	2901.29	62.43	430.99	113.18	317.81
2003	4613.54	167.06	3930.57	3907.26	81.16	434.75	85.36	349.39
2004	5688.54	163.70	5060.66	5037.31	81.00	383.18	69.16	314.02
2005	6681.53	196.71	6007.95	5981.99	89.34	387.53	70.82	316.71
2006	7482.00	200.64	6845.95	6819.45	79.98	355.42	66.16	289.26
2007	7620.45	205.64	7040.82	7014.43	58.20	315.79	57.53	258.26
2008	7915.69	205.28	7324.80	7295.58	93.16	292.45	49.59	242.86
2009	8885.61	223.46	8220.46	8200.03	101.92	339.78	81.80	257.98

1-12 分部门能源品种实物消费量（石油制品）

单位：万吨

年 份	消费总量	第一产业	第二产业	其中	第三产业	生活用能	其中	
				工 业			城镇居民	农村居民
1995	125.51	17.39	35.81	28.74	70.21	2.10		2.10
1996	133.55	18.19	34.89	27.59	78.27	2.20		2.20
1997	143.38	18.81	38.02	30.50	84.30	2.25		2.25
1998	157.12	19.45	46.17	38.41	89.47	2.03		2.03
1999	167.12	20.11	49.65	41.64	95.28	2.08		2.08
2000	176.66	20.80	50.38	42.11	103.35	2.13		2.13
2001	271.88	20.55	58.95	49.23	175.39	16.99	11.51	5.48
2002	314.71	15.27	64.07	53.25	227.95	7.42	4.17	3.25
2003	353.80	17.89	60.99	48.44	258.58	16.34	7.23	9.11
2004	396.29	17.76	51.07	35.56	304.17	23.29	12.56	10.73
2005	457.91	20.11	54.09	36.23	357.53	26.18	15.12	11.06
2006	520.61	21.60	61.97	40.75	408.08	28.96	16.71	12.25
2007	602.19	23.03	61.78	40.84	448.49	68.89	34.03	34.86
2008	656.57	23.01	96.00	60.80	471.56	66.00	32.09	33.91
2009	697.87	20.44	118.54	72.29	491.23	67.65	33.41	34.24

1-13 分部门能源品种实物消费量（电力）

单位：亿千瓦时

年 份	消费总量	第一产业	第二产业	其中	第三产业	生活用能	其中	
				工 业			城镇居民	农村居民
1995	223.71	16.26	173.74	171.98	15.27	18.44	11.90	6.54
1996	252.39	20.26	193.32	189.12	17.56	21.25	14.36	6.89
1997	263.90	21.32	201.16	196.76	19.34	22.08	14.88	7.20
1998	270.33	9.11	220.12	215.51	17.57	23.53	16.15	7.38
1999	296.70	10.74	240.81	235.98	20.06	25.09	17.53	7.56
2000	317.25	12.22	250.11	245.17	21.99	32.93	22.77	10.16
2001	347.07	12.17	274.84	271.79	20.12	39.94	28.99	10.95
2002	393.46	12.68	310.50	306.58	23.39	46.89	34.41	12.48
2003	409.79	12.96	322.06	317.81	26.00	48.77	34.78	13.99
2004	475.19	7.47	380.63	375.54	31.75	55.34	38.63	16.71
2005	557.25	8.79	434.93	425.94	40.05	73.48	53.19	20.29
2006	645.62	14.50	518.01	506.91	36.40	76.71	52.06	24.65
2007	745.52	15.19	601.78	589.35	41.97	86.58	58.19	28.39
2008	829.44	13.16	663.44	650.52	46.25	106.59	71.09	35.51
2009	891.19	9.66	692.89	678.77	53.58	135.06	88.05	47.01

1-14 主要能源流入量

年份	能源总量(万吨标煤)		原煤	洗煤	焦炭	石油制品	天然气	电力
	当量热值	等价热值	万吨	万吨	万吨	万吨	亿立方米	亿千瓦时
1995	343.78	357.60	20.52	57.71	1.31	148.13	4.71	4.42
1996	383.68	386.87	21.12	61.65	1.81	166.16	5.82	1.14
1997	608.83	653.12	257.18	66.10	9.90	184.55	5.67	14.84
1998	505.10	544.00	58.21	70.73	45.47	192.59	4.89	12.68
1999	715.06	743.92	254.02	123.75	47.42	207.97	5.10	9.15
2000	1020.24	1029.35	745.28	147.01	29.10	177.53	5.17	3.73
2001	1260.49	1262.51	859.43	146.07	24.73	290.30	5.21	0.82
2002	1158.65	1159.73	553.18	185.78	86.35	314.90	4.92	0.45
2003	1182.83	1183.67	441.72	175.20	132.48	357.11	5.36	0.31
2004	1292.74	1295.74	492.22	142.47	179.58	391.49	5.58	1.07
2005	1548.44	1552.17	509.35	322.89	131.88	472.83	5.90	1.31
2006	1639.35	1662.51	503.58	325.46	131.88	535.84	5.21	8.91
2007	2213.47	2229.76	483.58	671.29	285.45	622.59	5.29	6.87
2008	1597.25	1603.05	83.68	511.79	25.45	672.52	5.15	2.44
2009	1857.95	1902.62	85.38	720.42	25.45	711.28	4.51	18.93

1-15 主要能源流出量

年 份	能源总量(万吨标煤)		原煤	洗煤	焦炭	石油制品	天然气	电力
	当量热值	等价热值	万吨	万吨	万吨	万吨	亿立方米	亿千瓦时
1995	107.33	129.60	20.77	15.20	7.86	30.41	1.81	7.12
1996	142.87	145.90	73.40	20.00	14.84	35.39	1.21	1.08
1997	346.11	352.47	275.85	51.20	31.18	39.29	2.17	2.13
1998	139.68	160.48	26.24		40.98	41.46	0.89	6.78
1999	241.99	271.01	45.91	91.54	40.03	44.14	0.88	9.20
2000	189.52	196.48	50.66	102.85	57.95		0.08	2.85
2001	196.25	230.33	40.16	77.95	82.69			13.89
2002	201.37	284.20	99.68	69.80	24.02	1.29		34.29
2003	153.34	331.33	32.17	36.71	23.43			65.32
2004	295.07	500.76	154.87	35.63	62.90	2.35		74.25
2005	628.49	813.75	405.73	179.36	85.01	12.73		68.27
2006	736.62	1040.63	427.60	183.74	91.85	15.36		116.93
2007	1087.12	1480.38	608.02	506.51	72.85	13.05		165.86
2008	1060.77	1564.76	590.50	416.51	65.90	15.17		212.56
2009	1325.99	2037.27	638.11	347.01	235.83	15.02		301.56

1-16 主要能源加工转换效率

单位：%

年 份	总效率	火电	洗煤	炼焦	制气	型煤加工
2000	67.13	33.46		86.22		
2001	67.11	33.37		96.54		
2002	69.27	33.72		96.39		
2003	63.95	31.08		88.98		
2004	67.29	30.59		95.52		
2005	69.47	30.34	80.72	95.09	91.34	84.48
2006	67.87	32.12	86.89	93.57	90.35	90.27
2007	66.70	32.98	89.26	94.06	92.88	94.44
2008	68.34	32.32	83.79	92.52	91.28	95.93
2009	67.83	34.28	84.56	95.99	95.62	95.93

1-17 主要矿产品生产量

年 份	铁矿石原矿 万吨	锰矿石成品矿 万吨	铜金属含量 万吨	铅金属含量 万吨	锌金属含量 万吨
2000	282.35	27.01	9.20	13.86	22.04
2001	528.05	38.72	9.81	10.09	25.61
2002	511.05	44.30	9.72	11.60	40.33
2003	700.28	73.44	9.90	10.45	38.74
2004	828.41	77.91	11.92	10.34	40.37
2005	983.70	79.14	13.27	10.98	50.49
2006	1515.38	72.79	19.51	15.29	62.77
2007	1847.94	67.85	24.83	11.10	61.16
2008	2103.04	59.55	24.44	15.86	77.52
2009	2257.02	105.66	21.49	12.89	62.26

1-17 主要矿产品生产量（续）

年 份	锡金属含量 万吨	锑金属含量 万吨	硫铁矿石 万吨	磷矿石 万吨	原盐 万吨
2000	4.31	0.47	14.50	921.11	49.43
2001	3.11	0.26	9.73	934.16	49.83
2002	3.62	0.26	7.23	1255.82	51.78
2003	3.92	0.27	12.27	1182.49	47.79
2004	3.60	0.25	26.19	1218.23	60.80
2005	4.06	0.20	30.69	1065.95	67.78
2006	3.93	0.21	40.46	1413.60	79.55
2007	4.41	0.29	51.27	1488.11	82.87
2008	4.70	0.26	44.64	1883.19	93.33
2009	5.47	0.30	38.37	2134.32	89.19

1-18　云南省主要耗能产品生产量

年　份	机制纸及纸板(外购原纸加工除外)	硫酸（折100%）	烧碱	碳化钙（电石，折300升／千克）	黄磷
	万吨	万吨	万吨	万吨	万吨
2000	22.32	205.52	3.05	10.01	22.32
2001	11.19	246.49	3.84	11.42	25.89
2002	11.20	288.19	3.71	11.01	37.17
2003	13.98	340.49	3.09	12.35	33.14
2004	14.59	456.89	4.80	14.87	30.77
2005	28.88	604.08	5.23	17.76	29.60
2006	33.26	694.78	8.26	29.56	36.44
2007	37.72	856.56	14.49	39.97	32.64
2008	42.79	812.57	15.80	37.39	35.23
2009	46.02	939.20	20.56	60.54	43.28

1-18　云南省主要耗能产品生产量（续1）

年　份	合成氨（无水氨）	水泥熟料	水泥	平板玻璃	生铁
	万吨	万吨	万吨	万重量箱	万吨
2000	129.45		1642.80	289.84	309.42
2001	137.66		1640.86	293.48	337.95
2002	148.81		1841.04	311.74	414.20
2003	149.43		2052.79	336.43	512.38
2004	160.59	1784.00	2296.56	313.34	689.17
2005	177.17	2202.17	2832.62	270.15	845.92
2006	183.79	2491.42	3305.97	302.50	935.10
2007	193.64	2736.92	3568.53	329.79	1202.77
2008	178.81	2965.59	4011.98	335.38	1180.52
2009	168.18	3691.39	5046.45	501.49	1294.30

1-18 云南省主要耗能产品生产量（续2）

年 份	粗钢 万吨	钢材 万吨	铁合金 万吨	精炼铜(电解铜) 万吨	铅 万吨
2000	189.41	183.71	17.78	16.06	16.24
2001	222.02	186.20	26.75	18.85	16.35
2002	274.74	210.34	32.25	20.86	17.19
2003	294.75	286.51	36.54	19.96	19.10
2004	349.31	350.55	47.68	22.99	22.41
2005	513.41	486.93	48.01	32.41	25.36
2006	635.38	588.06	51.87	37.01	47.43
2007	883.85	789.99	64.59	40.17	45.67
2008	901.31	836.62	63.10	31.35	40.07
2009	1049.05	973.30	73.02	29.86	36.08

1-18 云南省主要耗能产品生产量（续3）

年 份	锌 万吨	锡 万吨	氧化铝 万吨	原铝（电解铝） 万吨	硅 万吨
2000	23.50	4.73		13.83	
2001	26.35	5.55		15.70	
2002	28.18	5.96		16.39	
2003	33.52	6.80		16.66	
2004	49.58	7.06		25.88	
2005	41.97	6.89		39.26	
2006	65.91	8.15		46.57	
2007	79.11	8.19		57.87	
2008	80.48	7.38		53.11	13.83
2009	79.06	7.47		60.75	22.64

1-19 单位地区生产总值（GDP）能耗及电耗

生产总值绝对数按当年价计算，指数按可比价格计算，上年=100

年 份	单位地区生产总值（GDP）能耗及其增长指数				单位地区生产总值（GDP）电耗及增长指数	
	按等价热值计算		按当量热值计算			
	绝对数	增长指数	绝对数	增长指数	绝对数	增长指数
	吨标准煤/万元	%	吨标准煤/万元	%	千瓦时/万元	%
1990	4.3266	105.33	3.7381	103.73	2757.5	103.59
1991	3.7918	94.18	3.1905	91.72	2726.5	106.25
1992	3.2595	92.68	2.7911	94.32	2503.4	99.00
1993	2.6680	93.27	2.3774	97.06	2510.9	114.29
1994	2.3204	97.36	1.9291	90.83	1987.5	88.61
1995	2.1606	103.55	1.7483	100.79	1830.5	102.43
1996	1.8577	96.11	1.5231	97.38	1663.0	101.55
1997	2.0457	110.86	1.7281	114.23	1574.4	95.31
1998	1.8372	90.77	1.5428	90.23	1476.1	94.76
1999	1.7307	91.08	1.4263	89.38	1561.7	102.29
2000	1.7245	98.13	1.4622	100.96	1577.4	99.47
2001	1.7495	101.00	1.5154	103.17	1623.1	102.43
2002	1.7863	101.31	1.5465	101.27	1701.2	104.00
2003	1.7410	99.00	1.5108	99.23	1603.2	95.73
2004	1.6904	105.19	1.4850	106.48	1541.9	104.19
2005	1.7402	106.18	1.5078	104.72	1609.7	107.68
2006	1.6601	98.48	1.4986	102.60	1618.8	103.82
2007	1.4945	96.02	1.3594	96.75	1562.1	102.92
2008	1.3195	95.21	1.1480	91.06	1457.2	100.59
2009	1.3022	95.40	1.1710	98.60	1444.8	95.85

1-20 地区生产总值(GDP)

当年价　　单位：亿元

年 份	地区生产总值	第一产业	第二产业			第三产业
				工 业	建筑业	
1990	451.67	168.13	157.80	142.77	15.03	125.74
1991	517.41	169.48	179.56	162.32	17.24	168.37
1992	618.69	186.80	219.03	193.90	25.13	212.86
1993	783.27	191.45	325.57	284.65	40.92	266.25
1994	983.78	236.25	428.68	383.91	44.77	318.85
1995	1222.15	302.69	534.78	480.95	53.83	384.68
1996	1517.69	360.48	669.06	599.82	69.24	488.15
1997	1676.17	387.02	743.82	657.05	86.77	545.33
1998	1831.33	403.43	818.26	705.55	112.71	609.64
1999	1899.82	406.87	811.90	686.09	125.81	681.05
2000	2011.19	431.80	833.25	704.00	129.25	746.14
2001	2138.31	444.42	868.06	730.81	137.25	825.83
2002	2312.82	463.44	934.88	788.44	146.44	914.50
2003	2556.02	494.60	1047.66	882.08	165.58	1013.76
2004	3081.91	593.59	1281.63	1066.41	215.22	1206.69
2005	3461.73	661.69	1426.42	1168.68	257.74	1374.62
2006	3988.14	724.40	1705.83	1399.36	304.26	1557.91
2007	4772.52	837.35	2038.39	1694.66	342.10	1896.78
2008	5692.12	1020.56	2452.75	2051.73	401.02	2218.81
2009	6168.23	1063.96	2580.34	2088.30	492.04	2523.93

1-21 地区生产总值(GDP)指数

指数按可比价格计算，上年=100

单位：%

年 份	地区生产总值	第一产业	第二产业			第三产业
				工 业	建筑业	
1990	108.7	108.5	109.8	110.1	107.9	107.1
1991	106.6	101.1	108.9	109.3	105.5	111.0
1992	110.9	103.0	116.8	115.2	133.5	113.4
1993	111.1	102.5	113.7	113.2	117.8	117.0
1994	112.2	103.0	117.3	117.7	114.0	114.7
1995	111.7	105.0	113.5	114.2	109.0	115.2
1996	111.1	105.2	111.5	112.0	104.7	115.1
1997	109.7	104.6	110.6	109.6	120.4	112.3
1998	108.1	103.0	109.2	107.2	126.6	110.3
1999	107.3	104.5	107.0	106.5	110.9	109.3
2000	107.5	105.6	105.8	107.0	97.2	110.4
2001	106.8	103.9	103.9	103.9	104.2	111.7
2002	109.0	103.8	109.3	110.0	105.8	111.4
2003	108.8	105.5	110.1	110.2	109.7	109.1
2004	111.3	105.3	112.7	111.8	117.8	112.8
2005	108.9	106.1	108.1	107.5	111.1	111.4
2006	111.6	106.8	117.0	116.5	119.2	109.2
2007	112.2	105.5	115.2	117.0	106.9	112.6
2008	110.6	107.6	111.4	112.5	105.5	112.1
2009	112.1	105.2	113.6	111.2	126.3	113.1

1-22 年末人口数及城市化率

年 份	总人口数	自然增长率	按城乡分（万人）		城市化率
	（万人）	（‰）	城镇人口	乡村人口	（%）
1990	3730.6	15.7	1510.1	2220.5	
1991	3782.1	13.7	1555.2	2226.9	
1992	3831.6	13.0	1608.1	2223.5	
1993	3885.2	13.9	1664.0	2221.2	
1994	3939.2	13.8	1782.1	2157.1	
1995	3989.6	12.7	1821.3	2168.3	
1996	4041.5	12.9	1857.4	2184.1	
1997	4094.0	12.9	1937.3	2156.7	
1998	4143.8	12.1	1951.7	2192.1	
1999	4192.4	11.7	1991.3	2201.1	
2000	4240.8	11.5	990.6	3250.2	23.4
2001	4287.4	10.9	1066.0	3221.4	24.9
2002	4333.1	10.6	1127.0	3206.1	26.0
2003	4375.6	9.8	1163.9	3211.7	26.6
2004	4415.2	9.0	1240.7	3174.5	28.1
2005	4450.4	8.0	1312.9	3137.5	29.5
2006	4483.0	6.9	1367.3	3115.7	30.5
2007	4514.0	6.9	1426.4	3087.6	31.6
2008	4543.0	6.3	1499.2	3043.8	33.0
2009	4571.0	6.1	1554.1	3016.9	34.0

1-23 居民收入与支出情况

单位：元

年份	城镇居民		农村居民	
	人均年可支配收入	人均年消费性支出	平均每人全年纯收入	平均每人全年生活消费支出
1990	1514.81	1272.09	489.75	453.03
1991	1703.16	1428.28	572.58	501.36
1992	2061.74	1704.15	617.98	536.06
1993	2639.07	2186.29	674.79	625.19
1994	3433.97	2843.69	802.95	764.91
1995	4064.93	3448.27	1010.97	981.1
1996	4977.95	4007.48	1229.28	1209.16
1997	5558.29	4537.08	1375.5	1318.07
1998	6042.78	5032.67	1387.25	1312.31
1999	6178.68	4941.26	1437.63	1269.33
2000	6324.64	5185.31	1478.6	1270.83
2001	6797.71	5252.60	1533.76	1422.85
2002	7240.62	5828.06	1608.77	1381.54
2003	7643.57	6023.56	1697.12	1405.7
2004	8870.88	6837.01	1864.19	1569.98
2005	9265.90	6996.90	2041.79	1789
2006	10069.89	7379.81	2250.46	2195.64
2007	11496.11	7921.83	2634.09	2637.18
2008	13250.22	9076.61	3102.6	2990.61
2009	14423.93	10201.81	3369.34	2924.85

1-24　分地区能源消费总量

按各地区能源折标系数计算的等价热值量　　单位：万吨标准煤

年　份	昆明市	曲靖市	玉溪市	保山市	昭通市	丽江市	普洱市	临沧市
2005	1565.74	894.16	719.48	192.23	287.66	100.49	155.30	118.82
2006	1691.99	1028.72	799.31	220.70	323.19	114.63	170.67	131.63
2007	1803.33	1110.88	865.52	242.98	345.40	126.38	187.19	144.24
2008	1925.55	1185.79	913.59	263.78	367.88	136.95	202.73	153.47
2009	2071.84	1263.78	974.26	286.12	398.38	148.66	224.54	161.19

1-24　分地区能源消费总量（续）

按各地区能源折标系数计算的等价热值量　　单位：万吨标准煤

年　份	楚雄州	红河州	文山州	西双版纳州	大理州	德宏州	怒江州	迪庆州
2005	297.76	730.96	234.92	84.79	378.63	99.22	34.82	38.18
2006	327.20	794.15	273.25	99.53	434.79	113.92	55.99	46.86
2007	353.54	850.79	301.87	108.93	474.23	124.82	59.81	54.22
2008	378.04	905.68	322.97	113.92	504.62	134.11	58.70	61.75
2009	407.42	967.64	344.26	122.03	535.46	147.72	63.02	70.11

1-25　分地区单位地区生产总值（GDP）能耗增长率

年　份	2005年	2006年	2007年	2008年	2009年
	绝对数（吨标准煤/万元，等价热值，2005年价）	比上年增长（%，按可比价计算）	比上年增长（%，按可比价计算）	比上年增长（%，按可比价计算）	比上年增长（%，按可比价计算）
昆明市	1.4749	-3.77	-5.26	-4.66	-4.61
曲靖市	2.0277	-0.39	-4.44	-5.03	-5.60
玉溪市	1.9506	0.09	-4.32	-6.70	-4.62
保山市	1.6371	1.24	-3.34	-4.01	-3.92
昭通市	1.7205	-0.75	-3.89	-4.13	-3.91
丽江市	1.6656	1.04	-3.21	-4.19	-3.94
普洱市	1.4574	-2.23	-4.21	-3.30	-2.50
临沧市	1.2311	-1.26	-2.94	-3.62	-3.50
楚雄州	1.5432	-0.64	-3.78	-4.27	-3.95
红河州	2.3691	-3.08	-3.92	-4.01	-3.92
文山州	1.5847	2.39	-3.52	-4.98	-5.34
西双版纳州	1.0877	4.44	-2.81	-5.01	-5.04
大理州	1.6107	1.62	-3.65	-4.99	-5.51
德宏州	1.6860	2.06	-3.37	-4.07	-4.30
怒江州	1.4541	8.72	-4.79	-5.45	-5.06
迪庆州	1.3648	2.27	-3.18	-3.89	-4.02

1-26 分地区工业增加值能耗增长率

年 份	2005年	2006年	2007年	2008年	2009年
	绝对数（吨标准煤/万元，当量热值，2005年价）	比上年增长（%，按可比价计算）	比上年增长（%，按可比价计算）	比上年增长（%，按可比价计算）	比上年增长（%，按可比价计算）
云南省	**3.55**	**-4.31**	**-7.11**	**-9.78**	**-3.78**
昆明市	2.58	-5.32	-8.39	-8.34	-2.58
曲靖市	5.87	-1.48	-7.34	-10.05	2.87
玉溪市	2.39	-1.47	-8.45	-15.55	-7.41
保山市	3.92	-4.13	-11.99	-5.46	-21.57
昭通市	3.42	-4.56	-6.32	-8.77	-11.01
丽江市	6.53	-4.20	-11.96	-9.74	-10.69
普洱市	4.18	-5.86	-19.45	-19.31	-21.82
临沧市	2.63	-4.32	-9.15	-19.74	-28.05
楚雄州	2.44	1.38	-8.10	-9.32	-8.96
红河州	4.39	-5.02	5.91	-8.44	-6.81
文山州	2.81	-6.41	-13.54	-10.57	-12.84
西双版纳州	2.30	-16.73	-22.53	-17.77	-12.25
大理州	3.11	-2.37	-11.82	-9.00	-14.16
德宏州	5.53	-18.30	-13.14	-3.29	-18.31
怒江州	1.49	-8.32	-19.01	-15.54	-11.19
迪庆州	1.12	2.10	-3.51	-2.43	-22.00

二、能源建设

2-1　分地区能源工业固定资产投资

单位：万元

地　区	2005年	2006年	2007年	2008年	2009年
云南省	**3783873**	**5056070**	**5922707**	**6852608**	**8193254**
昆明市	207283	234810	363688	280486	318150
曲靖市	898042	1020021	1074746	996448	1043948
玉溪市	39151	45785	52785	96812	101479
保山市	56770	98016	125992	200629	319783
昭通市	200207	291448	487858	731163	1056326
丽江市	158055	243691	322458	464711	601284
普洱市	318180	455672	516703	488605	551908
临沧市	65997	34780	51001	96732	75209
楚雄州	45729	35874	41004	226313	346205
红河州	403680	555870	511002	480937	462437
文山州	75484	128483	142245	298933	199959
西双版纳州	18101	238	177105	143409	130023
大理州	63554	75693	151439	588353	923223
德宏州	121423	176503	183338	273578	244495
怒江州	24936	92595	128502	105742	61997
迪庆州	104664	107050	83000	165523	270803
不分地区	982617	1459541	1509841	1214234	1486025

2-2 分地区煤炭开采和洗选业固定资产投资

单位：万元

地 区	2005年	2006年	2007年	2008年	2009年
云南省	**399981**	**349381**	**509177**	**511219**	**760659**
昆明市	1950	3674	13786	27290	14065
曲靖市	299707	223295	284219	286190	415316
玉溪市	397	1740	906	1901	8414
保山市	494	1526	275	3117	9052
昭通市	37550	42849	81100	32943	136504
丽江市	18614	22373	18825	52138	45251
普洱市	1582	1024	2441	485	5970
临沧市	710	817	345	195	337
楚雄州	10245	6114	15935	9532	14113
红河州	23211	41948	85386	75852	96422
文山州	400	1150	1500	12196	10078
西双版纳州					
大理州	4598	2690	4459	9380	5137
德宏州					
怒江州					
迪庆州	523	181			
不分地区					

2-3 分地区石油和天然气开采业固定资产投资

单位：万元

地 区	2005年	2006年	2007年	2008年	2009年
云南省	**230**			**3090**	**6705**
昆明市				2290	6705
曲靖市					
玉溪市					
保山市					
昭通市					
丽江市					
普洱市					
临沧市					
楚雄州					
红河州				800	
文山州					
西双版纳州					
大理州	230				
德宏州					
怒江州					
迪庆州					
不分地区					

2-4 分地区石油加工、炼焦及核燃料加工业固定资产投资

单位：万元

地 区	2005年	2006年	2007年	2008年	2009年
云南省	**97810**	**130589**	**227363**	**219904**	**320763**
昆明市	6986		5600	7565	11485
曲靖市	85249	121503	217843	174437	192526
玉溪市	747	2955	380	4000	1872
保山市					
昭通市					
丽江市					10549
普洱市					
临沧市					
楚雄州	3800		2295	2705	775
红河州	1028	6131	1245	30917	102536
文山州					
西双版纳州					
大理州				280	1020
德宏州					
怒江州					
迪庆州					
不分地区					

2-5 分地区电力、热力的生产和供应业固定资产投资

单位：万元

地　区	2005年	2006年	2007年	2008年	2009年
云南省	**3252574**	**4556501**	**5118566**	**6070295**	**7049336**
昆明市	166778	221794	290706	210762	260445
曲靖市	512672	674383	569084	531191	433799
玉溪市	38007	41005	51499	90911	91193
保山市	56086	96490	125717	197096	308655
昭通市	162657	245969	405014	697431	919302
丽江市	139086	220252	302286	408820	542443
普洱市	315918	453618	513421	487615	545938
临沧市	65287	33963	50656	96537	74872
楚雄州	31684	25450	17561	210849	331317
红河州	379441	507791	423177	371549	262979
文山州	75084	127333	140745	286436	189881
西双版纳州	18031	238	177105	143409	130023
大理州	58726	72707	146914	578612	917066
德宏州	121423	176503	183338	273578	242635
怒江州	24936	92595	128502	105742	61997
迪庆州	104141	106869	83000	165523	250766
不分地区	982617	1459541	1509841	1214234	1486025

2-6 分地区燃气生产和供应业固定资产投资

单位：万元

地　区	2005年	2006年	2007年	2008年	2009年
云南省	**33278**	**19599**	**67601**	**48100**	**55791**
昆明市	31569	9342	53596	32579	25450
曲靖市	414	840	3600	4630	2307
玉溪市		85			
保山市	190			416	2076
昭通市		2630	1744	789	520
丽江市	355	1066	1347	3753	3041
普洱市	680	1030	841	505	
临沧市					
楚雄州		4310	5213	3227	
红河州			1194	1819	500
文山州				301	
西双版纳州	70				
大理州		296	66	81	
德宏州					1860
怒江州					
迪庆州					20037
不分地区					

三、能源生产能力

3-1 分地区规模以上工业原煤生产企业数

单位：户

地　区	2005年	2006年	2007年	2008年	2009年
云南省	**96**	**134**	**162**	**283**	**418**
昆明市	3	3	5	7	12
曲靖市	44	89	90	167	213
玉溪市	2	2	2	2	3
保山市			1	1	1
昭通市	13	8	21	62	138
丽江市	12	10	15	13	17
普洱市	5	6	5	6	7
临沧市	4	4	4	4	2
楚雄州	4	5	6	8	9
红河州	3	3	6	6	7
文山州	2	2	4	4	5
西双版纳州	1				
大理州	1	2	3	3	4
德宏州	153	155			
怒江州	30				
迪庆州					

3-2 分地区规模以上工业洗煤生产企业数

单位：户

地 区	2005年	2006年	2007年	2008年	2009年
云南省	**36**	**42**	**47**	**47**	**44**
昆明市					
曲靖市	20	25	27	29	24
玉溪市					
保山市					
昭通市			1	3	6
丽江市	13	14	15	13	11
普洱市					
临沧市					
楚雄州	2	2	2	1	1
红河州	1	1	2	1	1
文山州					
西双版纳州					
大理州					1
德宏州	153	155			
怒江州	30				
迪庆州					

3-3 分地区规模以上工业焦炭生产企业数

单位：户

地 区	2005年	2006年	2007年	2008年	2009年
云南省	**47**	**51**	**44**	**44**	**47**
昆明市	6	8	8	7	7
曲靖市	34	35	28	29	30
玉溪市	1	2	1	1	2
保山市					
昭通市					
丽江市	3	3	3	3	3
普洱市					
临沧市					
楚雄州	1	1	1	1	1
红河州	2	2	3	3	4
文山州					
西双版纳州					
大理州					
德宏州	153	155			
怒江州	30				
迪庆州					

3-4 分地区规模以上工业电力生产企业数

单位：户

地　区	2005年	2006年	2007年	2008年	2009年
云南省	**233**	**257**	**281**	**296**	**356**
昆明市	17	21	21	15	27
曲靖市	30	33	35	38	44
玉溪市	17	14	13	12	15
保山市	13	12	13	15	18
昭通市	19	17	15	19	26
丽江市	4	6	7	8	9
普洱市	20	20	21	21	24
临沧市	22	24	27	30	29
楚雄州	9	10	11	10	11
红河州	28	39	46	49	53
文山州	14	16	21	24	32
西双版纳州	10	8	10	11	13
大理州	13	15	14	14	19
德宏州	153	155	20	22	26
怒江州	30	1	4	4	7
迪庆州	4	4	3	3	3

3-5 分地区规模以上工业火电生产企业数

单位：户

地　区	2005年	2006年	2007年	2008年	2009年
云南省	**91**	**94**	**97**	**98**	**98**
昆明市	7	10	11	11	10
曲靖市	14	15	17	19	22
玉溪市	8	8	6	5	6
保山市	8	4	4	4	6
昭通市	3	2	1	1	1
丽江市	1	2	2	2	2
普洱市	8	8	8	9	10
临沧市	13	14	14	15	12
楚雄州	3	3	3	2	2
红河州	13	15	19	18	15
文山州				1	1
西双版纳州	5	5	5	4	4
大理州	1	1	1	1	1
德宏州	153	155	6	6	6
怒江州	30				
迪庆州					

3-6　分地区规模以上工业水电生产企业数

单位：户

地　区	2005年	2006年	2007年	2008年	2009年
云南省	**142**	**163**	**184**	**198**	**258**
昆明市	10	11	10	4	17
曲靖市	16	18	18	19	22
玉溪市	9	6	7	7	9
保山市	5	8	9	11	12
昭通市	16	15	14	18	25
丽江市	3	4	5	6	7
普洱市	12	12	13	12	14
临沧市	9	10	13	15	17
楚雄州	6	7	8	8	9
红河州	15	24	27	31	38
文山州	14	16	21	23	31
西双版纳州	5	3	5	7	9
大理州	12	14	13	13	18
德宏州	153	155	14	16	20
怒江州	30	1	4	4	7
迪庆州	4	4	3	3	3

3-7 分地区电力装机容量

按照电厂实际所在地理区域划分地域 单位：万千瓦

地 区	2005年	2006年	2007年	2008年	2009年
云南省	**1275.14**	**1826.11**	**2221.03**	**2585.04**	**3169.45**
昆明市	129.31	160.44	227.21	223.21	246.59
曲靖市	395.02	649.20	718.97	743.60	812.09
玉溪市	28.84	33.54	36.78	48.44	53.50
保山市	40.68	50.42	51.55	69.70	69.93
昭通市	33.44	45.76	53.15	67.43	76.13
丽江市	18.80	23.90	24.89	29.48	31.81
普洱市	16.10	31.78	74.36	163.81	165.66
临沧市	275.85	292.19	326.67	332.10	553.21
楚雄州	16.72	18.89	21.91	28.76	30.85
红河州	140.63	261.54	374.84	328.67	334.67
文山州	56.89	68.21	73.28	111.06	140.85
西双版纳州	11.17	18.57	19.71	123.17	194.71
大理州	56.07	65.11	70.76	83.87	90.48
德宏州	153.00	155.00	83.00	126.28	220.38
怒江州	30.00	21.14	31.72	58.43	82.81
迪庆州	16.85	31.06	32.24	47.03	65.77

3-8 分地区火电装机容量

按照电厂实际所在地理区域划分地域

单位：万千瓦

地　区	2005年	2006年	2007年	2008年	2009年
云南省	**475.24**	**856.36**	**1062.61**	**1003.49**	**1070.91**
昆明市	101.14	137.24	201.84	186.90	194.42
曲靖市	261.99	508.70	570.50	584.92	638.85
玉溪市	2.59	3.25	3.45	3.40	4.60
保山市	2.15	2.15	2.15	2.15	2.15
昭通市	1.20	0.60			0.10
丽江市		2.40	2.40	2.40	2.40
普洱市	4.19	4.94	4.94	4.94	4.90
临沧市	2.48	5.92	5.92	5.97	5.97
楚雄州	2.70	3.30	3.45	5.65	7.25
红河州	90.50	180.95	260.95	200.35	202.85
文山州					
西双版纳州	1.36	1.98	1.58	1.58	1.58
大理州				0.30	0.30
德宏州	153.00	155.00	4.94	4.94	5.54
怒江州	30.00				
迪庆州					

3-9 分地区水电装机容量

按照电厂实际所在地理区域划分地域　　单位：万千瓦

地　区	2005年	2006年	2007年	2008年	2009年
云南省	**799.91**	**969.75**	**1158.41**	**1573.68**	**2090.37**
昆明市	24.17	23.20	25.37	36.31	51.87
曲靖市	133.03	140.51	148.47	158.68	173.24
玉溪市	26.25	30.30	33.33	45.04	48.90
保山市	38.53	48.27	49.40	67.55	67.78
昭通市	32.24	45.16	53.15	67.43	76.03
丽江市	18.80	21.50	22.49	27.08	29.41
普洱市	11.92	26.85	69.43	158.87	160.76
临沧市	273.37	286.27	320.75	326.13	547.24
楚雄州	14.02	15.59	18.46	23.11	23.60
红河州	50.13	80.59	113.89	128.32	131.82
文山州	56.89	68.21	73.28	111.06	140.85
西双版纳州	9.81	16.60	18.14	121.60	193.14
大理州	56.07	65.11	70.76	75.69	82.31
德宏州	153.00	155.00	78.06	121.34	214.84
怒江州	30.00	21.14	31.72	58.43	82.81
迪庆州	16.85	31.06	32.24	47.03	65.77

3-10 分地区风电装机容量

按照电厂实际所在地理区域划分地域　　　　单位：万千瓦

地　区	2005年	2006年	2007年	2008年	2009年
云南省				**7.88**	**7.88**
昆明市					
曲靖市					
玉溪市					
保山市					
昭通市					
丽江市					
普洱市					
临沧市					
楚雄州					
红河州					
文山州					
西双版纳州					
大理州				7.88	7.88
德宏州	153.00	155.00			
怒江州	30.00				
迪庆州					

3-11 分地区其它电力装机容量

按照电厂实际所在地理区域划分地域　　　　单位：万千瓦

地　区	2005年	2006年	2007年	2008年	2009年
云南省					**0.30**
昆明市					0.30
曲靖市					
玉溪市					
保山市					
昭通市					
丽江市					
普洱市					
临沧市					
楚雄州					
红河州					
文山州					
西双版纳州					
大理州					
德宏州	153	155			
怒江州	30				
迪庆州					

3-12 分地区加油站数

单位：座

地　区	2005年	2006年	2007年	2008年	2009年
云南省	**3236**	**3298**	**3295**	**3342**	**3418**
昆明市	503	497	494	502	510
曲靖市	388	398	404	402	415
玉溪市	237	243	232	225	222
保山市	196	196	202	202	204
昭通市	198	191	187	201	210
丽江市	98	100	103	103	112
普洱市	266	262	265	265	261
临沧市	117	129	134	137	144
楚雄州	190	192	195	203	205
红河州	259	271	280	293	304
文山州	210	214	223	223	238
西双版纳州	147	156	156	159	164
大理州	198	214	189	191	191
德宏州	153	155	147	149	149
怒江州	30	32	33	35	35
迪庆州	46	48	51	52	54

四、主要能源、原材料及高耗能产品产量

4-1 分地区原煤生产量

单位：万吨

年 份	昆明市	曲靖市	玉溪市	保山市	昭通市	丽江市	普洱市	临沧市
2000	154.94	953.03	56.91	21.70	155.49	67.95	53.62	19.36
2001	170.41	1063.46	57.23	16.27	117.13	57.95	42.79	13.72
2002	166.61	1505.28	51.29	20.80	212.99	136.95	51.44	12.70
2003	259.26	1887.59	43.54	19.65	418.59	222.15	44.53	11.84
2004	332.44	2713.86	73.38	23.27	496.47	286.01	51.97	16.44
2005	413.88	3527.33	74.51	33.94	666.04	312.81	46.88	21.10
2006	445.09	3648.59	55.64	43.50	1088.32	448.10	46.87	35.01
2007	503.11	3366.25	51.78	44.60	1267.76	508.89	53.61	34.50
2008	545.17	3969.97	53.32	51.09	1365.25	621.58	53.65	31.53
2009	625.41	4062.52	45.99	10.90	1440.17	725.11	65.11	15.08

4-1 分地区原煤生产量（续）

单位：万吨

年 份	楚雄州	红河州	文山州	西双版纳州	大理州	德宏州	怒江州	迪庆州
2000	95.45	544.13	38.35	2.71	75.29	10.16	0.50	
2001	99.79	626.23	41.50	2.97	76.58	7.60	0.49	
2002	102.32	660.57	35.57	3.66	100.42	5.20	0.45	
2003	138.67	778.94	97.12	2.78	131.31	3.64	0.12	0.05
2004	167.10	899.73	121.11	2.65	129.60	2.58		
2005	163.19	942.86	83.70	1.86	171.46	2.58		
2006	144.30	1062.32	105.16	1.22	212.29	2.67		
2007	147.81	1421.67	132.52	1.20	218.91	2.58		
2008	154.06	1417.98	147.23	0.29	239.39	1.98		
2009	170.96	1352.51	140.13		265.34	1.79		

4-2 分地区无烟煤生产量

单位：万吨

年 份	昆明市	曲靖市	玉溪市	保山市	昭通市	丽江市	普洱市	临沧市
2000		120.48	55.36		156.44			
2001		85.35	39.22		110.83			
2002		152.29	31.95		207.83			
2003		227.47	24.94		413.16			
2004		375.98	12.73		647.36			
2005		477.62	16.17		822.37			
2006		562.46	19.04		968.45			
2007		631.22	21.37		1086.83			
2008		746.44	25.27		1285.22			
2009		783.08	26.51		1348.31			

4-2 分地区无烟煤生产量（续）

单位：万吨

年 份	楚雄州	红河州	文山州	西双版纳州	大理州	德宏州	怒江州	迪庆州
2000	31.70	33.41	0.17		93.09			
2001	22.46	23.67	0.12		65.95			
2002	33.82	21.77	0.27		92.17			
2003	63.15	46.97	3.03		120.34			
2004	34.91	30.45	6.32		69.65			
2005	44.35	38.68	8.03		88.48			
2006	52.23	45.55	9.46		104.19			
2007	58.61	51.12	10.62		116.93			
2008	69.31	60.45	12.55		138.27			
2009	72.71	63.42	13.17		145.06			

4-3 分地区烟煤生产量

单位：万吨

年 份	昆明市	曲靖市	玉溪市	保山市	昭通市	丽江市	普洱市	临沧市
2000	27.64	876.33			21.88	155.46		0.35
2001	14.62	978.11			0.92	53.73		0.36
2002	15.01	1353.00			0.05	133.95		0.49
2003	41.79	1660.11			0.89	222.15		0.63
2004	66.32	2102.86			52.50	373.04		0.83
2005	79.06	2506.77			62.59	444.70		0.99
2006	89.83	2848.37			71.12	505.30		1.12
2007	95.80	3037.63			75.84	538.87		1.20
2008	107.35	3367.62			81.80	611.58		1.41
2009	131.59	3279.43			84.76	725.11		1.17

4-3 分地区烟煤生产量（续）

单位：万吨

年 份	楚雄州	红河州	文山州	西双版纳州	大理州	德宏州	怒江州	迪庆州
2000	17.27	47.21	0.81		4.61			
2001	58.88	83.62	11.97		8.02			
2002	56.66	79.09	5.06		5.76			
2003	61.44	108.21	7.84		7.57			0.05
2004	41.45	113.29	1.93		11.05			
2005	49.41	135.06	2.31		13.18			
2006	56.14	153.46	2.62		14.97			
2007	59.87	163.66	2.79		15.97			
2008	60.24	191.30	2.64		17.38			
2009	62.53	197.02	1.06		19.80			

4-4 分地区褐煤生产量

单位：万吨

年 份	昆明市	曲靖市	玉溪市	保山市	昭通市	丽江市	普洱市	临沧市
2000	144.01		5.68	3.18	2.07		18.99	4.06
2001	155.78		18.01	16.27	5.39	4.22	42.79	13.72
2002	151.59		19.34	20.80	5.10	3.00	51.44	12.70
2003	217.47		18.59	19.65	4.53		44.53	11.84
2004	345.56		13.63	7.63	4.97		45.56	9.73
2005	420.01		16.57	9.27	6.04		55.38	11.83
2006	460.79		18.18	10.17	6.63		60.75	12.98
2007	448.76		17.70	9.91	6.45		59.17	12.64
2008	437.82		16.05	51.09			53.65	30.12
2009	493.82		19.48	10.90	7.10		65.11	13.91

4-4 分地区褐煤生产量（续）

单位：万吨

年 份	楚雄州	红河州	文山州	西双版纳州	大理州	德宏州	怒江州	迪庆州
2000	10.42	318.46	36.72		29.30	0.52		
2001	18.45	518.94	29.41	2.97	2.61	7.60	0.49	
2002	11.84	559.70	30.25	3.66	2.50	5.20	0.45	
2003	14.08	623.78	86.26	2.78	3.40	3.64	0.12	
2004	25.00	764.19	88.11		70.31	1.25		
2005	30.38	928.84	107.09		85.46	1.52		
2006	33.33	1019.02	117.49		93.76	1.67		
2007	32.46	992.43	114.42		91.31	1.63		
2008	32.76	1191.28	135.18	0.29	123.10	1.98		
2009	35.72	1092.07	125.91		100.48	1.79		

4-5 分地区洗精煤生产量

单位：万吨

年 份	昆明市	曲靖市	玉溪市	保山市	昭通市	丽江市	普洱市	临沧市
2000		121.51				26.58		
2001		134.03				21.35		
2002		151.71				31.85		
2003		149.70				40.70		
2004		175.36				68.82		
2005		306.94				98.07		
2006		498.50			0.76	99.05		
2007		433.29			9.50	142.70		
2008		611.28			16.23	155.38		
2009		469.58			38.44	222.91		

4-5 分地区洗精煤生产量（续）

单位：万吨

年 份	楚雄州	红河州	文山州	西双版纳州	大理州	德宏州	怒江州	迪庆州
2000	43.80	15.82						
2001	44.79	12.55						
2002	45.70	16.56						
2003	50.13	19.76						
2004	52.31	29.86						
2005	45.59	37.50						
2006	40.91	44.01						
2007	37.08	38.84			9.50			
2008	31.13	57.45						
2009	29.58	61.95			3.79			

4-6 分地区其它洗煤生产量

单位：万吨

年份	昆明市	曲靖市	玉溪市	保山市	昭通市	丽江市	普洱市	临沧市
2000		64.91				26.29		
2001		76.70				19.51		
2002		71.33				53.44		
2003		76.13				78.10		
2004		82.45				44.66		
2005		118.25				86.89		
2006		84.91				104.34		
2007		271.33				80.47		
2008		224.49				141.90		
2009		241.74				122.61		

4-6 分地区其它洗煤生产量（续）

单位：万吨

年份	楚雄州	红河州	文山州	西双版纳州	大理州	德宏州	怒江州	迪庆州
2000		4.25						
2001		4.20						
2002		8.75						
2003		11.12						
2004	25.97	33.38						
2005	27.34	7.03						
2006	28.73	11.42						
2007	23.26	12.31						
2008	0.01	25.82						
2009		30.31						

4-7 分地区焦炭生产量

单位：万吨

年 份	昆明市	曲靖市	玉溪市	保山市	昭通市	丽江市	普洱市	临沧市
2000	150.40	174.92				2.59		
2001	158.89	251.87				2.98		
2002	188.14	304.05				11.94		
2003								
2004	217.94	579.08				20.49		
2005	249.09	810.60	15.65			14.70		
2006	252.21	829.65	18.87			7.65		
2007	276.46	767.14	10.34			10.29		
2008	282.42	928.07	21.97			9.56		
2009	300.51	957.60	29.35			10.59		

4-7 分地区焦炭生产量（续）

单位：万吨

年 份	楚雄州	红河州	文山州	西双版纳州	大理州	德宏州	怒江州	迪庆州
2000	1.11	30.85						
2001	0.59	29.69						
2002		28.20						
2003								
2004	43.67	43.06						
2005	55.51	68.17						
2006	53.56	71.73						
2007	62.78	57.39						
2008	66.65	82.93						
2009	70.68	87.79						

4-8 分地区焦炉煤气生产量

单位：万立方米

年份	昆明市	曲靖市	玉溪市	保山市	昭通市	丽江市	普洱市	临沧市
2000								
2001								
2002								
2003								
2004								
2005	78618.00	1644.00						
2006	78496.00	4099.00						
2007	82455.34	13474.00						
2008	82096.00	75544.28						
2009	87295.04	85575.35						

4-8 分地区焦炉煤气生产量（续）

单位：万立方米

年份	楚雄州	红河州	文山州	西双版纳州	大理州	德宏州	怒江州	迪庆州
2000								
2001								
2002								
2003								
2004								
2005	6786.00							
2006	15969.00							
2007	8299.00							
2008	7592.00							
2009	6522.00							

4-9 分地区其它煤气生产量

单位：万立方米

年 份	昆明市	曲靖市	玉溪市	保山市	昭通市	丽江市	普洱市	临沧市
2000								
2001								
2002								
2003								
2004								
2005		5564.00						
2006	15256.00							
2007	27726.81							
2008	1642.00							
2009	297.00	3346.08						

4-9 分地区其它煤气生产量（续）

单位：万立方米

年 份	楚雄州	红河州	文山州	西双版纳州	大理州	德宏州	怒江州	迪庆州
2000								
2001								
2002								
2003								
2004								
2005		224.00						
2006		190.00						
2007								
2008								
2009								

4-10 分地区原油生产量

单位：万吨

年 份	昆明市	曲靖市	玉溪市	保山市	昭通市	丽江市	普洱市	临沧市
2000							0.13	
2001								
2002								
2003								
2004							0.09	
2005							0.09	
2006							0.08	
2007							0.10	
2008								
2009							0.05	

4-10 分地区原油生产量（续）

单位：万吨

年 份	楚雄州	红河州	文山州	西双版纳州	大理州	德宏州	怒江州	迪庆州
2000								
2001								
2002								
2003								
2004								
2005								
2006								
2007								
2008								
2009								

4-11　分地区天然气生产量

单位：万立方米

年　份	昆明市	曲靖市	玉溪市	保山市	昭通市	丽江市	普洱市	临沧市
2000		549.00		220.00				
2001		563.00		270.00				
2002		1461.00		427.00				
2003		1860.00		564.00				
2004		1867.00		564.00				
2005		1587.00		603.00				
2006		1740.00		653.00				
2007		1368.00		663.00				
2008		590.00		655.00				
2009		168.00						

4-11　分地区天然气生产量（续）

单位：万立方米

年　份	楚雄州	红河州	文山州	西双版纳州	大理州	德宏州	怒江州	迪庆州
2000								
2001								
2002								
2003								
2004								
2005								
2006								
2007								
2008								
2009								

4-12 分地区其它焦化产品生产量

单位：万吨

年 份	昆明市	曲靖市	玉溪市	保山市	昭通市	丽江市	普洱市	临沧市
2000								
2001								
2002								
2003								
2004								
2005	7.79	9.70				0.29		
2006	13.48	12.38				0.51		
2007	14.40	17.25				0.15		
2008	17.40	20.40	0.13					
2009	23.40	26.44	0.14					

4-12 分地区其它焦化产品生产量（续）

单位：万吨

年 份	楚雄州	红河州	文山州	西双版纳州	大理州	德宏州	怒江州	迪庆州
2000								
2001								
2002								
2003								
2004								
2005								
2006	8.58							
2007	12.05							
2008	13.64							
2009	16.59							

4-13 分地区电力生产量

单位：亿千瓦时

年 份	昆明市	曲靖市	玉溪市	保山市	昭通市	丽江市	普洱市	临沧市
2000	30.37	89.12	11.30	7.47	8.77	5.16	5.03	61.45
2001	40.27	113.23	10.40	7.33	8.76	5.46	5.61	53.72
2002	78.05	122.98	11.73	7.78	9.21	6.36	6.13	59.71
2003	105.67	134.69	9.85	7.64	9.43	6.56	5.39	64.50
2004	114.80	181.47	8.78	9.01	13.05	7.10	5.46	68.83
2005	124.23	207.46	8.36	15.97	14.35	7.22	6.44	71.90
2006	138.53	285.37	9.15	15.46	16.70	7.65	8.99	60.92
2007	162.73	303.70	11.91	24.70	23.30	8.32	15.81	69.29
2008	136.87	292.58	14.27	31.09	33.11	28.55	42.06	86.36
2009	166.28	386.90	14.59	23.91	40.25	11.17	42.04	68.34

4-13 分地区电力生产量（续）

单位：亿千瓦时

年 份	楚雄州	红河州	文山州	西双版纳州	大理州	德宏州	怒江州	迪庆州
2000	4.27	55.41	12.71	3.59	17.14	6.36	1.29	5.05
2001	4.43	57.32	14.60	4.06	20.02	6.89	1.29	6.14
2002	5.21	61.00	16.14	4.60	20.90	8.79	1.91	6.49
2003	3.60	69.95	16.83	4.85	16.36	9.62	2.88	6.98
2004	5.01	74.28	18.71	4.55	13.63	8.44	2.70	7.96
2005	5.99	79.84	33.49	5.09	19.19	12.10	4.56	8.01
2006	6.55	106.18	36.92	6.65	16.65	20.10	9.12	8.70
2007	9.09	167.42	42.76	8.42	22.34	31.18	9.13	11.10
2008	15.60	166.47	54.37	9.58	32.04	39.39	14.52	19.30
2009	14.10	161.61	48.78	64.17	35.84	74.12	11.19	10.53

4-14 分地区火电生产量

单位：亿千瓦时

年 份	昆明市	曲靖市	玉溪市	保山市	昭通市	丽江市	普洱市	临沧市
2000	23.39	38.99	0.78	0.42	0.70	0.02	0.63	1.05
2001	34.00	60.68	0.50	0.45	0.67	0.02	0.90	0.94
2002	37.81	73.64	0.62	0.54	0.69	0.03	1.15	0.91
2003	44.28	88.95	0.65	0.58	0.75	0.03	1.14	0.97
2004	42.88	137.47	0.56	0.50	0.74	0.02	1.34	1.06
2005	51.48	158.71	0.55	0.52	0.06	0.01	1.59	1.06
2006	75.76	238.50	0.62	0.36	0.02	0.72	0.86	1.14
2007	93.73	250.28	0.64	0.55	0.02	1.07	1.51	1.52
2008	66.98	230.49	0.80	0.67	0.02	1.11	1.66	1.64
2009	101.08	327.55	1.45	0.62	0.02	0.91	1.61	1.44

4-14 分地区火电生产量（续）

单位：亿千瓦时

年 份	楚雄州	红河州	文山州	西双版纳州	大理州	德宏州	怒江州	迪庆州
2000	0.48	33.47		0.45	0.05	1.05		
2001	0.80	42.93		0.39	0.04	0.73		
2002	0.86	46.40		0.41	0.05	0.85		
2003	0.77	53.88		0.48	0.05	1.37		
2004	1.04	57.15		0.55	0.04	1.46		
2005	1.71	58.03		0.42	0.04	0.83		
2006	1.75	76.82		0.40	0.04	0.93		
2007	2.35	120.03		0.34	0.05	1.46		
2008	3.58	105.82	0.05	0.36	0.05	1.24		
2009	4.23	107.51	0.05	0.34	0.07	1.19		

4-15 分地区水电生产量

单位：亿千瓦时

年 份	昆明市	曲靖市	玉溪市	保山市	昭通市	丽江市	普洱市	临沧市
2000	5.56	50.14	10.53	7.05	8.07	5.14	4.40	60.41
2001	6.27	52.55	9.90	6.88	8.09	5.44	4.71	52.78
2002	40.24	49.34	11.11	7.24	8.52	6.33	4.98	58.80
2003	61.39	45.74	9.20	7.06	8.68	6.53	4.25	63.53
2004	71.92	44.00	8.22	8.51	12.31	7.08	4.12	67.77
2005	72.75	48.75	7.81	15.45	14.29	7.21	4.85	70.84
2006	62.77	46.87	8.53	15.10	16.68	6.93	8.13	59.78
2007	69.00	53.42	11.27	24.15	23.28	7.25	14.30	67.77
2008	69.89	62.09	13.47	30.42	33.09	27.44	40.40	84.72
2009	65.20	59.35	13.14	23.29	40.23	10.26	40.43	66.90

4-15 分地区水电生产量（续）

单位：亿千瓦时

年 份	楚雄州	红河州	文山州	西双版纳州	大理州	德宏州	怒江州	迪庆州
2000	3.77	13.23	12.71	3.14	16.24	5.31	1.29	5.05
2001	3.63	14.39	14.60	3.67	19.98	6.16	1.29	6.14
2002	4.35	14.60	16.14	4.19	20.85	7.94	1.91	6.49
2003	2.83	16.07	16.83	4.37	16.31	8.25	2.88	6.98
2004	3.97	17.13	18.71	4.00	13.59	6.98	2.70	7.96
2005	4.28	21.81	33.49	4.67	19.15	11.27	4.56	8.01
2006	4.80	29.36	36.92	6.25	16.61	19.17	9.12	8.70
2007	7.84	47.39	41.66	8.08	22.29	29.72	9.13	11.10
2008	12.02	60.65	54.32	9.22	31.99	38.15	14.52	19.30
2009	9.87	54.10	48.73	63.83	35.77	72.93	11.19	10.53

4-16 分地区铁矿石原矿生产量

单位：万吨

年 份	昆明市	曲靖市	玉溪市	保山市	昭通市	丽江市	普洱市	临沧市
2000	111.76	25.70	96.63	17.24	1.36			0.06
2001	209.01	48.06	180.71	32.25	2.55			0.12
2002	132.59	48.65	205.62	52.95	2.55			0.20
2003	98.78	49.14	399.32	74.42	2.46			0.02
2004	93.26	22.50	523.52	61.49	2.05			0.15
2005	167.12	26.30	321.14	73.93	3.73		2.95	6.95
2006	211.64	109.42	472.85	123.26	6.30			1.67
2007	239.09	86.80	675.92	111.74	6.01	4.82		
2008	175.37	70.30	849.58	171.80	6.71	6.01		
2009	200.96	59.35	900.04	175.16	3.35			

4-16 分地区铁矿石原矿生产量（续）

单位：万吨

年 份	楚雄州	红河州	文山州	西双版纳州	大理州	德宏州	怒江州	迪庆州
2000	8.51	15.93	2.37		2.79			
2001	15.92	29.80	4.43		5.21			
2002	14.35	34.02	4.36		15.75			
2003	20.15	38.45	1.55		16.00			
2004	15.74	44.25	2.93	23.01	37.02			2.48
2005	31.10	68.03	8.44	220.00	42.85	0.16		11.00
2006	23.99	92.38	8.60	417.52	29.23	0.47	1.30	16.74
2007	55.78	100.96	11.69	468.88	42.12	0.31	1.55	42.27
2008	69.11	170.31	14.29	311.07	76.59	0.17	4.00	177.74
2009	153.21	206.75	25.26	365.42	74.32		4.43	88.75

4-17　分地区锰矿石成品矿生产量

单位：万吨

年　份	昆明市	曲靖市	玉溪市	保山市	昭通市	丽江市	普洱市	临沧市
2000								
2001								
2002								
2003					0.01			
2004								
2005							1.46	
2006								
2007								
2008								
2009	0.62					0.35		

4-17　分地区锰矿石成品矿生产量（续）

单位：万吨

年　份	楚雄州	红河州	文山州	西双版纳州	大理州	德宏州	怒江州	迪庆州
2000		16.01	5.55		5.45			
2001		22.95	7.95		7.82			
2002		28.89	7.95		7.46			
2003		41.39	17.52		14.53			
2004		50.14	17.45		10.32			
2005		49.60	16.84	0.94	10.29			
2006		40.31	23.10	0.04	9.33			
2007		34.47	23.80	0.48	9.08			
2008		25.99	26.04		7.52			
2009		85.67	11.03	0.30	7.68			

4-18　分地区铜金属含量生产量

单位：万吨

年　份	昆明市	曲靖市	玉溪市	保山市	昭通市	丽江市	普洱市	临沧市
2000	2.56		2.20				0.08	0.04
2001	2.73		2.35				0.09	0.05
2002	1.96		2.79				0.05	0.04
2003	1.32		2.49	0.01			0.03	0.08
2004	1.40		3.28	0.02			0.21	0.21
2005	2.11		4.22	0.02			0.22	0.01
2006	7.22		4.37	0.05			0.38	0.68
2007	10.06		5.58	0.05			0.51	0.65
2008	7.31		6.60	0.04			0.88	0.71
2009	4.73		4.68	0.07	0.04		1.32	0.50

4-18　分地区铜金属含量生产量（续）

单位：万吨

年　份	楚雄州	红河州	文山州	西双版纳州	大理州	德宏州	怒江州	迪庆州
2000	1.98	1.51	0.25		0.00		0.30	0.27
2001	2.11	1.61	0.27		0.00		0.32	0.29
2002	2.24	1.78	0.23		0.01		0.37	0.27
2003	2.70	2.16	0.22		0.02		0.47	0.42
2004	2.48	2.23	0.26		1.03		0.39	0.42
2005	2.77	2.66	0.46		0.03		0.25	0.52
2006	3.18	2.37	0.49		0.13	0.01	0.15	0.49
2007	3.35	2.83	0.63		0.26	0.01	0.22	0.68
2008	3.55	3.16	0.50	0.02	0.26	0.01	0.29	1.12
2009	2.17	3.29	0.50	2.27	0.14		0.36	1.40

4-19 分地区铅金属含量生产量

单位：万吨

年 份	昆明市	曲靖市	玉溪市	保山市	昭通市	丽江市	普洱市	临沧市
2000		4.05		0.53	0.31		1.42	0.17
2001		2.95		0.39	0.22		1.04	0.13
2002		3.40		0.49	0.30		0.86	0.11
2003		2.85		0.77	0.60		0.53	0.18
2004		2.65		0.72	0.67		0.68	0.07
2005				1.26	3.10		0.83	0.04
2006		0.68		1.16	3.36		0.51	0.25
2007		2.40		1.08	1.75		0.88	0.13
2008		5.10		1.09	3.06		1.19	0.12
2009		4.76		0.80	3.30		0.78	0.20

4-19 分地区铅金属含量生产量（续）

单位：万吨

年 份	楚雄州	红河州	文山州	西双版纳州	大理州	德宏州	怒江州	迪庆州
2000		3.36	0.11				0.45	3.45
2001		2.44	0.08				0.33	2.51
2002		3.88	0.02				0.74	1.80
2003	0.16	3.22	0.06				0.61	1.46
2004		3.84	0.18		0.02	0.03	0.55	0.94
2005		3.74	0.14	0.10		0.03	0.45	1.30
2006	4.61	2.61	0.16	0.10		0.02	0.85	1.00
2007	0.30	2.90	0.13	0.05		0.01	0.95	0.54
2008	1.41	2.67	0.16	0.05		0.11	0.77	0.12
2009	0.35	1.54	0.08		0.01	0.14	0.91	0.02

4-20 分地区锌金属含量生产量

单位：万吨

年 份	昆明市	曲靖市	玉溪市	保山市	昭通市	丽江市	普洱市	临沧市
2000	0.03	8.33		0.57	1.62		0.66	0.20
2001	0.04	9.68		0.66	1.88		0.76	0.24
2002	0.06	9.44		0.92	2.24		0.60	0.20
2003		8.04		1.49	3.19		0.39	0.54
2004		8.38		2.11	2.93		0.35	0.12
2005	0.07	1.37		3.11	11.49		0.96	0.04
2006	0.07	7.99		2.70	10.11		0.38	0.98
2007	0.23	6.21		2.77	12.22		3.27	1.05
2008		24.30		2.60	13.33		3.48	2.30
2009		16.36		2.42	14.11		1.58	1.61

4-20 分地区锌金属含量生产量（续）

单位：万吨

年 份	楚雄州	红河州	文山州	西双版纳州	大理州	德宏州	怒江州	迪庆州
2000		2.10	6.29		0.37		1.89	
2001		2.44	7.31		0.42		2.19	
2002	0.39	4.38	8.22		0.65	0.02	12.99	0.21
2003		4.34	9.63		0.22	0.22	9.92	0.77
2004		3.34	8.70		0.17	0.06	13.17	1.04
2005	0.18	5.39	10.06			0.07	16.48	1.27
2006	0.44	9.57	9.99			0.06	19.18	1.30
2007	0.35	2.79	11.72			0.03	19.25	1.26
2008	0.33	2.36	11.36			0.28	16.83	0.36
2009		0.13	9.94			0.14	15.93	0.04

4-21 分地区锡金属含量生产量

单位：万吨

年 份	昆明市	曲靖市	玉溪市	保山市	昭通市	丽江市	普洱市	临沧市
2000							0.05	0.03
2001							0.03	0.02
2002							0.05	0.01
2003							0.03	0.02
2004							0.02	0.01
2005							0.02	0.02
2006							0.01	0.02
2007								0.02
2008				0.02				0.03
2009				0.09				0.04

4-21 分地区锡金属含量生产量（续）

单位：万吨

年 份	楚雄州	红河州	文山州	西双版纳州	大理州	德宏州	怒江州	迪庆州
2000		3.63	0.42		0.05	0.11	0.03	
2001		2.63	0.30		0.04	0.08	0.02	
2002		3.17	0.28		0.04	0.07	0.01	
2003		3.42	0.34		0.04	0.07	0.00	
2004		3.15	0.34		0.01	0.07		
2005		3.62	0.33		0.00	0.07		
2006		3.50	0.29			0.09	0.02	
2007		3.59	0.42		0.28	0.06	0.05	
2008		4.07	0.48		0.06	0.05		
2009		4.80	0.40			0.05	0.09	

4-22 分地区锑金属含量生产量

单位：万吨

年 份	昆明市	曲靖市	玉溪市	保山市	昭通市	丽江市	普洱市	临沧市
2000								
2001								
2002								
2003								
2004								
2005								
2006								
2007								
2008								
2009								

4-22 分地区锑金属含量生产量（续）

单位：万吨

年 份	楚雄州	红河州	文山州	西双版纳州	大理州	德宏州	怒江州	迪庆州
2000	0.01		0.46					
2001	0.00		0.26					
2002			0.26					
2003			0.27					
2004			0.25					
2005			0.20					
2006			0.17					0.03
2007		0.03	0.23					0.02
2008			0.26					
2009			0.30					

4-23　分地区硫铁矿石生产量

单位：万吨

年　份	昆明市	曲靖市	玉溪市	保山市	昭通市	丽江市	普洱市	临沧市
2000	0.50				0.95			
2001	0.34				0.64			
2002	0.40				0.54			
2003					0.09			
2004	2.20				1.15			
2005	1.10				0.74			
2006	1.40				1.05			
2007	0.55				0.86			
2008	0.31				0.81			
2009					0.70			

4-23　分地区硫铁矿石生产量（续）

单位：万吨

年　份	楚雄州	红河州	文山州	西双版纳州	大理州	德宏州	怒江州	迪庆州
2000		13.05						
2001		8.76						
2002		6.29						
2003		12.19						
2004		22.84						
2005		28.85						
2006		38.00						
2007		49.86						
2008		43.52						
2009		35.38						2.29

4-24 分地区磷矿石生产量

单位：万吨

年 份	昆明市	曲靖市	玉溪市	保山市	昭通市	丽江市	普洱市	临沧市
2000	804.44	2.07	113.12					
2001	815.84	2.10	114.72					
2002	1118.70	3.60	131.62					
2003	1029.93	9.05	142.62					
2004	1081.77	3.20	126.70					
2005	989.58	16.00	60.25					
2006	1340.04	4.81	68.70					
2007	1394.42	0.30	93.39					
2008	1787.46		95.73					
2009	1958.67		175.65					

4-24 分地区磷矿石生产量（续）

单位：万吨

年 份	楚雄州	红河州	文山州	西双版纳州	大理州	德宏州	怒江州	迪庆州
2000	1.48							
2001	1.50							
2002	1.90							
2003	0.88							
2004	6.56							
2005	0.12							
2006	0.06							
2007								
2008								
2009								

4-25 分地区原盐生产量

单位：万吨

年 份	昆明市	曲靖市	玉溪市	保山市	昭通市	丽江市	普洱市	临沧市
2000	17.07						10.04	
2001	17.21						10.12	
2002	19.74						9.67	
2003	34.45						8.36	
2004	51.85						7.45	
2005	58.69						7.21	
2006	73.76						4.58	
2007	82.64							
2008	93.33							
2009	89.19							

4-25 分地区原盐生产量（续）

单位：万吨

年 份	楚雄州	红河州	文山州	西双版纳州	大理州	德宏州	怒江州	迪庆州
2000	18.22			0.49	3.07		0.53	
2001	18.37			0.49	3.10		0.54	
2002	18.00			0.76	3.13		0.49	
2003	1.20			0.67	2.59		0.51	
2004	1.07			0.43				
2005	0.96			0.91				
2006	0.50			0.71				
2007				0.23				
2008								
2009								

4-26 分地区机制纸及纸板(外购原纸加工除外)生产量

单位：万吨

年 份	昆明市	曲靖市	玉溪市	保山市	昭通市	丽江市	普洱市	临沧市
2000	7.10	1.34	4.16	0.66	0.30	0.80		0.81
2001	2.57	1.20	2.19	0.38	0.10		0.04	0.17
2002	1.95	1.56	1.99	0.75	0.07			0.22
2003	1.79	1.81	3.93	1.15	0.10		0.00	0.03
2004	5.53	0.27	5.19	0.18		0.51		0.31
2005	5.08	3.62	8.24	1.73	0.50	0.03		0.39
2006	10.40	4.86	7.51	1.53	0.51	0.03		0.34
2007	10.83	5.79	9.02	1.24	0.49	0.04		0.30
2008	10.69	6.93	10.10	1.19	0.42	0.04		0.23
2009	13.46	9.93	10.51	1.32	0.37	0.07		0.24

4-26 分地区机制纸及纸板(外购原纸加工除外)生产量（续）

单位：万吨

年 份	楚雄州	红河州	文山州	西双版纳州	大理州	德宏州	怒江州	迪庆州
2000	0.13	2.95	0.16		3.28	0.65		
2001	0.40	2.41	0.22		1.22	0.30		
2002	0.68	2.58	0.25		0.83	0.32		
2003	0.88	2.80	0.24		0.84	0.41		
2004		1.56			0.85	0.19		
2005	1.26	5.38	0.25		1.76	0.53		0.11
2006	1.33	5.11	0.32		0.70	0.49		0.13
2007	0.97	4.69	0.35		0.35	0.49		0.15
2008	0.78	5.10	0.34		6.11	0.33		0.52
2009	0.43	4.60	0.31		4.57	0.21		

4-27 分地区硫酸（折100%）生产量

单位：万吨

年 份	昆明市	曲靖市	玉溪市	保山市	昭通市	丽江市	普洱市	临沧市
2000	106.02	27.74	16.72	1.63	1.62			
2001	127.15	33.27	20.05	1.96	1.94			
2002	150.09	36.16	20.37	2.30	1.60			
2003	180.10	44.11	23.25	2.20	3.00			
2004	245.54	67.20	40.75	2.02	4.97			
2005	359.43	69.47	52.91	4.35	5.59			
2006	387.48	89.63	77.29	4.64	9.95			1.24
2007	493.01	111.59	80.75	5.26	5.60			1.97
2008	483.78	109.53	64.69	4.19	4.84			1.36
2009	616.82	121.69	12.60	2.84	4.69			

4-27 分地区硫酸（折100%）生产量（续）

单位：万吨

年 份	楚雄州	红河州	文山州	西双版纳州	大理州	德宏州	怒江州	迪庆州
2000	2.79	48.38			0.60			
2001	3.35	58.03			0.72			
2002	5.08	66.68	1.36		4.55			
2003	6.01	70.60	2.90		8.32			
2004	6.15	73.31	5.07		11.88			
2005	10.18	82.32	5.94		13.87			
2006	9.68	86.17	5.20		23.51			
2007	13.75	106.47	5.44		32.72			
2008	15.23	90.12	6.92		31.91			
2009	18.89	129.74	11.20		20.74			

4-28 分地区烧碱生产量

单位：万吨

年 份	昆明市	曲靖市	玉溪市	保山市	昭通市	丽江市	普洱市	临沧市
2000	2.93	0.14						
2001	3.68	0.17						
2002	3.54	0.17						
2003	1.91	0.18						
2004	3.99	0.15					0.27	
2005	4.40	0.17					0.33	
2006	7.51	0.18					0.17	
2007	13.47	0.09					0.43	
2008	14.84	0.09					0.49	
2009	19.30	0.09					0.50	

4-28 分地区烧碱生产量（续）

单位：万吨

年 份	楚雄州	红河州	文山州	西双版纳州	大理州	德宏州	怒江州	迪庆州
2000								
2001								
2002								
2003		1.00						
2004		0.39						
2005		0.33						
2006		0.40						
2007		0.50						
2008		0.39						
2009		0.66						

4-29 分地区碳化钙（电石，折 300升 / 千克）生产量

单位：万吨

年 份	昆明市	曲靖市	玉溪市	保山市	昭通市	丽江市	普洱市	临沧市
2000	1.66	5.15	0.99		1.82		0.02	
2001	1.90	5.88	1.13		2.08		0.02	
2002	2.75	4.55	0.90		2.62			
2003	1.53	5.21	1.28		4.24			
2004	0.25	6.74	0.95		6.93			
2005	1.30	7.03	0.46		8.96			
2006	1.86	6.38	0.18		21.14			
2007	1.72	6.44			24.16			
2008	1.24	8.29			22.31			
2009	4.37	10.99			38.44			

4-29 分地区碳化钙（电石，折 300升 / 千克）生产量（续）

单位：万吨

年 份	楚雄州	红河州	文山州	西双版纳州	大理州	德宏州	怒江州	迪庆州
2000		0.36						
2001		0.41						
2002		0.19						
2003		0.09						
2004								
2005								
2006								
2007			7.64					
2008			5.56					
2009			6.74					

4-30 分地区黄磷生产量

单位：万吨

年 份	昆明市	曲靖市	玉溪市	保山市	昭通市	丽江市	普洱市	临沧市
2000	5.15	6.38	7.40					
2001	5.98	7.40	8.58					
2002	11.68	9.99	10.63					
2003	9.80	7.92	10.74					
2004	8.05	8.11	9.72		0.26			
2005	9.45	6.42	8.72		0.05			
2006	11.35	7.03	11.15		0.26			
2007	7.43	8.52	10.12		0.19			
2008	9.31	8.71	11.11		0.17			
2009	13.58	13.30	11.46		0.06			

4-30 分地区黄磷生产量（续）

单位：万吨

年 份	楚雄州	红河州	文山州	西双版纳州	大理州	德宏州	怒江州	迪庆州
2000		3.21	0.17					
2001		3.72	0.20					
2002		4.68	0.19					
2003	0.05	4.45	0.18					
2004	0.13	4.28	0.21					
2005	0.73	3.90	0.33					
2006	0.99	5.27	0.40					
2007	0.84	5.21	0.32					
2008	0.74	4.86	0.33					
2009	0.91	3.61	0.35					

4-31 分地区合成氨（无水氨）生产量

单位：万吨

年 份	昆明市	曲靖市	玉溪市	保山市	昭通市	丽江市	普洱市	临沧市
2000	9.29	39.11	4.79		36.13	0.96		
2001	9.88	41.59	5.09		38.42	1.02		
2002	11.93	44.09	7.79		35.74	1.35		
2003	12.77	40.38	8.53		42.76	0.74		
2004	12.92	45.09	9.23		48.78	1.43		
2005	14.71	45.44	11.23		51.73	5.86		
2006	15.58	47.09	12.31		47.38	7.92		
2007	17.84	42.74	13.56		47.57	8.36		
2008	14.99	39.84	13.29		44.65	8.74		
2009	12.82	35.01	13.98		39.64	8.85		

4-31 分地区合成氨（无水氨）生产量（续）

单位：万吨

年 份	楚雄州	红河州	文山州	西双版纳州	大理州	德宏州	怒江州	迪庆州
2000	1.02	36.42	1.73					
2001	1.08	38.73	1.84					
2002	1.35	44.68	1.88					
2003	0.90	42.00	1.35					
2004	0.42	41.35	1.37					
2005	1.95	44.57	1.68					
2006	2.23	49.95	1.34					
2007	2.88	58.59	2.11					
2008	1.07	54.31	1.92					
2009	0.61	55.60	1.67					

4-32 分地区水泥熟料生产量

单位：万吨

年 份	昆明市	曲靖市	玉溪市	保山市	昭通市	丽江市	普洱市	临沧市
2000								
2001								
2002								
2003								
2004	336.84	222.97	262.33	26.78	95.10	57.27	127.30	43.46
2005	382.07	310.11	339.64	46.57	104.55	73.53	158.54	50.05
2006	473.11	359.41	387.40	49.10	142.25	89.32	181.18	48.88
2007	497.31	349.54	414.23	69.32	188.45	127.00	175.46	45.29
2008	529.59	467.38	426.76	122.43	202.62	108.91	156.26	48.00
2009	624.16	640.09	528.55	128.72	237.44	176.18	159.13	39.55

4-32 分地区水泥熟料生产量（续）

单位：万吨

年 份	楚雄州	红河州	文山州	西双版纳州	大理州	德宏州	怒江州	迪庆州
2000								
2001								
2002								
2003								
2004	36.71	151.89	104.71	17.52	247.40	48.56	2.21	2.95
2005	32.96	193.92	130.96	28.14	290.68	55.97	3.73	0.76
2006	32.35	195.55	144.36	15.42	302.90	66.17	2.33	1.66
2007	30.58	185.88	172.29	16.91	361.63	82.53	2.79	17.70
2008	31.25	162.09	163.81	19.94	427.89	79.03	3.12	16.50
2009	28.19	246.64	169.24	22.45	577.20	103.75	2.50	7.61

4-33 分地区水泥生产量

单位：万吨

年 份	昆明市	曲靖市	玉溪市	保山市	昭通市	丽江市	普洱市	临沧市
2000	347.58	234.40	336.14	39.78	73.68	27.53	59.65	39.65
2001	341.09	230.91	329.71	41.64	81.08	28.32	59.67	37.38
2002	368.95	249.50	335.70	44.89	88.28	35.63	84.21	46.48
2003	393.47	263.33	327.32	52.15	99.84	62.68	110.31	39.45
2004	430.39	292.82	374.37	52.11	103.22	69.69	139.38	50.23
2005	516.50	397.55	448.53	67.99	116.57	87.12	183.28	56.30
2006	630.29	460.40	480.90	70.91	167.49	110.93	204.11	53.46
2007	631.72	449.18	524.74	91.87	233.00	155.03	217.00	53.61
2008	646.91	705.85	561.53	158.45	254.19	133.66	194.97	58.21
2009	858.75	851.66	717.62	186.24	295.59	235.79	194.88	53.65

4-33 分地区水泥生产量（续）

单位：万吨

年 份	楚雄州	红河州	文山州	西双版纳州	大理州	德宏州	怒江州	迪庆州
2000	43.52	135.46	55.54	17.41	186.65	42.59	1.55	1.67
2001	43.27	160.55	57.30	13.46	171.92	41.55	1.54	1.47
2002	46.41	186.40	82.79	14.43	204.71	45.44	4.23	2.99
2003	66.88	206.16	102.65	16.67	256.84	48.87	4.76	1.41
2004	55.39	229.45	129.53	18.65	289.94	56.14	2.45	2.80
2005	61.34	276.93	163.97	30.15	353.75	67.74	4.15	0.76
2006	100.91	330.74	195.28	36.08	386.37	73.67	2.59	1.84
2007	113.05	305.08	221.88	27.13	414.61	109.52	3.10	18.00
2008	117.45	284.09	227.41	32.70	514.72	101.36	3.47	17.00
2009	120.78	396.91	253.26	39.67	685.35	137.30	11.39	7.61

4-34 分地区平板玻璃生产量

单位：万重量箱

年 份	昆明市	曲靖市	玉溪市	保山市	昭通市	丽江市	普洱市	临沧市
2000	261.31	28.11						
2001	264.60	28.47						
2002	290.71	19.14						
2003	301.74	17.08	16.50					
2004	278.74	20.19	13.78					
2005	235.56	14.40	19.35					
2006	270.19	11.16	20.86					
2007	291.00	13.41	23.70					
2008	298.57	4.97	29.81					
2009	285.04	195.44	20.35					

4-34 分地区平板玻璃生产量（续）

单位：万重量箱

年 份	楚雄州	红河州	文山州	西双版纳州	大理州	德宏州	怒江州	迪庆州
2000	0.41							
2001	0.42							
2002	1.89							
2003	1.12							
2004	0.64							
2005	0.85							
2006	0.29							
2007	1.68							
2008	2.03							
2009	0.66							

4-35 分地区生铁生产量

单位：万吨

年 份	昆明市	曲靖市	玉溪市	保山市	昭通市	丽江市	普洱市	临沧市
2000	217.96	19.71	68.30		0.52			
2001	222.89	29.83	51.96		0.50			
2002	243.80	40.76	85.23		0.58			
2003	273.63	42.10	151.89		0.81			
2004	321.21	101.49	209.95		0.89			
2005	373.54	135.36	237.30		1.15			
2006	390.58	176.28	247.26		1.33			
2007	435.86	189.03	349.42		1.58			
2008	427.28	188.87	318.07		0.87			
2009	443.43	168.15	391.19		0.28			

4-35 分地区生铁生产量（续）

单位：万吨

年 份	楚雄州	红河州	文山州	西双版纳州	大理州	德宏州	怒江州	迪庆州
2000	2.94							
2001	32.77							
2002	40.03	1.80						
2003	38.29	5.68						
2004	47.75	7.14			0.75			
2005	84.15	7.25			7.18			
2006	103.27	6.75			9.63			
2007	114.50	95.53			16.86			
2008	134.50	88.23			22.70			
2009	151.81	126.69	0.69		12.07			

4-36 分地区粗钢生产量

单位：万吨

年 份	昆明市	曲靖市	玉溪市	保山市	昭通市	丽江市	普洱市	临沧市
2000	185.79		2.32	0.54				
2001	211.36		2.45					
2002	228.71		4.33	0.93				
2003	238.32		14.35	1.94				
2004	269.22	2.88	21.38	3.51				
2005	325.39	1.54	68.61	4.46				
2006	335.74	4.30	129.81	6.34				
2007	408.55	9.60	247.02	6.69				
2008	410.78		258.33	4.21				
2009	418.11		364.40	0.31				

4-36 分地区粗钢生产量（续）

单位：万吨

年 份	楚雄州	红河州	文山州	西双版纳州	大理州	德宏州	怒江州	迪庆州
2000		0.76						
2001	7.47	0.74						
2002	40.18	0.59						
2003	39.56	0.59						
2004	51.59	0.73						
2005	91.11	22.30						
2006	106.17	53.02						
2007	122.46	89.54						
2008	143.93	84.06						
2009	150.32	115.91						

4-37 分地区钢材生产量

单位：万吨

年 份	昆明市	曲靖市	玉溪市	保山市	昭通市	丽江市	普洱市	临沧市
2000	174.79	1.31	3.63	0.53				
2001	179.31	2.43	2.77					
2002	201.66	2.29	3.58	0.81				
2003	243.84	0.99	19.77	1.78				
2004	289.20	3.17	20.20	3.35				
2005	384.48	2.03	24.38	4.20				
2006	431.37		60.27	5.86				
2007	439.98		167.42	6.32				
2008	392.30	8.21	215.32	4.11				
2009	395.00	0.74	315.52	0.30				

4-37 分地区钢材生产量（续）

单位：万吨

年 份	楚雄州	红河州	文山州	西双版纳州	大理州	德宏州	怒江州	迪庆州
2000	2.77	0.11				0.56		
2001	1.44	0.12				0.13		
2002	1.56	0.04				0.40		
2003	19.51	0.01			0.10	0.53		
2004	34.44				0.06	0.15		
2005	71.52				0.26	0.05		
2006	75.82	7.51			7.23			
2007	111.52	56.77			7.98			
2008	139.70	67.85			9.11			
2009	146.60	105.19			9.96			

4-38 分地区铁合金生产量

单位：万吨

年 份	昆明市	曲靖市	玉溪市	保山市	昭通市	丽江市	普洱市	临沧市
2000	2.48	1.65	1.72		0.34		0.48	
2001	6.19	1.65	1.85		0.35		0.93	
2002	6.49	1.80	0.86		0.45		0.55	
2003	4.94	1.81	1.67		0.53	1.72	0.34	0.18
2004	6.20	1.27	2.85		0.56	4.93	0.72	0.12
2005	5.81	1.00	2.92		0.43	2.24	1.28	0.13
2006	5.40	0.66	2.53		1.17	1.47	0.90	
2007	6.68	0.60	2.51		0.95	0.90	0.63	
2008	5.20	3.80	2.36	2.95	0.71	0.57	0.12	
2009	4.78	2.60	1.76	1.63	0.64	0.28	0.18	

4-38 分地区铁合金生产量（续）

单位：万吨

年 份	楚雄州	红河州	文山州	西双版纳州	大理州	德宏州	怒江州	迪庆州
2000		3.57	5.62		0.32	1.06		0.53
2001	0.66	5.34	8.43	0.56	0.45			0.34
2002		4.79	15.59	0.84	0.47			0.40
2003		5.27	17.42	1.92	0.23	0.03		0.49
2004		5.42	19.64	3.50	0.95	0.07		1.46
2005		7.46	19.79	2.46	1.83	0.05		2.59
2006		7.59	26.72	1.11	2.73			1.60
2007		8.86	36.36	1.50	2.66	0.05		2.89
2008		7.24	32.80	1.15	2.13			4.06
2009	0.25	9.14	43.98	1.34	2.36			4.08

4-39　分地区精炼铜(电解铜)生产量

单位：万吨

年　份	昆明市	曲靖市	玉溪市	保山市	昭通市	丽江市	普洱市	临沧市
2000	15.62		0.15			0.06		
2001	17.64		0.06			0.06		
2002	19.22		0.12	0.01		0.06		
2003	18.67		0.09	0.00			0.06	
2004	22.61		0.11	0.01		0.02		0.07
2005	32.07		0.09	0.00		0.05	0.02	0.09
2006	36.60		0.12	0.00		0.05	0.15	
2007	39.62		0.13	0.00		0.05	0.21	
2008	30.52		0.12			0.06	0.23	
2009	29.06		0.09			0.05	0.14	

4-39　分地区精炼铜(电解铜)生产量（续）

单位：万吨

年　份	楚雄州	红河州	文山州	西双版纳州	大理州	德宏州	怒江州	迪庆州
2000	0.14	0.09						
2001	1.01	0.07	0.02					
2002	1.41	0.05						
2003	1.10	0.04						
2004	0.14	0.04						
2005	0.04	0.04						
2006	0.05	0.04						
2007	0.07	0.03			0.05			
2008	0.33	0.03			0.07			
2009	0.40	0.03			0.08	0.01		

4-40 分地区铅生产量

单位：万吨

年份	昆明市	曲靖市	玉溪市	保山市	昭通市	丽江市	普洱市	临沧市
2000	6.32						1.39	
2001	6.36						1.40	
2002	5.93	0.17					1.50	
2003	6.14	0.35					1.12	
2004	6.27	0.25					1.21	
2005	5.98	0.17					1.42	
2006	3.74	3.73			6.34		1.43	
2007	2.19	10.46					1.36	
2008	1.51	11.14		0.16			1.77	0.04
2009	0.86	10.10			0.26		1.04	

4-40 分地区铅生产量（续）

单位：万吨

年份	楚雄州	红河州	文山州	西双版纳州	大理州	德宏州	怒江州	迪庆州
2000		8.54						
2001		8.60						
2002		9.59						
2003		11.48						
2004		14.68						
2005		17.72			0.06			
2006		31.91			0.28			
2007		29.57			2.08			
2008	0.52	21.33			3.59			
2009	0.09	22.80			0.92			

4-41 分地区锌生产量

单位：万吨

年 份	昆明市	曲靖市	玉溪市	保山市	昭通市	丽江市	普洱市	临沧市
2000	2.31	11.33		0.77	0.39			
2001	2.59	12.71		0.86	0.44			
2002	3.35	14.06		0.91	0.13	0.02		
2003	4.87	14.71		1.02	0.08	0.07	0.07	
2004	4.38	29.65	0.17	1.30	0.36	0.08	0.04	
2005	5.39	14.40		2.63	1.10	0.08	0.13	0.17
2006	6.03	28.37		3.15	1.93	0.08	0.10	1.08
2007	7.62	33.75		2.81	2.32		0.21	1.54
2008	5.82	32.12		1.56	2.80		0.36	1.26
2009	5.30	29.06		1.46	5.07		0.55	0.58

4-41 分地区锌生产量（续）

单位：万吨

年 份	楚雄州	红河州	文山州	西双版纳州	大理州	德宏州	怒江州	迪庆州
2000	0.46	1.24	0.29		5.73		0.95	
2001	0.52	1.39	0.33		6.43		1.07	
2002	0.55	0.23			7.71		1.20	
2003	1.07	1.07	0.39		7.43		2.75	
2004	0.49	1.13	0.21		8.64		3.02	0.11
2005	0.52	1.71	0.23		9.77		5.80	0.05
2006	0.60	2.18	0.46		9.71		12.12	0.08
2007	0.56	7.61	0.60		9.80		12.20	0.08
2008	0.44	8.31	3.95		11.62		12.23	0.01
2009	0.28	7.15	3.59		13.67		12.36	

4-42 分地区锡生产量

单位：万吨

年 份	昆明市	曲靖市	玉溪市	保山市	昭通市	丽江市	普洱市	临沧市
2000								
2001	0.02							
2002								
2003								
2004	0.02							
2005	0.01							
2006	0.02							
2007	0.03							
2008	0.00							
2009	0.00							

4-42 分地区锡生产量（续）

单位：万吨

年 份	楚雄州	红河州	文山州	西双版纳州	大理州	德宏州	怒江州	迪庆州
2000		4.69	0.00		0.04			
2001		5.50			0.03			
2002		5.92			0.04			
2003		6.77			0.03			
2004		7.04			0.01			
2005		6.88			0.00			
2006		8.13						
2007		8.16						
2008		7.38						
2009		7.46						

4-43　分地区原铝（电解铝)生产量

单位：万吨

年　份	昆明市	曲靖市	玉溪市	保山市	昭通市	丽江市	普洱市	临沧市
2000	12.02	0.68						
2001	13.64	0.77						
2002	13.89	1.01						
2003	12.00	1.31						
2004	18.98	1.35						
2005	30.45	2.90						
2006	29.61	7.60						
2007	31.87	15.43						
2008	31.65	13.99						
2009	32.13	18.20						

4-43　分地区原铝（电解铝)生产量（续）

单位：万吨

年　份	楚雄州	红河州	文山州	西双版纳州	大理州	德宏州	怒江州	迪庆州
2000	0.62					0.52		
2001	0.70					0.59		
2002	0.56					0.93		
2003	0.51	1.67				1.17		
2004	0.34	4.15				1.06		
2005	0.47	4.31				1.13		
2006	0.61	7.72				1.03		
2007	1.29	8.00				1.29		
2008	0.74	5.40				1.34		
2009	0.53	8.55				1.35		

4-44　分地区硅生产量

单位：万吨

年　份	昆明市	曲靖市	玉溪市	保山市	昭通市	丽江市	普洱市	临沧市
2000								
2001								
2002								
2003								
2004								
2005								
2006								
2007								
2008				5.46				2.06
2009				9.24				2.44

4-44　分地区硅生产量（续）

单位：万吨

年　份	楚雄州	红河州	文山州	西双版纳州	大理州	德宏州	怒江州	迪庆州
2000								
2001								
2002								
2003								
2004								
2005								
2006								
2007								
2008	0.00		0.13			6.18		
2009	0.00		0.48			10.48		

五、工业及能源生产主要指标

5-1　规模以上工业生产情况

增加值绝对数按当年价计算，指数按可比价格计算, 上年=100　　　　单位：万元，%

年　份	总计		轻工业		重工业	
	绝对数	增长指数	绝对数	增长指数	绝对数	增长指数
2000	5314697	106.7	3523014	101.7	1791682	111.3
2001	5821380	105.6	3862415	98.6	1958965	111.3
2002	6513834	108.1	4252264	104.5	2261571	113.2
2003	7343375	109.1	4538763	108.7	2804612	109.6
2004	8812761	116.6	5041915	110.8	3770847	126.4
2005	9988313	108.4	5371599	105.8	4616715	111.7
2006	12403607	117.8	5985083	109.6	6418524	127.1
2007	14943794	117.5	6910774	117.9	8033020	116.5
2008	18036219	112.6	8186050	114.2	9850169	111.3
2009	19043828	111.2	8846640	113.0	10197188	109.8

5-2 分地区规模以上工业增加值

增加值绝对数按当年价计算　　　　单位：万元

地　区	2005年	2006年	2007年	2008年	2009年
昆明市	3087699	3869656	4590857	4953997	5347363
曲靖市	1492234	2075127	2299300	3113371	3284096
玉溪市	1905103	2142542	2769434	3277908	3274553
保山市	119101	172268	229089	267843	318191
昭通市	390335	499980	622099	612442	751060
丽江市	65558	87247	136047	177346	226199
普洱市	141680	176540	242034	286283	330894
临沧市	153297	199409	240805	275143	279980
楚雄州	508314	580895	779034	843230	907675
红河州	1218439	1478271	1832042	2062887	2181113
文山州	218745	335780	476543	537004	608064
西双版纳州	65359	132692	196463	215933	268984
大理州	458381	561085	758559	798770	910822
德宏州	63389	112838	143797	139604	198189
怒江州	55179	227969	242672	152807	129533
迪庆州	45501	62703	102239	90138	98564

5-3 分地区规模以上工业增加值指数

指数按可比价计算，上年=100　　　　单位：%

地　区	2005年	2006年	2007年	2008年	2009年
昆明市	113.2	117.4	117.7	113.0	110.1
曲靖市	117.4	127.9	114.9	113.1	112.7
玉溪市	102.6	118.5	119.5	116.6	111.5
保山市	127.4	141.8	118.9	112.7	125.8
昭通市	112.9	120.7	116.2	106.2	111.3
丽江市	100.2	143.2	125.1	121.0	117.2
普洱市	119.4	122.4	129.8	129.2	118.2
临沧市	105.2	116.9	123.4	124.1	102.7
楚雄州	120.3	111.5	119.7	114.1	110.0
红河州	105.6	115.8	111.7	109.3	110.1
文山州	132.5	128.4	128.8	116.1	118.6
西双版纳州	123.6	161.3	137.6	100.7	112.2
大理州	112.5	123.4	121.7	113.6	116.2
德宏州	68.9	146.7	133.5	103.7	131.4
怒江州	149.7	289.6	107.6	101.3	107.7
迪庆州	143.4	108.1	109.4	106.9	118.3

5-4 规模以上能源工业行业增加值

增加值绝对数按当年价计算　　单位：万元

年 份	能源工业合计	煤炭开采和洗选业	石油和天然气开采业	石油加工炼焦及核燃料加工业	电力、热力的生产和供应业	燃气生产和供应业
2000	623368	63962	55	4422	551511	3418
2001	710204	72117	97	7069	622668	8253
2002	825857	79595	213	6991	735510	3548
2003	937360	96980	241	17157	811496	11486
2004	1240918	150006	338	44777	1030417	15380
2005	1554169	201989	104	106636	1240738	4702
2006	2010213	237586	157	161670	1608542	2258
2007	2344981	307751	284	306959	1721363	8624
2008	3405416	789325	307	574937	2033105	7742
2009	3887703	933886	108	505859	2423612	24238

5-5 规模以上能源工业行业增加值增长指数

指数按可比价计算，上年=100 单位：%

年 份	能源工业合计	煤炭开采和洗选业	石油和天然气开采业	石油加工炼焦及核燃料加工业	电力、热力的生产和供应业	燃气生产和供应业
2000	112.3	109.7	101.5	132.4	111.1	13.5
2001	114.0	110.0	102.0	135.7	110.8	112.5
2002	118.4	110.0	250.6	111.5	111.2	102.8
2003	111.9	111.7	88.6	170.7	126.1	295.1
2004	122.0	119.1	68.4	124.4	122.0	149.0
2005	119.7	118.7	118.3	142.7	116.7	91.0
2006	120.6	102.4	122.0	114.2	124.1	93.3
2007	126.6	105.0	83.9	147.4	115.9	207.2
2008	119.3	135.2	51.3	135.4	112.1	121.4
2009	110.7	103.1	41.7	100.9	116.6	222.1

5-6 规模以上能源生产法人企业单位数

单位：户

年 份	能源工业	煤炭开采和洗选业	石油和天然气开采业	石油加工、炼焦及核燃料加工业	电力、热力的生产和供应业	燃气生产和供应业
2000	261	63	1	10	184	3
2001	256	63	1	10	179	3
2002	261	61	1	11	185	3
2003	253	66	1	12	171	3
2004	293	78	1	32	178	4
2005	374	119	1	41	209	4
2006	437	155	1	39	239	3
2007	513	216	1	39	255	2
2008	815	453	1	48	310	3
2009	848	451		42	351	4

5-7 规模以上能源生产法人企业全部从业人员

单位：人

年 份	能源工业	煤炭开采和洗选业	石油和天然气开采业	石油加工、炼焦及核燃料加工业	电力、热力的生产和供应业	燃气生产和供应业
2000	125142	40432	70	2069	79581	2990
2001	111271	38428	69	1831	67958	2985
2002	101165	35994	66	1857	60633	2615
2003	98808	34227	64	2248	59477	2792
2004	100382	34416	60	5328	58295	2283
2005	117545	48343	59	7713	59275	2155
2006	133396	56894	57	9671	64551	2223
2007	155995	71144	57	16551	66179	2064
2008	204759	115028	57	17339	70169	2166
2009	209832	118229		15941	73014	2648

5-8 规模以上能源生产法人企业年末资产

单位：万元

年 份	能源工业	煤炭开采和洗选业	石油和天然气开采业	石油加工、炼焦及核燃料加工业	电力、热力的生产和供应业	燃气生产和供应业
2000	4803236	481817	2567	30493	4171713	116646
2001	5044950	485138	2668	34150	4409725	113269
2002	5471721	491448	2661	41157	4823118	113337
2003	6538409	533802	2078	76629	5817523	108377
2004	8132398	615615	1962	204502	7200465	109854
2005	8072083	701299	1727	393680	6854052	121325
2006	11625719	884804	1708	492989	10091485	154733
2007	16221529	1282761	1747	2052492	12698850	185679
2008	23536040	2239949	1752	1453037	19583162	258140
2009	28488498	2601857		1958466	23617456	310719

5-9 规模以上能源生产法人企业利税总额

单位：万元

年 份	能源工业	煤炭开采和洗选业	石油和天然气开采业	石油加工、炼焦及核燃料加工业	电力、热力的生产和供应业	燃气生产和供应业
2000	221161	8751	-76	593	211973	-80
2001	227504	11244	-107	1503	212489	2375
2002	221089	-1962	-38	2346	217076	3667
2003	334404	22438	-610	10321	299514	2741
2004	473185	57532	36	28585	383008	4024
2005	663375	90596	-95	50747	525828	-3701
2006	791100	101555	242	87161	604882	-2740
2007	1045634	178981	95	158280	709123	-845
2008	1424819	497533	-109	191883	730644	4868
2009	13155116	4592659		1296751	7199987	65719

5-10 规模以上能源生产法人企业主营业务收入

单位：万元

年 份	能源工业	煤炭开采和洗选业	石油和天然气开采业	石油加工、炼焦及核燃料加工业	电力、热力的生产和供应业	燃气生产和供应业
2000	1127993	120280	398	14318	947285	45712
2001	1262343	134107	437	14914	1067228	45657
2002	1427507	151149	1110	19188	1211046	45014
2003	2120472	189922	1312	48979	1826034	54225
2004	2897265	280824	1374	159291	2386433	69343
2005	3861370	431657	1358	348926	3005716	73713
2006	4920732	563975	1984	454061	3827643	73069
2007	6653207	816497	1548	987291	4755052	92819
2008	9136745	1879713	929	1695153	5352446	208504
2009	9812482	1805455		1473802	6319398	213827

六、分行业能源消费

6-1 分行业能源消费总量(按等价热值计算)

单位：万吨标准煤

	2005年	2006年	2007年	2008年	2009年
消费总计	**6023.97**	**6620.57**	**7132.63**	**7510.82**	**8032.06**
一、农、林、牧、渔业	**228.12**	**225.14**	**237.90**	**205.26**	**215.93**
二、工业合计	**4390.71**	**4882.98**	**5300.95**	**5597.99**	**5868.90**
轻工业	**261.57**	**290.32**	**316.22**	**306.51**	**387.31**
重工业	**4129.13**	**4592.67**	**4984.73**	**5291.48**	**5481.59**
（一）采矿业	**357.79**	**378.87**	**436.80**	**530.14**	**530.39**
煤炭开采和洗选业	204.51	184.41	198.59	285.27	222.90
石油和天然气开采业	0.06	0.05	0.03		0.01
黑色金属矿采选业	55.09	57.84	70.63	95.07	104.95
有色金属矿采选业	69.52	97.46	120.54	100.63	113.91
非金属矿采选业	28.61	39.11	47.01	49.17	88.62
其他采矿业		0.00	0.00	0.00	
（二）制造业	**3734.80**	**4113.89**	**4432.17**	**4611.61**	**5023.18**
农副食品加工业	101.79	100.81	138.88	100.13	182.66
食品制造业	13.58	21.05	18.61	11.31	18.63
饮料制造业	27.43	28.94	26.48	26.76	35.31
烟草制品业	32.62	35.66	35.05	33.58	34.18
纺织业	16.15	17.34	11.49	17.00	13.59
纺织服装、鞋、帽制造业	0.37	0.65	0.64	0.93	1.35
皮革、毛皮、羽毛(绒)及其制品业	0.25	0.12	0.02	0.25	0.23
木材加工及木、竹、藤、棕、草制品业	18.20	19.52	15.45	33.37	20.11
家具制造业	0.52	0.51	0.13	3.75	4.92
造纸及纸制品业	40.98	53.73	61.36	61.54	62.53
印刷业和记录媒介的复制	5.94	7.03	3.26	4.11	5.13
文教体育用品制造业	0.07	0.05	0.01	0.17	
石油加工、炼焦及核燃料加工业	145.41	170.61	147.02	239.05	192.05
化学原料及化学制品制造业	996.86	1102.28	1143.41	1199.93	1170.43
医药制造业	11.66	15.00	11.42	12.15	14.72
化学纤维制造业	5.33	6.65	7.13	5.63	6.13
橡胶制品业	2.24	1.80	2.00	2.20	3.71
塑料制品业	10.91	7.54	6.97	10.76	14.28
非金属矿物制品业	591.27	709.97	658.21	654.47	895.02
黑色金属冶炼及压延加工业	1104.86	1142.28	1403.78	1433.82	1472.20

6-1 分行业能源消费总量(按等价热值计算)(续)

单位：万吨标准煤

	2005年	2006年	2007年	2008年	2009年
有色金属冶炼及压延加工业	560.59	636.30	707.62	663.17	760.64
金属制品业	6.14	5.34	3.09	20.59	40.06
通用设备制造业	13.63	10.20	9.87	20.93	13.72
专用设备制造业	6.98	5.04	4.04	5.17	7.27
交通运输设备制造业	10.09	6.73	7.44	8.72	31.36
电气机械及器材制造业	3.84	4.12	3.43	4.55	4.95
通信设备、计算机及其他电子设备制造业	0.30	0.38	0.53	0.63	0.60
仪器仪表及文化、办公用机械制造业	1.40	1.12	1.36	1.36	1.37
工艺品及其他制造业	4.89	2.77	1.73	29.20	7.93
废弃资源和废旧材料回收加工业	0.51	0.34	1.74	6.38	8.10
（三）电力、燃气及水的生产和供应业	**298.12**	**390.22**	**431.98**	**456.25**	**315.33**
电力、热力的生产和供应业	280.90	377.88	397.49	433.92	293.71
燃气生产和供应业	12.09	7.08	26.92	16.60	15.23
水的生产和供应业	5.13	5.26	7.57	5.73	6.39
三、建筑业	**77.91**	**92.84**	**95.01**	**116.29**	**130.80**
房屋和土木工程建筑业	60.97	70.64	72.87	94.59	123.28
建筑安装业	9.10	13.70	13.65	13.46	3.16
建筑装饰业	4.26	4.68	4.84	3.53	1.06
其他建筑业	3.58	3.82	3.65	4.72	3.30
四、交通运输储运业和邮政业	**570.30**	**627.20**	**671.23**	**690.45**	**709.33**
铁路运输业	40.85	41.23	40.09	43.99	40.98
道路运输业	419.42	473.94	515.02	535.17	597.66
城市公共交通业	7.31	8.28	8.63	8.64	9.90
水上运输业	8.16	8.34	8.36	7.34	0.32
航空运输业	40.68	50.10	53.15	53.03	52.19
管道运输业					1.14
装卸搬运及其他运输服务业	6.06	6.58	6.57	6.62	0.72
仓储业	29.12	26.33	27.73	21.51	3.88
邮政业(电信业)	18.71	12.41	11.67	14.16	2.54
五、批发、零售业和住宿、餐饮业	**41.27**	**62.72**	**80.12**	**94.41**	**123.99**
六、其他行业	**122.55**	**101.86**	**96.92**	**125.41**	**137.90**
七、城乡居民生活	**593.14**	**627.81**	**650.47**	**681.03**	**845.21**

6-2 分行业能源消费总量(按当量热值计算)

单位：万吨标准煤

	2005年	2006年	2007年	2008年	2009年
消费总计	**5219.55**	**5976.53**	**6487.79**	**6534.34**	**7222.76**
一、农、林、牧、渔业	**203.06**	**187.44**	**201.89**	**174.06**	**193.16**
二、工业合计	**3960.52**	**4599.60**	**5026.39**	**5045.74**	**5560.63**
轻工业	**252.63**	**252.22**	**278.17**	**239.59**	**309.84**
重工业	**3707.88**	**4347.38**	**4748.22**	**4806.15**	**5250.80**
（一）采矿业	**314.81**	**298.30**	**327.65**	**426.79**	**408.77**
煤炭开采和洗选业	218.75	184.19	183.30	266.74	203.95
石油和天然气开采业	0.03	0.03	0.01		0.00
黑色金属矿采选业	44.91	41.37	56.54	77.47	85.43
有色金属矿采选业	29.59	46.43	55.05	46.47	58.21
非金属矿采选业	21.53	26.29	32.75	36.11	61.18
其他采矿业		0.00	0.00	0.00	
（二）制造业	**2887.91**	**3235.13**	**3487.43**	**3539.76**	**3875.94**
农副食品加工业	134.30	102.42	133.57	91.65	155.09
食品制造业	11.54	16.85	16.14	8.80	13.65
饮料制造业	22.41	25.60	23.02	22.50	28.79
烟草制品业	19.30	24.50	24.15	22.30	23.52
纺织业	10.09	12.04	9.16	13.34	10.47
纺织服装、鞋、帽制造业	0.26	0.53	0.54	0.63	0.83
皮革、毛皮、羽毛(绒)及其制品业	0.18	0.07	0.02	0.25	0.09
木材加工及木、竹、藤、棕、草制品业	11.64	12.96	9.62	23.28	10.37
家具制造业	0.24	0.25	0.10	1.61	1.89
造纸及纸制品业	33.24	44.15	53.13	51.70	51.69
印刷业和记录媒介的复制	3.43	4.53	1.39	1.95	2.47
文教体育用品制造业	0.03	0.03	0.01	0.08	
石油加工、炼焦及核燃料加工业	137.50	165.78	139.04	230.02	178.94
化学原料及化学制品制造业	755.42	850.18	912.24	913.79	902.85
医药制造业	8.70	12.03	8.81	8.99	10.21
化学纤维制造业	4.83	6.90	6.85	5.20	5.60
橡胶制品业	1.39	1.30	1.44	1.49	2.34
塑料制品业	5.01	3.73	3.09	4.75	6.34
非金属矿物制品业	464.05	591.59	550.65	514.30	740.44
黑色金属冶炼及压延加工业	955.35	998.96	1229.38	1236.54	1283.24

6-2 分行业能源消费总量(按当量热值计算)(续)

单位：万吨标准煤

	2005年	2006年	2007年	2008年	2009年
有色金属冶炼及压延加工业	279.20	336.46	344.84	338.53	367.54
金属制品业	4.32	4.00	2.04	9.94	23.90
通用设备制造业	8.39	6.97	6.43	12.28	8.95
专用设备制造业	3.93	3.59	2.45	2.84	4.30
交通运输设备制造业	6.09	4.29	4.74	5.78	26.73
电气机械及器材制造业	1.99	2.26	1.75	2.28	2.21
通信设备、计算机及其他电子设备制造业	0.11	0.15	0.20	0.24	0.23
仪器仪表及文化、办公用机械制造业	0.59	0.51	0.56	0.59	0.60
工艺品及其他制造业	4.09	2.32	1.29	10.60	5.54
废弃资源和废旧材料回收加工业	0.31	0.19	0.79	3.54	7.12
（三）电力、燃气及水的生产和供应业	**757.80**	**1066.16**	**1211.30**	**1079.19**	**1275.93**
电力、热力的生产和供应业	743.62	1057.56	1182.35	1061.64	1259.77
燃气生产和供应业	12.54	6.79	26.31	15.39	13.87
水的生产和供应业	1.63	1.81	2.64	2.16	2.28
三、建筑业	**50.47**	**61.78**	**63.36**	**82.41**	**94.50**
房屋和土木工程建筑业	43.38	51.71	53.24	74.27	92.01
建筑安装业	4.69	7.07	7.06	6.39	1.89
建筑装饰业	2.40	2.99	3.06	1.75	0.61
其他建筑业	1.81	2.21	2.18	3.25	2.98
四、交通运输储运业和邮政业	**526.98**	**594.52**	**640.17**	**656.69**	**674.92**
铁路运输业	23.32	26.23	26.41	30.31	19.00
道路运输业	419.25	473.78	514.88	535.03	591.21
城市公共交通业	7.22	8.20	8.56	8.56	9.73
水上运输业	8.10	8.29	8.31	7.30	0.32
航空运输业	39.65	49.16	52.29	52.18	51.20
管道运输业					0.39
装卸搬运及其他运输服务业	5.97	6.50	6.50	6.55	0.57
仓储业	17.78	18.30	19.15	11.74	1.43
邮政业(电信业)	5.69	4.06	4.06	5.03	1.07
五、批发、零售业和住宿、餐饮业	**31.29**	**41.66**	**54.18**	**65.99**	**89.00**
六、其他行业	**61.70**	**60.96**	**54.41**	**77.94**	**80.92**
七、城乡居民生活	**383.72**	**428.37**	**445.19**	**428.30**	**526.64**

6-3 分行业原煤消费总量(实物量)

单位：万吨

	2005年	2006年	2007年	2008年	2009年
消费总计	**6550.88**	**7355.18**	**7454.36**	**7852.66**	**8522.00**
一、农、林、牧、渔业	**196.71**	**200.64**	**205.64**	**205.28**	**223.46**
二、工业合计	**5919.34**	**6760.15**	**6893.22**	**7273.29**	**7884.94**
轻工业	**216.51**	**232.97**	**223.01**	**240.62**	**259.74**
重工业	**5702.83**	**6527.17**	**6670.21**	**7032.68**	**7625.19**
（一）采矿业	**1105.98**	**1257.60**	**1397.03**	**1569.77**	**1498.21**
煤炭开采和洗选业	1062.54	1210.33	1305.56	1508.80	1409.73
石油和天然气开采业					
黑色金属矿采选业	8.80	11.19	46.51	12.20	12.25
有色金属矿采选业	10.03	13.00	12.88	12.48	34.18
非金属矿采选业	24.61	23.08	32.08	36.29	42.05
其他采矿业		0.00	0.00	0.00	
（二）制造业	**2950.42**	**2862.59**	**2476.05**	**3065.01**	**3195.65**
农副食品加工业	51.04	40.16	56.43	64.58	64.44
食品制造业	15.70	19.00	19.57	9.61	14.30
饮料制造业	21.10	22.99	18.74	26.66	34.92
烟草制品业	25.74	33.65	23.89	26.63	29.49
纺织业	12.53	13.71	11.79	20.18	15.03
纺织服装、鞋、帽制造业	0.33	0.65	0.65	0.55	0.35
皮革、毛皮、羽毛(绒)及其制品业	0.28	0.07	0.02	0.45	0.02
木材加工及木、竹、藤、棕、草制品业	11.47	12.33	8.67	30.76	5.78
家具制造业	0.02	0.09	0.07	0.45	0.01
造纸及纸制品业	52.07	55.97	63.49	61.95	65.38
印刷业和记录媒介的复制	4.10	4.69	0.33	0.51	0.84
文教体育用品制造业	0.00	0.00			
石油加工、炼焦及核燃料加工业	1066.20	1052.38	609.77	974.18	693.88
化学原料及化学制品制造业	550.34	526.59	639.41	738.65	773.21
医药制造业	12.09	13.54	10.25	12.15	12.23
化学纤维制造业	9.47	11.39	10.91	9.21	9.35
橡胶制品业	1.63	1.25	1.66	1.90	2.56
塑料制品业	2.19	1.97	1.04	1.76	2.47
非金属矿物制品业	736.67	749.72	695.85	751.68	1072.19
黑色金属冶炼及压延加工业	232.14	126.97	183.46	193.32	235.14

6-3　分行业原煤消费总量(实物量)（续）

单位：万吨

	2005年	2006年	2007年	2008年	2009年
有色金属冶炼及压延加工业	124.74	151.63	107.22	116.88	112.52
金属制品业	1.36	1.35	1.34	5.70	20.64
通用设备制造业	1.40	1.00	1.64	3.56	2.51
专用设备制造业	2.90	2.61	0.86	0.94	1.70
交通运输设备制造业	1.82	1.04	1.54	1.55	1.83
电气机械及器材制造业	0.65	0.60	0.43	0.56	0.05
通信设备、计算机及其他电子设备制造业		0.00			
仪器仪表及文化、办公用机械制造业	0.30	0.17	0.15	0.16	0.17
工艺品及其他制造业	12.04	17.06	6.87	7.69	13.40
废弃资源和废旧材料回收加工业	0.10	0.01	0.01	2.81	11.25
（三）电力、燃气及水的生产和供应业	**1862.94**	**2639.95**	**3020.14**	**2638.50**	**3191.08**
电力、热力的生产和供应业	1858.26	2637.44	3015.14	2632.39	3186.70
燃气生产和供应业	4.67	2.41	5.00	5.80	4.38
水的生产和供应业	0.01	0.10		0.31	
三、建筑业	**25.28**	**25.79**	**25.68**	**28.48**	**20.06**
房屋和土木工程建筑业	25.28	25.79	25.68	27.88	19.61
建筑安装业				0.11	0.05
建筑装饰业				0.04	0.03
其他建筑业				0.45	0.37
四、交通运输储运业和邮政业	**27.73**	**24.96**	**24.96**	**18.75**	**18.33**
铁路运输业	11.78	11.01	11.01	15.24	0.39
道路运输业	0.31	0.31	0.31	2.96	17.72
城市公共交通业				0.00	0.00
水上运输业	1.56	1.56	1.56	0.05	
航空运输业				0.00	
管道运输业					
装卸搬运及其他运输服务业				0.09	0.04
仓储业	14.08	12.08	12.08	0.08	0.03
邮政业(电信业)				0.33	0.15
五、批发、零售业和住宿、餐饮业	**28.67**	**25.80**	**16.82**	**43.89**	**51.80**
六、其他行业	**32.47**	**29.22**	**16.42**	**30.52**	**31.79**
七、城乡居民生活	**320.68**	**288.61**	**271.61**	**252.45**	**291.63**

6-4 分行业洗精煤消费总量(实物量)

单位：万吨

	2005年	2006年	2007年	2008年	2009年
消费总计	**689.59**	**862.54**	**1149.12**	**1210.93**	**1474.56**
一、农、林、牧、渔业					
二、工业合计	**689.59**	**862.54**	**1149.12**	**1210.93**	**1474.56**
轻工业	**14.45**	**14.26**	**11.13**	**7.26**	**4.77**
重工业	**675.13**	**848.28**	**1137.98**	**1203.67**	**1469.78**
（一）采矿业	**1.75**	**5.58**	**11.71**	**5.56**	**10.20**
煤炭开采和洗选业	0.20	0.15	6.74	1.85	9.02
石油和天然气开采业					
黑色金属矿采选业	0.10	0.10		0.02	
有色金属矿采选业	0.58	4.83	4.84	3.41	
非金属矿采选业	0.87	0.50	0.13	0.28	1.18
其他采矿业					
（二）制造业	**599.55**	**770.63**	**1018.33**	**1074.19**	**1309.00**
农副食品加工业	1.45	2.04	0.05	0.56	0.80
食品制造业	0.56	0.19	0.21	0.28	0.25
饮料制造业	8.38	7.82	8.54	4.77	3.45
烟草制品业	0.10	0.72	2.30	1.01	0.11
纺织业	0.64	0.50			
纺织服装、鞋、帽制造业					
皮革、毛皮、羽毛(绒)及其制品业					
木材加工及木、竹、藤、棕、草制品业					
家具制造业	0.01	0.01			
造纸及纸制品业	2.34	2.10		0.03	0.14
印刷业和记录媒介的复制					
文教体育用品制造业					
石油加工、炼焦及核燃料加工业	289.05	452.04	694.87	1016.68	1256.76
化学原料及化学制品制造业	57.56	58.20	36.30	35.84	23.44
医药制造业	0.97	0.87	0.04	0.14	0.03
化学纤维制造业					
橡胶制品业	0.01	0.10		0.02	
塑料制品业	0.15	0.10			
非金属矿物制品业	16.21	16.59	11.77	6.32	11.25
黑色金属冶炼及压延加工业	217.20	223.79	259.66	4.34	7.58

6-4 分行业洗精煤消费总量(实物量)(续)

单位：万吨

	2005年	2006年	2007年	2008年	2009年
有色金属冶炼及压延加工业	4.64	5.33	4.59	3.70	4.76
金属制品业	0.21	0.12			
通用设备制造业	0.03	0.00	0.00	0.04	0.44
专用设备制造业	0.03	0.01			
交通运输设备制造业	0.01	0.09	0.01		
电气机械及器材制造业					
通信设备、计算机及其他电子设备制造业					
仪器仪表及文化、办公用机械制造业					
工艺品及其他制造业	0.01	0.01		0.47	
废弃资源和废旧材料回收加工业					
（三）电力、燃气及水的生产和供应业	**88.29**	**86.33**	**119.08**	**131.18**	**155.35**
电力、热力的生产和供应业			0.10	0.08	
燃气生产和供应业	88.29	86.33	118.98	131.10	155.35
水的生产和供应业					
三、建筑业					
房屋和土木工程建筑业					
建筑安装业					
建筑装饰业					
其他建筑业					
四、交通运输储运业和邮政业					
铁路运输业					
道路运输业					
城市公共交通业					
水上运输业					
航空运输业					
管道运输业					
装卸搬运及其他运输服务业					
仓储业					
邮政业(电信业)					
五、批发、零售业和住宿、餐饮业					
六、其他行业					
七、城乡居民生活					

6-5 分行业其它洗煤消费总量(实物量)

单位：万吨

	2005年	2006年	2007年	2008年	2009年
消 费 总 计	**168.87**	**177.49**	**75.75**	**115.24**	**111.51**
一、农、林、牧、渔业					
二、工业合计	**107.40**	**116.83**	**36.35**	**79.87**	**68.83**
轻工业	**12.06**	**13.98**	**2.87**	**3.36**	**2.74**
重工业	**95.35**	**102.85**	**33.48**	**76.52**	**66.09**
（一）采矿业	**52.16**	**42.14**	**23.84**	**36.16**	**25.70**
煤炭开采和洗选业	49.93	40.24	23.84	36.16	25.70
石油和天然气开采业					
黑色金属矿采选业	0.84	0.76			
有色金属矿采选业	1.27	1.14			
非金属矿采选业	0.12				
其他采矿业					
（二）制造业	**55.22**	**54.65**	**12.50**	**43.71**	**43.12**
农副食品加工业	8.34	9.51	0.41	0.76	1.15
食品制造业	1.89	2.01	0.19	0.21	0.08
饮料制造业	0.31	0.48	0.20	0.19	0.15
烟草制品业					
纺织业	0.03				
纺织服装、鞋、帽制造业					
皮革、毛皮、羽毛(绒)及其制品业					
木材加工及木、竹、藤、棕、草制品业	0.30	0.40	0.01		
家具制造业					
造纸及纸制品业	1.39	1.98	2.07	2.19	1.21
印刷业和记录媒介的复制					
文教体育用品制造业					
石油加工、炼焦及核燃料加工业	2.93		0.22	22.94	22.82
化学原料及化学制品制造业	6.55	7.90	3.53	2.97	1.97
医药制造业	0.08				0.14
化学纤维制造业					
橡胶制品业	0.07				
塑料制品业	1.28				
非金属矿物制品业	23.47	24.06	2.07	11.01	12.58
黑色金属冶炼及压延加工业	1.96	1.96	0.67	0.46	1.05

6-5　分行业洗精煤消费总量(实物量)（续）

单位：万吨

	2005年	2006年	2007年	2008年	2009年
有色金属冶炼及压延加工业	6.35	6.35	3.02	2.90	1.88
金属制品业	0.01				
通用设备制造业	0.09				
专用设备制造业	0.02		0.11	0.08	0.08
交通运输设备制造业	0.01				
电气机械及器材制造业	0.01				
通信设备、计算机及其他电子设备制造业					
仪器仪表及文化、办公用机械制造业					
工艺品及其他制造业	0.01				
废弃资源和废旧材料回收加工业	0.12				
（三）电力、燃气及水的生产和供应业	**0.02**	**20.04**			
电力、热力的生产和供应业	0.02	20.04			
燃气生产和供应业					
水的生产和供应业					
三、建筑业	**0.68**	**0.71**	**0.71**	**0.74**	**0.38**
房屋和土木工程建筑业	0.32	0.35	0.35	0.38	0.18
建筑安装业	0.25	0.24	0.24	0.24	0.14
建筑装饰业	0.11	0.12	0.12	0.12	0.06
其他建筑业					
四、交通运输储运业和邮政业	**0.47**				
铁路运输业	0.31				
道路运输业	0.04				
城市公共交通业					
水上运输业	0.12				
航空运输业					
管道运输业					
装卸搬运及其他运输服务业					
仓储业					
邮政业(电信业)					
五、批发、零售业和住宿、餐饮业					
六、其他行业					
七、城乡居民生活	**60.32**	**59.95**	**38.69**	**34.63**	**42.31**

6-6 分行业煤制品消费总量(实物量)

单位：万吨

	2005年	2006年	2007年	2008年	2009年
消费总计	**10.29**	**23.77**	**20.01**	**21.38**	**21.54**
一、农、林、牧、渔业					
二、工业合计	**3.76**	**16.92**	**14.53**	**16.01**	**15.71**
轻工业	**0.00**	**0.08**	**0.04**	**0.98**	**0.86**
重工业	**3.76**	**16.84**	**14.48**	**15.02**	**14.85**
（一）采矿业				**0.01**	
煤炭开采和洗选业					
石油和天然气开采业					
黑色金属矿采选业				0.01	
有色金属矿采选业					
非金属矿采选业					
其他采矿业					
（二）制造业	**3.76**	**16.92**	**14.53**	**16.00**	**15.71**
农副食品加工业		0.08		0.07	0.06
食品制造业				0.01	
饮料制造业	0.00			0.01	
烟草制品业					
纺织业				0.04	
纺织服装、鞋、帽制造业					
皮革、毛皮、羽毛(绒)及其制品业					
木材加工及木、竹、藤、棕、草制品业					
家具制造业				0.20	
造纸及纸制品业				0.46	0.58
印刷业和记录媒介的复制	0.00				
文教体育用品制造业					
石油加工、炼焦及核燃料加工业					0.18
化学原料及化学制品制造业	2.91	14.84	8.58	6.11	0.92
医药制造业		0.00	0.04	0.19	0.22
化学纤维制造业					
橡胶制品业					
塑料制品业					
非金属矿物制品业	0.70	0.06	0.32	3.91	5.71
黑色金属冶炼及压延加工业		1.60	2.03	1.90	7.76

6-6 分行业煤制品消费总量(实物量)（续）

单位：万吨

	2005年	2006年	2007年	2008年	2009年
有色金属冶炼及压延加工业		0.32	3.50	3.02	
金属制品业		0.00			
通用设备制造业	0.14	0.02	0.05	0.06	
专用设备制造业	0.01			0.01	
交通运输设备制造业		0.00			
电气机械及器材制造业					
通信设备、计算机及其他电子设备制造业					
仪器仪表及文化、办公用机械制造业					
工艺品及其他制造业					
废弃资源和废旧材料回收加工业					
（三）电力、燃气及水的生产和供应业					
电力、热力的生产和供应业					
燃气生产和供应业					
水的生产和供应业					
三、建筑业					
房屋和土木工程建筑业					
建筑安装业					
建筑装饰业					
其他建筑业					
四、交通运输储运业和邮政业					
铁路运输业					
道路运输业					
城市公共交通业					
水上运输业					
航空运输业					
管道运输业					
装卸搬运及其他运输服务业					
仓储业					
邮政业(电信业)					
五、批发、零售业和住宿、餐饮业					
六、其他行业					
七、城乡居民生活	**6.53**	**6.86**	**5.48**	**5.37**	

6-7 分行业焦炭消费总量(实物量)

单位：万吨

	2005年	2006年	2007年	2008年	2009年
消费总计	**1223.36**	**1252.01**	**1377.39**	**1331.43**	**1276.33**
一、农、林、牧、渔业	**0.41**	**0.42**	**0.38**	**0.38**	**0.38**
二、工业合计	**1218.26**	**1246.77**	**1373.49**	**1327.99**	**1275.55**
轻工业	**1.47**	**0.11**	**0.15**	**0.38**	**0.98**
重工业	**1216.79**	**1246.66**	**1373.34**	**1327.61**	**1274.57**
（一）采矿业	**24.98**	**21.34**	**17.26**	**26.36**	**22.20**
煤炭开采和洗选业	10.87	9.28	5.97	4.89	0.80
石油和天然气开采业					
黑色金属矿采选业	9.52	7.93	9.70	19.63	13.82
有色金属矿采选业	2.58	2.32	1.54	1.77	1.58
非金属矿采选业	2.01	1.81	0.05	0.07	6.00
其他采矿业					
（二）制造业	**1192.21**	**1224.07**	**1354.59**	**1300.27**	**1253.16**
农副食品加工业	0.26	0.08	0.13	0.22	0.46
食品制造业		0.00	0.00	0.04	0.25
饮料制造业	0.61		0.00	0.07	
烟草制品业					
纺织业	0.01				0.02
纺织服装、鞋、帽制造业					
皮革、毛皮、羽毛(绒)及其制品业					
木材加工及木、竹、藤、棕、草制品业					
家具制造业					
造纸及纸制品业	0.01				
印刷业和记录媒介的复制	0.01				0.00
文教体育用品制造业					
石油加工、炼焦及核燃料加工业	18.99	4.92	5.38	5.75	0.11
化学原料及化学制品制造业	273.54	292.74	291.47	274.35	233.38
医药制造业	0.01	0.01			0.00
化学纤维制造业					
橡胶制品业	0.01	0.01			
塑料制品业	0.01	0.01	0.00	0.02	0.04
非金属矿物制品业	8.64	7.78	6.95	3.46	4.00
黑色金属冶炼及压延加工业	800.39	836.57	980.18	923.40	903.27

6-7 分行业焦炭消费总量(实物量)（续）

单位：万吨

	2005年	2006年	2007年	2008年	2009年
有色金属冶炼及压延加工业	80.43	75.16	64.67	84.10	82.73
金属制品业	0.64	0.34	0.38	0.67	2.11
通用设备制造业	5.07	4.57	3.31	5.34	4.17
专用设备制造业	0.56	0.40	0.39	0.38	0.35
交通运输设备制造业	1.87	0.87	1.24	2.01	21.97
电气机械及器材制造业	0.53	0.57	0.20	0.02	0.02
通信设备、计算机及其他电子设备制造业					
仪器仪表及文化、办公用机械制造业	0.02	0.02	0.02		
工艺品及其他制造业	0.56	0.02	0.01	0.05	0.26
废弃资源和废旧材料回收加工业	0.03		0.26	0.40	0.02
（三）电力、燃气及水的生产和供应业	**1.07**	**1.36**	**1.64**	**1.36**	**0.20**
电力、热力的生产和供应业		0.21	0.21	0.05	0.04
燃气生产和供应业	1.07	1.15	1.43	1.31	0.15
水的生产和供应业					
三、建筑业	**1.57**	**1.54**	**1.54**	**1.62**	
房屋和土木工程建筑业	1.01	1.03	1.03	1.11	
建筑安装业	0.56	0.51	0.51	0.51	
建筑装饰业					
其他建筑业					
四、交通运输储运业和邮政业	**0.61**	**0.64**	**0.64**	**0.45**	
铁路运输业	0.42	0.43	0.43	0.24	
道路运输业					
城市公共交通业					
水上运输业	0.10	0.11	0.11	0.11	
航空运输业					
管道运输业					
装卸搬运及其他运输服务业					
仓储业	0.09	0.10	0.10	0.10	
邮政业(电信业)					
五、批发、零售业和住宿、餐饮业	**0.34**	**0.36**	**0.26**	**0.13**	
六、其他行业	**1.67**	**1.75**	**0.55**	**0.43**	
七、城乡居民生活	**0.50**	**0.53**	**0.53**	**0.43**	**0.40**

6-8 分行业焦炉煤气消费总量(实物量)

单位：亿立方米

	2005年	2006年	2007年	2008年	2009年
消费总计	**8.84**	**7.86**	**7.86**	**16.53**	**17.94**
一、农、林、牧、渔业					
二、工业合计	**6.82**	**5.63**	**5.63**	**12.71**	**17.06**
轻工业	**0.02**		**0.07**	**0.10**	**0.17**
重工业	**6.80**	**5.63**	**5.57**	**12.61**	**16.89**
（一）采矿业	**0.78**	**1.11**	**0.94**	**1.62**	**2.08**
煤炭开采和洗选业					
石油和天然气开采业					
黑色金属矿采选业	0.78	1.11	0.94	1.62	2.08
有色金属矿采选业					
非金属矿采选业					
其他采矿业					
（二）制造业	**6.04**	**4.53**	**4.69**	**11.09**	**14.99**
农副食品加工业					
食品制造业			0.05	0.07	0.08
饮料制造业	0.01		0.02	0.03	0.08
烟草制品业					
纺织业					0.01
纺织服装、鞋、帽制造业					
皮革、毛皮、羽毛(绒)及其制品业					
木材加工及木、竹、藤、棕、草制品业					
家具制造业					
造纸及纸制品业	0.01				
印刷业和记录媒介的复制					0.00
文教体育用品制造业					
石油加工、炼焦及核燃料加工业		0.55	1.20	6.16	7.34
化学原料及化学制品制造业		0.27	0.30	0.77	3.43
医药制造业			0.01		0.00
化学纤维制造业					
橡胶制品业					
塑料制品业					
非金属矿物制品业		0.04	0.04	0.02	0.32
黑色金属冶炼及压延加工业	6.00	3.39	2.98	3.88	3.44

6-8 分行业焦炉煤气消费总量(实物量)（续）

单位：亿立方米

	2005年	2006年	2007年	2008年	2009年
有色金属冶炼及压延加工业	0.01	0.28	0.05	0.06	0.10
金属制品业					0.00
通用设备制造业					
专用设备制造业	0.01				0.08
交通运输设备制造业			0.05	0.05	0.05
电气机械及器材制造业			0.02	0.05	0.06
通信设备、计算机及其他电子设备制造业					
仪器仪表及文化、办公用机械制造业					
工艺品及其他制造业					
废弃资源和废旧材料回收加工业					
（三）电力、燃气及水的生产和供应业					
电力、热力的生产和供应业					
燃气生产和供应业					
水的生产和供应业					
三、建筑业					
房屋和土木工程建筑业					
建筑安装业					
建筑装饰业					
其他建筑业					
四、交通运输储运业和邮政业					
铁路运输业					
道路运输业					
城市公共交通业					
水上运输业					
航空运输业					
管道运输业					
装卸搬运及其他运输服务业					
仓储业					
邮政业(电信业)					
五、批发、零售业和住宿、餐饮业					
六、其他行业					
七、城乡居民生活	**2.02**	**2.22**	**2.22**	**3.82**	**0.88**

6-9 分行业其它煤气消费总量(实物量)

单位：亿立方米

	2005年	2006年	2007年	2008年	2009年
消费总计	**64.36**	**68.18**	**101.28**	**106.32**	**144.86**
一、农、林、牧、渔业					
二、工业合计	**63.98**	**67.88**	**101.03**	**105.14**	**143.85**
轻工业		**0.00**	**0.01**	**0.20**	**0.00**
重工业	**63.98**	**67.88**	**101.02**	**104.94**	**143.85**
（一）采矿业	**11.50**	**4.55**	**10.66**	**16.78**	**25.76**
煤炭开采和洗选业					
石油和天然气开采业					
黑色金属矿采选业	11.50	4.55	10.66	16.78	25.76
有色金属矿采选业					
非金属矿采选业					
其他采矿业					
（二）制造业	**52.48**	**63.33**	**90.37**	**88.36**	**118.09**
农副食品加工业					0.00
食品制造业				0.10	
饮料制造业				0.10	
烟草制品业					
纺织业					
纺织服装、鞋、帽制造业					
皮革、毛皮、羽毛(绒)及其制品业					
木材加工及木、竹、藤、棕、草制品业					
家具制造业					
造纸及纸制品业					
印刷业和记录媒介的复制		0.00	0.00		
文教体育用品制造业					
石油加工、炼焦及核燃料加工业		2.68	2.78	10.77	13.12
化学原料及化学制品制造业	0.07	0.00		0.30	
医药制造业		0.00	0.01		
化学纤维制造业					
橡胶制品业					
塑料制品业					
非金属矿物制品业	0.01	0.01	0.01	0.01	0.00
黑色金属冶炼及压延加工业	52.40	60.64	87.57	76.78	104.96

6-9 分行业其它煤气消费总量(实物量)（续）

单位：亿立方米

	2005年	2006年	2007年	2008年	2009年
有色金属冶炼及压延加工业				0.10	
金属制品业					0.00
通用设备制造业					
专用设备制造业					0.00
交通运输设备制造业				0.10	
电气机械及器材制造业		0.00		0.10	
通信设备、计算机及其他电子设备制造业					
仪器仪表及文化、办公用机械制造业					
工艺品及其他制造业					
废弃资源和废旧材料回收加工业		0.01			
（三）电力、燃气及水的生产和供应业					
电力、热力的生产和供应业					
燃气生产和供应业					
水的生产和供应业					
三、建筑业					**0.01**
房屋和土木工程建筑业					0.01
建筑安装业					0.01
建筑装饰业					0.00
其他建筑业					0.00
四、交通运输储运业和邮政业				**0.00**	**0.00**
铁路运输业				0.00	0.00
道路运输业					0.00
城市公共交通业					
水上运输业					
航空运输业					
管道运输业					
装卸搬运及其他运输服务业					0.00
仓储业					
邮政业(电信业)					
五、批发、零售业和住宿、餐饮业				**0.47**	**0.62**
六、其他行业				**0.44**	**0.10**
七、城乡居民生活	**0.38**	**0.30**	**0.25**	**0.27**	**0.27**

6-10 分行业原油消费总量(实物量)

单位：万吨

	2005年	2006年	2007年	2008年	2009年
消费总计	**0.07**	**0.08**	**0.11**	**0.06**	**0.07**
一、农、林、牧、渔业					
二、工业合计	**0.07**	**0.08**	**0.11**	**0.06**	**0.07**
轻工业	**0.07**	**0.02**	**0.07**	**0.03**	**0.03**
重工业		**0.06**	**0.04**	**0.03**	**0.04**
（一）采矿业					
煤炭开采和洗选业					
石油和天然气开采业					
黑色金属矿采选业					
有色金属矿采选业					
非金属矿采选业					
其他采矿业					
（二）制造业	**0.07**	**0.08**	**0.11**	**0.06**	**0.07**
农副食品加工业					
食品制造业					
饮料制造业					
烟草制品业					
纺织业					
纺织服装、鞋、帽制造业					
皮革、毛皮、羽毛(绒)及其制品业					
木材加工及木、竹、藤、棕、草制品业		0.05	0.04	0.03	0.03
家具制造业					
造纸及纸制品业	0.07	0.02	0.07	0.03	0.03
印刷业和记录媒介的复制					
文教体育用品制造业					
石油加工、炼焦及核燃料加工业					
化学原料及化学制品制造业					
医药制造业					
化学纤维制造业					
橡胶制品业		0.01	0.00	0.00	0.00
塑料制品业					
非金属矿物制品业					
黑色金属冶炼及压延加工业					

6-10 分行业原油消费总量(实物量)(续)

单位：万吨

	2005年	2006年	2007年	2008年	2009年
有色金属冶炼及压延加工业					
金属制品业					
通用设备制造业					
专用设备制造业					
交通运输设备制造业					
电气机械及器材制造业					
通信设备、计算机及其他电子设备制造业					
仪器仪表及文化、办公用机械制造业					
工艺品及其他制造业					
废弃资源和废旧材料回收加工业					
(三)电力、燃气及水的生产和供应业					
电力、热力的生产和供应业					
燃气生产和供应业					
水的生产和供应业					
三、建筑业					
房屋和土木工程建筑业					
建筑安装业					
建筑装饰业					
其他建筑业					
四、交通运输储运业和邮政业					
铁路运输业					
道路运输业					
城市公共交通业					
水上运输业					
航空运输业					
管道运输业					
装卸搬运及其他运输服务业					
仓储业					
邮政业(电信业)					
五、批发、零售业和住宿、餐饮业					
六、其他行业					
七、城乡居民生活					

6-11 分行业汽油消费总量(实物量)

单位：万吨

	2005年	2006年	2007年	2008年	2009年
消 费 总 计	**122.95**	**128.12**	**158.11**	**178.86**	**193.27**
一、农、林、牧、渔业	**6.33**	**6.53**	**7.89**	**8.29**	**7.72**
二、工业合计	**5.28**	**5.47**	**4.03**	**7.72**	**10.33**
轻工业	**1.12**	**1.03**	**0.92**	**1.48**	**2.62**
重工业	**4.16**	**4.44**	**3.12**	**6.25**	**7.71**
（一）采矿业	**1.03**	**0.98**	**0.73**	**2.46**	**2.09**
煤炭开采和洗选业	0.43	0.40	0.24	0.58	0.64
石油和天然气开采业	0.01	0.01			
黑色金属矿采选业	0.21	0.20	0.13	0.94	0.61
有色金属矿采选业	0.28	0.27	0.32	0.42	0.31
非金属矿采选业	0.09	0.09	0.04	0.53	0.53
其他采矿业					
（二）制造业	**3.39**	**3.57**	**2.56**	**4.43**	**7.37**
农副食品加工业	0.19	0.18	0.18	0.25	0.63
食品制造业	0.19	0.08	0.13	0.19	0.44
饮料制造业	0.11	0.12	0.11	0.20	0.25
烟草制品业	0.15	0.14	0.15	0.15	0.21
纺织业	0.04	0.04	0.02	0.06	0.07
纺织服装、鞋、帽制造业	0.01	0.01	0.01	0.06	0.16
皮革、毛皮、羽毛(绒)及其制品业	0.00	0.00	0.00		
木材加工及木、竹、藤、棕、草制品业	0.08	0.07	0.03	0.11	0.18
家具制造业	0.02	0.01	0.01	0.06	0.11
造纸及纸制品业	0.06	0.08	0.10	0.14	0.13
印刷业和记录媒介的复制	0.14	0.13	0.09	0.22	0.25
文教体育用品制造业	0.01	0.01	0.00	0.01	
石油加工、炼焦及核燃料加工业	0.21	0.25	0.05	0.10	0.06
化学原料及化学制品制造业	0.37	0.45	0.34	0.46	0.40
医药制造业	0.16	0.20	0.11	0.10	0.12
化学纤维制造业	0.01	0.01	0.00		0.00
橡胶制品业	0.05	0.05	0.02	0.03	0.04
塑料制品业	0.09	0.09	0.04	0.15	0.25
非金属矿物制品业	0.32	0.31	0.17	0.49	0.76
黑色金属冶炼及压延加工业	0.16	0.31	0.07	0.17	0.70

6-11 分行业汽油消费总量(实物量)(续)

单位：万吨

	2005年	2006年	2007年	2008年	2009年
有色金属冶炼及压延加工业	0.33	0.33	0.32	0.46	0.80
金属制品业	0.10	0.10	0.08	0.20	0.56
通用设备制造业	0.11	0.11	0.11	0.24	0.22
专用设备制造业	0.11	0.11	0.14	0.12	0.21
交通运输设备制造业	0.20	0.19	0.16	0.23	0.35
电气机械及器材制造业	0.08	0.10	0.06	0.11	0.12
通信设备、计算机及其他电子设备制造业	0.01	0.01	0.01	0.02	0.02
仪器仪表及文化、办公用机械制造业	0.03	0.04	0.02	0.04	0.05
工艺品及其他制造业	0.02	0.02	0.01	0.06	0.25
废弃资源和废旧材料回收加工业	0.01	0.02	0.00	0.01	0.03
（三）电力、燃气及水的生产和供应业	**0.86**	**0.93**	**0.75**	**0.83**	**0.87**
电力、热力的生产和供应业	0.78	0.84	0.67	0.73	0.76
燃气生产和供应业	0.03	0.03	0.03	0.03	0.02
水的生产和供应业	0.06	0.06	0.04	0.08	0.08
三、建筑业	**4.05**	**4.36**	**3.37**	**12.13**	**14.51**
房屋和土木工程建筑业	3.17	3.37	2.54	10.79	13.50
建筑安装业	0.42	0.52	0.42	0.97	0.64
建筑装饰业	0.25	0.25	0.21	0.18	0.19
其他建筑业	0.21	0.22	0.20	0.19	0.18
四、交通运输储运业和邮政业	**89.03**	**91.67**	**78.82**	**80.78**	**89.02**
铁路运输业	0.31	0.61	0.61	0.61	0.16
道路运输业	79.83	81.30	68.45	70.41	84.59
城市公共交通业	3.08	3.25	3.25	3.25	3.62
水上运输业	2.78	2.78	2.78	2.78	0.06
航空运输业	0.15	0.25	0.25	0.25	0.03
管道运输业					0.00
装卸搬运及其他运输服务业	1.37	1.67	1.67	1.67	0.32
仓储业	1.48	1.78	1.78	1.78	0.09
邮政业(电信业)	0.03	0.03	0.03	0.03	0.15
五、批发、零售业和住宿、餐饮业	**2.95**	**3.25**	**11.86**	**9.31**	**11.88**
六、其他行业	**5.03**	**5.53**	**9.30**	**15.62**	**14.73**
七、城乡居民生活	**10.28**	**11.31**	**42.84**	**45.01**	**45.08**

6-12 分行业煤油消费总量(实物量)

单位：万吨

	2005年	2006年	2007年	2008年	2009年
消费总计	**28.71**	**35.06**	**36.18**	**38.18**	**37.24**
一、农、林、牧、渔业	**0.43**	**0.45**	**0.07**	**0.07**	**0.07**
二、工业合计	**0.57**	**0.57**	**0.24**	**0.20**	**0.24**
轻工业	**0.21**	**0.21**	**0.00**		**0.02**
重工业	**0.36**	**0.36**	**0.24**	**0.20**	**0.22**
（一）采矿业	**0.04**	**0.04**	**0.01**	**0.01**	**0.01**
煤炭开采和洗选业	0.01	0.01	0.00		0.00
石油和天然气开采业					
黑色金属矿采选业	0.01	0.01			
有色金属矿采选业	0.01	0.01	0.01		0.01
非金属矿采选业	0.01	0.01	0.00	0.01	0.00
其他采矿业					
（二）制造业	**0.50**	**0.50**	**0.23**	**0.19**	**0.23**
农副食品加工业	0.01	0.01	0.00		0.00
食品制造业	0.13	0.13			
饮料制造业			0.00		
烟草制品业	0.01	0.01	0.00		0.00
纺织业	0.01	0.01	0.00		0.00
纺织服装、鞋、帽制造业					
皮革、毛皮、羽毛(绒)及其制品业					
木材加工及木、竹、藤、棕、草制品业	0.01	0.01	0.00		0.01
家具制造业	0.01	0.01			
造纸及纸制品业	0.01	0.01	0.00		0.01
印刷业和记录媒介的复制	0.01	0.01	0.00		0.00
文教体育用品制造业					
石油加工、炼焦及核燃料加工业	0.01	0.01	0.00		0.00
化学原料及化学制品制造业	0.02	0.02	0.01	0.01	0.00
医药制造业	0.01	0.01	0.00		0.00
化学纤维制造业					
橡胶制品业	0.01	0.01			0.00
塑料制品业	0.01	0.01			
非金属矿物制品业	0.04	0.04	0.00		0.01
黑色金属冶炼及压延加工业	0.01	0.01	0.00		0.00

6-12 分行业煤油消费总量(实物量)(续)

单位：万吨

	2005年	2006年	2007年	2008年	2009年
有色金属冶炼及压延加工业	0.11	0.11	0.16	0.14	0.12
金属制品业	0.01	0.01	0.00		0.01
通用设备制造业	0.02	0.02	0.02	0.01	0.01
专用设备制造业	0.00	0.00	0.00		0.00
交通运输设备制造业	0.02	0.02	0.02	0.03	0.04
电气机械及器材制造业	0.01	0.01	0.00		0.00
通信设备、计算机及其他电子设备制造业					
仪器仪表及文化、办公用机械制造业	0.01	0.01	0.00		
工艺品及其他制造业	0.01	0.01	0.00		0.00
废弃资源和废旧材料回收加工业					
（三）电力、燃气及水的生产和供应业	**0.03**	**0.03**	**0.00**		**0.00**
电力、热力的生产和供应业	0.01	0.01	0.00		0.00
燃气生产和供应业	0.01	0.01			
水的生产和供应业	0.01	0.01			
三、建筑业	**0.28**	**0.31**	**0.01**	**1.21**	**1.03**
房屋和土木工程建筑业	0.21	0.21	0.01	0.60	0.99
建筑安装业	0.07	0.10		0.30	0.01
建筑装饰业				0.30	
其他建筑业				0.01	0.03
四、交通运输储运业和邮政业	**26.82**	**33.10**	**35.23**	**35.19**	**34.38**
铁路运输业	0.03	0.03	0.03	0.07	0.01
道路运输业	0.21	0.21	0.21	0.21	0.00
城市公共交通业					0.00
水上运输业	0.10	0.10	0.10	0.10	
航空运输业	26.48	32.76	34.89	34.81	34.37
管道运输业					
装卸搬运及其他运输服务业					
仓储业					
邮政业(电信业)					
五、批发、零售业和住宿、餐饮业	**0.01**	**0.01**	**0.01**	**0.85**	**1.43**
六、其他行业	**0.57**	**0.60**	**0.60**	**0.64**	**0.06**
七、城乡居民生活	**0.03**	**0.02**	**0.02**	**0.02**	**0.02**

6-13 分行业柴油消费总量(实物量)

单位：万吨

	2005年	2006年	2007年	2008年	2009年
消费总计	**283.90**	**331.66**	**382.15**	**411.95**	**437.70**
一、农、林、牧、渔业	**13.35**	**14.62**	**15.07**	**14.65**	**12.64**
二、工业合计	**22.70**	**25.44**	**26.63**	**41.28**	**50.50**
轻工业	**2.40**	**2.45**	**2.82**	**3.08**	**4.11**
重工业	**20.29**	**23.00**	**23.81**	**38.20**	**46.39**
（一）采矿业	**9.18**	**9.39**	**9.98**	**21.25**	**27.72**
煤炭开采和洗选业	1.59	1.80	2.02	4.74	6.72
石油和天然气开采业	0.00				
黑色金属矿采选业	3.27	3.27	2.86	6.65	5.52
有色金属矿采选业	2.20	2.20	2.14	4.08	5.06
非金属矿采选业	2.12	2.12	2.96	5.78	10.42
其他采矿业					
（二）制造业	**11.03**	**12.27**	**12.73**	**16.72**	**20.87**
农副食品加工业	0.99	0.99	1.47	1.28	1.34
食品制造业	0.59	0.59	0.68	0.68	0.81
饮料制造业	0.23	0.23	0.10	0.25	0.64
烟草制品业	0.28	0.28	0.15	0.15	0.23
纺织业	0.03	0.03	0.01	0.04	0.04
纺织服装、鞋、帽制造业	0.02	0.02	0.03	0.07	0.09
皮革、毛皮、羽毛(绒)及其制品业	0.00	0.00	0.00		
木材加工及木、竹、藤、棕、草制品业	0.10	0.10	0.07	0.21	0.39
家具制造业	0.01	0.01	0.01	0.04	0.10
造纸及纸制品业	0.12	0.16	0.16	0.25	0.22
印刷业和记录媒介的复制	0.03	0.03	0.04	0.15	0.13
文教体育用品制造业	0.00			0.01	
石油加工、炼焦及核燃料加工业	0.25	0.34	0.49	0.61	0.46
化学原料及化学制品制造业	1.52	1.52	1.73	2.13	1.85
医药制造业	0.09	0.09	0.15	0.13	0.18
化学纤维制造业		0.01	0.00		0.00
橡胶制品业	0.02	0.02	0.00	0.01	0.07
塑料制品业	0.18	0.18	0.18	0.25	0.27
非金属矿物制品业	2.23	2.43	2.28	3.91	7.44
黑色金属冶炼及压延加工业	1.49	1.68	1.13	1.25	1.08

6-13 分行业柴油消费总量(实物量)(续)

单位：万吨

	2005年	2006年	2007年	2008年	2009年
有色金属冶炼及压延加工业	1.66	2.06	3.20	4.13	3.41
金属制品业	0.09	0.09	0.04	0.10	0.44
通用设备制造业	0.07	0.07	0.06	0.13	0.13
专用设备制造业	0.21	0.40	0.28	0.35	0.35
交通运输设备制造业	0.70	0.80	0.37	0.42	0.71
电气机械及器材制造业	0.08	0.08	0.07	0.09	0.09
通信设备、计算机及其他电子设备制造业	0.00	0.00			
仪器仪表及文化、办公用机械制造业	0.01	0.01	0.01	0.02	0.02
工艺品及其他制造业	0.01	0.01	0.01	0.04	0.32
废弃资源和废旧材料回收加工业	0.03	0.04	0.02	0.03	0.06
（三）电力、燃气及水的生产和供应业	**2.48**	**3.79**	**3.92**	**3.30**	**1.91**
电力、热力的生产和供应业	2.45	3.74	3.87	3.23	1.85
燃气生产和供应业	0.02	0.03	0.03	0.04	0.04
水的生产和供应业	0.01	0.02	0.01	0.02	0.02
三、建筑业	**13.53**	**16.56**	**17.56**	**21.86**	**30.65**
房屋和土木工程建筑业	11.26	12.93	13.93	20.38	28.95
建筑安装业	0.95	1.65	1.65	0.12	0.11
建筑装饰业	0.81	1.21	1.21	0.02	0.02
其他建筑业	0.51	0.77	0.77	1.34	1.58
四、交通运输储运业和邮政业	**219.58**	**257.32**	**299.87**	**312.75**	**317.53**
铁路运输业	5.98	7.18	7.18	9.18	4.66
道路运输业	204.58	240.25	282.55	293.43	309.72
城市公共交通业	1.82	2.32	2.57	2.57	2.96
水上运输业	1.99	1.99	1.99	1.99	0.16
航空运输业	0.02	0.10	0.10	0.10	0.04
管道运输业					
装卸搬运及其他运输服务业	2.69	2.75	2.75	2.75	
仓储业	2.48	2.68	2.68	2.68	
邮政业(电信业)	0.02	0.05	0.05	0.05	
五、批发、零售业和住宿、餐饮业	**1.35**	**1.99**	**2.99**	**4.36**	**8.83**
六、其他行业	**6.34**	**7.97**	**3.99**	**6.23**	**6.44**
七、城乡居民生活	**7.05**	**7.76**	**16.04**	**10.84**	**11.09**

6-14 分行业燃料油消费总量(实物量)

单位：万吨

	2005年	2006年	2007年	2008年	2009年
消费总计	**3.91**	**4.72**	**5.04**	**5.20**	**5.16**
一、农、林、牧、渔业					
二、工业合计	**3.91**	**4.72**	**5.04**	**5.20**	**5.16**
轻工业	**0.04**	**0.18**	**0.18**	**0.18**	**0.20**
重工业	**3.87**	**4.55**	**4.85**	**5.02**	**4.96**
（一）采矿业		**0.00**			**0.03**
煤炭开采和洗选业					0.00
石油和天然气开采业					
黑色金属矿采选业					
有色金属矿采选业		0.00			0.03
非金属矿采选业					
其他采矿业					
（二）制造业	**3.91**	**4.72**	**5.04**	**5.20**	**5.13**
农副食品加工业	0.00	0.02	0.00		
食品制造业					
饮料制造业		0.10	0.13	0.12	0.13
烟草制品业					
纺织业					
纺织服装、鞋、帽制造业					
皮革、毛皮、羽毛(绒)及其制品业					
木材加工及木、竹、藤、棕、草制品业	0.00		0.00		0.00
家具制造业					
造纸及纸制品业		0.00			
印刷业和记录媒介的复制					
文教体育用品制造业					
石油加工、炼焦及核燃料加工业					
化学原料及化学制品制造业	0.18	0.21	0.13	0.16	0.08
医药制造业	0.04	0.05	0.05	0.06	0.07
化学纤维制造业					
橡胶制品业					
塑料制品业					
非金属矿物制品业	2.87	3.46	3.84	3.87	4.00
黑色金属冶炼及压延加工业	0.00	0.00	0.00		0.00

6-14 分行业燃料油消费总量(实物量)(续)

单位：万吨

	2005年	2006年	2007年	2008年	2009年
有色金属冶炼及压延加工业	0.80	0.86	0.88	0.89	0.84
金属制品业				0.10	0.01
通用设备制造业	0.01	0.01			
专用设备制造业			0.00		
交通运输设备制造业		0.00			
电气机械及器材制造业					
通信设备、计算机及其他电子设备制造业					
仪器仪表及文化、办公用机械制造业					
工艺品及其他制造业					
废弃资源和废旧材料回收加工业					
（三）电力、燃气及水的生产和供应业					
电力、热力的生产和供应业					
燃气生产和供应业					
水的生产和供应业					
三、建筑业					
房屋和土木工程建筑业					
建筑安装业					
建筑装饰业					
其他建筑业					
四、交通运输储运业和邮政业					
铁路运输业					
道路运输业					
城市公共交通业					
水上运输业					
航空运输业					
管道运输业					
装卸搬运及其他运输服务业					
仓储业					
邮政业(电信业)					
五、批发、零售业和住宿、餐饮业					
六、其他行业					
七、城乡居民生活					

6-15 分行业液化石油气消费总量(实物量)

单位：万吨

	2005年	2006年	2007年	2008年	2009年
消 费 总 计	**12.28**	**13.83**	**14.36**	**14.60**	**17.09**
一、农、林、牧、渔业					
二、工业合计	**0.29**	**0.31**	**0.22**	**0.40**	**0.42**
轻工业	**0.08**	**0.08**	**0.01**	**0.01**	**0.06**
重工业	**0.21**	**0.23**	**0.20**	**0.39**	**0.36**
（一）采矿业	**0.03**	**0.03**		**0.01**	
煤炭开采和洗选业					
石油和天然气开采业					
黑色金属矿采选业	0.01	0.01			
有色金属矿采选业	0.01	0.01		0.01	
非金属矿采选业	0.01	0.01			
其他采矿业					
（二）制造业	**0.25**	**0.26**	**0.13**	**0.25**	**0.35**
农副食品加工业	0.01	0.01	0.00		0.01
食品制造业	0.01	0.01	0.00		0.01
饮料制造业	0.01	0.01	0.00		0.02
烟草制品业			0.01	0.01	0.01
纺织业					
纺织服装、鞋、帽制造业					
皮革、毛皮、羽毛(绒)及其制品业					
木材加工及木、竹、藤、棕、草制品业					
家具制造业	0.01	0.01			
造纸及纸制品业	0.01	0.01	0.00		
印刷业和记录媒介的复制	0.01	0.01	0.00		0.00
文教体育用品制造业					
石油加工、炼焦及核燃料加工业					
化学原料及化学制品制造业	0.01	0.01	0.00		0.00
医药制造业	0.01	0.01	0.00		0.00
化学纤维制造业					
橡胶制品业					
塑料制品业	0.01	0.01			
非金属矿物制品业	0.07	0.08	0.03	0.04	0.12
黑色金属冶炼及压延加工业	0.01	0.01	0.00	0.12	0.08

6-15　分行业液化石油气消费总量(实物量)(续)

单位：万吨

	2005年	2006年	2007年	2008年	2009年
有色金属冶炼及压延加工业	0.02	0.02	0.04	0.04	0.04
金属制品业	0.01	0.01	0.04	0.04	0.05
通用设备制造业	0.01	0.01			
专用设备制造业	0.01	0.01			0.00
交通运输设备制造业	0.01	0.01			
电气机械及器材制造业	0.01	0.01	0.01		0.00
通信设备、计算机及其他电子设备制造业					
仪器仪表及文化、办公用机械制造业					
工艺品及其他制造业	0.01	0.01	0.00		0.01
废弃资源和废旧材料回收加工业					
(三)电力、燃气及水的生产和供应业	**0.01**	**0.02**	**0.09**	**0.14**	**0.07**
电力、热力的生产和供应业					
燃气生产和供应业	0.01	0.02	0.09	0.14	0.07
水的生产和供应业					
三、建筑业					**0.06**
房屋和土木工程建筑业					0.05
建筑安装业					0.01
建筑装饰业					0.00
其他建筑业					0.00
四、交通运输储运业和邮政业				**0.02**	**0.04**
铁路运输业				0.01	0.01
道路运输业					0.03
城市公共交通业					
水上运输业					0.00
航空运输业					
管道运输业					
装卸搬运及其他运输服务业					0.00
仓储业				0.01	0.00
邮政业(电信业)					
五、批发、零售业和住宿、餐饮业	**3.05**	**3.51**	**3.92**	**2.60**	**4.19**
六、其他行业	**0.12**	**0.13**	**0.23**	**1.44**	**0.91**
七、城乡居民生活	**8.82**	**9.88**	**9.99**	**10.13**	**11.46**

6-16 分行业天然气消费总量(实物量)

单位：亿立方米

	2005年	2006年	2007年	2008年	2009年
消费总计	**6.12**	**5.45**	**5.49**	**5.28**	**4.52**
一、农、林、牧、渔业					
二、工业合计	**5.92**	**5.25**	**5.29**	**5.08**	**4.29**
轻工业		**0.03**	**0.00**	**0.00**	**0.00**
重工业	**5.92**	**5.22**	**5.29**	**5.08**	**4.29**
（一）采矿业		**0.01**			
煤炭开采和洗选业					
石油和天然气开采业					
黑色金属矿采选业					
有色金属矿采选业		0.01			
非金属矿采选业					
其他采矿业					
（二）制造业	**5.92**	**5.24**	**5.29**	**4.98**	**4.19**
农副食品加工业					
食品制造业					
饮料制造业					0.00
烟草制品业					
纺织业					
纺织服装、鞋、帽制造业					
皮革、毛皮、羽毛(绒)及其制品业					
木材加工及木、竹、藤、棕、草制品业					
家具制造业					
造纸及纸制品业					
印刷业和记录媒介的复制					
文教体育用品制造业					
石油加工、炼焦及核燃料加工业					
化学原料及化学制品制造业	5.92	5.21	5.29	4.98	4.19
医药制造业		0.03	0.00	0.00	0.00
化学纤维制造业					
橡胶制品业					
塑料制品业					
非金属矿物制品业					
黑色金属冶炼及压延加工业					

6-16 分行业天然气消费总量(实物量)（续）

单位：亿立方米

	2005年	2006年	2007年	2008年	2009年
有色金属冶炼及压延加工业					
金属制品业					
通用设备制造业					
专用设备制造业					
交通运输设备制造业					
电气机械及器材制造业					
通信设备、计算机及其他电子设备制造业					
仪器仪表及文化、办公用机械制造业					
工艺品及其他制造业					
废弃资源和废旧材料回收加工业					
（三）电力、燃气及水的生产和供应业				**0.10**	**0.10**
电力、热力的生产和供应业					
燃气生产和供应业				0.10	0.10
水的生产和供应业					
三、建筑业					
房屋和土木工程建筑业					
建筑安装业					
建筑装饰业					
其他建筑业					
四、交通运输仓储运业和邮政业					
铁路运输业					
道路运输业					
城市公共交通业					
水上运输业					
航空运输业					
管道运输业					
装卸搬运及其他运输服务业					
仓储业					
邮政业(电信业)					
五、批发、零售业和住宿、餐饮业				**0.01**	**0.04**
六、其他行业				**0.01**	**0.01**
七、城乡居民生活	**0.20**	**0.20**	**0.20**	**0.18**	**0.18**

6-17 分行业其它石油制品消费总量(实物量)

单位：万吨

	2005年	2006年	2007年	2008年	2009年
消 费 总 计	**6.09**	**7.16**	**6.24**	**7.71**	**7.34**
一、农、林、牧、渔业					
二、工业合计	**3.41**	**4.16**	**4.56**	**5.93**	**5.56**
轻工业	**0.06**	**0.06**	**0.01**	**0.04**	**0.05**
重工业	**3.35**	**4.10**	**4.55**	**5.89**	**5.51**
（一）采矿业	**0.05**	**0.05**	**0.14**	**0.15**	**0.12**
煤炭开采和洗选业	0.04	0.04	0.00		0.00
石油和天然气开采业					
黑色金属矿采选业					0.00
有色金属矿采选业	0.01	0.01	0.14	0.11	0.12
非金属矿采选业				0.04	
其他采矿业					
（二）制造业	**3.35**	**4.10**	**4.42**	**5.78**	**5.44**
农副食品加工业	0.01	0.01	0.00	0.03	0.00
食品制造业					
饮料制造业					
烟草制品业					
纺织业	0.02	0.02	0.01	0.01	0.01
纺织服装、鞋、帽制造业					
皮革、毛皮、羽毛(绒)及其制品业					
木材加工及木、竹、藤、棕、草制品业		0.01			
家具制造业					
造纸及纸制品业	0.01	0.01	0.00		0.04
印刷业和记录媒介的复制	0.01	0.01			
文教体育用品制造业					
石油加工、炼焦及核燃料加工业	0.19	0.20			0.00
化学原料及化学制品制造业	0.38	0.38	0.02	0.02	0.05
医药制造业					
化学纤维制造业					
橡胶制品业	0.02	0.03			
塑料制品业	0.10	0.10	0.04	0.05	
非金属矿物制品业	0.20	0.20	0.12	1.00	0.02
黑色金属冶炼及压延加工业	0.20	1.17	1.04	1.08	1.23

6-17 分行业其它石油制品消费总量(实物量)(续)

单位：万吨

	2005年	2006年	2007年	2008年	2009年
有色金属冶炼及压延加工业	1.90	1.80	3.11	3.45	3.98
金属制品业	0.01	0.01			
通用设备制造业	0.01	0.01	0.02	0.01	0.01
专用设备制造业					0.03
交通运输设备制造业	0.20	0.02	0.02	0.02	0.02
电气机械及器材制造业	0.07	0.10	0.04	0.04	0.05
通信设备、计算机及其他电子设备制造业					
仪器仪表及文化、办公用机械制造业			0.00		
工艺品及其他制造业	0.01	0.01			
废弃资源和废旧材料回收加工业	0.01	0.01		0.07	
（三）电力、燃气及水的生产和供应业	**0.01**	**0.01**	**0.00**	**0.00**	**0.00**
电力、热力的生产和供应业	0.01	0.01	0.00	0.00	0.00
燃气生产和供应业					
水的生产和供应业					
三、建筑业					
房屋和土木工程建筑业					
建筑安装业					
建筑装饰业					
其他建筑业					
四、交通运输储运业和邮政业	**2.56**	**2.87**	**1.58**	**1.68**	**1.68**
铁路运输业	0.09	0.11	0.11	0.21	0.21
道路运输业	2.47	2.76	1.47	1.47	1.47
城市公共交通业					
水上运输业					
航空运输业					
管道运输业					
装卸搬运及其他运输服务业					
仓储业					
邮政业(电信业)					
五、批发、零售业和住宿、餐饮业	**0.12**	**0.13**	**0.03**	**0.03**	**0.03**
六、其他行业			**0.07**	**0.07**	**0.07**
七、城乡居民生活					

6-18 分行业其它焦化产品消费总量(实物量)

单位：万吨

	2005年	2006年	2007年	2008年	2009年
消 费 总 计	**17.62**	**19.82**	**16.37**	**32.40**	**25.63**
一、农、林、牧、渔业					
二、工业合计	**16.42**	**18.68**	**15.23**	**31.19**	**24.96**
轻工业	**0.10**	**0.10**		**0.01**	
重工业	**16.32**	**18.58**	**15.23**	**31.18**	**24.96**
（一）采矿业				**0.03**	
煤炭开采和洗选业					
石油和天然气开采业					
黑色金属矿采选业					
有色金属矿采选业				0.03	
非金属矿采选业					
其他采矿业					
（二）制造业	**16.42**	**18.68**	**15.23**	**25.74**	**16.11**
农副食品加工业	0.10	0.10			
食品制造业					
饮料制造业				0.01	
烟草制品业					
纺织业					
纺织服装、鞋、帽制造业					
皮革、毛皮、羽毛(绒)及其制品业					
木材加工及木、竹、藤、棕、草制品业					
家具制造业					
造纸及纸制品业					
印刷业和记录媒介的复制					
文教体育用品制造业					
石油加工、炼焦及核燃料加工业	1.85	3.91	7.69	16.22	10.26
化学原料及化学制品制造业	7.59	6.82	3.28	2.82	3.63
医药制造业					
化学纤维制造业					
橡胶制品业					
塑料制品业					
非金属矿物制品业		1.44	0.63	0.52	0.89
黑色金属冶炼及压延加工业	4.49	3.62	0.85	0.91	0.93

6-18　分行业其它焦化产品消费总量(实物量)(续)

单位：万吨

	2005年	2006年	2007年	2008年	2009年
有色金属冶炼及压延加工业	0.88	1.28	2.77	5.26	0.40
金属制品业	1.51	1.51			
通用设备制造业				0.01	
专用设备制造业					
交通运输设备制造业					
电气机械及器材制造业					
通信设备、计算机及其他电子设备制造业					
仪器仪表及文化、办公用机械制造业					
工艺品及其他制造业					
废弃资源和废旧材料回收加工业					
(三)电力、燃气及水的生产和供应业				**5.42**	**8.85**
电力、热力的生产和供应业					
燃气生产和供应业				5.42	8.85
水的生产和供应业					
三、建筑业	**0.60**	**0.57**	**0.57**	**0.67**	**0.67**
房屋和土木工程建筑业	0.60	0.57	0.57	0.67	0.67
建筑安装业					
建筑装饰业					
其他建筑业					
四、交通运输储运业和邮政业					
铁路运输业					
道路运输业					
城市公共交通业					
水上运输业					
航空运输业					
管道运输业					
装卸搬运及其他运输服务业					
仓储业					
邮政业(电信业)					
五、批发、零售业和住宿、餐饮业	**0.60**	**0.57**	**0.57**	**0.52**	
六、其他行业				**0.02**	
七、城乡居民生活					

6-19 分行业热力消费总量(实物量)

单位：万百万千焦

	2005年	2006年	2007年	2008年	2009年
消费总计	**497.32**	**150.53**	**875.20**	**416.64**	**271.10**
一、农、林、牧、渔业					
二、工业合计	**497.32**	**150.53**	**875.19**	**416.63**	**271.09**
轻工业	**28.66**	**22.23**	**29.98**	**39.54**	**36.79**
重工业	**468.66**	**128.30**	**845.22**	**377.09**	**234.30**
（一）采矿业					
煤炭开采和洗选业					
石油和天然气开采业					
黑色金属矿采选业					
有色金属矿采选业					
非金属矿采选业					
其他采矿业					
（二）制造业	**497.32**	**150.53**	**875.19**	**416.63**	**271.09**
农副食品加工业					
食品制造业					
饮料制造业		3.18	4.49	2.62	
烟草制品业	26.94	16.49	20.16	31.97	30.63
纺织业			0.99	0.61	
纺织服装、鞋、帽制造业					
皮革、毛皮、羽毛(绒)及其制品业					
木材加工及木、竹、藤、棕、草制品业					
家具制造业					
造纸及纸制品业		0.70	2.66	2.65	3.32
印刷业和记录媒介的复制			0.37	0.29	0.63
文教体育用品制造业					
石油加工、炼焦及核燃料加工业		37.24	30.24	33.86	27.18
化学原料及化学制品制造业	468.01	90.42	813.36	341.80	204.40
医药制造业	1.72	1.86	1.31	1.40	2.22
化学纤维制造业					
橡胶制品业					
塑料制品业					
非金属矿物制品业					
黑色金属冶炼及压延加工业					

6-19 分行业热力消费总量(实物量)（续）

单位：万百万千焦

	2005年	2006年	2007年	2008年	2009年
有色金属冶炼及压延加工业			0.99	0.82	2.07
金属制品业					
通用设备制造业					
专用设备制造业					
交通运输设备制造业					
电气机械及器材制造业					
通信设备、计算机及其他电子设备制造业	0.65	0.64	0.63	0.61	0.64
仪器仪表及文化、办公用机械制造业					
工艺品及其他制造业					
废弃资源和废旧材料回收加工业					
（三）电力、燃气及水的生产和供应业					
电力、热力的生产和供应业					
燃气生产和供应业					
水的生产和供应业					
三、建筑业					
房屋和土木工程建筑业					
建筑安装业					
建筑装饰业					
其他建筑业					
四、交通运输储运业和邮政业					
铁路运输业					
道路运输业					
城市公共交通业					
水上运输业					
航空运输业					
管道运输业					
装卸搬运及其他运输服务业					
仓储业					
邮政业(电信业)					
五、批发、零售业和住宿、餐饮业					
六、其他行业			**0.01**	**0.01**	**0.01**
七、城乡居民生活					

6-20 分行业电力消费总量(实物量)

单位：亿千瓦时

	2005年	2006年	2007年	2008年	2009年
消 费 总 计	**557.25**	**645.61**	**745.52**	**829.44**	**891.19**
一、农、林、牧、渔业	**8.79**	**14.50**	**15.19**	**13.16**	**9.66**
二、工业合计	**425.94**	**506.91**	**589.35**	**650.52**	**678.77**
轻工业	**22.25**	**23.63**	**22.85**	**35.00**	**40.07**
重工业	**403.69**	**483.27**	**566.50**	**615.52**	**638.69**
（一）采矿业	**31.68**	**41.50**	**57.49**	**54.48**	**64.01**
煤炭开采和洗选业	7.51	6.80	11.52	12.47	12.23
石油和天然气开采业	0.01	0.01	0.01		0.00
黑色金属矿采选业	6.61	9.28	11.75	13.29	16.02
有色金属矿采选业	14.01	19.63	27.62	22.84	23.61
非金属矿采选业	3.54	5.79	6.59	5.88	12.15
其他采矿业					
（二）制造业	**329.15**	**368.42**	**423.66**	**484.38**	**525.21**
农副食品加工业	5.53	6.51	7.33	9.01	17.13
食品制造业	0.77	1.65	1.04	1.06	2.11
饮料制造业	1.76	1.30	1.46	1.75	2.77
烟草制品业	4.45	4.38	4.67	4.60	4.89
纺织业	2.13	2.04	0.99	1.58	1.32
纺织服装、鞋、帽制造业	0.04	0.05	0.04	0.13	0.22
皮革、毛皮、羽毛(绒)及其制品业	0.02	0.02	0.00		0.06
木材加工及木、竹、藤、棕、草制品业	2.30	2.52	2.46	4.25	4.13
家具制造业	0.10	0.10	0.01	0.90	1.28
造纸及纸制品业	4.70	4.72	4.64	5.32	5.73
印刷业和记录媒介的复制	0.88	0.96	0.79	0.91	1.12
文教体育用品制造业	0.01	0.01	0.00	0.04	
石油加工、炼焦及核燃料加工业	2.78	3.14	4.54	7.70	8.62
化学原料及化学制品制造业	92.06	109.57	111.28	136.83	133.74
医药制造业	1.02	1.14	1.10	1.31	1.88
化学纤维制造业	0.56	0.58	0.59	0.55	0.55
橡胶制品业	0.30	0.19	0.24	0.30	0.58
塑料制品业	2.07	1.47	1.64	2.54	3.36
非金属矿物制品业	44.64	45.53	45.37	59.16	65.75
黑色金属冶炼及压延加工业	57.99	62.00	76.82	88.69	87.66

6-20 分行业电力消费总量(实物量)(续)

单位：亿千瓦时

	2005年	2006年	2007年	2008年	2009年
有色金属冶炼及压延加工业	98.75	116.01	153.18	136.91	167.13
金属制品业	0.64	0.52	0.44	4.49	6.85
通用设备制造业	1.84	1.24	1.45	3.65	2.02
专用设备制造业	1.07	0.56	0.67	0.98	1.26
交通运输设备制造业	1.40	0.94	1.14	1.24	1.96
电气机械及器材制造业	0.65	0.71	0.71	0.96	1.16
通信设备、计算机及其他电子设备制造业	0.06	0.09	0.13	0.15	0.15
仪器仪表及文化、办公用机械制造业	0.28	0.24	0.33	0.33	0.33
工艺品及其他制造业	0.28	0.17	0.18	7.85	1.01
废弃资源和废旧材料回收加工业	0.07	0.06	0.40	1.20	0.42
（三）电力、燃气及水的生产和供应业	**65.11**	**96.98**	**108.20**	**111.67**	**89.55**
电力、热力的生产和供应业	63.40	95.18	105.61	109.42	87.04
燃气生产和供应业	0.48	0.48	0.51	0.74	0.77
水的生产和供应业	1.23	1.33	2.08	1.50	1.74
三、建筑业	**8.99**	**11.10**	**12.43**	**12.92**	**14.12**
房屋和土木工程建筑业	6.17	7.28	8.28	8.57	13.26
建筑安装业	1.55	2.55	2.78	2.98	0.54
建筑装饰业	0.65	0.65	0.75	0.75	0.19
其他建筑业	0.62	0.62	0.62	0.62	0.14
四、交通运输储运业和邮政业	**15.20**	**12.57**	**13.10**	**14.24**	**14.59**
铁路运输业	6.15	5.77	5.77	5.77	9.32
道路运输业	0.06	0.06	0.06	0.06	2.74
城市公共交通业	0.03	0.03	0.03	0.03	0.07
水上运输业	0.02	0.02	0.02	0.02	0.00
航空运输业	0.36	0.36	0.36	0.36	0.42
管道运输业					0.32
装卸搬运及其他运输服务业	0.03	0.03	0.03	0.03	0.06
仓储业	3.98	3.09	3.62	4.12	1.04
邮政业(电信业)	4.57	3.21	3.21	3.85	0.62
五、批发、零售业和住宿、餐饮业	**3.50**	**8.10**	**10.94**	**11.99**	**14.83**
六、其他行业	**21.35**	**15.73**	**17.93**	**20.02**	**24.15**
七、城乡居民生活	**73.48**	**76.71**	**86.58**	**106.59**	**135.06**

6-21 分行业其它燃料消费总量

单位：万吨标准煤

	2005年	2006年	2007年	2008年	2009年
消费总计	**236.09**	**135.87**	**157.49**	**123.58**	**215.10**
一、农、林、牧、渔业	**64.58**	**6.78**	**11.66**	**11.66**	**22.79**
二、工业合计	**129.87**	**80.94**	**132.99**	**100.06**	**135.45**
轻工业	**113.49**	**66.46**	**98.50**	**59.48**	**106.11**
重工业	**16.38**	**14.47**	**34.49**	**40.58**	**29.34**
（一）采矿业	**7.44**	**7.24**	**17.09**	**26.50**	**4.04**
煤炭开采和洗选业	6.60	4.39	14.24	26.46	4.03
石油和天然气开采业					
黑色金属矿采选业	0.82				
有色金属矿采选业	0.02	2.85	2.85	0.04	0.01
非金属矿采选业	0.00				
其他采矿业					
（二）制造业	**122.34**	**73.70**	**115.90**	**73.56**	**116.48**
农副食品加工业	112.09	65.43	92.11	48.69	99.19
食品制造业	0.01	0.10	0.01	0.01	0.02
饮料制造业	0.87	0.93	0.32	0.08	0.13
烟草制品业					
纺织业	0.48				
纺织服装、鞋、帽制造业	0.00				
皮革、毛皮、羽毛(绒)及其制品业					
木材加工及木、竹、藤、棕、草制品业	2.66	1.26	0.59	0.72	1.07
家具制造业	0.03				0.00
造纸及纸制品业	0.01		6.06	10.70	6.77
印刷业和记录媒介的复制					
文教体育用品制造业	0.00				
石油加工、炼焦及核燃料加工业			1.00	2.26	1.85
化学原料及化学制品制造业	1.66	0.39	12.01	10.64	6.68
医药制造业			0.00		
化学纤维制造业					
橡胶制品业	0.00				
塑料制品业	0.00				
非金属矿物制品业	1.35	0.75	0.83	0.24	0.46
黑色金属冶炼及压延加工业	0.24	0.45	0.61	0.02	

6-21 分行业其它燃料消费总量（续）

单位：万吨标准煤

	2005年	2006年	2007年	2008年	2009年
有色金属冶炼及压延加工业	2.87	4.34	2.36	0.20	0.32
金属制品业	0.01				
通用设备制造业	0.01				
专用设备制造业	0.03	0.03	0.00		
交通运输设备制造业	0.00				
电气机械及器材制造业		0.01	0.00		
通信设备、计算机及其他电子设备制造业					
仪器仪表及文化、办公用机械制造业					
工艺品及其他制造业	0.00				
废弃资源和废旧材料回收加工业	0.00				
（三）电力、燃气及水的生产和供应业	**0.10**				**14.93**
电力、热力的生产和供应业	0.00				14.93
燃气生产和供应业	0.10				
水的生产和供应业					
三、建筑业					
房屋和土木工程建筑业					
建筑安装业					
建筑装饰业					
其他建筑业					
四、交通运输储运业和邮政业					
铁路运输业					
道路运输业					
城市公共交通业					
水上运输业					
航空运输业					
管道运输业					
装卸搬运及其他运输服务业					
仓储业					
邮政业(电信业)					
五、批发、零售业和住宿、餐饮业					
六、其他行业					
七、城乡居民生活	**41.64**	**48.15**	**12.84**	**11.86**	**56.86**

6-22　分行业终端能源消费量(等价热值)

单位：万吨标准煤

	2005年	2006年	2007年	2008年	2009年
消 费 总 计	**5589.47**	**6155.55**	**6652.08**	**6861.21**	**7545.42**
一、农、林、牧、渔业	**228.12**	**225.14**	**237.90**	**205.26**	**215.93**
二、工业合计	**3956.18**	**4417.99**	**4820.43**	**4948.35**	**5382.26**
轻工业	**260.70**	**289.00**	**301.33**	**299.24**	**381.88**
重工业	**3695.48**	**4128.98**	**4519.10**	**4649.11**	**5000.37**
（一）采矿业	**231.59**	**267.24**	**325.42**	**318.61**	**364.22**
煤炭开采和洗选业	78.31	72.78	88.91	77.03	59.97
石油和天然气开采业	0.06	0.05	0.03		0.01
黑色金属矿采选业	55.09	57.84	69.22	92.33	101.99
有色金属矿采选业	69.52	97.46	120.54	100.63	113.91
非金属矿采选业	28.61	39.11	46.72	48.62	88.35
其他采矿业		0.00	0.00	0.00	
（二）制造业	**3647.24**	**4016.25**	**4300.00**	**4452.79**	**4912.26**
农副食品加工业	101.79	100.81	130.45	95.35	179.03
食品制造业	13.58	21.05	18.61	11.31	18.63
饮料制造业	27.43	28.94	24.37	26.76	35.31
烟草制品业	32.62	35.66	35.71	33.61	33.74
纺织业	16.15	17.34	11.49	16.13	13.59
纺织服装、鞋、帽制造业	0.37	0.65	0.64	0.93	1.35
皮革、毛皮、羽毛(绒)及其制品业	0.25	0.12	0.02	0.25	0.23
木材加工及木、竹、藤、棕、草制品业	18.20	19.52	15.45	33.37	20.11
家具制造业	0.52	0.51	0.13	3.75	4.92
造纸及纸制品业	40.98	53.73	57.01	60.13	61.40
印刷业和记录媒介的复制	5.94	7.03	3.26	4.11	5.13
文教体育用品制造业	0.07	0.05	0.01	0.17	
石油加工、炼焦及核燃料加工业	85.07	87.49	72.13	116.31	101.00
化学原料及化学制品制造业	987.58	1094.59	1118.80	1180.85	1166.65
医药制造业	11.66	15.00	11.42	12.15	14.72
化学纤维制造业	5.33	6.65	6.70	5.61	6.15
橡胶制品业	2.24	1.80	2.00	2.20	3.71
塑料制品业	10.91	7.54	6.97	10.76	14.28
非金属矿物制品业	589.70	709.88	658.19	654.38	894.70
黑色金属冶炼及压延加工业	1089.36	1136.87	1386.54	1424.27	1462.10

6-22 分行业终端能源消费量(等价热值)(续)

单位：万吨标准煤

	2005年	2006年	2007年	2008年	2009年
有色金属冶炼及压延加工业	560.59	636.27	707.10	663.09	760.40
金属制品业	6.14	5.34	3.09	20.59	40.06
通用设备制造业	13.63	10.20	9.87	20.93	13.72
专用设备制造业	6.98	5.04	4.04	5.17	7.27
交通运输设备制造业	10.09	6.73	7.44	8.72	31.36
电气机械及器材制造业	3.84	4.12	3.43	4.55	4.95
通信设备、计算机及其他电子设备制造业	0.30	0.38	0.53	0.63	0.60
仪器仪表及文化、办公用机械制造业	1.40	1.12	1.36	1.36	1.37
工艺品及其他制造业	4.02	1.46	1.50	28.99	7.69
废弃资源和废旧材料回收加工业	0.51	0.34	1.74	6.38	8.10
（三）电力、燃气及水的生产和供应业	**77.35**	**134.49**	**195.01**	**176.95**	**105.78**
电力、热力的生产和供应业	70.06	127.27	163.61	164.68	93.48
燃气生产和供应业	2.16	1.96	23.83	6.55	5.91
水的生产和供应业	5.13	5.26	7.57	5.73	6.39
三、建筑业	**77.91**	**92.84**	**95.01**	**116.29**	**130.80**
房屋和土木工程建筑业	60.97	70.64	72.87	94.59	123.28
建筑安装业	9.10	13.70	13.65	13.46	3.16
建筑装饰业	4.26	4.68	4.84	3.53	1.06
其他建筑业	3.58	3.82	3.65	4.72	3.30
四、交通运输储运业和邮政业	**570.30**	**627.20**	**671.23**	**690.45**	**709.33**
铁路运输业	40.85	41.23	40.09	43.99	40.98
道路运输业	419.42	473.94	515.02	535.17	597.66
城市公共交通业	7.31	8.28	8.63	8.64	9.90
水上运输业	8.16	8.34	8.36	7.34	0.32
航空运输业	40.68	50.10	53.15	53.03	52.19
管道运输业					1.14
装卸搬运及其他运输服务业	6.06	6.58	6.57	6.62	0.72
仓储业	29.12	26.33	27.73	21.51	3.88
邮政业(电信业)	18.71	12.41	11.67	14.16	2.54
五、批发、零售业和住宿、餐饮业	**41.27**	**62.72**	**80.12**	**94.41**	**123.99**
六、其他行业	**122.55**	**101.86**	**96.92**	**125.41**	**137.90**
七、城乡居民生活	**593.14**	**627.81**	**650.47**	**681.03**	**845.21**

6-23 分行业终端能源消费量(当量热值)

单位：万吨标准煤

	2005年	2006年	2007年	2008年	2009年
消费总计	**4136.65**	**4646.54**	**5003.47**	**5033.76**	**5589.75**
一、农、林、牧、渔业	**203.06**	**187.44**	**201.89**	**174.06**	**193.16**
二、工业合计	**2877.60**	**3269.61**	**3542.09**	**3545.13**	**3927.62**
轻工业	**196.61**	**227.52**	**246.01**	**214.46**	**286.29**
重工业	**2680.99**	**3042.10**	**3296.08**	**3330.67**	**3641.33**
（一）采矿业	**141.29**	**159.34**	**189.11**	**189.45**	**213.24**
煤炭开采和洗选业	56.92	55.10	61.59	47.48	31.12
石油和天然气开采业	0.03	0.03	0.01		0.00
黑色金属矿采选业	36.24	33.72	41.35	60.82	64.21
有色金属矿采选业	29.59	46.43	55.05	46.47	58.21
非金属矿采选业	18.51	24.07	31.10	34.68	59.69
其他采矿业		0.00	0.00	0.00	
（二）制造业	**2697.54**	**3058.08**	**3262.47**	**3285.37**	**3665.56**
农副食品加工业	86.03	83.89	113.08	73.98	138.62
食品制造业	11.39	16.76	16.14	8.80	13.65
饮料制造业	22.41	25.55	20.74	22.50	28.79
烟草制品业	19.29	24.23	23.87	21.25	21.31
纺织业	10.09	12.04	9.12	12.34	10.47
纺织服装、鞋、帽制造业	0.26	0.53	0.54	0.63	0.83
皮革、毛皮、羽毛(绒)及其制品业	0.18	0.07	0.02	0.25	0.09
木材加工及木、竹、藤、棕、草制品业	11.64	12.96	9.62	23.28	10.37
家具制造业	0.24	0.25	0.10	1.61	1.89
造纸及纸制品业	27.60	41.46	45.91	47.39	47.80
印刷业和记录媒介的复制	3.43	4.53	1.38	1.95	2.47
文教体育用品制造业	0.03	0.03	0.01	0.08	
石油加工、炼焦及核燃料加工业	77.16	79.26	60.22	96.52	79.86
化学原料及化学制品制造业	714.30	809.54	824.24	840.86	845.23
医药制造业	8.70	12.03	8.76	8.99	10.21
化学纤维制造业	3.75	5.15	5.29	4.31	4.85
橡胶制品业	1.39	1.31	1.44	1.49	2.34
塑料制品业	5.01	3.73	3.09	4.75	6.34
非金属矿物制品业	462.48	591.50	550.63	514.11	739.61
黑色金属冶炼及压延加工业	924.09	975.67	1204.40	1213.98	1255.35

6-23 分行业终端能源消费量(当量热值)(续)

单位：万吨标准煤

	2005年	2006年	2007年	2008年	2009年
有色金属冶炼及压延加工业	279.14	334.65	343.86	338.45	366.14
金属制品业	4.32	4.00	2.04	9.94	23.90
通用设备制造业	8.39	6.97	6.43	12.28	8.95
专用设备制造业	3.93	3.59	2.45	2.84	4.30
交通运输设备制造业	6.09	4.29	4.74	5.78	26.73
电气机械及器材制造业	1.99	2.26	1.75	2.28	2.21
通信设备、计算机及其他电子设备制造业	0.11	0.15	0.20	0.24	0.23
仪器仪表及文化、办公用机械制造业	0.59	0.51	0.56	0.59	0.60
工艺品及其他制造业	3.21	1.01	1.07	10.38	5.30
废弃资源和废旧材料回收加工业	0.31	0.19	0.79	3.54	7.12
（三）电力、燃气及水的生产和供应业	**38.77**	**52.20**	**90.52**	**70.31**	**48.83**
电力、热力的生产和供应业	36.35	49.66	65.26	63.36	42.46
燃气生产和供应业	0.79	0.72	22.62	4.79	4.09
水的生产和供应业	1.63	1.81	2.64	2.16	2.28
三、建筑业	**52.29**	**63.98**	**65.53**	**85.65**	**97.49**
房屋和土木工程建筑业	43.38	51.71	53.24	74.27	92.01
建筑安装业	4.69	7.07	7.06	6.39	1.89
建筑装饰业	2.40	2.99	3.06	1.75	0.61
其他建筑业	1.81	2.21	2.18	3.25	2.98
四、交通运输储运业和邮政业	**526.98**	**594.52**	**640.17**	**656.69**	**674.92**
铁路运输业	23.32	26.23	26.41	30.31	19.00
道路运输业	419.25	473.78	514.88	535.03	591.21
城市公共交通业	7.22	8.20	8.56	8.56	9.73
水上运输业	8.10	8.29	8.31	7.30	0.32
航空运输业	39.65	49.16	52.29	52.18	51.20
管道运输业					0.39
装卸搬运及其他运输服务业	5.97	6.50	6.50	6.55	0.57
仓储业	17.78	18.30	19.15	11.74	1.43
邮政业(电信业)	5.69	4.06	4.06	5.03	1.07
五、批发、零售业和住宿、餐饮业	**31.29**	**41.66**	**54.18**	**65.99**	**89.00**
六、其他行业	**61.70**	**60.96**	**54.41**	**77.94**	**80.92**
七、城乡居民生活	**383.72**	**428.37**	**445.19**	**428.30**	**526.64**

6-24 分行业原煤终端消费量(实物量)

单位：万吨

	2005年	2006年	2007年	2008年	2009年
消费总计	**2414.43**	**2426.52**	**2331.64**	**2560.01**	**3065.99**
一、农、林、牧、渔业	**196.71**	**200.64**	**205.64**	**205.28**	**223.46**
二、工业合计	**1782.89**	**1831.49**	**1770.50**	**1980.64**	**2428.93**
轻工业	**163.21**	**184.60**	**189.76**	**216.52**	**236.30**
重工业	**1619.68**	**1646.89**	**1580.74**	**1764.12**	**2192.63**
（一）采矿业	**85.39**	**80.10**	**98.28**	**64.36**	**89.04**
煤炭开采和洗选业	50.31	40.28	48.58	6.97	4.44
石油和天然气开采业					
黑色金属矿采选业	8.80	9.19	9.19	12.20	12.25
有色金属矿采选业	10.03	13.00	12.88	12.48	34.18
非金属矿采选业	16.25	17.63	27.62	32.70	38.17
其他采矿业		0.00	0.00	0.00	
（二）制造业	**1657.88**	**1735.31**	**1653.00**	**1897.01**	**2314.86**
农副食品加工业	25.26	26.73	43.72	57.60	59.14
食品制造业	15.28	18.75	19.57	9.61	14.30
饮料制造业	21.10	22.99	18.74	26.66	34.92
烟草制品业	24.45	26.09	22.30	24.04	23.52
纺织业	12.53	13.71	11.69	18.66	15.03
纺织服装、鞋、帽制造业	0.33	0.65	0.65	0.55	0.35
皮革、毛皮、羽毛(绒)及其制品业	0.28	0.07	0.02	0.45	0.02
木材加工及木、竹、藤、棕、草制品业	11.47	12.33	8.67	30.76	5.78
家具制造业	0.02	0.09	0.07	0.45	0.01
造纸及纸制品业	37.19	49.49	54.58	58.97	63.55
印刷业和记录媒介的复制	4.10	4.69	0.30	0.51	0.84
文教体育用品制造业	0.00	0.00			
石油加工、炼焦及核燃料加工业	84.04	75.14	34.98	22.39	4.06
化学原料及化学制品制造业	420.00	429.40	430.01	552.46	617.28
医药制造业	12.09	13.54	10.12	12.15	12.23
化学纤维制造业	6.13	6.76	6.82	6.65	7.26
橡胶制品业	1.63	1.25	1.66	1.90	2.56
塑料制品业	2.19	1.97	1.04	1.76	2.47
非金属矿物制品业	728.00	748.76	695.62	750.06	1068.87
黑色金属冶炼及压延加工业	114.24	126.97	181.65	191.66	233.30

6-24 分行业原煤终端消费量(实物量)(续)

单位：万吨

	2005年	2006年	2007年	2008年	2009年
有色金属冶炼及压延加工业	124.57	148.11	103.64	114.23	106.09
金属制品业	1.36	1.35	1.34	5.70	20.64
通用设备制造业	1.40	1.00	1.64	3.56	2.51
专用设备制造业	2.90	2.61	0.86	0.94	1.70
交通运输设备制造业	1.82	1.04	1.54	1.55	1.83
电气机械及器材制造业	0.65	0.60	0.43	0.56	0.05
通信设备、计算机及其他电子设备制造业		0.00			
仪器仪表及文化、办公用机械制造业	0.30	0.17	0.15	0.16	0.17
工艺品及其他制造业	4.45	1.04	1.18	0.23	5.13
废弃资源和废旧材料回收加工业	0.10	0.01	0.01	2.81	11.25
（三）电力、燃气及水的生产和供应业	**39.62**	**16.08**	**19.23**	**19.27**	**25.03**
电力、热力的生产和供应业	39.61	15.98	15.98	15.07	22.05
燃气生产和供应业			3.25	3.89	2.98
水的生产和供应业	0.01	0.10		0.31	
三、建筑业	**25.28**	**25.79**	**25.68**	**28.48**	**20.06**
房屋和土木工程建筑业	25.28	25.79	25.68	27.88	19.61
建筑安装业				0.11	0.05
建筑装饰业				0.04	0.03
其他建筑业				0.45	0.37
四、交通运输储运业和邮政业	**27.73**	**24.96**	**24.96**	**18.75**	**18.33**
铁路运输业	11.78	11.01	11.01	15.24	0.39
道路运输业	0.31	0.31	0.31	2.96	17.72
城市公共交通业				0.00	0.00
水上运输业	1.56	1.56	1.56	0.05	
航空运输业				0.00	
管道运输业					
装卸搬运及其他运输服务业				0.09	0.04
仓储业	14.08	12.08	12.08	0.08	0.03
邮政业(电信业)				0.33	0.15
五、批发、零售业和住宿、餐饮业	**28.67**	**25.80**	**16.82**	**43.89**	**51.80**
六、其他行业	**32.47**	**29.22**	**16.42**	**30.52**	**31.79**
七、城乡居民生活	**320.68**	**288.61**	**271.61**	**252.45**	**291.63**

6-25 分行业原煤终端消费量(标准量)

单位：万吨标准煤

	2005年	2006年	2007年	2008年	2009年
消费总计	**1201.42**	**1582.57**	**1559.22**	**1399.25**	**1759.49**
一、农、林、牧、渔业	**97.88**	**130.86**	**137.52**	**112.20**	**128.24**
二、工业合计	**887.17**	**1194.49**	**1183.97**	**1082.58**	**1393.90**
轻工业	**81.21**	**120.40**	**126.90**	**118.35**	**135.61**
重工业	**805.95**	**1074.10**	**1057.07**	**964.23**	**1258.29**
（一）采矿业	**42.49**	**52.24**	**65.72**	**35.18**	**51.09**
煤炭开采和洗选业	25.03	26.27	32.49	3.81	2.55
石油和天然气开采业					
黑色金属矿采选业	4.38	5.99	6.15	6.67	7.03
有色金属矿采选业	4.99	8.48	8.61	6.82	19.61
非金属矿采选业	8.09	11.50	18.47	17.88	21.90
其他采矿业		0.00	0.00	0.00	
（二）制造业	**824.96**	**1131.77**	**1105.39**	**1036.87**	**1328.43**
农副食品加工业	12.57	17.44	29.23	31.48	33.94
食品制造业	7.60	12.23	13.09	5.25	8.20
饮料制造业	10.50	15.00	12.53	14.57	20.04
烟草制品业	12.17	17.02	14.91	13.14	13.50
纺织业	6.24	8.94	7.82	10.20	8.62
纺织服装、鞋、帽制造业	0.16	0.43	0.44	0.30	0.20
皮革、毛皮、羽毛(绒)及其制品业	0.14	0.04	0.01	0.25	0.01
木材加工及木、竹、藤、棕、草制品业	5.71	8.04	5.80	16.82	3.32
家具制造业	0.01	0.06	0.05	0.25	0.00
造纸及纸制品业	18.51	32.28	36.50	32.23	36.47
印刷业和记录媒介的复制	2.04	3.06	0.20	0.28	0.48
文教体育用品制造业	0.00	0.00			
石油加工、炼焦及核燃料加工业	41.82	49.01	23.39	12.24	2.33
化学原料及化学制品制造业	208.99	280.05	287.56	301.96	354.24
医药制造业	6.02	8.83	6.76	6.64	7.02
化学纤维制造业	3.05	4.41	4.56	3.63	4.17
橡胶制品业	0.81	0.81	1.11	1.04	1.47
塑料制品业	1.09	1.28	0.69	0.96	1.42
非金属矿物制品业	362.25	488.34	465.17	409.96	613.40
黑色金属冶炼及压延加工业	56.85	82.81	121.47	104.76	133.88

6-25 分行业原煤终端消费量(标准量)(续)

单位：万吨标准煤

	2005年	2006年	2007年	2008年	2009年
有色金属冶炼及压延加工业	61.99	96.60	69.30	62.44	60.88
金属制品业	0.67	0.88	0.90	3.12	11.85
通用设备制造业	0.70	0.65	1.10	1.95	1.44
专用设备制造业	1.44	1.70	0.57	0.51	0.97
交通运输设备制造业	0.91	0.68	1.03	0.84	1.05
电气机械及器材制造业	0.32	0.39	0.29	0.30	0.03
通信设备、计算机及其他电子设备制造业		0.00			
仪器仪表及文化、办公用机械制造业	0.15	0.11	0.10	0.09	0.10
工艺品及其他制造业	2.21	0.68	0.79	0.12	2.94
废弃资源和废旧材料回收加工业	0.05	0.00	0.01	1.54	6.46
（三）电力、燃气及水的生产和供应业	**19.71**	**10.49**	**12.86**	**10.53**	**14.37**
电力、热力的生产和供应业	19.71	10.42	10.69	8.24	12.66
燃气生产和供应业			2.17	2.13	1.71
水的生产和供应业	0.00	0.07		0.17	
三、建筑业	**12.58**	**16.82**	**17.17**	**15.57**	**11.51**
房屋和土木工程建筑业	12.58	16.82	17.17	15.24	11.25
建筑安装业				0.06	0.03
建筑装饰业				0.02	0.02
其他建筑业				0.24	0.21
四、交通运输储运业和邮政业	**13.80**	**16.28**	**16.69**	**10.25**	**10.52**
铁路运输业	5.86	7.18	7.36	8.33	0.22
道路运输业	0.15	0.20	0.21	1.62	10.17
城市公共交通业				0.00	0.00
水上运输业	0.78	1.02	1.04	0.03	
航空运输业				0.00	
管道运输业					
装卸搬运及其他运输服务业				0.05	0.02
仓储业	7.01	7.88	8.08	0.04	0.02
邮政业(电信业)				0.18	0.08
五、批发、零售业和住宿、餐饮业	**14.27**	**16.83**	**11.25**	**23.99**	**29.73**
六、其他行业	**16.16**	**19.06**	**10.98**	**16.68**	**18.24**
七、城乡居民生活	**159.57**	**188.23**	**181.63**	**137.98**	**167.36**

6-26 分行业洗精煤终端消费量(实物量)

单位：万吨

	2005年	2006年	2007年	2008年	2009年
消费总计	**71.22**	**77.51**	**77.57**	**33.70**	**38.00**
一、农、林、牧、渔业					
二、工业合计	**71.22**	**77.51**	**77.57**	**33.70**	**38.00**
轻工业	**14.30**	**14.26**	**8.43**	**7.26**	**4.77**
重工业	**56.91**	**63.25**	**69.14**	**26.44**	**33.22**
（一）采矿业	**1.75**	**5.58**	**5.31**	**4.06**	**1.18**
煤炭开采和洗选业	0.20	0.15	0.34	0.35	
石油和天然气开采业					
黑色金属矿采选业	0.10	0.10		0.02	
有色金属矿采选业	0.58	4.83	4.84	3.41	
非金属矿采选业	0.87	0.50	0.13	0.28	1.18
其他采矿业					
（二）制造业	**69.47**	**71.94**	**50.56**	**29.46**	**36.82**
农副食品加工业	1.30	2.04	0.05	0.56	0.80
食品制造业	0.56	0.19	0.21	0.28	0.25
饮料制造业	8.38	7.82	5.83	4.77	3.45
烟草制品业	0.10	0.72	2.30	1.01	0.11
纺织业	0.64	0.50			
纺织服装、鞋、帽制造业					
皮革、毛皮、羽毛(绒)及其制品业					
木材加工及木、竹、藤、棕、草制品业					
家具制造业	0.01	0.01			
造纸及纸制品业	2.34	2.10		0.03	0.14
印刷业和记录媒介的复制					
文教体育用品制造业					
石油加工、炼焦及核燃料加工业	11.59	13.43	15.03	4.14	0.12
化学原料及化学制品制造业	14.28	14.85	3.52	3.65	7.89
医药制造业	0.97	0.87	0.04	0.14	0.03
化学纤维制造业					
橡胶制品业	0.01	0.10		0.02	
塑料制品业	0.15	0.10			
非金属矿物制品业	16.21	16.59	11.77	6.32	11.25
黑色金属冶炼及压延加工业	8.01	7.21	7.21	4.34	7.58

6-26 分行业洗精煤终端消费量(实物量)(续)

单位：万吨

	2005年	2006年	2007年	2008年	2009年
有色金属冶炼及压延加工业	4.64	5.18	4.59	3.70	**4.76**
金属制品业	0.21	0.12			
通用设备制造业	0.03	0.00	0.00	0.04	0.44
专用设备制造业	0.03	0.01			
交通运输设备制造业	0.01	0.09	0.01		
电气机械及器材制造业					
通信设备、计算机及其他电子设备制造业					
仪器仪表及文化、办公用机械制造业					
工艺品及其他制造业	0.01	0.01		0.47	
废弃资源和废旧材料回收加工业					
（三）电力、燃气及水的生产和供应业			**21.71**	**0.18**	
电力、热力的生产和供应业			0.10	0.08	
燃气生产和供应业			21.61	0.10	
水的生产和供应业					
三、建筑业					
房屋和土木工程建筑业					
建筑安装业					
建筑装饰业					
其他建筑业					
四、交通运输储运业和邮政业					
铁路运输业					
道路运输业					
城市公共交通业					
水上运输业					
航空运输业					
管道运输业					
装卸搬运及其他运输服务业					
仓储业					
邮政业(电信业)					
五、批发、零售业和住宿、餐饮业					
六、其他行业					
七、城乡居民生活					

6-27 分行业洗精煤终端消费量(标准量)

单位：万吨标准煤

	2005年	2006年	2007年	2008年	2009年
消费总计	**64.10**	**69.76**	**69.82**	**30.33**	**34.20**
一、农、林、牧、渔业					
二、工业合计	**64.10**	**69.76**	**69.82**	**30.33**	**34.20**
轻工业	**12.87**	**12.84**	**7.59**	**6.53**	**4.30**
重工业	**51.22**	**56.93**	**62.23**	**23.80**	**29.90**
（一）采矿业	**1.58**	**5.02**	**4.78**	**3.65**	**1.07**
煤炭开采和洗选业	0.18	0.14	0.30	0.31	
石油和天然气开采业					
黑色金属矿采选业	0.09	0.09		0.02	
有色金属矿采选业	0.52	4.34	4.36	3.07	
非金属矿采选业	0.78	0.45	0.12	0.25	1.07
其他采矿业					
（二）制造业	**62.52**	**64.74**	**45.50**	**26.52**	**33.13**
农副食品加工业	1.17	1.84	0.05	0.50	0.72
食品制造业	0.50	0.17	0.19	0.25	0.22
饮料制造业	7.54	7.04	5.25	4.29	3.10
烟草制品业	0.09	0.65	2.07	0.91	0.10
纺织业	0.58	0.45			
纺织服装、鞋、帽制造业					
皮革、毛皮、羽毛(绒)及其制品业					
木材加工及木、竹、藤、棕、草制品业					
家具制造业	0.01	0.01			
造纸及纸制品业	2.11	1.89		0.03	0.12
印刷业和记录媒介的复制					
文教体育用品制造业					
石油加工、炼焦及核燃料加工业	10.43	12.09	13.53	3.73	0.11
化学原料及化学制品制造业	12.85	13.37	3.17	3.28	7.10
医药制造业	0.87	0.79	0.03	0.12	0.03
化学纤维制造业					
橡胶制品业	0.01	0.09		0.02	
塑料制品业	0.14	0.09			
非金属矿物制品业	14.59	14.93	10.59	5.68	10.12
黑色金属冶炼及压延加工业	7.21	6.49	6.49	3.90	6.82

6-27 分行业洗精煤终端消费量(标准量)(续)

单位：万吨标准煤

	2005年	2006年	2007年	2008年	2009年
有色金属冶炼及压延加工业	4.18	4.66	4.13	3.33	4.28
金属制品业	0.19	0.11			
通用设备制造业	0.03	0.00	0.00	0.04	0.39
专用设备制造业	0.03	0.01			
交通运输设备制造业	0.00	0.08	0.00		
电气机械及器材制造业					
通信设备、计算机及其他电子设备制造业					
仪器仪表及文化、办公用机械制造业					
工艺品及其他制造业	0.00	0.01		0.42	
废弃资源和废旧材料回收加工业					
（三）电力、燃气及水的生产和供应业			**19.54**	**0.16**	
电力、热力的生产和供应业			0.09	0.07	
燃气生产和供应业			19.45	0.09	
水的生产和供应业					
三、建筑业					
房屋和土木工程建筑业					
建筑安装业					
建筑装饰业					
其他建筑业					
四、交通运输储运业和邮政业					
铁路运输业					
道路运输业					
城市公共交通业					
水上运输业					
航空运输业					
管道运输业					
装卸搬运及其他运输服务业					
仓储业					
邮政业(电信业)					
五、批发、零售业和住宿、餐饮业					
六、其他行业					
七、城乡居民生活					

6-28 分行业其它洗煤终端消费量(实物量)

单位：万吨

	2005年	2006年	2007年	2008年	2009年
消费总计	**132.06**	**131.69**	**61.10**	**58.13**	**65.77**
一、农、林、牧、渔业					
二、工业合计	**70.59**	**71.03**	**21.70**	**22.76**	**23.08**
轻工业	**12.06**	**13.98**	**2.87**	**3.36**	**2.74**
重工业	**58.54**	**57.05**	**18.84**	**19.41**	**20.34**
（一）采矿业	**18.28**	**16.34**	**9.20**	**1.49**	**1.99**
煤炭开采和洗选业	16.05	14.45	9.20	1.49	1.99
石油和天然气开采业					
黑色金属矿采选业	0.84	0.76			
有色金属矿采选业	1.27	1.14			
非金属矿采选业	0.12				
其他采矿业					
（二）制造业	**52.29**	**54.65**	**12.50**	**21.27**	**21.09**
农副食品加工业	8.34	9.51	0.41	0.76	1.15
食品制造业	1.89	2.01	0.19	0.21	0.08
饮料制造业	0.31	0.48	0.20	0.19	0.15
烟草制品业					
纺织业	0.03				
纺织服装、鞋、帽制造业					
皮革、毛皮、羽毛(绒)及其制品业					
木材加工及木、竹、藤、棕、草制品业	0.30	0.40	0.01		
家具制造业					
造纸及纸制品业	1.39	1.98	2.07	2.19	1.21
印刷业和记录媒介的复制					
文教体育用品制造业					
石油加工、炼焦及核燃料加工业			0.22	0.50	0.79
化学原料及化学制品制造业	6.55	7.90	3.53	2.97	1.97
医药制造业	0.08				0.14
化学纤维制造业					
橡胶制品业	0.07				
塑料制品业	1.28				
非金属矿物制品业	23.47	24.06	2.07	11.01	12.58
黑色金属冶炼及压延加工业	1.96	1.96	0.67	0.46	1.05

6-28 分行业其它洗煤终端消费量(实物量)(续)

单位：万吨

	2005年	2006年	2007年	2008年	2009年
有色金属冶炼及压延加工业	6.35	6.35	3.02	2.90	1.88
金属制品业	0.01				
通用设备制造业	0.09				
专用设备制造业	0.02		0.11	0.08	0.08
交通运输设备制造业	0.01				
电气机械及器材制造业	0.01				
通信设备、计算机及其他电子设备制造业					
仪器仪表及文化、办公用机械制造业					
工艺品及其他制造业	0.01				
废弃资源和废旧材料回收加工业	0.12				
（三）电力、燃气及水的生产和供应业	**0.02**	**0.04**			
电力、热力的生产和供应业	0.02	0.04			
燃气生产和供应业					
水的生产和供应业					
三、建筑业	**0.68**	**0.71**	**0.71**	**0.74**	**0.38**
房屋和土木工程建筑业	0.32	0.35	0.35	0.38	0.18
建筑安装业	0.25	0.24	0.24	0.24	0.14
建筑装饰业	0.11	0.12	0.12	0.12	0.06
其他建筑业					
四、交通运输储运业和邮政业	**0.47**				
铁路运输业	0.31				
道路运输业	0.04				
城市公共交通业					
水上运输业	0.12				
航空运输业					
管道运输业					
装卸搬运及其他运输服务业					
仓储业					
邮政业(电信业)					
五、批发、零售业和住宿、餐饮业					
六、其他行业					
七、城乡居民生活	**60.32**	**59.95**	**38.69**	**34.63**	**42.31**

6-29 分行业其它洗煤终端消费量(标准量)

单位：万吨标准煤

	2005年	2006年	2007年	2008年	2009年
消费总计	**69.36**	**69.17**	**32.09**	**30.53**	**34.54**
一、农、林、牧、渔业					
二、工业合计	**37.07**	**37.31**	**11.40**	**11.96**	**12.12**
轻工业	**6.33**	**7.34**	**1.51**	**1.76**	**1.44**
重工业	**30.74**	**29.96**	**9.89**	**10.19**	**10.68**
（一）采矿业	**9.60**	**8.58**	**4.83**	**0.78**	**1.04**
煤炭开采和洗选业	8.43	7.59	4.83	0.78	1.04
石油和天然气开采业					
黑色金属矿采选业	0.44	0.40			
有色金属矿采选业	0.67	0.60			
非金属矿采选业	0.06				
其他采矿业					
（二）制造业	**27.46**	**28.70**	**6.57**	**11.17**	**11.08**
农副食品加工业	4.38	4.99	0.21	0.40	0.61
食品制造业	0.99	1.06	0.10	0.11	0.04
饮料制造业	0.16	0.25	0.10	0.10	0.08
烟草制品业					
纺织业	0.02				
纺织服装、鞋、帽制造业					
皮革、毛皮、羽毛(绒)及其制品业					
木材加工及木、竹、藤、棕、草制品业	0.16	0.21	0.01		
家具制造业					
造纸及纸制品业	0.73	1.04	1.08	1.15	0.63
印刷业和记录媒介的复制					
文教体育用品制造业					
石油加工、炼焦及核燃料加工业			0.12	0.26	0.41
化学原料及化学制品制造业	3.44	4.15	1.86	1.56	1.04
医药制造业	0.04				0.08
化学纤维制造业					
橡胶制品业	0.04				
塑料制品业	0.67				
非金属矿物制品业	12.33	12.64	1.09	5.78	6.61
黑色金属冶炼及压延加工业	1.03	1.03	0.35	0.24	0.55

6-29　分行业其它洗煤终端消费量(标准量)(续)

单位：万吨标准煤

	2005年	2006年	2007年	2008年	2009年
有色金属冶炼及压延加工业	3.34	3.34	1.59	1.52	0.99
金属制品业	0.00				
通用设备制造业	0.05				
专用设备制造业	0.01		0.06	0.04	0.04
交通运输设备制造业	0.01				
电气机械及器材制造业	0.01				
通信设备、计算机及其他电子设备制造业					
仪器仪表及文化、办公用机械制造业					
工艺品及其他制造业	0.01				
废弃资源和废旧材料回收加工业	0.06				
（三）电力、燃气及水的生产和供应业	**0.01**	**0.02**			
电力、热力的生产和供应业	0.01	0.02			
燃气生产和供应业					
水的生产和供应业					
三、建筑业	**0.36**	**0.37**	**0.37**	**0.39**	**0.20**
房屋和土木工程建筑业	0.17	0.18	0.18	0.20	0.09
建筑安装业	0.13	0.13	0.13	0.13	0.07
建筑装饰业	0.06	0.06	0.06	0.06	0.03
其他建筑业					
四、交通运输储运业和邮政业	**0.25**				
铁路运输业	0.16				
道路运输业	0.02				
城市公共交通业					
水上运输业	0.06				
航空运输业					
管道运输业					
装卸搬运及其他运输服务业					
仓储业					
邮政业(电信业)					
五、批发、零售业和住宿、餐饮业					
六、其他行业					
七、城乡居民生活	**31.68**	**31.49**	**20.32**	**18.19**	**22.22**

6-30 分行业煤制品终端消费量(实物量)

单位：万吨

	2005年	2006年	2007年	2008年	2009年
消 费 总 计	**10.29**	**23.77**	**20.01**	**21.38**	**21.54**
一、农、林、牧、渔业					
二、工业合计	**3.76**	**16.92**	**14.53**	**16.01**	**15.71**
轻工业	**0.00**	**0.08**	**0.04**	**0.98**	**0.86**
重工业	**3.76**	**16.84**	**14.48**	**15.02**	**14.85**
（一）采矿业				**0.01**	
煤炭开采和洗选业					
石油和天然气开采业					
黑色金属矿采选业				0.01	
有色金属矿采选业					
非金属矿采选业					
其他采矿业					
（二）制造业	**3.76**	**16.92**	**14.53**	**16.00**	**15.71**
农副食品加工业		0.08		0.07	0.06
食品制造业				0.01	
饮料制造业	0.00			0.01	
烟草制品业					
纺织业				0.04	
纺织服装、鞋、帽制造业					
皮革、毛皮、羽毛(绒)及其制品业					
木材加工及木、竹、藤、棕、草制品业					
家具制造业				0.20	
造纸及纸制品业				0.46	0.58
印刷业和记录媒介的复制	0.00				
文教体育用品制造业					
石油加工、炼焦及核燃料加工业					0.18
化学原料及化学制品制造业	2.91	14.84	8.58	6.11	0.92
医药制造业		0.00	0.04	0.19	0.22
化学纤维制造业					
橡胶制品业					
塑料制品业					
非金属矿物制品业	0.70	0.06	0.32	3.91	5.71
黑色金属冶炼及压延加工业		1.60	2.03	1.90	7.76

6-30 分行业煤制品终端消费量(实物量)(续)

单位：万吨

	2005年	2006年	2007年	2008年	2009年
有色金属冶炼及压延加工业		0.32	3.50	3.02	0.22
金属制品业		0.00			
通用设备制造业	0.14	0.02	0.05	0.06	0.05
专用设备制造业	0.01			0.01	
交通运输设备制造业		0.00			0.00
电气机械及器材制造业					
通信设备、计算机及其他电子设备制造业					
仪器仪表及文化、办公用机械制造业					
工艺品及其他制造业					
废弃资源和废旧材料回收加工业					
（三）电力、燃气及水的生产和供应业					
电力、热力的生产和供应业					
燃气生产和供应业					
水的生产和供应业					
三、建筑业					
房屋和土木工程建筑业					
建筑安装业					
建筑装饰业					
其他建筑业					
四、交通运输储运业和邮政业					
铁路运输业					
道路运输业					
城市公共交通业					
水上运输业					
航空运输业					
管道运输业					
装卸搬运及其他运输服务业					
仓储业					
邮政业(电信业)					
五、批发、零售业和住宿、餐饮业					
六、其他行业					
七、城乡居民生活	**6.53**	**6.86**	**5.48**	**5.37**	**5.84**

6-31 分行业煤制品终端消费量(标准量)

单位：万吨标准煤

	2005年	2006年	2007年	2008年	2009年
消费总计	**6.18**	**14.26**	**12.01**	**12.83**	**12.93**
一、农、林、牧、渔业					
二、工业合计	**2.26**	**10.15**	**8.72**	**9.60**	**9.42**
轻工业	**0.00**	**0.05**	**0.03**	**0.59**	**0.52**
重工业	**2.26**	**10.10**	**8.69**	**9.01**	**8.91**
（一）采矿业				**0.01**	
煤炭开采和洗选业					
石油和天然气开采业					
黑色金属矿采选业				0.01	
有色金属矿采选业					
非金属矿采选业					
其他采矿业					
（二）制造业	**2.26**	**10.15**	**8.72**	**9.60**	**9.42**
农副食品加工业		0.05		0.04	0.04
食品制造业				0.01	
饮料制造业	0.00			0.01	
烟草制品业					
纺织业				0.02	
纺织服装、鞋、帽制造业					
皮革、毛皮、羽毛(绒)及其制品业					
木材加工及木、竹、藤、棕、草制品业					
家具制造业				0.12	
造纸及纸制品业				0.28	0.35
印刷业和记录媒介的复制	0.00				
文教体育用品制造业					
石油加工、炼焦及核燃料加工业					0.11
化学原料及化学制品制造业	1.75	8.90	5.15	3.67	0.55
医药制造业		0.00	0.03	0.12	0.13
化学纤维制造业					
橡胶制品业					
塑料制品业					
非金属矿物制品业	0.42	0.04	0.19	2.34	3.43
黑色金属冶炼及压延加工业		0.96	1.22	1.14	4.66

6-31 分行业煤制品终端消费量(标准量)(续)

单位：万吨标准煤

	2005年	2006年	2007年	2008年	2009年
有色金属冶炼及压延加工业		0.19	2.10	1.81	0.13
金属制品业		0.00			
通用设备制造业	0.08	0.01	0.03	0.04	0.03
专用设备制造业	0.01			0.01	
交通运输设备制造业		0.00			0.00
电气机械及器材制造业					
通信设备、计算机及其他电子设备制造业					
仪器仪表及文化、办公用机械制造业					
工艺品及其他制造业					
废弃资源和废旧材料回收加工业					
（三）电力、燃气及水的生产和供应业					
电力、热力的生产和供应业					
燃气生产和供应业					
水的生产和供应业					
三、建筑业					
房屋和土木工程建筑业					
建筑安装业					
建筑装饰业					
其他建筑业					
四、交通运输储运业和邮政业					
铁路运输业					
道路运输业					
城市公共交通业					
水上运输业					
航空运输业					
管道运输业					
装卸搬运及其他运输服务业					
仓储业					
邮政业(电信业)					
五、批发、零售业和住宿、餐饮业					
六、其他行业					
七、城乡居民生活	**3.92**	**4.11**	**3.29**	**3.22**	**3.50**

6-32 分行业焦炭终端消费量(实物量)

单位：万吨

	2005年	2006年	2007年	2008年	2009年
消费总计	**1138.94**	**1157.49**	**1282.04**	**1327.48**	**1274.55**
一、农、林、牧、渔业	**0.41**	**0.42**	**0.38**	**0.38**	**0.38**
二、工业合计	**1133.84**	**1152.26**	**1278.14**	**1324.04**	**1273.77**
轻工业	**1.47**	**0.11**	**0.15**	**0.38**	**0.98**
重工业	**1132.37**	**1152.15**	**1277.99**	**1323.66**	**1272.79**
（一）采矿业	**24.98**	**21.34**	**17.26**	**26.36**	**22.20**
煤炭开采和洗选业	10.87	9.28	5.97	4.89	0.80
石油和天然气开采业					
黑色金属矿采选业	9.52	7.93	9.70	19.63	13.82
有色金属矿采选业	2.58	2.32	1.54	1.77	1.58
非金属矿采选业	2.01	1.81	0.05	0.07	6.00
其他采矿业					
（二）制造业	**1108.86**	**1130.71**	**1260.39**	**1297.53**	**1251.53**
农副食品加工业	0.26	0.08	0.13	0.22	0.46
食品制造业		0.00	0.00	0.04	0.25
饮料制造业	0.61		0.00	0.07	
烟草制品业					
纺织业	0.01				0.02
纺织服装、鞋、帽制造业					
皮革、毛皮、羽毛(绒)及其制品业					
木材加工及木、竹、藤、棕、草制品业					
家具制造业					
造纸及纸制品业	0.01				
印刷业和记录媒介的复制	0.01				0.00
文教体育用品制造业					
石油加工、炼焦及核燃料加工业	18.99	4.92	5.38	5.75	0.11
化学原料及化学制品制造业	273.26	292.30	291.03	274.35	233.38
医药制造业	0.01	0.01			0.00
化学纤维制造业					
橡胶制品业	0.01	0.01			
塑料制品业	0.01	0.01	0.00	0.02	0.04
非金属矿物制品业	8.64	7.78	6.95	3.46	4.00
黑色金属冶炼及压延加工业	717.32	743.65	886.41	920.66	901.64

6-32　分行业焦炭终端消费量(实物量)(续)

单位：万吨

	2005年	2006年	2007年	2008年	2009年
有色金属冶炼及压延加工业	80.43	75.16	64.67	84.10	82.73
金属制品业	0.64	0.34	0.38	0.67	2.11
通用设备制造业	5.07	4.57	3.31	5.34	4.17
专用设备制造业	0.56	0.40	0.39	0.38	0.35
交通运输设备制造业	1.87	0.87	1.24	2.01	21.97
电气机械及器材制造业	0.53	0.57	0.20	0.02	0.02
通信设备、计算机及其他电子设备制造业					
仪器仪表及文化、办公用机械制造业	0.02	0.02	0.02		
工艺品及其他制造业	0.56	0.02	0.01	0.05	0.26
废弃资源和废旧材料回收加工业	0.03		0.26	0.40	0.02
（三）电力、燃气及水的生产和供应业		**0.21**	**0.49**	**0.15**	**0.04**
电力、热力的生产和供应业		0.21	0.21	0.05	0.04
燃气生产和供应业			0.28	0.10	
水的生产和供应业					
三、建筑业	**1.57**	**1.54**	**1.54**	**1.62**	
房屋和土木工程建筑业	1.01	1.03	1.03	1.11	
建筑安装业	0.56	0.51	0.51	0.51	
建筑装饰业					
其他建筑业					
四、交通运输储运业和邮政业	**0.61**	**0.64**	**0.64**	**0.45**	
铁路运输业	0.42	0.43	0.43	0.24	
道路运输业					
城市公共交通业					
水上运输业	0.10	0.11	0.11	0.11	
航空运输业					
管道运输业					
装卸搬运及其他运输服务业					
仓储业	0.09	0.10	0.10	0.10	
邮政业(电信业)					
五、批发、零售业和住宿、餐饮业	**0.34**	**0.36**	**0.26**	**0.13**	
六、其他行业	**1.67**	**1.75**	**0.55**	**0.43**	
七、城乡居民生活	**0.50**	**0.53**	**0.53**	**0.43**	**0.40**

6-33 分行业焦炭终端消费量(标准量)

单位：万吨标准煤

	2005年	2006年	2007年	2008年	2009年
消 费 总 计	**1106.37**	**1124.39**	**1245.37**	**1289.51**	**1238.10**
一、农、林、牧、渔业	**0.40**	**0.41**	**0.37**	**0.37**	**0.37**
二、工业合计	**1101.41**	**1119.30**	**1241.59**	**1286.17**	**1237.34**
轻工业	**1.43**	**0.11**	**0.14**	**0.37**	**0.95**
重工业	**1099.99**	**1119.19**	**1241.44**	**1285.81**	**1236.39**
（一）采矿业	**24.26**	**20.73**	**16.77**	**25.61**	**21.56**
煤炭开采和洗选业	10.56	9.02	5.80	4.75	0.78
石油和天然气开采业					
黑色金属矿采选业	9.25	7.70	9.42	19.07	13.42
有色金属矿采选业	2.51	2.26	1.50	1.72	1.53
非金属矿采选业	1.95	1.76	0.05	0.07	5.83
其他采矿业					
（二）制造业	**1077.15**	**1098.37**	**1224.34**	**1260.42**	**1215.73**
农副食品加工业	0.25	0.08	0.12	0.21	0.44
食品制造业		0.00	0.00	0.04	0.24
饮料制造业	0.59		0.00	0.07	
烟草制品业					
纺织业	0.01				0.02
纺织服装、鞋、帽制造业					
皮革、毛皮、羽毛(绒)及其制品业					
木材加工及木、竹、藤、棕、草制品业					
家具制造业					
造纸及纸制品业	0.01				
印刷业和记录媒介的复制	0.01				0.00
文教体育用品制造业					
石油加工、炼焦及核燃料加工业	18.45	4.78	5.23	5.58	0.10
化学原料及化学制品制造业	265.44	283.94	282.71	266.50	226.71
医药制造业	0.01	0.01			0.00
化学纤维制造业					
橡胶制品业	0.01	0.01			
塑料制品业	0.01	0.01	0.00	0.02	0.04
非金属矿物制品业	8.39	7.55	6.75	3.36	3.88
黑色金属冶炼及压延加工业	696.80	722.38	861.06	894.33	875.86

6-33 分行业焦炭终端消费量(标准量)(续)

单位：万吨标准煤

	2005年	2006年	2007年	2008年	2009年
有色金属冶炼及压延加工业	78.13	73.01	62.82	81.70	80.36
金属制品业	0.62	0.33	0.37	0.65	2.05
通用设备制造业	4.93	4.44	3.22	5.18	4.06
专用设备制造业	0.55	0.39	0.38	0.37	0.34
交通运输设备制造业	1.82	0.85	1.20	1.95	21.34
电气机械及器材制造业	0.51	0.56	0.19	0.02	0.02
通信设备、计算机及其他电子设备制造业					
仪器仪表及文化、办公用机械制造业	0.02	0.02	0.02		
工艺品及其他制造业	0.54	0.02	0.01	0.05	0.25
废弃资源和废旧材料回收加工业	0.03		0.26	0.39	0.02
（三）电力、燃气及水的生产和供应业		**0.20**	**0.48**	**0.15**	**0.04**
电力、热力的生产和供应业		0.20	0.21	0.05	0.04
燃气生产和供应业			0.27	0.10	
水的生产和供应业					
三、建筑业	**1.53**	**1.50**	**1.50**	**1.57**	
房屋和土木工程建筑业	0.98	1.00	1.00	1.08	
建筑安装业	0.54	0.50	0.50	0.50	
建筑装饰业					
其他建筑业					
四、交通运输储运业和邮政业	**0.59**	**0.62**	**0.62**	**0.44**	
铁路运输业	0.41	0.42	0.42	0.23	
道路运输业					
城市公共交通业					
水上运输业	0.10	0.11	0.11	0.11	
航空运输业					
管道运输业					
装卸搬运及其他运输服务业					
仓储业	0.09	0.10	0.10	0.10	
邮政业(电信业)					
五、批发、零售业和住宿、餐饮业	**0.33**	**0.35**	**0.25**	**0.12**	
六、其他行业	**1.62**	**1.70**	**0.53**	**0.42**	
七、城乡居民生活	**0.49**	**0.51**	**0.51**	**0.42**	**0.39**

6-34 分行业焦炉煤气终端消费量(实物量)

单位：亿立方米

	2005年	2006年	2007年	2008年	2009年
消 费 总 计	**8.05**	**5.79**	**6.06**	**14.36**	**15.46**
一、农、林、牧、渔业					
二、工业合计	**6.03**	**3.57**	**3.84**	**10.54**	**14.58**
轻工业	**0.02**		**0.07**	**0.10**	**0.17**
重工业	**6.01**	**3.57**	**3.77**	**10.44**	**14.41**
（一）采矿业	**0.29**		**0.33**	**0.33**	**0.46**
煤炭开采和洗选业					
石油和天然气开采业					
黑色金属矿采选业	0.29		0.33	0.33	0.46
有色金属矿采选业					
非金属矿采选业					
其他采矿业					
（二）制造业	**5.74**	**3.57**	**3.51**	**10.21**	**14.12**
农副食品加工业					
食品制造业			0.05	0.07	0.08
饮料制造业	0.01		0.02	0.03	0.08
烟草制品业					
纺织业					0.01
纺织服装、鞋、帽制造业					
皮革、毛皮、羽毛(绒)及其制品业					
木材加工及木、竹、藤、棕、草制品业					
家具制造业					
造纸及纸制品业	0.01				
印刷业和记录媒介的复制					0.00
文教体育用品制造业					
石油加工、炼焦及核燃料加工业		0.43	0.11	5.28	6.53
化学原料及化学制品制造业		0.02	0.30	0.77	3.37
医药制造业			0.01		0.00
化学纤维制造业					
橡胶制品业					
塑料制品业					
非金属矿物制品业		0.04	0.04	0.02	0.32
黑色金属冶炼及压延加工业	5.70	2.80	2.88	3.88	3.44

6-34 分行业焦炉煤气终端消费量(实物量)(续)

单位：亿立方米

	2005年	2006年	2007年	2008年	2009年
有色金属冶炼及压延加工业	0.01	0.28	0.05	0.06	0.10
金属制品业					0.00
通用设备制造业					
专用设备制造业	0.01				0.08
交通运输设备制造业			0.05	0.05	0.05
电气机械及器材制造业			0.02	0.05	0.06
通信设备、计算机及其他电子设备制造业					
仪器仪表及文化、办公用机械制造业					
工艺品及其他制造业					
废弃资源和废旧材料回收加工业					
（三）电力、燃气及水的生产和供应业					
电力、热力的生产和供应业					
燃气生产和供应业					
水的生产和供应业					
三、建筑业					
房屋和土木工程建筑业					
建筑安装业					
建筑装饰业					
其他建筑业					
四、交通运输储运业和邮政业					
铁路运输业					
道路运输业					
城市公共交通业					
水上运输业					
航空运输业					
管道运输业					
装卸搬运及其他运输服务业					
仓储业					
邮政业(电信业)					
五、批发、零售业和住宿、餐饮业					
六、其他行业					
七、城乡居民生活	**2.02**	**2.22**	**2.22**	**3.82**	**0.88**

6-35 分行业焦炉煤气终端消费量(标准量)

单位：万吨标准煤

	2005年	2006年	2007年	2008年	2009年
消费总计	**49.47**	**35.59**	**37.22**	**88.21**	**94.96**
一、农、林、牧、渔业					
二、工业合计	**37.06**	**21.94**	**23.57**	**64.75**	**89.55**
轻工业	**0.12**		**0.42**	**0.61**	**1.04**
重工业	**36.93**	**21.94**	**23.15**	**64.13**	**88.51**
（一）采矿业	**1.80**		**2.00**	**2.03**	**2.82**
煤炭开采和洗选业					
石油和天然气开采业					
黑色金属矿采选业	1.80		2.00	2.03	2.82
有色金属矿采选业					
非金属矿采选业					
其他采矿业					
（二）制造业	**35.26**	**21.94**	**21.57**	**62.72**	**86.73**
农副食品加工业					
食品制造业			0.28	0.43	0.48
饮料制造业	0.06		0.10	0.18	0.50
烟草制品业					
纺织业					0.03
纺织服装、鞋、帽制造业					
皮革、毛皮、羽毛(绒)及其制品业					
木材加工及木、竹、藤、棕、草制品业					
家具制造业					
造纸及纸制品业	0.06				
印刷业和记录媒介的复制					0.02
文教体育用品制造业					
石油加工、炼焦及核燃料加工业		2.63	0.70	32.44	40.13
化学原料及化学制品制造业		0.14	1.82	4.73	20.70
医药制造业			0.04		0.01
化学纤维制造业					
橡胶制品业					
塑料制品业					
非金属矿物制品业		0.25	0.24	0.12	1.95
黑色金属冶炼及压延加工业	35.01	17.20	17.69	23.83	21.13

6-35 分行业焦炉煤气终端消费量(标准量)(续)

单位：万吨标准煤

	2005年	2006年	2007年	2008年	2009年
有色金属冶炼及压延加工业	0.06	1.72	0.28	0.37	0.60
金属制品业					0.01
通用设备制造业					
专用设备制造业	0.06				0.51
交通运输设备制造业			0.28	0.31	0.30
电气机械及器材制造业			0.14	0.31	0.35
通信设备、计算机及其他电子设备制造业					
仪器仪表及文化、办公用机械制造业					
工艺品及其他制造业					
废弃资源和废旧材料回收加工业					
（三）电力、燃气及水的生产和供应业					
电力、热力的生产和供应业					
燃气生产和供应业					
水的生产和供应业					
三、建筑业					
房屋和土木工程建筑业					
建筑安装业					
建筑装饰业					
其他建筑业					
四、交通运输储运业和邮政业					
铁路运输业					
道路运输业					
城市公共交通业					
水上运输业					
航空运输业					
管道运输业					
装卸搬运及其他运输服务业					
仓储业					
邮政业(电信业)					
五、批发、零售业和住宿、餐饮业					
六、其他行业					
七、城乡居民生活	**12.41**	**13.65**	**13.65**	**23.47**	**5.41**

6-36 分行业其它煤气终端消费量(实物量)

单位：亿立方米

	2005年	2006年	2007年	2008年	2009年
消费总计	**42.52**	**49.03**	**79.65**	**70.61**	**96.25**
一、农、林、牧、渔业					
二、工业合计	**42.14**	**48.73**	**79.40**	**69.43**	**95.24**
轻工业		**0.00**	**0.01**	**0.20**	**0.00**
重工业	**42.14**	**48.73**	**79.39**	**69.23**	**95.24**
（一）采矿业	**4.85**	**2.36**	**3.87**	**4.37**	**9.58**
煤炭开采和洗选业					
石油和天然气开采业					
黑色金属矿采选业	4.85	2.36	3.87	4.37	9.58
有色金属矿采选业					
非金属矿采选业					
其他采矿业					
（二）制造业	**37.29**	**46.37**	**75.52**	**65.06**	**85.66**
农副食品加工业					0.00
食品制造业				0.10	
饮料制造业				0.10	
烟草制品业					
纺织业					
纺织服装、鞋、帽制造业					
皮革、毛皮、羽毛(绒)及其制品业					
木材加工及木、竹、藤、棕、草制品业					
家具制造业					
造纸及纸制品业					
印刷业和记录媒介的复制		0.00	0.00		
文教体育用品制造业					
石油加工、炼焦及核燃料加工业				8.17	8.35
化学原料及化学制品制造业	0.07	0.00		0.30	
医药制造业		0.00	0.01		
化学纤维制造业					
橡胶制品业					
塑料制品业					
非金属矿物制品业	0.01	0.01	0.01	0.01	0.00
黑色金属冶炼及压延加工业	37.21	46.35	75.51	56.08	77.31

6-36 分行业其它煤气终端消费量（实物量）（续）

单位：亿立方米

	2005年	2006年	2007年	2008年	2009年
有色金属冶炼及压延加工业				0.10	
金属制品业					0.00
通用设备制造业					
专用设备制造业					0.00
交通运输设备制造业				0.10	
电气机械及器材制造业		0.00		0.10	
通信设备、计算机及其他电子设备制造业					
仪器仪表及文化、办公用机械制造业					
工艺品及其他制造业					
废弃资源和废旧材料回收加工业		0.01			
（三）电力、燃气及水的生产和供应业					
电力、热力的生产和供应业					
燃气生产和供应业					
水的生产和供应业					
三、建筑业					**0.01**
房屋和土木工程建筑业					0.01
建筑安装业					0.01
建筑装饰业					0.00
其他建筑业					0.00
四、交通运输储运业和邮政业				**0.00**	**0.00**
铁路运输业				0.00	0.00
道路运输业					0.00
城市公共交通业					
水上运输业					
航空运输业					
管道运输业					
装卸搬运及其他运输服务业					0.00
仓储业					
邮政业（电信业）					
五、批发、零售业和住宿、餐饮业				**0.47**	**0.62**
六、其他行业				**0.44**	**0.10**
七、城乡居民生活	**0.38**	**0.30**	**0.25**	**0.27**	**0.27**

6-37 分行业其它煤气终端消费量(标准量)

单位：万吨标准煤

	2005年	2006年	2007年	2008年	2009年
消 费 总 计	**54.64**	**63.01**	**102.35**	**90.74**	**123.68**
一、农、林、牧、渔业					
二、工业合计	**54.15**	**62.62**	**102.03**	**89.22**	**122.38**
轻工业		**0.00**	**0.01**	**0.26**	**0.00**
重工业	**54.15**	**62.62**	**102.02**	**88.96**	**122.38**
（一）采矿业	**6.23**	**3.04**	**4.98**	**5.62**	**12.30**
煤炭开采和洗选业					
石油和天然气开采业					
黑色金属矿采选业	6.23	3.04	4.98	5.62	12.30
有色金属矿采选业					
非金属矿采选业					
其他采矿业					
（二）制造业	**47.92**	**59.58**	**97.05**	**83.61**	**110.08**
农副食品加工业					0.00
食品制造业				0.13	
饮料制造业				0.13	
烟草制品业					
纺织业					
纺织服装、鞋、帽制造业					
皮革、毛皮、羽毛(绒)及其制品业					
木材加工及木、竹、藤、棕、草制品业					
家具制造业					
造纸及纸制品业					
印刷业和记录媒介的复制		0.00	0.00		
文教体育用品制造业					
石油加工、炼焦及核燃料加工业				10.50	10.72
化学原料及化学制品制造业	0.09	0.00		0.39	
医药制造业		0.00	0.01		
化学纤维制造业					
橡胶制品业					
塑料制品业					
非金属矿物制品业	0.01	0.01	0.01	0.01	0.01
黑色金属冶炼及压延加工业	47.81	59.56	97.03	72.06	99.34

6-37 分行业其它煤气终端消费量(标准量)(续)

单位：万吨标准煤

	2005年	2006年	2007年	2008年	2009年
有色金属冶炼及压延加工业				0.13	
金属制品业					0.00
通用设备制造业					
专用设备制造业					0.00
交通运输设备制造业				0.13	
电气机械及器材制造业		0.00		0.13	
通信设备、计算机及其他电子设备制造业					
仪器仪表及文化、办公用机械制造业					
工艺品及其他制造业					
废弃资源和废旧材料回收加工业		0.01			
（三）电力、燃气及水的生产和供应业					
电力、热力的生产和供应业					
燃气生产和供应业					
水的生产和供应业					
三、建筑业					**0.02**
房屋和土木工程建筑业					0.01
建筑安装业					0.01
建筑装饰业					0.00
其他建筑业					0.00
四、交通运输储运业和邮政业				**0.00**	**0.00**
铁路运输业				0.00	0.00
道路运输业					0.00
城市公共交通业					
水上运输业					
航空运输业					
管道运输业					
装卸搬运及其他运输服务业					0.00
仓储业					
邮政业(电信业)					
五、批发、零售业和住宿、餐饮业				**0.61**	**0.80**
六、其他行业				**0.56**	**0.13**
七、城乡居民生活	**0.49**	**0.39**	**0.32**	**0.35**	**0.35**

6-38 分行业原油终端消费量(实物量)

单位：万吨

	2005年	2006年	2007年	2008年	2009年
消费总计	**0.07**	**0.07**	**0.11**	**0.06**	**0.07**
一、农、林、牧、渔业					
二、工业合计	**0.07**	**0.07**	**0.11**	**0.06**	**0.07**
轻工业	**0.07**	**0.02**	**0.07**	**0.03**	**0.03**
重工业		**0.05**	**0.04**	**0.03**	**0.03**
（一）采矿业					
煤炭开采和洗选业					
石油和天然气开采业					
黑色金属矿采选业					
有色金属矿采选业					
非金属矿采选业					
其他采矿业					
（二）制造业	**0.07**	**0.07**	**0.11**	**0.06**	**0.07**
农副食品加工业					
食品制造业					
饮料制造业					
烟草制品业					
纺织业					
纺织服装、鞋、帽制造业					
皮革、毛皮、羽毛(绒)及其制品业					
木材加工及木、竹、藤、棕、草制品业		0.05	0.04	0.03	0.03
家具制造业					
造纸及纸制品业	0.07	0.02	0.07	0.03	0.03
印刷业和记录媒介的复制					
文教体育用品制造业					
石油加工、炼焦及核燃料加工业					
化学原料及化学制品制造业					
医药制造业					
化学纤维制造业					
橡胶制品业					
塑料制品业					
非金属矿物制品业					
黑色金属冶炼及压延加工业					

6-38 分行业原油终端消费量(实物量)(续)

单位：万吨

	2005年	2006年	2007年	2008年	2009年
有色金属冶炼及压延加工业					
金属制品业					
通用设备制造业					
专用设备制造业					
交通运输设备制造业					
电气机械及器材制造业					
通信设备、计算机及其他电子设备制造业					
仪器仪表及文化、办公用机械制造业					
工艺品及其他制造业					
废弃资源和废旧材料回收加工业					
(三）电力、燃气及水的生产和供应业					
电力、热力的生产和供应业					
燃气生产和供应业					
水的生产和供应业					
三、建筑业					
房屋和土木工程建筑业					
建筑安装业					
建筑装饰业					
其他建筑业					
四、交通运输储运业和邮政业					
铁路运输业					
道路运输业					
城市公共交通业					
水上运输业					
航空运输业					
管道运输业					
装卸搬运及其他运输服务业					
仓储业					
邮政业(电信业)					
五、批发、零售业和住宿、餐饮业					
六、其他行业					
七、城乡居民生活					

6-39 分行业原油终端消费量(标准量)

单位：万吨标准煤

	2005年	2006年	2007年	2008年	2009年
消费总计	**0.10**	**0.10**	**0.16**	**0.09**	**0.09**
一、农、林、牧、渔业					
二、工业合计	**0.10**	**0.10**	**0.16**	**0.09**	**0.09**
轻工业	**0.10**	**0.03**	**0.10**	**0.04**	**0.04**
重工业		**0.07**	**0.06**	**0.04**	**0.05**
(一)采矿业					
煤炭开采和洗选业					
石油和天然气开采业					
黑色金属矿采选业					
有色金属矿采选业					
非金属矿采选业					
其他采矿业					
(二)制造业	**0.10**	**0.10**	**0.16**	**0.09**	**0.09**
农副食品加工业					
食品制造业					
饮料制造业					
烟草制品业					
纺织业					
纺织服装、鞋、帽制造业					
皮革、毛皮、羽毛(绒)及其制品业					
木材加工及木、竹、藤、棕、草制品业		0.07	0.06	0.04	0.05
家具制造业					
造纸及纸制品业	0.10	0.03	0.10	0.04	0.04
印刷业和记录媒介的复制					
文教体育用品制造业					
石油加工、炼焦及核燃料加工业					
化学原料及化学制品制造业					
医药制造业					
化学纤维制造业					
橡胶制品业					
塑料制品业					
非金属矿物制品业					
黑色金属冶炼及压延加工业					

6-39 分行业原油终端消费量(标准量)(续)

单位：万吨标准煤

	2005年	2006年	2007年	2008年	2009年
有色金属冶炼及压延加工业					
金属制品业					
通用设备制造业					
专用设备制造业					
交通运输设备制造业					
电气机械及器材制造业					
通信设备、计算机及其他电子设备制造业					
仪器仪表及文化、办公用机械制造业					
工艺品及其他制造业					
废弃资源和废旧材料回收加工业					
（三）电力、燃气及水的生产和供应业					
电力、热力的生产和供应业					
燃气生产和供应业					
水的生产和供应业					
三、建筑业					
房屋和土木工程建筑业					
建筑安装业					
建筑装饰业					
其他建筑业					
四、交通运输储运业和邮政业					
铁路运输业					
道路运输业					
城市公共交通业					
水上运输业					
航空运输业					
管道运输业					
装卸搬运及其他运输服务业					
仓储业					
邮政业(电信业)					
五、批发、零售业和住宿、餐饮业					
六、其他行业					
七、城乡居民生活					

6-40　分行业汽油终端消费量(实物量)

单位：万吨

	2005年	2006年	2007年	2008年	2009年
消 费 总 计	**122.95**	**128.12**	**158.11**	**178.86**	**193.27**
一、农、林、牧、渔业	**6.33**	**6.53**	**7.89**	**8.29**	**7.72**
二、工业合计	**5.28**	**5.47**	**4.03**	**7.72**	**10.33**
轻工业	**1.12**	**1.03**	**0.92**	**1.48**	**2.62**
重工业	**4.16**	**4.44**	**3.12**	**6.25**	**7.71**
（一）采矿业	**1.03**	**0.98**	**0.73**	**2.46**	**2.09**
煤炭开采和洗选业	0.43	0.40	0.24	0.58	0.64
石油和天然气开采业	0.01	0.01			
黑色金属矿采选业	0.21	0.20	0.13	0.94	0.61
有色金属矿采选业	0.28	0.27	0.32	0.42	0.31
非金属矿采选业	0.09	0.09	0.04	0.53	0.53
其他采矿业					
（二）制造业	**3.39**	**3.57**	**2.56**	**4.43**	**7.37**
农副食品加工业	0.19	0.18	0.18	0.25	0.63
食品制造业	0.19	0.08	0.13	0.19	0.44
饮料制造业	0.11	0.12	0.11	0.20	0.25
烟草制品业	0.15	0.14	0.15	0.15	0.21
纺织业	0.04	0.04	0.02	0.06	0.07
纺织服装、鞋、帽制造业	0.01	0.01	0.01	0.06	0.16
皮革、毛皮、羽毛(绒)及其制品业	0.00	0.00	0.00		
木材加工及木、竹、藤、棕、草制品业	0.08	0.07	0.03	0.11	0.18
家具制造业	0.02	0.01	0.01	0.06	0.11
造纸及纸制品业	0.06	0.08	0.10	0.14	0.13
印刷业和记录媒介的复制	0.14	0.13	0.09	0.22	0.25
文教体育用品制造业	0.01	0.01	0.00	0.01	
石油加工、炼焦及核燃料加工业	0.21	0.25	0.05	0.10	0.06
化学原料及化学制品制造业	0.37	0.45	0.34	0.46	0.40
医药制造业	0.16	0.20	0.11	0.10	0.12
化学纤维制造业	0.01	0.01	0.00		0.00
橡胶制品业	0.05	0.05	0.02	0.03	0.04
塑料制品业	0.09	0.09	0.04	0.15	0.25
非金属矿物制品业	0.32	0.31	0.17	0.49	0.76
黑色金属冶炼及压延加工业	0.16	0.31	0.07	0.17	0.70

6-40 分行业汽油终端消费量(实物量)(续)

单位：万吨

	2005年	2006年	2007年	2008年	2009年
有色金属冶炼及压延加工业	0.33	0.33	0.32	0.46	0.80
金属制品业	0.10	0.10	0.08	0.20	0.56
通用设备制造业	0.11	0.11	0.11	0.24	0.22
专用设备制造业	0.11	0.11	0.14	0.12	0.21
交通运输设备制造业	0.20	0.19	0.16	0.23	0.35
电气机械及器材制造业	0.08	0.10	0.06	0.11	0.12
通信设备、计算机及其他电子设备制造业	0.01	0.01	0.01	0.02	0.02
仪器仪表及文化、办公用机械制造业	0.03	0.04	0.02	0.04	0.05
工艺品及其他制造业	0.02	0.02	0.01	0.06	0.25
废弃资源和废旧材料回收加工业	0.01	0.02	0.00	0.01	0.03
（三）电力、燃气及水的生产和供应业	**0.86**	**0.93**	**0.75**	**0.83**	**0.87**
电力、热力的生产和供应业	0.78	0.84	0.67	0.73	0.76
燃气生产和供应业	0.03	0.03	0.03	0.03	0.02
水的生产和供应业	0.06	0.06	0.04	0.08	0.08
三、建筑业	**4.05**	**4.36**	**3.37**	**12.13**	**14.51**
房屋和土木工程建筑业	3.17	3.37	2.54	10.79	13.50
建筑安装业	0.42	0.52	0.42	0.97	0.64
建筑装饰业	0.25	0.25	0.21	0.18	0.19
其他建筑业	0.21	0.22	0.20	0.19	0.18
四、交通运输储运业和邮政业	**89.03**	**91.67**	**78.82**	**80.78**	**89.02**
铁路运输业	0.31	0.61	0.61	0.61	0.16
道路运输业	79.83	81.30	68.45	70.41	84.59
城市公共交通业	3.08	3.25	3.25	3.25	3.62
水上运输业	2.78	2.78	2.78	2.78	0.06
航空运输业	0.15	0.25	0.25	0.25	0.03
管道运输业					0.00
装卸搬运及其他运输服务业	1.37	1.67	1.67	1.67	0.32
仓储业	1.48	1.78	1.78	1.78	0.09
邮政业(电信业)	0.03	0.03	0.03	0.03	0.15
五、批发、零售业和住宿、餐饮业	**2.95**	**3.25**	**11.86**	**9.31**	**11.88**
六、其他行业	**5.03**	**5.53**	**9.30**	**15.62**	**14.73**
七、城乡居民生活	**10.28**	**11.31**	**42.84**	**45.01**	**45.08**

6-41 分行业汽油终端消费量(标准量)

单位：万吨标准煤

	2005年	2006年	2007年	2008年	2009年
消 费 总 计	**180.90**	**188.52**	**232.65**	**263.17**	**284.38**
一、农、林、牧、渔业	**9.31**	**9.61**	**11.61**	**12.20**	**11.36**
二、工业合计	**7.77**	**8.06**	**5.93**	**11.37**	**15.19**
轻工业	**1.65**	**1.52**	**1.35**	**2.17**	**3.85**
重工业	**6.12**	**6.54**	**4.59**	**9.19**	**11.34**
（一）采矿业	**1.51**	**1.44**	**1.08**	**3.62**	**3.08**
煤炭开采和洗选业	0.63	0.60	0.35	0.85	0.94
石油和天然气开采业	0.01	0.01			
黑色金属矿采选业	0.31	0.30	0.19	1.38	0.90
有色金属矿采选业	0.42	0.40	0.48	0.62	0.46
非金属矿采选业	0.13	0.13	0.06	0.77	0.77
其他采矿业					
（二）制造业	**4.98**	**5.25**	**3.76**	**6.52**	**10.84**
农副食品加工业	0.29	0.26	0.27	0.36	0.92
食品制造业	0.28	0.12	0.19	0.27	0.64
饮料制造业	0.16	0.17	0.16	0.29	0.36
烟草制品业	0.23	0.20	0.22	0.22	0.31
纺织业	0.07	0.05	0.03	0.08	0.10
纺织服装、鞋、帽制造业	0.02	0.01	0.01	0.08	0.24
皮革、毛皮、羽毛(绒)及其制品业	0.00	0.00	0.00		
木材加工及木、竹、藤、棕、草制品业	0.11	0.11	0.05	0.17	0.26
家具制造业	0.03	0.02	0.02	0.08	0.17
造纸及纸制品业	0.09	0.12	0.15	0.20	0.19
印刷业和记录媒介的复制	0.21	0.20	0.13	0.32	0.37
文教体育用品制造业	0.01	0.01	0.00	0.01	
石油加工、炼焦及核燃料加工业	0.31	0.37	0.08	0.15	0.09
化学原料及化学制品制造业	0.54	0.66	0.50	0.67	0.59
医药制造业	0.23	0.29	0.16	0.15	0.18
化学纤维制造业	0.01	0.01	0.00		0.00
橡胶制品业	0.08	0.07	0.04	0.05	0.06
塑料制品业	0.13	0.13	0.06	0.22	0.36
非金属矿物制品业	0.48	0.45	0.26	0.72	1.12
黑色金属冶炼及压延加工业	0.23	0.46	0.11	0.25	1.03

6-41 分行业汽油终端消费量(标准量)(续)

单位：万吨标准煤

	2005年	2006年	2007年	2008年	2009年
有色金属冶炼及压延加工业	0.48	0.49	0.48	0.68	1.18
金属制品业	0.14	0.15	0.12	0.29	0.82
通用设备制造业	0.17	0.16	0.16	0.36	0.33
专用设备制造业	0.16	0.16	0.20	0.18	0.31
交通运输设备制造业	0.30	0.29	0.23	0.34	0.51
电气机械及器材制造业	0.12	0.15	0.09	0.16	0.18
通信设备、计算机及其他电子设备制造业	0.01	0.01	0.01	0.03	0.03
仪器仪表及文化、办公用机械制造业	0.05	0.06	0.03	0.07	0.07
工艺品及其他制造业	0.03	0.03	0.01	0.08	0.36
废弃资源和废旧材料回收加工业	0.02	0.03	0.01	0.01	0.04
（三）电力、燃气及水的生产和供应业	**1.27**	**1.37**	**1.10**	**1.23**	**1.27**
电力、热力的生产和供应业	1.14	1.24	0.99	1.07	1.12
燃气生产和供应业	0.04	0.05	0.05	0.04	0.04
水的生产和供应业	0.09	0.08	0.06	0.11	0.11
三、建筑业	**5.96**	**6.42**	**4.96**	**17.85**	**21.35**
房屋和土木工程建筑业	4.66	4.96	3.74	15.87	19.86
建筑安装业	0.62	0.77	0.62	1.43	0.94
建筑装饰业	0.37	0.37	0.31	0.27	0.28
其他建筑业	0.31	0.32	0.29	0.28	0.26
四、交通运输储运业和邮政业	**131.00**	**134.88**	**115.98**	**118.85**	**130.99**
铁路运输业	0.46	0.90	0.90	0.90	0.24
道路运输业	117.46	119.62	100.72	103.60	124.47
城市公共交通业	4.53	4.78	4.78	4.78	5.33
水上运输业	4.09	4.09	4.09	4.09	0.08
航空运输业	0.22	0.37	0.37	0.37	0.05
管道运输业					0.00
装卸搬运及其他运输服务业	2.02	2.46	2.46	2.46	0.47
仓储业	2.18	2.62	2.62	2.61	0.13
邮政业(电信业)	0.04	0.04	0.04	0.04	0.22
五、批发、零售业和住宿、餐饮业	**4.34**	**4.77**	**17.45**	**13.70**	**17.48**
六、其他行业	**7.40**	**8.14**	**13.68**	**22.98**	**21.68**
七、城乡居民生活	**15.13**	**16.64**	**63.03**	**66.23**	**66.33**

6-42 分行业煤油终端消费量(实物量)

单位：万吨

	2005年	2006年	2007年	2008年	2009年
消费总计	**28.71**	**35.06**	**36.18**	**38.18**	**37.24**
一、农、林、牧、渔业	**0.43**	**0.45**	**0.07**	**0.07**	**0.07**
二、工业合计	**0.57**	**0.57**	**0.24**	**0.20**	**0.24**
轻工业	**0.21**	**0.21**	**0.00**		**0.02**
重工业	**0.36**	**0.36**	**0.24**	**0.20**	**0.22**
（一）采矿业	**0.04**	**0.04**	**0.01**	**0.01**	**0.01**
煤炭开采和洗选业	0.01	0.01	0.00		0.00
石油和天然气开采业					
黑色金属矿采选业	0.01	0.01			
有色金属矿采选业	0.01	0.01	0.01		0.01
非金属矿采选业	0.01	0.01	0.00	0.01	0.00
其他采矿业					
（二）制造业	**0.50**	**0.50**	**0.23**	**0.19**	**0.23**
农副食品加工业	0.01	0.01	0.00		0.00
食品制造业	0.13	0.13			
饮料制造业			0.00		
烟草制品业	0.01	0.01	0.00		0.00
纺织业	0.01	0.01	0.00		0.00
纺织服装、鞋、帽制造业					
皮革、毛皮、羽毛(绒)及其制品业					
木材加工及木、竹、藤、棕、草制品业	0.01	0.01	0.00		0.01
家具制造业	0.01	0.01			
造纸及纸制品业	0.01	0.01	0.00		0.01
印刷业和记录媒介的复制	0.01	0.01	0.00		0.00
文教体育用品制造业					
石油加工、炼焦及核燃料加工业	0.01	0.01	0.00		0.00
化学原料及化学制品制造业	0.02	0.02	0.01	0.01	0.00
医药制造业	0.01	0.01	0.00		0.00
化学纤维制造业					
橡胶制品业	0.01	0.01			0.00
塑料制品业	0.01	0.01			
非金属矿物制品业	0.04	0.04	0.00		0.01
黑色金属冶炼及压延加工业	0.01	0.01	0.00		0.00

6-42 分行业煤油终端消费量(实物量)(续)

单位：万吨

	2005年	2006年	2007年	2008年	2009年
有色金属冶炼及压延加工业	0.11	0.11	0.16	0.14	0.12
金属制品业	0.01	0.01	0.00		0.01
通用设备制造业	0.02	0.02	0.02	0.01	0.01
专用设备制造业	0.00	0.00	0.00		0.00
交通运输设备制造业	0.02	0.02	0.02	0.03	0.04
电气机械及器材制造业	0.01	0.01	0.00		0.00
通信设备、计算机及其他电子设备制造业					
仪器仪表及文化、办公用机械制造业	0.01	0.01	0.00		
工艺品及其他制造业	0.01	0.01	0.00		0.00
废弃资源和废旧材料回收加工业					
（三）电力、燃气及水的生产和供应业	**0.03**	**0.03**	**0.00**		**0.00**
电力、热力的生产和供应业	0.01	0.01	0.00		0.00
燃气生产和供应业	0.01	0.01			
水的生产和供应业	0.01	0.01			
三、建筑业	**0.28**	**0.31**	**0.01**	**1.21**	**1.03**
房屋和土木工程建筑业	0.21	0.21	0.01	0.60	0.99
建筑安装业	0.07	0.10		0.30	0.01
建筑装饰业				0.30	
其他建筑业				0.01	0.03
四、交通运输储运业和邮政业	**26.82**	**33.10**	**35.23**	**35.19**	**34.38**
铁路运输业	0.03	0.03	0.03	0.07	0.01
道路运输业	0.21	0.21	0.21	0.21	0.00
城市公共交通业					0.00
水上运输业	0.10	0.10	0.10	0.10	
航空运输业	26.48	32.76	34.89	34.81	34.37
管道运输业					
装卸搬运及其他运输服务业					
仓储业					
邮政业(电信业)					
五、批发、零售业和住宿、餐饮业	**0.01**	**0.01**	**0.01**	**0.85**	**1.43**
六、其他行业	**0.57**	**0.60**	**0.60**	**0.64**	**0.06**
七、城乡居民生活	**0.03**	**0.02**	**0.02**	**0.02**	**0.02**

6-43 分行业煤油终端消费量(标准量)

单位：万吨标准煤

	2005年	2006年	2007年	2008年	2009年
消费总计	**42.24**	**51.59**	**53.24**	**56.18**	**54.79**
一、农、林、牧、渔业	**0.63**	**0.66**	**0.10**	**0.10**	**0.11**
二、工业合计	**0.84**	**0.84**	**0.36**	**0.30**	**0.36**
轻工业	**0.31**	**0.31**	**0.01**		**0.03**
重工业	**0.53**	**0.53**	**0.35**	**0.30**	**0.33**
（一）采矿业	**0.06**	**0.06**	**0.01**	**0.01**	**0.02**
煤炭开采和洗选业	0.01	0.01	0.00		0.00
石油和天然气开采业					
黑色金属矿采选业	0.01	0.01			
有色金属矿采选业	0.02	0.02	0.01		0.01
非金属矿采选业	0.02	0.02	0.00	0.01	0.00
其他采矿业					
（二）制造业	**0.74**	**0.74**	**0.34**	**0.29**	**0.34**
农副食品加工业	0.02	0.02	0.00		0.00
食品制造业	0.19	0.19			
饮料制造业			0.00		
烟草制品业	0.01	0.01	0.00		0.00
纺织业	0.01	0.01	0.00		0.00
纺织服装、鞋、帽制造业					
皮革、毛皮、羽毛(绒)及其制品业					
木材加工及木、竹、藤、棕、草制品业	0.01	0.01	0.00		0.02
家具制造业	0.01	0.01			
造纸及纸制品业	0.01	0.01	0.00		0.02
印刷业和记录媒介的复制	0.02	0.02	0.00		0.00
文教体育用品制造业					
石油加工、炼焦及核燃料加工业	0.01	0.01	0.00		0.00
化学原料及化学制品制造业	0.03	0.03	0.01	0.01	0.00
医药制造业	0.01	0.01	0.00		0.00
化学纤维制造业					
橡胶制品业	0.01	0.01			0.00
塑料制品业	0.01	0.01			
非金属矿物制品业	0.07	0.07	0.00		0.01
黑色金属冶炼及压延加工业	0.02	0.02	0.00		0.00

6-43 分行业煤油终端消费量(标准量)(续)

单位：万吨标准煤

	2005年	2006年	2007年	2008年	2009年
有色金属冶炼及压延加工业	0.16	0.16	0.24	0.21	0.18
金属制品业	0.01	0.01	0.01		0.02
通用设备制造业	0.03	0.03	0.03	0.01	0.02
专用设备制造业	0.00	0.00	0.00		0.00
交通运输设备制造业	0.03	0.03	0.03	0.05	0.05
电气机械及器材制造业	0.01	0.01	0.00		0.00
通信设备、计算机及其他电子设备制造业					
仪器仪表及文化、办公用机械制造业	0.01	0.01	0.00		
工艺品及其他制造业	0.01	0.01	0.00		0.01
废弃资源和废旧材料回收加工业					
（三）电力、燃气及水的生产和供应业	**0.04**	**0.04**	**0.00**		**0.00**
电力、热力的生产和供应业	0.01	0.01	0.00		0.00
燃气生产和供应业	0.01	0.01			
水的生产和供应业	0.01	0.01			
三、建筑业	**0.41**	**0.46**	**0.01**	**1.78**	**1.51**
房屋和土木工程建筑业	0.31	0.31	0.01	0.88	1.46
建筑安装业	0.10	0.15		0.44	0.01
建筑装饰业				0.44	
其他建筑业				0.01	0.04
四、交通运输储运业和邮政业	**39.46**	**48.70**	**51.84**	**51.78**	**50.59**
铁路运输业	0.04	0.04	0.04	0.10	0.01
道路运输业	0.31	0.31	0.31	0.31	0.00
城市公共交通业					0.00
水上运输业	0.15	0.15	0.15	0.15	
航空运输业	38.96	48.20	51.34	51.22	50.58
管道运输业					
装卸搬运及其他运输服务业					
仓储业					
邮政业(电信业)					
五、批发、零售业和住宿、餐饮业	**0.01**	**0.01**	**0.01**	**1.26**	**2.11**
六、其他行业	**0.84**	**0.88**	**0.88**	**0.94**	**0.08**
七、城乡居民生活	**0.04**	**0.03**	**0.03**	**0.03**	**0.03**

6-44 分行业柴油终端消费量(实物量)

单位：万吨

	2005年	2006年	2007年	2008年	2009年
消 费 总 计	**282.09**	**328.65**	**379.86**	**409.67**	**437.21**
一、农、林、牧、渔业	**13.35**	**14.62**	**15.07**	**14.65**	**12.64**
二、工业合计	**20.89**	**22.44**	**24.34**	**39.00**	**50.01**
轻工业	**2.40**	**2.45**	**2.82**	**3.08**	**4.11**
重工业	**18.48**	**19.99**	**21.52**	**35.92**	**45.90**
（一）采矿业	**9.18**	**9.39**	**9.98**	**21.25**	**27.72**
煤炭开采和洗选业	1.59	1.80	2.02	4.74	6.72
石油和天然气开采业	0.00				
黑色金属矿采选业	3.27	3.27	2.86	6.65	5.52
有色金属矿采选业	2.20	2.20	2.14	4.08	5.06
非金属矿采选业	2.12	2.12	2.96	5.78	10.42
其他采矿业					
（二）制造业	**11.03**	**12.27**	**12.73**	**16.71**	**20.86**
农副食品加工业	0.99	0.99	1.47	1.28	1.34
食品制造业	0.59	0.59	0.68	0.68	0.81
饮料制造业	0.23	0.23	0.10	0.25	0.64
烟草制品业	0.28	0.28	0.15	0.15	0.23
纺织业	0.03	0.03	0.01	0.04	0.04
纺织服装、鞋、帽制造业	0.02	0.02	0.03	0.07	0.09
皮革、毛皮、羽毛(绒)及其制品业	0.00	0.00	0.00		
木材加工及木、竹、藤、棕、草制品业	0.10	0.10	0.07	0.21	0.39
家具制造业	0.01	0.01	0.01	0.04	0.10
造纸及纸制品业	0.12	0.16	0.16	0.25	0.22
印刷业和记录媒介的复制	0.03	0.03	0.04	0.15	0.13
文教体育用品制造业	0.00			0.01	
石油加工、炼焦及核燃料加工业	0.25	0.34	0.49	0.61	0.46
化学原料及化学制品制造业	1.52	1.52	1.73	2.12	1.84
医药制造业	0.09	0.09	0.15	0.13	0.18
化学纤维制造业		0.01	0.00		0.00
橡胶制品业	0.02	0.02	0.00	0.01	0.07
塑料制品业	0.18	0.18	0.18	0.25	0.27
非金属矿物制品业	2.23	2.43	2.28	3.91	7.44
黑色金属冶炼及压延加工业	1.49	1.68	1.13	1.25	1.08

6-44 分行业柴油终端消费量(实物量)(续)

单位：万吨

	2005年	2006年	2007年	2008年	2009年
有色金属冶炼及压延加工业	1.66	2.06	3.20	4.13	3.41
金属制品业	0.09	0.09	0.04	0.10	0.44
通用设备制造业	0.07	0.07	0.06	0.13	0.13
专用设备制造业	0.21	0.40	0.28	0.35	0.35
交通运输设备制造业	0.70	0.80	0.37	0.42	0.71
电气机械及器材制造业	0.08	0.08	0.07	0.09	0.09
通信设备、计算机及其他电子设备制造业	0.00	0.00			
仪器仪表及文化、办公用机械制造业	0.01	0.01	0.01	0.02	0.02
工艺品及其他制造业	0.01	0.01	0.01	0.04	0.32
废弃资源和废旧材料回收加工业	0.03	0.04	0.02	0.03	0.06
（三）电力、燃气及水的生产和供应业	**0.67**	**0.78**	**1.63**	**1.03**	**1.43**
电力、热力的生产和供应业	0.64	0.74	1.58	0.96	1.37
燃气生产和供应业	0.02	0.03	0.03	0.04	0.04
水的生产和供应业	0.01	0.02	0.01	0.02	0.02
三、建筑业	**13.53**	**16.56**	**17.56**	**21.86**	**30.65**
房屋和土木工程建筑业	11.26	12.93	13.93	20.38	28.95
建筑安装业	0.95	1.65	1.65	0.12	0.11
建筑装饰业	0.81	1.21	1.21	0.02	0.02
其他建筑业	0.51	0.77	0.77	1.34	1.58
四、交通运输储运业和邮政业	**219.58**	**257.32**	**299.87**	**312.75**	**317.53**
铁路运输业	5.98	7.18	7.18	9.18	4.66
道路运输业	204.58	240.25	282.55	293.43	309.72
城市公共交通业	1.82	2.32	2.57	2.57	2.96
水上运输业	1.99	1.99	1.99	1.99	0.16
航空运输业	0.02	0.10	0.10	0.10	0.04
管道运输业					
装卸搬运及其他运输服务业	2.69	2.75	2.75	2.75	
仓储业	2.48	2.68	2.68	2.68	
邮政业(电信业)	0.02	0.05	0.05	0.05	
五、批发、零售业和住宿、餐饮业	**1.35**	**1.99**	**2.99**	**4.36**	**8.83**
六、其他行业	**6.34**	**7.97**	**3.99**	**6.23**	**6.44**
七、城乡居民生活	**7.05**	**7.76**	**16.04**	**10.84**	**11.09**

6-45 分行业柴油终端消费量(标准量)

单位：万吨标准煤

	2005年	2006年	2007年	2008年	2009年
消 费 总 计	**411.03**	**478.88**	**553.49**	**596.94**	**637.05**
一、农、林、牧、渔业	**19.45**	**21.30**	**21.96**	**21.35**	**18.42**
二、工业合计	**30.43**	**32.70**	**35.47**	**56.82**	**72.88**
轻工业	**3.50**	**3.57**	**4.11**	**4.48**	**5.99**
重工业	**26.93**	**29.13**	**31.36**	**52.34**	**66.88**
（一）采矿业	**13.38**	**13.68**	**14.55**	**30.97**	**40.39**
煤炭开采和洗选业	2.32	2.62	2.95	6.91	9.79
石油和天然气开采业	0.00				
黑色金属矿采选业	4.76	4.76	4.16	9.69	8.04
有色金属矿采选业	3.21	3.21	3.12	5.94	7.37
非金属矿采选业	3.09	3.09	4.31	8.42	15.19
其他采矿业					
（二）制造业	**16.07**	**17.87**	**18.55**	**24.35**	**30.40**
农副食品加工业	1.44	1.44	2.14	1.86	1.95
食品制造业	0.85	0.85	0.99	1.00	1.19
饮料制造业	0.34	0.34	0.14	0.36	0.93
烟草制品业	0.40	0.40	0.22	0.22	0.34
纺织业	0.05	0.05	0.02	0.05	0.06
纺织服装、鞋、帽制造业	0.04	0.04	0.04	0.10	0.13
皮革、毛皮、羽毛(绒)及其制品业	0.00	0.00	0.00		
木材加工及木、竹、藤、棕、草制品业	0.15	0.15	0.10	0.30	0.57
家具制造业	0.02	0.02	0.02	0.05	0.15
造纸及纸制品业	0.17	0.23	0.24	0.36	0.31
印刷业和记录媒介的复制	0.05	0.05	0.06	0.22	0.20
文教体育用品制造业	0.00			0.01	
石油加工、炼焦及核燃料加工业	0.36	0.50	0.72	0.88	0.67
化学原料及化学制品制造业	2.21	2.21	2.52	3.09	2.68
医药制造业	0.13	0.13	0.22	0.19	0.26
化学纤维制造业		0.01	0.00		0.00
橡胶制品业	0.03	0.03	0.00	0.01	0.10
塑料制品业	0.26	0.26	0.26	0.37	0.39
非金属矿物制品业	3.24	3.54	3.32	5.70	10.84
黑色金属冶炼及压延加工业	2.17	2.45	1.65	1.82	1.58

6-45　分行业柴油终端消费量(标准量)(续)

单位：万吨标准煤

	2005年	2006年	2007年	2008年	2009年
有色金属冶炼及压延加工业	2.42	3.00	4.66	6.01	4.97
金属制品业	0.12	0.12	0.05	0.15	0.64
通用设备制造业	0.10	0.10	0.09	0.19	0.19
专用设备制造业	0.31	0.59	0.41	0.51	0.51
交通运输设备制造业	1.02	1.17	0.53	0.61	1.03
电气机械及器材制造业	0.12	0.12	0.10	0.13	0.13
通信设备、计算机及其他电子设备制造业	0.00	0.00			
仪器仪表及文化、办公用机械制造业	0.01	0.01	0.01	0.03	0.02
工艺品及其他制造业	0.02	0.02	0.02	0.05	0.47
废弃资源和废旧材料回收加工业	0.05	0.06	0.03	0.05	0.08
（三）电力、燃气及水的生产和供应业	**0.98**	**1.14**	**2.38**	**1.50**	**2.08**
电力、热力的生产和供应业	0.93	1.08	2.31	1.41	1.99
燃气生产和供应业	0.03	0.04	0.05	0.06	0.06
水的生产和供应业	0.02	0.02	0.02	0.03	0.03
三、建筑业	**19.71**	**24.13**	**25.59**	**31.85**	**44.67**
房屋和土木工程建筑业	16.41	18.84	20.30	29.70	42.18
建筑安装业	1.38	2.40	2.40	0.17	0.16
建筑装饰业	1.18	1.76	1.76	0.03	0.03
其他建筑业	0.74	1.12	1.12	1.95	2.30
四、交通运输储运业和邮政业	**319.95**	**374.94**	**436.94**	**455.71**	**462.68**
铁路运输业	8.71	10.46	10.46	13.38	6.79
道路运输业	298.09	350.07	411.70	427.56	451.29
城市公共交通业	2.65	3.38	3.74	3.74	4.32
水上运输业	2.90	2.90	2.90	2.90	0.23
航空运输业	0.03	0.15	0.15	0.15	0.06
管道运输业					
装卸搬运及其他运输服务业	3.92	4.01	4.01	4.01	
仓储业	3.61	3.91	3.91	3.91	
邮政业(电信业)	0.03	0.07	0.07	0.07	
五、批发、零售业和住宿、餐饮业	**1.97**	**2.90**	**4.36**	**6.35**	**12.87**
六、其他行业	**9.24**	**11.61**	**5.81**	**9.07**	**9.39**
七、城乡居民生活	**10.27**	**11.30**	**23.37**	**15.79**	**16.16**

6-46 分行业燃料油终端消费量(实物量)

单位：万吨

	2005年	2006年	2007年	2008年	2009年
消费总计	**3.91**	**4.72**	**5.04**	**5.20**	**5.16**
一、农、林、牧、渔业					
二、工业合计	**3.91**	**4.72**	**5.04**	**5.20**	**5.16**
轻工业	**0.04**	**0.18**	**0.18**	**0.18**	**0.20**
重工业	**3.87**	**4.55**	**4.85**	**5.02**	**4.96**
（一）采矿业		**0.00**			**0.03**
煤炭开采和洗选业					0.00
石油和天然气开采业					
黑色金属矿采选业					
有色金属矿采选业		0.00			0.03
非金属矿采选业					
其他采矿业					
（二）制造业	**3.91**	**4.72**	**5.04**	**5.20**	**5.13**
农副食品加工业	0.00	0.02	0.00		
食品制造业					
饮料制造业		0.10	0.13	0.12	0.13
烟草制品业					
纺织业					
纺织服装、鞋、帽制造业					
皮革、毛皮、羽毛(绒)及其制品业					
木材加工及木、竹、藤、棕、草制品业	0.00		0.00		0.00
家具制造业					
造纸及纸制品业		0.00			
印刷业和记录媒介的复制					
文教体育用品制造业					
石油加工、炼焦及核燃料加工业					
化学原料及化学制品制造业	0.18	0.21	0.13	0.16	0.08
医药制造业	0.04	0.05	0.05	0.06	0.07
化学纤维制造业					
橡胶制品业					
塑料制品业					
非金属矿物制品业	2.87	3.46	3.84	3.87	4.00
黑色金属冶炼及压延加工业	0.00	0.00	0.00		0.00

6-46　分行业燃料油终端消费量(实物量)(续)

单位：万吨

	2005年	2006年	2007年	2008年	2009年
有色金属冶炼及压延加工业	0.80	0.86	0.88	0.89	0.84
金属制品业				0.10	0.01
通用设备制造业	0.01	0.01			
专用设备制造业			0.00		
交通运输设备制造业		0.00			
电气机械及器材制造业					
通信设备、计算机及其他电子设备制造业					
仪器仪表及文化、办公用机械制造业					
工艺品及其他制造业					
废弃资源和废旧材料回收加工业					
（三）电力、燃气及水的生产和供应业					
电力、热力的生产和供应业					
燃气生产和供应业					
水的生产和供应业					
三、建筑业					
房屋和土木工程建筑业					
建筑安装业					
建筑装饰业					
其他建筑业					
四、交通运输储运业和邮政业					
铁路运输业					
道路运输业					
城市公共交通业					
水上运输业					
航空运输业					
管道运输业					
装卸搬运及其他运输服务业					
仓储业					
邮政业(电信业)					
五、批发、零售业和住宿、餐饮业					
六、其他行业					
七、城乡居民生活					

6-47 分行业燃料油终端消费量(标准量)

单位：万吨标准煤

	2005年	2006年	2007年	2008年	2009年
消费总计	**5.59**	**6.75**	**7.20**	**7.43**	**7.38**
一、农、林、牧、渔业					
二、工业合计	**5.59**	**6.75**	**7.20**	**7.43**	**7.38**
轻工业	**0.06**	**0.25**	**0.26**	**0.26**	**0.29**
重工业	**5.53**	**6.49**	**6.93**	**7.17**	**7.09**
（一）采矿业		**0.00**			**0.04**
煤炭开采和洗选业					0.00
石油和天然气开采业					
黑色金属矿采选业					
有色金属矿采选业		0.00			0.04
非金属矿采选业					
其他采矿业					
（二）制造业	**5.59**	**6.75**	**7.20**	**7.43**	**7.33**
农副食品加工业	0.00	0.03	0.01		
食品制造业					
饮料制造业		0.15	0.18	0.17	0.19
烟草制品业					
纺织业					
纺织服装、鞋、帽制造业					
皮革、毛皮、羽毛(绒)及其制品业					
木材加工及木、竹、藤、棕、草制品业	0.01		0.00		0.00
家具制造业					
造纸及纸制品业		0.00			
印刷业和记录媒介的复制					
文教体育用品制造业					
石油加工、炼焦及核燃料加工业					
化学原料及化学制品制造业	0.25	0.30	0.18	0.23	0.11
医药制造业	0.06	0.07	0.08	0.09	0.10
化学纤维制造业					
橡胶制品业					
塑料制品业					
非金属矿物制品业	4.10	4.94	5.49	5.53	5.72
黑色金属冶炼及压延加工业	0.01	0.00	0.00		0.00

6-47 分行业燃料油终端消费量(标准量)(续)

单位：万吨标准煤

	2005年	2006年	2007年	2008年	2009年
有色金属冶炼及压延加工业	0.80	1.24	1.26	1.27	1.20
金属制品业				0.14	0.01
通用设备制造业	0.01	0.01			
专用设备制造业			0.00		
交通运输设备制造业		0.00			
电气机械及器材制造业					
通信设备、计算机及其他电子设备制造业					
仪器仪表及文化、办公用机械制造业					
工艺品及其他制造业					
废弃资源和废旧材料回收加工业					
（三）电力、燃气及水的生产和供应业					
电力、热力的生产和供应业					
燃气生产和供应业					
水的生产和供应业					
三、建筑业					
房屋和土木工程建筑业					
建筑安装业					
建筑装饰业					
其他建筑业					
四、交通运输储运业和邮政业					
铁路运输业					
道路运输业					
城市公共交通业					
水上运输业					
航空运输业					
管道运输业					
装卸搬运及其他运输服务业					
仓储业					
邮政业(电信业)					
五、批发、零售业和住宿、餐饮业					
六、其他行业					
七、城乡居民生活					

6-48 分行业液化石油气终端消费量(实物量)

单位：万吨

	2005年	2006年	2007年	2008年	2009年
消费总计	12.28	13.83	14.27	14.47	17.02
一、农、林、牧、渔业					
二、工业合计	**0.29**	**0.31**	**0.13**	**0.27**	**0.35**
轻工业	**0.08**	**0.08**	**0.01**	**0.01**	**0.06**
重工业	**0.21**	**0.23**	**0.12**	**0.26**	**0.30**
（一）采矿业	**0.03**	**0.03**		**0.01**	
煤炭开采和洗选业					
石油和天然气开采业					
黑色金属矿采选业	0.01	0.01			
有色金属矿采选业	0.01	0.01		0.01	
非金属矿采选业	0.01	0.01			
其他采矿业					
（二）制造业	**0.25**	**0.26**	**0.13**	**0.25**	**0.35**
农副食品加工业	0.01	0.01	0.00		0.01
食品制造业	0.01	0.01	0.00		0.01
饮料制造业	0.01	0.01	0.00		0.02
烟草制品业			0.01	0.01	0.01
纺织业					
纺织服装、鞋、帽制造业					
皮革、毛皮、羽毛(绒)及其制品业					
木材加工及木、竹、藤、棕、草制品业					
家具制造业	0.01	0.01			
造纸及纸制品业	0.01	0.01	0.00		
印刷业和记录媒介的复制	0.01	0.01	0.00		0.00
文教体育用品制造业					
石油加工、炼焦及核燃料加工业					
化学原料及化学制品制造业	0.01	0.01	0.00		0.00
医药制造业	0.01	0.01	0.00		0.00
化学纤维制造业					
橡胶制品业					
塑料制品业	0.01	0.01			
非金属矿物制品业	0.07	0.08	0.03	0.04	0.12
黑色金属冶炼及压延加工业	0.01	0.01	0.00	0.12	0.08

6-48 分行业液化石油气终端消费量(实物量)(续)

单位：万吨

	2005年	2006年	2007年	2008年	2009年
有色金属冶炼及压延加工业	0.02	0.02	0.04	0.04	0.04
金属制品业	0.01	0.01	0.04	0.04	0.05
通用设备制造业	0.01	0.01			
专用设备制造业	0.01	0.01			0.00
交通运输设备制造业	0.01	0.01			
电气机械及器材制造业	0.01	0.01	0.01		0.00
通信设备、计算机及其他电子设备制造业					
仪器仪表及文化、办公用机械制造业					
工艺品及其他制造业	0.01	0.01	0.00		0.01
废弃资源和废旧材料回收加工业					
（三）电力、燃气及水的生产和供应业	**0.01**	**0.02**		**0.01**	
电力、热力的生产和供应业					
燃气生产和供应业	0.01	0.02		0.01	
水的生产和供应业					
三、建筑业					**0.06**
房屋和土木工程建筑业					0.05
建筑安装业					0.01
建筑装饰业					0.00
其他建筑业					0.00
四、交通运输储运业和邮政业				**0.02**	**0.04**
铁路运输业				0.01	0.01
道路运输业					0.03
城市公共交通业					
水上运输业					0.00
航空运输业					
管道运输业					
装卸搬运及其他运输服务业					0.00
仓储业				0.01	0.00
邮政业(电信业)					
五、批发、零售业和住宿、餐饮业	**3.05**	**3.51**	**3.92**	**2.60**	**4.19**
六、其他行业	**0.12**	**0.13**	**0.23**	**1.44**	**0.91**
七、城乡居民生活	**8.82**	**9.88**	**9.99**	**10.13**	**11.46**

6-49 分行业液化石油气终端消费量(标准量)

单位：万吨标准煤

	2005年	2006年	2007年	2008年	2009年
消费总计	**21.06**	**23.70**	**24.47**	**24.80**	**29.18**
一、农、林、牧、渔业					
二、工业合计	**0.50**	**0.53**	**0.22**	**0.47**	**0.61**
轻工业	**0.14**	**0.14**	**0.02**	**0.02**	**0.10**
重工业	**0.37**	**0.39**	**0.20**	**0.45**	**0.51**
（一）采矿业	**0.05**	**0.05**		**0.02**	
煤炭开采和洗选业					
石油和天然气开采业					
黑色金属矿采选业	0.02	0.02			
有色金属矿采选业	0.02	0.02		0.02	
非金属矿采选业	0.02	0.02			
其他采矿业					
（二）制造业	**0.44**	**0.45**	**0.22**	**0.43**	**0.61**
农副食品加工业	0.02	0.02	0.00		0.01
食品制造业	0.02	0.02	0.00		0.02
饮料制造业	0.02	0.02	0.00		0.04
烟草制品业			0.01	0.02	0.01
纺织业					
纺织服装、鞋、帽制造业					
皮革、毛皮、羽毛(绒)及其制品业					
木材加工及木、竹、藤、棕、草制品业					
家具制造业	0.02	0.02			
造纸及纸制品业	0.02	0.02	0.00		
印刷业和记录媒介的复制	0.02	0.02	0.00		0.00
文教体育用品制造业					
石油加工、炼焦及核燃料加工业					
化学原料及化学制品制造业	0.02	0.02	0.00		0.01
医药制造业	0.02	0.02	0.00		0.00
化学纤维制造业					
橡胶制品业					
塑料制品业	0.02	0.02			
非金属矿物制品业	0.13	0.14	0.05	0.07	0.21
黑色金属冶炼及压延加工业	0.02	0.02	0.01	0.21	0.13

6-49 分行业液化石油气终端消费量(标准量)(续)

单位：万吨标准煤

	2005年	2006年	2007年	2008年	2009年
有色金属冶炼及压延加工业	0.03	0.03	0.06	0.07	0.06
金属制品业	0.02	0.02	0.06	0.07	0.09
通用设备制造业	0.02	0.02			
专用设备制造业	0.02	0.02			0.01
交通运输设备制造业	0.02	0.02			
电气机械及器材制造业	0.02	0.02	0.02		0.01
通信设备、计算机及其他电子设备制造业					
仪器仪表及文化、办公用机械制造业					
工艺品及其他制造业	0.02	0.02	0.00		0.02
废弃资源和废旧材料回收加工业					
（三）电力、燃气及水的生产和供应业	**0.02**	**0.03**		**0.02**	
电力、热力的生产和供应业					
燃气生产和供应业	0.02	0.03		0.02	
水的生产和供应业					
三、建筑业					**0.11**
房屋和土木工程建筑业					0.08
建筑安装业					0.01
建筑装饰业					0.01
其他建筑业					0.00
四、交通运输储运业和邮政业				**0.03**	**0.07**
铁路运输业				0.02	0.02
道路运输业					0.05
城市公共交通业					
水上运输业					0.00
航空运输业					
管道运输业					
装卸搬运及其他运输服务业					0.00
仓储业				0.02	0.00
邮政业(电信业)					
五、批发、零售业和住宿、餐饮业	**5.23**	**6.01**	**6.72**	**4.46**	**7.18**
六、其他行业	**0.21**	**0.23**	**0.39**	**2.48**	**1.55**
七、城乡居民生活	**15.12**	**16.93**	**17.13**	**17.37**	**19.65**

6-50 分行业天然气终端消费量(实物量)

单位：亿立方米

	2005年	2006年	2007年	2008年	2009年
消费总计	**6.12**	**5.45**	**5.49**	**5.28**	**4.52**
一、农、林、牧、渔业					
二、工业合计	**5.92**	**5.25**	**5.29**	**5.08**	**4.29**
轻工业		**0.03**	**0.00**	**0.00**	**0.00**
重工业	**5.92**	**5.22**	**5.29**	**5.08**	**4.29**
（一）采矿业		**0.01**			
煤炭开采和洗选业					
石油和天然气开采业					
黑色金属矿采选业					
有色金属矿采选业		0.01			
非金属矿采选业					
其他采矿业					
（二）制造业	**5.92**	**5.24**	**5.29**	**4.98**	**4.19**
农副食品加工业					
食品制造业					
饮料制造业					0.00
烟草制品业					
纺织业					
纺织服装、鞋、帽制造业					
皮革、毛皮、羽毛(绒)及其制品业					
木材加工及木、竹、藤、棕、草制品业					
家具制造业					
造纸及纸制品业					
印刷业和记录媒介的复制					
文教体育用品制造业					
石油加工、炼焦及核燃料加工业					
化学原料及化学制品制造业	5.92	5.21	5.29	4.98	4.19
医药制造业		0.03	0.00	0.00	0.00
化学纤维制造业					
橡胶制品业					
塑料制品业					
非金属矿物制品业					
黑色金属冶炼及压延加工业					

6-50 分行业天然气终端消费量(实物量)(续)

单位：亿立方米

	2005年	2006年	2007年	2008年	2009年
有色金属冶炼及压延加工业					
金属制品业					
通用设备制造业					
专用设备制造业					
交通运输设备制造业					
电气机械及器材制造业					
通信设备、计算机及其他电子设备制造业					
仪器仪表及文化、办公用机械制造业					
工艺品及其他制造业					
废弃资源和废旧材料回收加工业					
（三）电力、燃气及水的生产和供应业				**0.10**	**0.10**
电力、热力的生产和供应业					
燃气生产和供应业				0.10	0.10
水的生产和供应业					
三、建筑业					
房屋和土木工程建筑业					
建筑安装业					
建筑装饰业					
其他建筑业					
四、交通运输储运业和邮政业					
铁路运输业					
道路运输业					
城市公共交通业					
水上运输业					
航空运输业					
管道运输业					
装卸搬运及其他运输服务业					
仓储业					
邮政业(电信业)					
五、批发、零售业和住宿、餐饮业				**0.01**	**0.04**
六、其他行业				**0.01**	**0.01**
七、城乡居民生活	**0.20**	**0.20**	**0.20**	**0.18**	**0.18**

6-51 分行业天然气终端消费量(标准量)

单位：万吨标准煤

	2005年	2006年	2007年	2008年	2009年
消费总计	**81.40**	**72.49**	**72.99**	**70.23**	**60.14**
一、农、林、牧、渔业					
二、工业合计	**78.74**	**69.83**	**70.33**	**67.59**	**57.11**
轻工业		**0.40**	**0.03**	**0.03**	**0.04**
重工业	**78.74**	**69.43**	**70.31**	**67.56**	**57.07**
（一）采矿业		**0.13**			
煤炭开采和洗选业					
石油和天然气开采业					
黑色金属矿采选业					
有色金属矿采选业		0.13			
非金属矿采选业					
其他采矿业					
（二）制造业	**78.74**	**69.69**	**70.33**	**66.26**	**55.78**
农副食品加工业					
食品制造业					
饮料制造业					0.01
烟草制品业					
纺织业					
纺织服装、鞋、帽制造业					
皮革、毛皮、羽毛(绒)及其制品业					
木材加工及木、竹、藤、棕、草制品业					
家具制造业					
造纸及纸制品业					
印刷业和记录媒介的复制					
文教体育用品制造业					
石油加工、炼焦及核燃料加工业					
化学原料及化学制品制造业	78.74	69.29	70.31	66.23	55.74
医药制造业		0.40	0.03	0.03	0.02
化学纤维制造业					
橡胶制品业					
塑料制品业					
非金属矿物制品业					
黑色金属冶炼及压延加工业					

6-51 分行业天然气终端消费量(标准量)(续)

单位：万吨标准煤

	2005年	2006年	2007年	2008年	2009年
有色金属冶炼及压延加工业					
金属制品业					
通用设备制造业					
专用设备制造业					
交通运输设备制造业					
电气机械及器材制造业					
通信设备、计算机及其他电子设备制造业					
仪器仪表及文化、办公用机械制造业					
工艺品及其他制造业					
废弃资源和废旧材料回收加工业					
（三）电力、燃气及水的生产和供应业				**1.33**	**1.33**
电力、热力的生产和供应业					
燃气生产和供应业				1.33	1.33
水的生产和供应业					
三、建筑业					
房屋和土木工程建筑业					
建筑安装业					
建筑装饰业					
其他建筑业					
四、交通运输储运业和邮政业					
铁路运输业					
道路运输业					
城市公共交通业					
水上运输业					
航空运输业					
管道运输业					
装卸搬运及其他运输服务业					
仓储业					
邮政业(电信业)					
五、批发、零售业和住宿、餐饮业				**0.14**	**0.57**
六、其他行业				**0.10**	**0.08**
七、城乡居民生活	**2.66**	**2.66**	**2.66**	**2.39**	**2.39**

6-52 分行业其它石油制品终端消费量(实物量)

单位：万吨

	2005年	2006年	2007年	2008年	2009年
消费总计	**6.09**	**7.16**	**6.24**	**7.71**	**7.34**
一、农、林、牧、渔业					
二、工业合计	**3.41**	**4.16**	**4.56**	**5.93**	**5.56**
轻工业	**0.06**	**0.06**	**0.01**	**0.04**	**0.05**
重工业	**3.35**	**4.10**	**4.55**	**5.89**	**5.51**
（一）采矿业	**0.05**	**0.05**	**0.14**	**0.15**	**0.12**
煤炭开采和洗选业	0.04	0.04	0.00		0.00
石油和天然气开采业					
黑色金属矿采选业					0.00
有色金属矿采选业	0.01	0.01	0.14	0.11	0.12
非金属矿采选业				0.04	
其他采矿业					
（二）制造业	**3.35**	**4.10**	**4.42**	**5.78**	**5.44**
农副食品加工业	0.01	0.01	0.00	0.03	0.00
食品制造业					
饮料制造业					
烟草制品业					
纺织业	0.02	0.02	0.01	0.01	0.01
纺织服装、鞋、帽制造业					
皮革、毛皮、羽毛(绒)及其制品业					
木材加工及木、竹、藤、棕、草制品业		0.01			
家具制造业					
造纸及纸制品业	0.01	0.01	0.00		0.04
印刷业和记录媒介的复制	0.01	0.01			
文教体育用品制造业					
石油加工、炼焦及核燃料加工业	0.19	0.20			0.00
化学原料及化学制品制造业	0.38	0.38	0.02	0.02	0.05
医药制造业					
化学纤维制造业					
橡胶制品业	0.02	0.03			
塑料制品业	0.10	0.10	0.04	0.05	
非金属矿物制品业	0.20	0.20	0.12	1.00	0.02
黑色金属冶炼及压延加工业	0.20	1.17	1.04	1.08	1.23

6-52 分行业其它石油制品终端消费量(实物量)(续)

单位：万吨

	2005年	2006年	2007年	2008年	2009年
有色金属冶炼及压延加工业	1.90	1.80	3.11	3.45	3.98
金属制品业	0.01	0.01			
通用设备制造业	0.01	0.01	0.02	0.01	0.01
专用设备制造业					0.03
交通运输设备制造业	0.20	0.02	0.02	0.02	0.02
电气机械及器材制造业	0.07	0.10	0.04	0.04	0.05
通信设备、计算机及其他电子设备制造业					
仪器仪表及文化、办公用机械制造业			0.00		
工艺品及其他制造业	0.01	0.01			
废弃资源和废旧材料回收加工业	0.01	0.01		0.07	
（三）电力、燃气及水的生产和供应业	**0.01**	**0.01**	**0.00**	**0.00**	**0.00**
电力、热力的生产和供应业	0.01	0.01	0.00	0.00	0.00
燃气生产和供应业					
水的生产和供应业					
三、建筑业					
房屋和土木工程建筑业					
建筑安装业					
建筑装饰业					
其他建筑业					
四、交通运输储运业和邮政业	**2.56**	**2.87**	**1.58**	**1.68**	**1.68**
铁路运输业	0.09	0.11	0.11	0.21	0.21
道路运输业	2.47	2.76	1.47	1.47	1.47
城市公共交通业					
水上运输业					
航空运输业					
管道运输业					
装卸搬运及其他运输服务业					
仓储业					
邮政业(电信业)					
五、批发、零售业和住宿、餐饮业	**0.12**	**0.13**	**0.03**	**0.03**	**0.03**
六、其他行业			**0.07**	**0.07**	**0.07**
七、城乡居民生活					

6-53 分行业其它石油制品终端消费量(标准量)

单位：万吨标准煤

	2005年	2006年	2007年	2008年	2009年
消 费 总 计	**7.73**	**9.10**	**7.93**	**9.80**	**9.33**
一、农、林、牧、渔业					
二、工业合计	**4.32**	**5.28**	**5.79**	**7.54**	**7.07**
轻工业	**0.08**	**0.08**	**0.02**	**0.05**	**0.07**
重工业	**4.25**	**5.21**	**5.78**	**7.49**	**7.00**
（一）采矿业	**0.06**	**0.06**	**0.17**	**0.19**	**0.15**
煤炭开采和洗选业	0.05	0.05	0.00		0.00
石油和天然气开采业					
黑色金属矿采选业					0.00
有色金属矿采选业	0.01	0.01	0.17	0.14	0.15
非金属矿采选业				0.05	
其他采矿业					
（二）制造业	**4.25**	**5.21**	**5.62**	**7.35**	**6.91**
农副食品加工业	0.01	0.01	0.00	0.04	0.00
食品制造业					
饮料制造业					
烟草制品业					
纺织业	0.03	0.03	0.01	0.01	0.01
纺织服装、鞋、帽制造业					
皮革、毛皮、羽毛(绒)及其制品业					
木材加工及木、竹、藤、棕、草制品业		0.01			
家具制造业					
造纸及纸制品业	0.01	0.01	0.00		0.06
印刷业和记录媒介的复制	0.01	0.01			
文教体育用品制造业					
石油加工、炼焦及核燃料加工业	0.24	0.25			0.00
化学原料及化学制品制造业	0.48	0.48	0.03	0.03	0.07
医药制造业					
化学纤维制造业					
橡胶制品业	0.03	0.04			
塑料制品业	0.13	0.13	0.06	0.06	
非金属矿物制品业	0.25	0.25	0.15	1.27	0.03
黑色金属冶炼及压延加工业	0.25	1.48	1.32	1.37	1.56

6-53 分行业其它石油制品终端消费量(标准量)(续)

单位：万吨标准煤

	2005年	2006年	2007年	2008年	2009年
有色金属冶炼及压延加工业	2.41	2.29	3.94	4.39	5.06
金属制品业	0.01	0.01			
通用设备制造业	0.01	0.01	0.02	0.01	0.01
专用设备制造业					0.04
交通运输设备制造业	0.25	0.03	0.03	0.03	0.03
电气机械及器材制造业	0.09	0.13	0.05	0.05	0.06
通信设备、计算机及其他电子设备制造业					
仪器仪表及文化、办公用机械制造业			0.00		
工艺品及其他制造业	0.01	0.01			
废弃资源和废旧材料回收加工业	0.01	0.01		0.09	
（三）电力、燃气及水的生产和供应业	**0.01**	**0.01**	**0.00**	**0.00**	**0.00**
电力、热力的生产和供应业	0.01	0.01	0.00	0.00	0.00
燃气生产和供应业					
水的生产和供应业					
三、建筑业					
房屋和土木工程建筑业					
建筑安装业					
建筑装饰业					
其他建筑业					
四、交通运输储运业和邮政业	**3.25**	**3.64**	**2.01**	**2.13**	**2.13**
铁路运输业	0.11	0.14	0.14	0.27	0.27
道路运输业	3.14	3.51	1.87	1.87	1.87
城市公共交通业					
水上运输业					
航空运输业					
管道运输业					
装卸搬运及其他运输服务业					
仓储业					
邮政业(电信业)					
五、批发、零售业和住宿、餐饮业	**0.15**	**0.17**	**0.04**	**0.04**	**0.04**
六、其他行业			**0.09**	**0.09**	**0.09**
七、城乡居民生活					

6-54 分行业其它焦化产品终端消费量(实物量)

单位：万吨

	2005年	2006年	2007年	2008年	2009年
消费总计	**17.62**	**19.82**	**16.37**	**27.08**	**16.78**
一、农、林、牧、渔业					
二、工业合计	**16.42**	**18.68**	**15.23**	**25.87**	**16.11**
轻工业	**0.10**	**0.10**		**0.01**	
重工业	**16.32**	**18.58**	**15.23**	**25.86**	**16.11**
（一）采矿业				**0.03**	
煤炭开采和洗选业					
石油和天然气开采业					
黑色金属矿采选业					
有色金属矿采选业				0.03	
非金属矿采选业					
其他采矿业					
（二）制造业	**16.42**	**18.68**	**15.23**	**25.74**	**16.11**
农副食品加工业	0.10	0.10			
食品制造业					
饮料制造业				0.01	
烟草制品业					
纺织业					
纺织服装、鞋、帽制造业					
皮革、毛皮、羽毛(绒)及其制品业					
木材加工及木、竹、藤、棕、草制品业					
家具制造业					
造纸及纸制品业					
印刷业和记录媒介的复制					
文教体育用品制造业					
石油加工、炼焦及核燃料加工业	1.85	3.91	7.69	16.22	10.26
化学原料及化学制品制造业	7.59	6.82	3.28	2.82	3.63
医药制造业					
化学纤维制造业					
橡胶制品业					
塑料制品业					
非金属矿物制品业		1.44	0.63	0.52	0.89
黑色金属冶炼及压延加工业	4.49	3.62	0.85	0.91	0.93

6-55 分行业其它焦化产品终端消费量(标准量)

单位：万吨标准煤

	2005年	2006年	2007年	2008年	2009年
消费总计	**20.26**	**22.79**	**18.82**	**31.15**	**19.30**
一、农、林、牧、渔业					
二、工业合计	**18.88**	**21.48**	**17.51**	**29.76**	**18.52**
轻工业	**0.12**	**0.12**		**0.01**	
重工业	**18.77**	**21.37**	**17.51**	**29.74**	**18.52**
（一）采矿业				**0.03**	
煤炭开采和洗选业					
石油和天然气开采业					
黑色金属矿采选业					
有色金属矿采选业				0.03	
非金属矿采选业					
其他采矿业					
（二）制造业	**18.88**	**21.48**	**17.51**	**29.61**	**18.52**
农副食品加工业	0.12	0.12			
食品制造业					
饮料制造业				0.01	
烟草制品业					
纺织业					
纺织服装、鞋、帽制造业					
皮革、毛皮、羽毛(绒)及其制品业					
木材加工及木、竹、藤、棕、草制品业					
家具制造业					
造纸及纸制品业					
印刷业和记录媒介的复制					
文教体育用品制造业					
石油加工、炼焦及核燃料加工业	2.13	4.50	8.85	18.65	11.80
化学原料及化学制品制造业	8.73	7.84	3.77	3.24	4.18
医药制造业					
化学纤维制造业					
橡胶制品业					
塑料制品业					
非金属矿物制品业		1.66	0.73	0.60	1.03
黑色金属冶炼及压延加工业	5.16	4.16	0.98	1.05	1.07

6-55 分行业其它焦化产品终端消费量(标准量)(续)

单位：万吨标准煤

	2005年	2006年	2007年	2008年	2009年
有色金属冶炼及压延加工业	1.01	1.47	3.18	6.04	0.46
金属制品业	1.74	1.74			
通用设备制造业				0.01	
专用设备制造业					
交通运输设备制造业					
电气机械及器材制造业					
通信设备、计算机及其他电子设备制造业					
仪器仪表及文化、办公用机械制造业					
工艺品及其他制造业					
废弃资源和废旧材料回收加工业					
（三）电力、燃气及水的生产和供应业				**0.12**	
电力、热力的生产和供应业					
燃气生产和供应业				0.12	
水的生产和供应业					
三、建筑业	**0.69**	**0.66**	**0.66**	**0.77**	**0.77**
房屋和土木工程建筑业	0.69	0.66	0.66	0.77	0.77
建筑安装业					
建筑装饰业					
其他建筑业					
四、交通运输储运业和邮政业					
铁路运输业					
道路运输业					
城市公共交通业					
水上运输业					
航空运输业					
管道运输业					
装卸搬运及其他运输服务业					
仓储业					
邮政业(电信业)					
五、批发、零售业和住宿、餐饮业	**0.69**	**0.66**	**0.66**	**0.60**	
六、其他行业				**0.02**	
七、城乡居民生活					

6-55 分行业其它焦化产品终端消费量(标准量)(续)

单位：万吨标准煤

	2005年	2006年	2007年	2008年	2009年
有色金属冶炼及压延加工业	1.01	1.47	3.18	6.04	0.46
金属制品业	1.74	1.74			
通用设备制造业				0.01	
专用设备制造业					
交通运输设备制造业					
电气机械及器材制造业					
通信设备、计算机及其他电子设备制造业					
仪器仪表及文化、办公用机械制造业					
工艺品及其他制造业					
废弃资源和废旧材料回收加工业					
（三）电力、燃气及水的生产和供应业				0.12	
电力、热力的生产和供应业					
燃气生产和供应业				0.12	
水的生产和供应业					
三、建筑业	0.69	0.66	0.66	0.77	0.77
房屋和土木工程建筑业	0.69	0.66	0.66	0.77	0.77
建筑安装业					
建筑装饰业					
其他建筑业					
四、交通运输仓储和邮政业					
铁路运输业					
道路运输业					
城市公共交通业					
水上运输业					
航空运输业					
管道运输业					
装卸搬运及其他运输服务业					
仓储业					
邮政业(电信业)					
五、批发、零售业和住宿、餐饮业	0.69	0.66	0.66	0.66	
六、其他行业				0.02	
七、城乡居民生活					

6-57 分行业热力终端消费量(标准量，等价热值)

单位：万吨标准煤

	2005年	2006年	2007年	2008年	2009年
消费总计	28.54	5.40	62.88	33.17	17.16
一、农、林、牧、渔业					
二、工业合计	28.54	5.40	62.88	33.17	17.16
轻工业	1.64	0.80	2.15	3.15	2.33
重工业	26.90	4.61	60.73	30.02	14.83
（一）采矿业					
煤炭开采和洗选业					
石油和天然气开采业					
黑色金属矿采选业					
有色金属矿采选业					
非金属矿采选业					
其他采矿业					
（二）制造业	28.54	5.40	62.88	33.17	17.16
农副食品加工业					
食品制造业					
饮料制造业		0.11	0.32	0.21	
烟草制品业	1.55	0.59	1.45	2.55	1.94
纺织业			0.07	0.05	
纺织服装、鞋、帽制造业					
皮革、毛皮、羽毛(绒)及其制品业					
木材加工及木、竹、藤、棕、草制品业					
家具制造业					
造纸及纸制品业		0.03	0.19	0.21	0.21
印刷业和记录媒介的复制			0.03	0.02	0.04
文教体育用品制造业					
石油加工、炼焦及核燃料加工业		1.34	2.17	2.70	1.72
化学原料及化学制品制造业	26.86	3.25	58.44	27.21	12.94
医药制造业	0.10	0.07	0.09	0.11	0.14
化学纤维制造业					
橡胶制品业					
塑料制品业					
非金属矿物制品业					
黑色金属冶炼及压延加工业					

6-57 分行业热力终端消费量(标准量，等价热值)

单位：万吨标准煤

	2005年	2006年	2007年	2008年	2009年
消费总计	**28.54**	**5.40**	**62.88**	**33.17**	**17.16**
一、农、林、牧、渔业					
二、工业合计	**28.54**	**5.40**	**62.88**	**33.17**	**17.16**
轻工业	**1.64**	**0.80**	**2.15**	**3.15**	**2.33**
重工业	**26.90**	**4.61**	**60.73**	**30.02**	**14.83**
（一）采矿业					
煤炭开采和洗选业					
石油和天然气开采业					
黑色金属矿采选业					
有色金属矿采选业					
非金属矿采选业					
其他采矿业					
（二）制造业	**28.54**	**5.40**	**62.88**	**33.17**	**17.16**
农副食品加工业					
食品制造业					
饮料制造业		0.11	0.32	0.21	
烟草制品业	1.55	0.59	1.45	2.55	1.94
纺织业			0.07	0.05	
纺织服装、鞋、帽制造业					
皮革、毛皮、羽毛(绒)及其制品业					
木材加工及木、竹、藤、棕、草制品业					
家具制造业					
造纸及纸制品业		0.03	0.19	0.21	0.21
印刷业和记录媒介的复制			0.03	0.02	0.04
文教体育用品制造业					
石油加工、炼焦及核燃料加工业		1.34	2.17	2.70	1.72
化学原料及化学制品制造业	26.86	3.25	58.44	27.21	12.94
医药制造业	0.10	0.07	0.09	0.11	0.14
化学纤维制造业					
橡胶制品业					
塑料制品业					
非金属矿物制品业					
黑色金属冶炼及压延加工业					

6-57 分行业热力终端消费量(标准量，等价热值)(续)

单位：万吨标准煤

	2005年	2006年	2007年	2008年	2009年
有色金属冶炼及压延加工业			0.07	0.07	0.13
金属制品业					
通用设备制造业					
专用设备制造业					
交通运输设备制造业					
电气机械及器材制造业					
通信设备、计算机及其他电子设备制造业	0.04	0.02	0.05	0.05	0.04
仪器仪表及文化、办公用机械制造业					
工艺品及其他制造业					
废弃资源和废旧材料回收加工业					
（三）电力、燃气及水的生产和供应业					
电力、热力的生产和供应业					
燃气生产和供应业					
水的生产和供应业					
三、建筑业					
房屋和土木工程建筑业					
建筑安装业					
建筑装饰业					
其他建筑业					
四、交通运输储运业和邮政业					
铁路运输业					
道路运输业					
城市公共交通业					
水上运输业					
航空运输业					
管道运输业					
装卸搬运及其他运输服务业					
仓储业					
邮政业(电信业)					
五、批发、零售业和住宿、餐饮业					
六、其他行业			**0.00**	**0.00**	**0.00**
七、城乡居民生活					

6-59 分行业电力终端消费量(实物量)

单位：亿千瓦时

	2005年	2006年	2007年	2008年	2009年
消费总计	505.68	580.28	681.39	762.75	825.79
一、农、林、牧、渔业	8.79	14.50	15.19	13.16	9.66
二、工业合计	374.37	441.58	525.22	583.83	613.36
轻工业	22.25	23.63	22.85	35.00	40.07
重工业	352.12	417.94	502.37	548.83	573.29
（一）采矿业	31.68	41.50	57.49	54.48	64.01
煤炭开采和洗选业	7.51	6.80	11.52	12.47	12.23
石油和天然气开采业	0.01	0.01	0.01		0.00
黑色金属矿采选业	6.61	9.28	11.75	13.29	16.02
有色金属矿采选业	14.01	19.63	27.62	22.84	23.61
非金属矿采选业	3.54	5.79	6.59	5.88	12.15
其他采矿业					
（二）制造业	329.15	368.42	423.66	484.38	525.21
农副食品加工业	5.53	6.51	7.33	9.01	17.13
食品制造业	0.77	1.65	1.04	1.06	2.11
饮料制造业	1.76	1.30	1.46	1.75	2.77
烟草制品业	4.45	4.38	4.67	4.60	4.89
纺织业	2.13	2.04	0.99	1.58	1.32
纺织服装、鞋、帽制造业	0.04	0.05	0.04	0.13	0.22
皮革、毛皮、羽毛(绒)及其制品业	0.02	0.02	0.00		0.06
木材加工及木、竹、藤、棕、草制品业	2.30	2.52	2.46	4.25	4.13
家具制造业	0.10	0.10	0.01	0.90	1.28
造纸及纸制品业	4.70	4.72	4.64	5.32	5.73
印刷业和记录媒介的复制	0.88	0.96	0.79	0.91	1.12
文教体育用品制造业	0.01	0.01	0.00	0.04	
石油加工、炼焦及核燃料加工业	2.78	3.14	4.54	7.70	8.62
化学原料及化学制品制造业	92.06	109.57	111.28	136.83	133.74
医药制造业	1.02	1.14	1.10	1.31	1.88
化学纤维制造业	0.56	0.58	0.59	0.55	0.55
橡胶制品业	0.30	0.19	0.24	0.30	0.58
塑料制品业	2.07	1.47	1.64	2.54	3.36
非金属矿物制品业	44.64	45.53	45.37	59.16	65.75
黑色金属冶炼及压延加工业	57.99	62.00	76.82	88.69	87.66

6-59　分行业电力终端消费量(实物量)

单位：亿千瓦时

	2005年	2006年	2007年	2008年	2009年
消 费 总 计	**505.68**	**580.28**	**681.39**	**762.75**	**825.79**
一、农、林、牧、渔业	**8.79**	**14.50**	**15.19**	**13.16**	**9.66**
二、工业合计	**374.37**	**441.58**	**525.22**	**583.83**	**613.36**
轻工业	**22.25**	**23.63**	**22.85**	**35.00**	**40.07**
重工业	**352.12**	**417.94**	**502.37**	**548.83**	**573.29**
（一）采矿业	**31.68**	**41.50**	**57.49**	**54.48**	**64.01**
煤炭开采和洗选业	7.51	6.80	11.52	12.47	12.23
石油和天然气开采业	0.01	0.01	0.01		0.00
黑色金属矿采选业	6.61	9.28	11.75	13.29	16.02
有色金属矿采选业	14.01	19.63	27.62	22.84	23.61
非金属矿采选业	3.54	5.79	6.59	5.88	12.15
其他采矿业					
（二）制造业	**329.15**	**368.42**	**423.66**	**484.38**	**525.21**
农副食品加工业	5.53	6.51	7.33	9.01	17.13
食品制造业	0.77	1.65	1.04	1.06	2.11
饮料制造业	1.76	1.30	1.46	1.75	2.77
烟草制品业	4.45	4.38	4.67	4.60	4.89
纺织业	2.13	2.04	0.99	1.58	1.32
纺织服装、鞋、帽制造业	0.04	0.05	0.04	0.13	0.22
皮革、毛皮、羽毛(绒)及其制品业	0.02	0.02	0.00		0.06
木材加工及木、竹、藤、棕、草制品业	2.30	2.52	2.46	4.25	4.13
家具制造业	0.10	0.10	0.01	0.90	1.28
造纸及纸制品业	4.70	4.72	4.64	5.32	5.73
印刷业和记录媒介的复制	0.88	0.96	0.79	0.91	1.12
文教体育用品制造业	0.01	0.01	0.00	0.04	
石油加工、炼焦及核燃料加工业	2.78	3.14	4.54	7.70	8.62
化学原料及化学制品制造业	92.06	109.57	111.28	136.83	133.74
医药制造业	1.02	1.14	1.10	1.31	1.88
化学纤维制造业	0.56	0.58	0.59	0.55	0.55
橡胶制品业	0.30	0.19	0.24	0.30	0.58
塑料制品业	2.07	1.47	1.64	2.54	3.36
非金属矿物制品业	44.64	45.53	45.37	59.16	65.75
黑色金属冶炼及压延加工业	57.99	62.00	76.82	88.69	87.66

6-59 分行业电力终端消费量(实物量)(续)

单位：亿千瓦时

	2005年	2006年	2007年	2008年	2009年
有色金属冶炼及压延加工业	98.75	116.01	153.18	136.91	167.13
金属制品业	0.64	0.52	0.44	4.49	6.85
通用设备制造业	1.84	1.24	1.45	3.65	2.02
专用设备制造业	1.07	0.56	0.67	0.98	1.26
交通运输设备制造业	1.40	0.94	1.14	1.24	1.96
电气机械及器材制造业	0.65	0.71	0.71	0.96	1.16
通信设备、计算机及其他电子设备制造业	0.06	0.09	0.13	0.15	0.15
仪器仪表及文化、办公用机械制造业	0.28	0.24	0.33	0.33	0.33
工艺品及其他制造业	0.28	0.17	0.18	7.85	1.01
废弃资源和废旧材料回收加工业	0.07	0.06	0.40	1.20	0.42
（三）电力、燃气及水的生产和供应业	**13.54**	**31.65**	**44.07**	**44.98**	**24.15**
电力、热力的生产和供应业	11.83	29.85	41.48	42.73	21.63
燃气生产和供应业	0.48	0.48	0.51	0.74	0.77
水的生产和供应业	1.23	1.33	2.08	1.50	1.74
三、建筑业	**8.99**	**11.10**	**12.43**	**12.92**	**14.12**
房屋和土木工程建筑业	6.17	7.28	8.28	8.57	13.26
建筑安装业	1.55	2.55	2.78	2.98	0.54
建筑装饰业	0.65	0.65	0.75	0.75	0.19
其他建筑业	0.62	0.62	0.62	0.62	0.14
四、交通运输储运业和邮政业	**15.20**	**12.57**	**13.10**	**14.24**	**14.59**
铁路运输业	6.15	5.77	5.77	5.77	9.32
道路运输业	0.06	0.06	0.06	0.06	2.74
城市公共交通业	0.03	0.03	0.03	0.03	0.07
水上运输业	0.02	0.02	0.02	0.02	0.00
航空运输业	0.36	0.36	0.36	0.36	0.42
管道运输业					0.32
装卸搬运及其他运输服务业	0.03	0.03	0.03	0.03	0.06
仓储业	3.98	3.09	3.62	4.12	1.04
邮政业(电信业)	4.57	3.21	3.21	3.85	0.62
五、批发、零售业和住宿、餐饮业	**3.50**	**8.10**	**10.94**	**11.99**	**14.83**
六、其他行业	**21.35**	**15.73**	**17.93**	**20.02**	**24.15**
七、城乡居民生活	**73.48**	**76.71**	**86.58**	**106.59**	**135.06**

6-59　分行业电力终端消费量(实物量)(续)

单位：亿千瓦时

	2005年	2006年	2007年	2008年	2009年
有色金属冶炼及压延加工业	98.75	116.01	133.18	136.91	167.13
金属制品业	0.64	0.52	0.44	4.49	6.85
通用设备制造业	1.84	1.24	1.45	3.65	2.02
专用设备制造业	1.07	0.56	0.67	0.98	1.26
交通运输设备制造业	1.40	0.94	1.14	1.24	1.96
电气机械及器材制造业	0.65	0.71	0.71	0.96	1.16
通信设备、计算机及其他电子设备制造业	0.06	0.09	0.13	0.15	0.15
仪器仪表及文化、办公用机械制造业	0.28	0.24	0.33	0.33	0.33
工艺品及其他制造业	0.28	0.17	0.18	7.85	1.01
废弃资源和废旧材料回收加工业	0.07	0.06	0.40	1.20	0.42
（三）电力、燃气及水的生产和供应业	**13.54**	**31.65**	**44.07**	**44.98**	**24.15**
电力、热力的生产和供应业	11.83	29.85	41.48	42.73	21.63
燃气生产和供应业	0.48	0.48	0.51	0.74	0.77
水的生产和供应业	1.23	1.33	2.08	1.50	1.74
三、建筑业	**8.99**	**11.10**	**12.43**	**12.92**	**14.12**
房屋和土木工程建筑业	6.17	7.28	8.28	8.57	13.26
建筑安装业	1.55	2.55	2.78	2.98	0.54
建筑装饰业	0.65	0.65	0.75	0.75	0.19
其他建筑业	0.62	0.62	0.62	0.62	0.14
四、交通运输运业和邮政业	**15.20**	**12.57**	**13.10**	**14.24**	**14.59**
铁路运输业	6.15	5.77	5.77	5.77	9.32
道路运输业	0.06	0.06	0.06	0.06	2.74
城市公共交通业	0.03	0.03	0.03	0.03	0.07
水上运输业	0.02	0.02	0.02	0.02	0.00
航空运输业	0.36	0.36	0.36	0.36	0.42
管道运输业					0.32
装卸搬运及其他运输服务业	0.03	0.03	0.03	0.03	0.06
仓储业	3.98	3.09	3.62	4.12	1.04
邮政业(电信业)	4.57	3.21	3.21	3.85	0.62
五、批发、零售业和住宿、餐饮业	**3.50**	**8.10**	**10.94**	**11.99**	**14.83**
六、其他行业	**21.35**	**15.73**	**17.93**	**20.02**	**24.15**
七、城乡居民生活	**73.48**	**76.71**	**86.58**	**108.59**	**135.06**

6-61 分行业电力终端消费量(标准量，当量热值)

单位：万吨标准煤

	2005年	2006年	2007年	2008年	2009年
消费总计	**621.49**	**713.17**	**837.43**	**937.42**	**1014.89**
一、农、林、牧、渔业	**10.80**	**17.82**	**18.67**	**16.18**	**11.87**
二、工业合计	**460.11**	**542.70**	**645.50**	**717.53**	**753.82**
轻工业	**27.35**	**29.05**	**28.09**	**43.01**	**49.25**
重工业	**432.76**	**513.65**	**617.41**	**674.51**	**704.58**
（一）采矿业	**38.94**	**51.00**	**70.66**	**66.95**	**78.67**
煤炭开采和洗选业	9.23	8.36	14.16	15.32	15.03
石油和天然气开采业	0.01	0.01	0.01		0.00
黑色金属矿采选业	8.13	11.40	14.45	16.33	19.68
有色金属矿采选业	17.22	24.12	33.94	28.07	29.02
非金属矿采选业	4.36	7.11	8.09	7.22	14.93
其他采矿业					
（二）制造业	**404.53**	**452.79**	**520.68**	**595.30**	**645.48**
农副食品加工业	6.80	8.00	9.00	11.07	21.05
食品制造业	0.94	2.03	1.28	1.30	2.59
饮料制造业	2.17	1.60	1.79	2.15	3.40
烟草制品业	5.47	5.39	5.74	5.65	6.01
纺织业	2.61	2.51	1.21	1.95	1.63
纺织服装、鞋、帽制造业	0.05	0.06	0.05	0.15	0.27
皮革、毛皮、羽毛(绒)及其制品业	0.03	0.02	0.00		0.08
木材加工及木、竹、藤、棕、草制品业	2.83	3.10	3.02	5.23	5.08
家具制造业	0.12	0.12	0.02	1.11	1.58
造纸及纸制品业	5.77	5.80	5.70	6.54	7.04
印刷业和记录媒介的复制	1.08	1.18	0.97	1.12	1.38
文教体育用品制造业	0.02	0.01	0.00	0.05	
石油加工、炼焦及核燃料加工业	3.41	3.86	5.58	9.46	10.60
化学原料及化学制品制造业	113.14	134.66	136.77	168.17	164.37
医药制造业	1.26	1.40	1.35	1.61	2.31
化学纤维制造业	0.68	0.71	0.73	0.68	0.68
橡胶制品业	0.37	0.24	0.29	0.37	0.71
塑料制品业	2.54	1.80	2.01	3.12	4.14
非金属矿物制品业	54.86	55.96	55.75	72.71	80.81
黑色金属冶炼及压延加工业	71.27	76.20	94.42	109.00	107.73

6-61 分行业电力终端消费量(标准量，当量热值)(续)

单位：万吨标准煤

	2005年	2006年	2007年	2008年	2009年
有色金属冶炼及压延加工业	121.36	142.57	188.26	168.26	205.40
金属制品业	0.79	0.64	0.54	5.52	8.42
通用设备制造业	2.26	1.53	1.78	4.48	2.48
专用设备制造业	1.32	0.69	0.82	1.21	1.55
交通运输设备制造业	1.73	1.15	1.40	1.52	2.41
电气机械及器材制造业	0.79	0.88	0.87	1.18	1.43
通信设备、计算机及其他电子设备制造业	0.08	0.11	0.16	0.19	0.18
仪器仪表及文化、办公用机械制造业	0.35	0.29	0.41	0.40	0.40
工艺品及其他制造业	0.35	0.21	0.22	9.65	1.24
废弃资源和废旧材料回收加工业	0.09	0.07	0.49	1.47	0.51
(三)电力、燃气及水的生产和供应业	**16.64**	**38.90**	**54.16**	**55.28**	**29.67**
电力、热力的生产和供应业	14.54	36.69	50.98	52.52	26.59
燃气生产和供应业	0.59	0.59	0.63	0.91	0.95
水的生产和供应业	1.51	1.63	2.56	1.85	2.14
三、建筑业	**11.05**	**13.64**	**15.28**	**15.88**	**17.36**
房屋和土木工程建筑业	7.58	8.95	10.18	10.53	16.29
建筑安装业	1.90	3.13	3.42	3.66	0.66
建筑装饰业	0.80	0.80	0.92	0.92	0.24
其他建筑业	0.76	0.76	0.76	0.76	0.17
四、交通运输储运业和邮政业	**18.68**	**15.45**	**16.10**	**17.50**	**17.93**
铁路运输业	7.56	7.09	7.09	7.09	11.45
道路运输业	0.07	0.07	0.07	0.07	3.36
城市公共交通业	0.04	0.04	0.04	0.04	0.09
水上运输业	0.02	0.02	0.02	0.02	0.00
航空运输业	0.44	0.44	0.44	0.44	0.52
管道运输业					0.39
装卸搬运及其他运输服务业	0.04	0.04	0.04	0.04	0.07
仓储业	4.89	3.80	4.45	5.06	1.28
邮政业(电信业)	5.62	3.95	3.95	4.73	0.76
五、批发、零售业和住宿、餐饮业	**4.30**	**9.95**	**13.45**	**14.73**	**18.23**
六、其他行业	**26.24**	**19.33**	**22.04**	**24.61**	**29.69**
七、城乡居民生活	**90.31**	**94.28**	**106.41**	**131.00**	**165.99**

6-61 分行业电力终端消费量(标准量，当量热值)(续)

单位：万吨标准煤

	2005年	2006年	2007年	2008年	2009年
有色金属冶炼及压延加工业	121.36	142.57	188.26	168.26	205.40
金属制品业	0.79	0.64	0.54	5.52	8.42
通用设备制造业	2.26	1.53	1.78	4.48	2.48
专用设备制造业	1.32	0.69	0.82	1.21	1.55
交通运输设备制造业	1.73	1.15	1.40	1.52	2.41
电气机械及器材制造业	0.79	0.88	0.87	1.18	1.43
通信设备、计算机及其他电子设备制造业	0.08	0.11	0.16	0.19	0.18
仪器仪表及文化、办公用机械制造业	0.35	0.29	0.41	0.40	0.40
工艺品及其他制造业	0.35	0.21	0.22	9.65	1.24
废弃资源和废旧材料回收加工业	0.09	0.07	0.49	1.47	0.51
（三）电力、燃气及水的生产和供应业	**16.64**	**38.90**	**54.16**	**55.28**	**29.67**
电力、热力的生产和供应业	14.54	36.69	50.98	52.52	26.59
燃气生产和供应业	0.59	0.59	0.63	0.91	0.95
水的生产和供应业	1.51	1.63	2.56	1.85	2.14
三、建筑业	**11.05**	**13.64**	**15.28**	**15.88**	**17.36**
房屋和土木工程建筑业	7.58	8.95	10.18	10.53	16.29
建筑安装业	1.90	3.13	3.42	3.66	0.66
建筑装饰业	0.80	0.80	0.92	0.92	0.24
其他建筑业	0.76	0.76	0.76	0.76	0.17
四、交通运输仓储和邮政业	**18.68**	**15.45**	**16.10**	**17.50**	**17.93**
铁路运输业	7.56	7.09	7.09	7.09	11.45
道路运输业	0.07	0.07	0.07	0.07	3.36
城市公共交通业	0.04	0.04	0.04	0.04	0.09
水上运输业	0.02	0.02	0.02	0.02	0.00
航空运输业	0.44	0.44	0.44	0.44	0.52
管道运输业					0.39
装卸搬运及其他运输服务业	0.04	0.04	0.04	0.04	0.07
仓储业	4.89	3.80	4.15	5.06	1.28
邮政业(电信业)	5.62	3.95	3.95	4.73	0.76
五、批发、零售业和住宿、餐饮业	**4.30**	**9.95**	**13.45**	**14.73**	**18.23**
六、其他行业	**26.24**	**19.33**	**22.04**	**24.61**	**29.69**
七、城乡居民生活	**90.31**	**94.28**	**106.41**	**131.00**	**165.99**

6-62 分行业其它能源终端消费量(续)

单位：万吨标准煤

	2005年	2006年	2007年	2008年	2009年
有色金属冶炼及压延加工业	2.42	3.89	1.52	0.20	0.32
金属制品业	0.01				
通用设备制造业	0.01				
专用设备制造业	0.03	0.03	0.00		
交通运输设备制造业	0.00				
电气机械及器材制造业		0.01	0.00		
通信设备、计算机及其他电子设备制造业					
仪器仪表及文化、办公用机械制造业					
工艺品及其他制造业	0.00				
废弃资源和废旧材料回收加工业	0.00				
（三）电力、燃气及水的生产和供应业	**0.10**				**0.05**
电力、热力的生产和供应业	0.00				0.05
燃气生产和供应业	0.10				
水的生产和供应业					
三、建筑业					
房屋和土木工程建筑业					
建筑安装业					
建筑装饰业					
其他建筑业					
四、交通运输储运业和邮政业					
铁路运输业					
道路运输业					
城市公共交通业					
水上运输业					
航空运输业					
管道运输业					
装卸搬运及其他运输服务业					
仓储业					
邮政业(电信业)					
五、批发、零售业和住宿、餐饮业					
六、其他行业					
七、城乡居民生活	**41.64**	**48.15**	**12.84**	**11.86**	**56.86**

七、规模以上工业能源消费

7-1 分行业规模以上工业综合能源消费量（当量热值）

单位：万吨标准煤

行业	2005年	2006年	2007年	2008年	2009年
全部工业企业	**3546.35**	**4095.81**	**4269.52**	**4220.53**	**4446.47**
轻工业	**223.39**	**231.19**	**184.10**	**171.19**	**146.43**
重工业	**3322.96**	**3864.62**	**4085.43**	**4049.35**	**4300.03**
煤炭开采和洗选业	150.91	115.74	123.75	158.45	132.63
石油和天然气开采业	0.00	0.00	0.00	0.00	0.00
黑色金属矿采选业	34.52	27.77	40.41	61.72	74.49
有色金属矿采选业	20.86	38.26	42.35	20.82	28.63
非金属矿采选业	16.70	26.11	26.95	29.33	30.49
其他采矿业					
农副食品加工业	103.32	103.49	48.63	40.12	23.41
食品制造业	9.21	9.06	9.34	10.11	7.83
饮料制造业	20.15	18.39	20.74	18.55	15.62
烟草制品业	22.64	23.85	21.88	21.27	21.81
纺织业	6.85	7.92	8.92	10.61	5.26
纺织服装、鞋、帽制造业	0.14	0.54	0.51	0.18	0.14
皮革、毛皮、羽毛（绒）及其制品业	0.16	0.05	0.02	0.00	0.00
木材加工及木、竹、藤、棕、草制品业	10.16	10.59	9.09	9.42	7.60
家具制造业	0.03	0.10	0.08	0.03	0.04
造纸及纸制品业	33.02	33.87	43.52	39.48	40.23
印刷业和记录媒介的复制	1.13	1.31	1.27	1.12	1.26
文教体育用品制造业	0.01	0.01	0.00		

7-1 分行业规模以上工业综合能源消费量（当量热值）（续）

单位：万吨标准煤

行　业	2005年	2006年	2007年	2008年	2009年
石油加工、炼焦及核燃料加工业	54.34	66.33	117.25	221.49	223.08
化学原料及化学制品制造业	705.00	804.97	785.51	801.63	781.83
医药制造业	8.82	12.62	8.47	9.72	10.41
化学纤维制造业	6.82	7.92	7.75	6.92	7.07
橡胶制品业	1.10	1.16	1.27	1.23	1.38
塑料制品业	2.30	2.95	2.95	3.40	3.85
非金属矿物制品业	445.73	513.19	502.77	510.27	570.81
黑色金属冶炼及压延加工业	866.81	983.64	1101.55	1057.83	1012.24
有色金属冶炼及压延加工业	211.75	262.83	322.97	328.63	321.58
金属制品业	1.66	2.08	1.87	1.95	2.69
通用设备制造业	4.50	4.61	5.78	7.10	5.18
专用设备制造业	3.93	2.37	2.29	3.02	3.44
交通运输设备制造业	4.60	3.57	4.47	4.00	13.10
电气机械及器材制造业	1.77	2.06	1.61	1.67	1.61
通信设备、计算机及其他电子设备制造业	0.10	0.14	0.18	0.25	0.19
仪器仪表及文化、办公用机械制造业	0.46	0.45	0.53	0.46	0.43
工艺品及其他制造业	1.29	0.71	0.83	0.91	1.10
废弃资源和废旧材料回收加工业	0.10	0.14	0.51	0.65	0.42
电力、热力的生产和供应业	780.59	1000.47	996.52	824.85	1084.36
燃气生产和供应业	13.60	4.91	5.74	11.94	10.77
水的生产和供应业	1.27	1.62	1.25	1.40	1.49

7-2 分行业规模以上工业综合能源消费量（等价热值）

单位：万吨标准煤

行　业	2005年	2006年	2007年	2008年	2009年
全部工业企业	**3766.97**	**4374.02**	**4492.32**	**4668.37**	**4660.29**
轻工业	**259.31**	**270.88**	**227.54**	**218.22**	**192.30**
重工业	**3507.66**	**4103.14**	**4264.77**	**4450.14**	**4467.99**
煤炭开采和洗选业	128.89	116.33	122.30	170.78	142.01
石油和天然气开采业	0.00	0.00	0.00	0.00	0.00
黑色金属矿采选业	44.96	40.19	51.07	73.98	84.26
有色金属矿采选业	49.01	76.14	83.52	49.96	66.26
非金属矿采选业	23.73	36.26	38.00	38.41	41.27
其他采矿业					
农副食品加工业	100.45	107.01	54.34	45.62	28.78
食品制造业	10.43	10.86	11.64	12.50	9.86
饮料制造业	23.53	21.00	24.06	22.68	19.84
烟草制品业	35.15	35.85	34.13	34.74	34.45
纺织业	11.80	10.67	11.38	13.12	6.76
纺织服装、鞋、帽制造业	0.25	0.65	0.64	0.29	0.25
皮革、毛皮、羽毛（绒）及其制品业	0.20	0.07	0.02	0.01	0.00
木材加工及木、竹、藤、棕、草制品业	14.71	15.44	14.49	15.56	13.40
家具制造业	0.08	0.14	0.13	0.07	0.08
造纸及纸制品业	40.10	40.71	51.13	47.90	48.27
印刷业和记录媒介的复制	2.99	3.25	3.09	2.92	3.11
文教体育用品制造业	0.02	0.03	0.01		

7-2　分行业规模以上工业综合能源消费量（等价热值）（续）

单位：万吨标准煤

行　业	2005年	2006年	2007年	2008年	2009年
石油加工、炼焦及核燃料加工业	60.68	69.83	119.98	231.75	232.01
化学原料及化学制品制造业	922.14	1042.10	1013.53	1052.18	1029.75
医药制造业	11.01	14.93	11.09	12.64	14.29
化学纤维制造业	6.93	7.98	7.99	7.35	7.54
橡胶制品业	1.54	1.61	1.79	1.85	2.11
塑料制品业	5.74	6.34	6.59	7.92	8.95
非金属矿物制品业	550.29	612.81	604.62	624.67	686.87
黑色金属冶炼及压延加工业	990.52	1116.94	1263.38	1219.48	1165.84
有色金属冶炼及压延加工业	451.43	528.45	654.63	670.82	659.40
金属制品业	2.69	3.37	2.98	3.40	4.93
通用设备制造业	8.07	7.77	9.15	10.57	8.17
专用设备制造业	6.23	3.68	3.81	4.96	5.53
交通运输设备制造业	7.84	5.85	7.02	6.33	16.19
电气机械及器材制造业	3.32	3.77	3.25	3.52	3.57
通信设备、计算机及其他电子设备制造业	0.25	0.35	0.47	0.66	0.48
仪器仪表及文化、办公用机械制造业	1.20	1.01	1.25	1.08	1.04
工艺品及其他制造业	1.92	1.14	1.27	1.40	1.62
废弃资源和废旧材料回收加工业	0.23	0.25	1.36	0.74	0.54
电力、热力的生产和供应业	230.51	421.05	268.26	261.42	296.66
燃气生产和供应业	14.15	5.45	6.38	13.14	12.03
水的生产和供应业	3.97	4.74	3.58	3.96	4.18

7-3 分行业规模以上工业原煤消费量

单位：万吨

行　业	2005年	2006年	2007年	2008年	2009年
全部工业企业	**4611.95**	**5182.09**	**5978.89**	**6087.26**	**6939.84**
轻工业	**179.28**	**179.72**	**209.74**	**217.81**	**189.24**
重工业	**4432.67**	**5002.37**	**5769.15**	**5869.44**	**6750.60**
煤炭开采和洗选业	713.38	636.39	726.80	1013.46	1082.80
石油和天然气开采业					
黑色金属矿采选业	6.29	7.19	9.02	10.47	10.22
有色金属矿采选业	5.81	13.00	12.43	1.12	7.27
非金属矿采选业	20.31	27.97	30.38	33.91	33.71
其他采矿业					
农副食品加工业	44.76	42.79	53.92	57.79	41.90
食品制造业	10.27	9.48	9.14	10.88	7.49
饮料制造业	14.78	12.93	17.47	19.35	17.11
烟草制品业	25.73	27.04	22.69	25.59	25.54
纺织业	7.49	9.71	11.20	13.38	6.22
纺织服装、鞋、帽制造业	0.20	0.65	0.62	0.22	0.18
皮革、毛皮、羽毛(绒)及其制品业	0.20	0.07	0.02	0.01	
木材加工及木、竹、藤、棕、草制品业	10.43	9.28	8.24	7.48	4.85
家具制造业		0.09	0.07		0.01
造纸及纸制品业	44.77	44.97	60.30	56.42	56.83
印刷业和记录媒介的复制	0.28	0.36	0.32	0.10	0.18
文教体育用品制造业					

7-3　分行业规模以上工业原煤消费量（续）

单位：万吨

行　业	2005年	2006年	2007年	2008年	2009年
石油加工、炼焦及核燃料加工业	446.52	427.18	500.30	676.72	680.84
化学原料及化学制品制造业	498.46	526.78	607.36	675.07	765.84
医药制造业	9.82	9.33	9.66	11.34	11.12
化学纤维制造业	9.47	10.39	10.36	9.21	9.05
橡胶制品业	1.19	1.25	1.58	1.40	1.47
塑料制品业	0.14	1.19	0.99	0.92	0.96
非金属矿物制品业	560.55	628.91	622.63	670.13	710.82
黑色金属冶炼及压延加工业	193.35	114.54	174.50	206.16	212.18
有色金属冶炼及压延加工业	76.73	92.55	96.63	107.35	95.06
金属制品业	0.82	1.35	1.27	0.97	1.34
通用设备制造业	0.93	1.00	1.36	2.21	1.41
专用设备制造业	2.81	0.91	0.81	1.62	1.48
交通运输设备制造业	1.56	1.04	1.46	1.06	1.24
电气机械及器材制造业	0.63	0.60	0.41	0.31	0.02
通信设备、计算机及其他电子设备制造业					
仪器仪表及文化、办公用机械制造业	0.28	0.17	0.15	0.16	0.17
工艺品及其他制造业	1.36	1.04	1.13	0.91	1.18
废弃资源和废旧材料回收加工业	0.01	0.01	0.01	0.31	0.46
电力、热力的生产和供应业	1897.93	2517.51	2980.91	2465.26	3146.53
燃气生产和供应业	4.67	4.41	4.75	5.95	4.36
水的生产和供应业					

7-4 分行业规模以上工业洗精煤消费量

单位：万吨

行业	2005年	2006年	2007年	2008年	2009年
全部工业企业	**571.34**	**719.66**	**998.86**	**1233.03**	**1371.25**
轻工业	**8.70**	**8.82**	**10.58**	**5.71**	**3.88**
重工业	**562.64**	**710.85**	**988.28**	**1227.32**	**1367.37**
煤炭开采和洗选业			7.20	3.15	9.02
石油和天然气开采业					
黑色金属矿采选业					
有色金属矿采选业		3.83	4.60		
非金属矿采选业		0.01	0.12	0.03	0.09
其他采矿业					
农副食品加工业	0.45	0.04	0.05	0.07	0.05
食品制造业		0.19	0.20	0.28	0.24
饮料制造业	8.14	7.82	8.11	4.76	3.44
烟草制品业		0.72	2.18	0.36	0.03
纺织业					
纺织服装、鞋、帽制造业					
皮革、毛皮、羽毛(绒)及其制品业					
木材加工及木、竹、藤、棕、草制品业					
家具制造业					
造纸及纸制品业	0.11			0.16	0.10
印刷业和记录媒介的复制					
文教体育用品制造业					

7-4 分行业规模以上工业洗精煤消费量（续）

单位：万吨

行　业	2005年	2006年	2007年	2008年	2009年
石油加工、炼焦及核燃料加工业	213.03	354.29	610.96	1041.96	1160.70
化学原料及化学制品制造业	44.56	44.48	34.49	4.09	23.31
医药制造业		0.05	0.04	0.08	0.02
化学纤维制造业					
橡胶制品业					
塑料制品业					
非金属矿物制品业	5.68	7.47	11.18	6.28	11.07
黑色金属冶炼及压延加工业	209.47	213.59	213.64	34.84	4.06
有色金属冶炼及压延加工业	1.50	1.66	4.36	5.89	3.76
金属制品业	0.11	0.12			
通用设备制造业					
专用设备制造业					
交通运输设备制造业	0.01	0.09	0.01		
电气机械及器材制造业					
通信设备、计算机及其他电子设备制造业					
仪器仪表及文化、办公用机械制造业					
工艺品及其他制造业					
废弃资源和废旧材料回收加工业					
电力、热力的生产和供应业			0.09	0.08	
燃气生产和供应业	88.29	85.31	101.63	131.00	155.35
水的生产和供应业					

7-5 分行业规模以上工业其他洗煤消费量

单位：万吨

行业	2005年	2006年	2007年	2008年	2009年
全部工业企业	**28.05**	**20.37**	**40.64**	**73.23**	**59.76**
轻工业	**2.55**	**2.98**	**2.72**	**3.03**	**1.83**
重工业	**25.50**	**17.39**	**37.92**	**70.20**	**57.93**
煤炭开采和洗选业	18.93	12.80	22.65	36.16	25.70
石油和天然气开采业					
黑色金属矿采选业					
有色金属矿采选业					
非金属矿采选业					
其他采矿业					
农副食品加工业	0.10	0.35	0.39	0.47	0.31
食品制造业	0.88	0.73	0.18	0.01	0.02
饮料制造业	0.14	0.12	0.19	0.19	0.15
烟草制品业					
纺织业					
纺织服装、鞋、帽制造业					
皮革、毛皮、羽毛(绒)及其制品业					
木材加工及木、竹、藤、棕、草制品业	0.24	0.01	0.01		
家具制造业					
造纸及纸制品业	1.37	1.78	1.96	2.36	1.20
印刷业和记录媒介的复制					
文教体育用品制造业					

7-5 分行业规模以上工业其他洗煤消费量（续）

单位：万吨

行　业	2005年	2006年	2007年	2008年	2009年
石油加工、炼焦及核燃料加工业	2.93		6.32	22.94	22.82
化学原料及化学制品制造业	1.11	1.49	3.36	2.96	1.97
医药制造业	0.06				0.14
化学纤维制造业					
橡胶制品业					
塑料制品业					
非金属矿物制品业	1.95	2.25	1.97	4.70	3.76
黑色金属冶炼及压延加工业		0.70	0.63	0.46	1.05
有色金属冶炼及压延加工业	0.35	0.15	2.87	2.90	1.88
金属制品业					0.66
通用设备制造业					
专用设备制造业			0.10	0.08	0.08
交通运输设备制造业					
电气机械及器材制造业					
通信设备、计算机及其他电子设备制造业					
仪器仪表及文化、办公用机械制造业					
工艺品及其他制造业					
废弃资源和废旧材料回收加工业					
电力、热力的生产和供应业					
燃气生产和供应业					
水的生产和供应业					

7-6 分行业规模以上工业煤制品消费量

单位：万吨

行 业	2005年	2006年	2007年	2008年	2009年
全部工业企业	**4.56**	**16.92**	**14.53**	**12.95**	**10.87**
轻工业		**0.08**	**0.04**	**0.59**	**0.69**
重工业	**4.56**	**16.84**	**14.48**	**12.36**	**10.18**
煤炭开采和洗选业					
石油和天然气开采业					
黑色金属矿采选业					
有色金属矿采选业					
非金属矿采选业					
其他采矿业					
农副食品加工业		0.08		0.03	
食品制造业					
饮料制造业					
烟草制品业					
纺织业					
纺织服装、鞋、帽制造业					
皮革、毛皮、羽毛(绒)及其制品业					
木材加工及木、竹、藤、棕、草制品业					
家具制造业					
造纸及纸制品业				0.42	0.51
印刷业和记录媒介的复制					
文教体育用品制造业					

7-6 分行业规模以上工业煤制品消费量（续）

单位：万吨

行 业	2005年	2006年	2007年	2008年	2009年
石油加工、炼焦及核燃料加工业					0.18
化学原料及化学制品制造业	4.54	14.84	8.58	5.98	0.90
医药制造业			0.04	0.13	0.18
化学纤维制造业					
橡胶制品业					
塑料制品业					
非金属矿物制品业		0.06	0.32	1.42	1.08
黑色金属冶炼及压延加工业		1.60	2.03	1.90	7.76
有色金属冶炼及压延加工业	0.01	0.32	3.50	3.02	0.22
金属制品业					
通用设备制造业		0.02	0.05	0.04	0.04
专用设备制造业					
交通运输设备制造业					
电气机械及器材制造业					
通信设备、计算机及其他电子设备制造业					
仪器仪表及文化、办公用机械制造业					
工艺品及其他制造业					
废弃资源和废旧材料回收加工业					
电力、热力的生产和供应业					
燃气生产和供应业					
水的生产和供应业					

7-7 分行业规模以上工业型煤消费量

单位：万吨

行 业	2005年	2006年	2007年	2008年	2009年
全部工业企业		**8.68**	**4.60**	**6.03**	**0.97**
轻工业					
重工业		**8.68**	**4.60**	**6.03**	**0.97**
煤炭开采和洗选业					
石油和天然气开采业					
黑色金属矿采选业					
有色金属矿采选业					
非金属矿采选业					
其他采矿业					
农副食品加工业					
食品制造业					
饮料制造业					
烟草制品业					
纺织业					
纺织服装、鞋、帽制造业					
皮革、毛皮、羽毛(绒)及其制品业					
木材加工及木、竹、藤、棕、草制品业					
家具制造业					
造纸及纸制品业					
印刷业和记录媒介的复制					
文教体育用品制造业					

7-7　分行业规模以上工业型煤消费量（续）

单位：万吨

行　业	2005年	2006年	2007年	2008年	2009年
石油加工、炼焦及核燃料加工业					
化学原料及化学制品制造业		8.68	4.56	5.98	0.90
医药制造业					
化学纤维制造业					
橡胶制品业					
塑料制品业					
非金属矿物制品业				0.02	0.02
黑色金属冶炼及压延加工业					
有色金属冶炼及压延加工业					0.03
金属制品业					
通用设备制造业		0.01	0.04	0.02	0.02
专用设备制造业					
交通运输设备制造业					
电气机械及器材制造业					
通信设备、计算机及其他电子设备制造业					
仪器仪表及文化、办公用机械制造业					
工艺品及其他制造业					
废弃资源和废旧材料回收加工业					
电力、热力的生产和供应业					
燃气生产和供应业					
水的生产和供应业					

7-8 分行业规模以上工业水煤浆消费量

单位：万吨

行 业	2005年	2006年	2007年	2008年	2009年
全部工业企业			**0.04**	**0.56**	**0.69**
轻工业			**0.04**	**0.56**	**0.69**
重工业					
煤炭开采和洗选业					
石油和天然气开采业					
黑色金属矿采选业					
有色金属矿采选业					
非金属矿采选业					
其他采矿业					
农副食品加工业					
食品制造业					
饮料制造业					
烟草制品业					
纺织业					
纺织服装、鞋、帽制造业					
皮革、毛皮、羽毛(绒)及其制品业					
木材加工及木、竹、藤、棕、草制品业					
家具制造业					
造纸及纸制品业				0.42	0.51
印刷业和记录媒介的复制					
文教体育用品制造业					

7-8 分行业规模以上工业水煤浆消费量（续）

单位：万吨

行 业	2005年	2006年	2007年	2008年	2009年
石油加工、炼焦及核燃料加工业					
化学原料及化学制品制造业					
医药制造业			0.04	0.13	0.18
化学纤维制造业					
橡胶制品业					
塑料制品业					
非金属矿物制品业					
黑色金属冶炼及压延加工业					
有色金属冶炼及压延加工业					
金属制品业					
通用设备制造业					
专用设备制造业					
交通运输设备制造业					
电气机械及器材制造业					
通信设备、计算机及其他电子设备制造业					
仪器仪表及文化、办公用机械制造业					
工艺品及其他制造业					
废弃资源和废旧材料回收加工业					
电力、热力的生产和供应业					
燃气生产和供应业					
水的生产和供应业					

7-9　分行业规模以上工业煤粉消费量

单位：万吨

行　业	2005年	2006年	2007年	2008年	2009年
全部工业企业		**5.62**	**9.89**	**6.36**	**9.21**
轻工业				**0.03**	
重工业		**5.62**	**9.89**	**6.33**	**9.21**
煤炭开采和洗选业					
石油和天然气开采业					
黑色金属矿采选业					
有色金属矿采选业					
非金属矿采选业					
其他采矿业					
农副食品加工业				0.03	
食品制造业					
饮料制造业					
烟草制品业					
纺织业					
纺织服装、鞋、帽制造业					
皮革、毛皮、羽毛(绒)及其制品业					
木材加工及木、竹、藤、棕、草制品业					
家具制造业					
造纸及纸制品业					
印刷业和记录媒介的复制					
文教体育用品制造业					

7-9　分行业规模以上工业煤粉消费量（续）

单位：万吨

行　业	2005年	2006年	2007年	2008年	2009年
石油加工、炼焦及核燃料加工业					0.18
化学原料及化学制品制造业		3.63	4.02		
医药制造业					
化学纤维制造业					
橡胶制品业					
塑料制品业					
非金属矿物制品业		0.06	0.32	1.40	1.06
黑色金属冶炼及压延加工业		1.60	2.03	1.90	7.76
有色金属冶炼及压延加工业		0.32	3.50	3.02	0.19
金属制品业					
通用设备制造业		0.01	0.01	0.02	0.02
专用设备制造业					
交通运输设备制造业					
电气机械及器材制造业					
通信设备、计算机及其他电子设备制造业					
仪器仪表及文化、办公用机械制造业					
工艺品及其他制造业					
废弃资源和废旧材料回收加工业					
电力、热力的生产和供应业					
燃气生产和供应业					
水的生产和供应业					

7-10 分行业规模以上工业焦炭消费量

单位：万吨

行 业	2005年	2006年	2007年	2008年	2009年
全部工业企业	**1038.29**	**1168.12**	**1291.30**	**1262.70**	**1174.14**
轻工业	**0.41**	**5.00**	**0.16**	**0.18**	**0.22**
重工业	**1037.88**	**1163.12**	**1291.14**	**1262.52**	**1173.92**
煤炭开采和洗选业	10.87	9.28	5.67	4.89	0.80
石油和天然气开采业					
黑色金属矿采选业	3.57	7.93	9.22	14.86	10.07
有色金属矿采选业	0.72	0.38	1.47	0.51	0.39
非金属矿采选业		0.14	0.05		
其他采矿业					
农副食品加工业	0.15	0.08	0.12	0.16	0.18
食品制造业				0.01	
饮料制造业	0.03				
烟草制品业					
纺织业					0.02
纺织服装、鞋、帽制造业					
皮革、毛皮、羽毛(绒)及其制品业					
木材加工及木、竹、藤、棕、草制品业					
家具制造业					
造纸及纸制品业					
印刷业和记录媒介的复制					
文教体育用品制造业					

7-10 分行业规模以上工业焦炭消费量（续）

单位：万吨

行　业	2005年	2006年	2007年	2008年	2009年
石油加工、炼焦及核燃料加工业	5.39	4.92	4.53	5.67	0.09
化学原料及化学制品制造业	250.01	263.17	275.70	257.72	229.28
医药制造业		4.65			
化学纤维制造业					
橡胶制品业					
塑料制品业					
非金属矿物制品业	4.40	6.56	6.60	2.15	1.77
黑色金属冶炼及压延加工业	729.25	820.48	921.44	910.60	859.90
有色金属冶炼及压延加工业	27.69	44.47	59.68	58.85	58.48
金属制品业	0.41	0.34	0.36	0.34	0.33
通用设备制造业	2.34	2.47	3.15	3.70	2.72
专用设备制造业	0.48	0.40	0.37	0.35	0.27
交通运输设备制造业	0.99	0.87	1.17	1.13	9.62
电气机械及器材制造业	0.52	0.57	0.19	0.01	0.01
通信设备、计算机及其他电子设备制造业					
仪器仪表及文化、办公用机械制造业	0.02	0.02	0.01		
工艺品及其他制造业	0.02	0.02	0.01		
废弃资源和废旧材料回收加工业				0.38	
电力、热力的生产和供应业	0.36	0.21	0.20	0.15	0.04
燃气生产和供应业	1.07	1.15	1.36	1.21	0.15
水的生产和供应业					

7-11 分行业规模以上工业其他焦化产品消费量

单位：万吨

行　业	2005年	2006年	2007年	2008年	2009年
全部工业企业	**9.61**	**2.75**	**15.23**	**24.03**	**24.80**
轻工业	**0.04**	**0.56**	**0.66**	**0.54**	**0.43**
重工业	**9.57**	**2.19**	**14.57**	**23.49**	**24.37**
煤炭开采和洗选业					
石油和天然气开采业					
黑色金属矿采选业					
有色金属矿采选业					
非金属矿采选业					
其他采矿业					
农副食品加工业					
食品制造业					
饮料制造业					
烟草制品业					
纺织业					
纺织服装、鞋、帽制造业					
皮革、毛皮、羽毛(绒)及其制品业					
木材加工及木、竹、藤、棕、草制品业					
家具制造业					
造纸及纸制品业					
印刷业和记录媒介的复制					
文教体育用品制造业					

7-11 分行业规模以上工业其他焦化产品消费量（续）

单位：万吨

行　业	2005年	2006年	2007年	2008年	2009年
石油加工、炼焦及核燃料加工业	1.05	0.76	7.69	11.72	10.56
化学原料及化学制品制造业	4.98	0.02	3.28	2.76	3.57
医药制造业					
化学纤维制造业					
橡胶制品业					
塑料制品业					
非金属矿物制品业		0.54	0.63	0.53	0.64
黑色金属冶炼及压延加工业	3.14	0.36	0.85	0.79	0.79
有色金属冶炼及压延加工业	0.44	1.07	2.77	2.91	0.39
金属制品业					
通用设备制造业					
专用设备制造业					
交通运输设备制造业					
电气机械及器材制造业					
通信设备、计算机及其他电子设备制造业					
仪器仪表及文化、办公用机械制造业					
工艺品及其他制造业					
废弃资源和废旧材料回收加工业					
电力、热力的生产和供应业					
燃气生产和供应业				5.32	8.85
水的生产和供应业					

7-12 分行业规模以上工业焦炉煤气消费量

单位：亿立方米

行 业	2005年	2006年	2007年	2008年	2009年
全部工业企业	**6.80**	**8.51**	**8.74**	**13.49**	**18.38**
轻工业		**0.06**	**0.06**	**0.10**	**0.17**
重工业	**6.80**	**8.45**	**8.68**	**13.39**	**18.21**
煤炭开采和洗选业					
石油和天然气开采业					
黑色金属矿采选业	0.78	0.35	0.94	1.62	2.08
有色金属矿采选业					
非金属矿采选业					
其他采矿业					
农副食品加工业					
食品制造业		0.04	0.05	0.07	0.08
饮料制造业		0.02	0.02	0.03	0.08
烟草制品业					
纺织业					0.01
纺织服装、鞋、帽制造业					
皮革、毛皮、羽毛(绒)及其制品业					
木材加工及木、竹、藤、棕、草制品业					
家具制造业					
造纸及纸制品业					
印刷业和记录媒介的复制					
文教体育用品制造业					

7-12　分行业规模以上工业焦炉煤气消费量（续）

单位：亿立方米

行　业	2005年	2006年	2007年	2008年	2009年
石油加工、炼焦及核燃料加工业		1.41	1.20	6.16	7.34
化学原料及化学制品制造业		0.24	0.30	0.73	4.74
医药制造业					
化学纤维制造业					
橡胶制品业					
塑料制品业					
非金属矿物制品业	0.01	0.04	0.04	0.15	0.32
黑色金属冶炼及压延加工业	6.00	6.38	6.09	4.57	3.44
有色金属冶炼及压延加工业		0.02	0.05	0.06	0.10
金属制品业					
通用设备制造业					
专用设备制造业					0.08
交通运输设备制造业			0.05	0.05	0.05
电气机械及器材制造业			0.02	0.05	0.06
通信设备、计算机及其他电子设备制造业					
仪器仪表及文化、办公用机械制造业					
工艺品及其他制造业					
废弃资源和废旧材料回收加工业					
电力、热力的生产和供应业					
燃气生产和供应业					
水的生产和供应业					

7-13 分行业规模以上工业高炉煤气消费量

单位：亿立方米

行　业	2005年	2006年	2007年	2008年	2009年
全部工业企业	**57.97**	**66.57**	**98.58**	**101.28**	**139.42**
轻工业					
重工业	**57.97**	**66.57**	**98.58**	**101.28**	**139.42**
煤炭开采和洗选业					
石油和天然气开采业					
黑色金属矿采选业	11.43	4.55	10.66	16.77	25.07
有色金属矿采选业					
非金属矿采选业					
其他采矿业					
农副食品加工业					
食品制造业					
饮料制造业					
烟草制品业					
纺织业					
纺织服装、鞋、帽制造业					
皮革、毛皮、羽毛(绒)及其制品业					
木材加工及木、竹、藤、棕、草制品业					
家具制造业					
造纸及纸制品业					
印刷业和记录媒介的复制					
文教体育用品制造业					

7-13　分行业规模以上工业高炉煤气消费量（续）

单位：亿立方米

行　业	2005年	2006年	2007年	2008年	2009年
石油加工、炼焦及核燃料加工业		2.68	2.78	10.76	13.12
化学原料及化学制品制造业					
医药制造业					
化学纤维制造业					
橡胶制品业					
塑料制品业					
非金属矿物制品业	0.01	0.01	0.01	0.01	
黑色金属冶炼及压延加工业	46.53	59.32	85.13	73.74	101.22
有色金属冶炼及压延加工业					
金属制品业					
通用设备制造业					
专用设备制造业					
交通运输设备制造业					
电气机械及器材制造业					
通信设备、计算机及其他电子设备制造业					
仪器仪表及文化、办公用机械制造业					
工艺品及其他制造业					
废弃资源和废旧材料回收加工业		0.01			
电力、热力的生产和供应业					
燃气生产和供应业					
水的生产和供应业					

7-14 分行业规模以上工业其他煤气消费量

单位：亿立方米

行　业	2005年	2006年	2007年	2008年	2009年
全部工业企业	**0.14**	**1.32**	**2.52**	**3.34**	**4.91**
轻工业			**0.01**		
重工业	**0.14**	**1.31**	**2.52**	**3.34**	**4.91**
煤炭开采和洗选业					
石油和天然气开采业					
黑色金属矿采选业	0.06				1.17
有色金属矿采选业					
非金属矿采选业					
其他采矿业					
农副食品加工业					
食品制造业					
饮料制造业					
烟草制品业					
纺织业					
纺织服装、鞋、帽制造业					
皮革、毛皮、羽毛(绒)及其制品业					
木材加工及木、竹、藤、棕、草制品业					
家具制造业					
造纸及纸制品业					
印刷业和记录媒介的复制					
文教体育用品制造业					

7-14　分行业规模以上工业其他煤气消费量（续）

单位：亿立方米

行　业	2005年	2006年	2007年	2008年	2009年
石油加工、炼焦及核燃料加工业					
化学原料及化学制品制造业	0.07			0.30	
医药制造业			0.01		
化学纤维制造业					
橡胶制品业					
塑料制品业					
非金属矿物制品业					
黑色金属冶炼及压延加工业		1.31	2.52	3.04	3.74
有色金属冶炼及压延加工业					
金属制品业					
通用设备制造业					
专用设备制造业					
交通运输设备制造业					
电气机械及器材制造业					
通信设备、计算机及其他电子设备制造业					
仪器仪表及文化、办公用机械制造业					
工艺品及其他制造业					
废弃资源和废旧材料回收加工业					
电力、热力的生产和供应业					
燃气生产和供应业					
水的生产和供应业					

7-15 分行业规模以上工业天然气消费量

单位：亿立方米

行 业	2005年	2006年	2007年	2008年	2009年
全部工业企业	**5.91**	**5.21**	**5.29**	**4.97**	**4.19**
轻工业	**0.01**	**0.01**	**0.01**		
重工业	**5.90**	**5.21**	**5.28**	**4.96**	**4.19**
煤炭开采和洗选业					
石油和天然气开采业					
黑色金属矿采选业					
有色金属矿采选业					
非金属矿采选业					
其他采矿业					
农副食品加工业					
食品制造业					
饮料制造业					
烟草制品业					
纺织业					
纺织服装、鞋、帽制造业					
皮革、毛皮、羽毛(绒)及其制品业					
木材加工及木、竹、藤、棕、草制品业					
家具制造业					
造纸及纸制品业					
印刷业和记录媒介的复制					
文教体育用品制造业					

7-15 分行业规模以上工业天然气消费量（续）

单位：亿立方米

行 业	2005年	2006年	2007年	2008年	2009年
石油加工、炼焦及核燃料加工业					
化学原料及化学制品制造业	5.90	5.21	5.29	4.96	4.19
医药制造业					
化学纤维制造业					
橡胶制品业					
塑料制品业					
非金属矿物制品业					
黑色金属冶炼及压延加工业					
有色金属冶炼及压延加工业					
金属制品业					
通用设备制造业					
专用设备制造业					
交通运输设备制造业					
电气机械及器材制造业					
通信设备、计算机及其他电子设备制造业					
仪器仪表及文化、办公用机械制造业					
工艺品及其他制造业					
废弃资源和废旧材料回收加工业					
电力、热力的生产和供应业					
燃气生产和供应业					
水的生产和供应业					

7-16 分行业规模以上工业原油消费量

单位：万吨

行 业	2005年	2006年	2007年	2008年	2009年
全部工业企业	**0.09**	**0.07**	**0.08**	**0.06**	**0.07**
轻工业	**0.04**	**0.02**	**0.05**	**0.03**	**0.03**
重工业	**0.05**	**0.05**	**0.03**	**0.03**	**0.03**
煤炭开采和洗选业					
石油和天然气开采业					
黑色金属矿采选业					
有色金属矿采选业					
非金属矿采选业					
其他采矿业					
农副食品加工业					
食品制造业					
饮料制造业					
烟草制品业					
纺织业					
纺织服装、鞋、帽制造业					
皮革、毛皮、羽毛(绒)及其制品业					
木材加工及木、竹、藤、棕、草制品业	0.05	0.05	0.03	0.03	0.03
家具制造业					
造纸及纸制品业	0.04	0.02	0.05	0.03	0.03
印刷业和记录媒介的复制					
文教体育用品制造业					

7-16　分行业规模以上工业原油消费量（续）

单位：万吨

行　业	2005年	2006年	2007年	2008年	2009年
石油加工、炼焦及核燃料加工业					
化学原料及化学制品制造业					
医药制造业					
化学纤维制造业					
橡胶制品业					
塑料制品业					
非金属矿物制品业					
黑色金属冶炼及压延加工业					
有色金属冶炼及压延加工业					
金属制品业					
通用设备制造业					
专用设备制造业					
交通运输设备制造业					
电气机械及器材制造业					
通信设备、计算机及其他电子设备制造业					
仪器仪表及文化、办公用机械制造业					
工艺品及其他制造业					
废弃资源和废旧材料回收加工业					
电力、热力的生产和供应业					
燃气生产和供应业					
水的生产和供应业					

7-17　分行业规模以上工业汽油消费量

单位：万吨

行　业	2005年	2006年	2007年	2008年	2009年
全部工业企业	**3.73**	**3.68**	**4.01**	**4.10**	**3.83**
轻工业	**0.91**	**0.96**	**1.03**	**0.98**	**0.94**
重工业	**2.82**	**2.72**	**2.97**	**3.11**	**2.89**
煤炭开采和洗选业	0.20	0.17	0.24	0.40	0.37
石油和天然气开采业					
黑色金属矿采选业	0.18	0.08	0.13	0.12	0.12
有色金属矿采选业	0.16	0.24	0.32	0.18	0.15
非金属矿采选业	0.04	0.05	0.04	0.04	0.04
其他采矿业					
农副食品加工业	0.17	0.18	0.18	0.22	0.19
食品制造业	0.13	0.08	0.13	0.10	0.10
饮料制造业	0.05	0.12	0.11	0.11	0.09
烟草制品业	0.15	0.14	0.15	0.15	0.15
纺织业	0.02	0.04	0.02	0.02	0.02
纺织服装、鞋、帽制造业	0.01	0.01	0.01	0.01	0.01
皮革、毛皮、羽毛(绒)及其制品业					
木材加工及木、竹、藤、棕、草制品业	0.04	0.04	0.03	0.03	0.03
家具制造业	0.01	0.01	0.01	0.01	0.01
造纸及纸制品业	0.05	0.08	0.10	0.08	0.06
印刷业和记录媒介的复制	0.09	0.09	0.09	0.08	0.09
文教体育用品制造业					

7-17　分行业规模以上工业汽油消费量（续）

单位：万吨

行　业	2005年	2006年	2007年	2008年	2009年
石油加工、炼焦及核燃料加工业	0.02	0.03	0.05	0.09	0.05
化学原料及化学制品制造业	0.30	0.32	0.33	0.32	0.28
医药制造业	0.11	0.08	0.11	0.08	0.10
化学纤维制造业					
橡胶制品业	0.03	0.02	0.02	0.02	0.02
塑料制品业	0.04	0.03	0.04	0.08	0.12
非金属矿物制品业	0.21	0.17	0.17	0.15	0.16
黑色金属冶炼及压延加工业	0.14	0.09	0.07	0.11	0.12
有色金属冶炼及压延加工业	0.29	0.32	0.32	0.43	0.25
金属制品业	0.05	0.05	0.08	0.10	0.10
通用设备制造业	0.08	0.10	0.11	0.09	0.09
专用设备制造业	0.08	0.10	0.14	0.07	0.10
交通运输设备制造业	0.11	0.12	0.16	0.14	0.16
电气机械及器材制造业	0.07	0.07	0.06	0.07	0.07
通信设备、计算机及其他电子设备制造业	0.01	0.01	0.01	0.01	0.01
仪器仪表及文化、办公用机械制造业	0.02	0.02	0.02	0.02	0.02
工艺品及其他制造业	0.01	0.01	0.01	0.01	0.02
废弃资源和废旧材料回收加工业	0.01	0.01			
电力、热力的生产和供应业	0.77	0.70	0.67	0.67	0.68
燃气生产和供应业	0.03	0.03	0.03	0.03	0.02
水的生产和供应业	0.05	0.05	0.04	0.04	0.04

7-18 分行业规模以上工业煤油消费量

单位：万吨

行 业	2005年	2006年	2007年	2008年	2009年
全部工业企业	**0.18**	**0.23**	**0.25**	**0.21**	**0.16**
轻工业	**0.04**		**0.01**		
重工业	**0.14**	**0.23**	**0.24**	**0.20**	**0.16**
煤炭开采和洗选业		0.01		0.01	
石油和天然气开采业					
黑色金属矿采选业					
有色金属矿采选业		0.01	0.01		0.01
非金属矿采选业					
其他采矿业					
农副食品加工业					
食品制造业	0.03				
饮料制造业					
烟草制品业					
纺织业					
纺织服装、鞋、帽制造业					
皮革、毛皮、羽毛(绒)及其制品业					
木材加工及木、竹、藤、棕、草制品业					
家具制造业					
造纸及纸制品业					
印刷业和记录媒介的复制					
文教体育用品制造业					

7-18 分行业规模以上工业煤油消费量（续）

单位：万吨

行 业	2005年	2006年	2007年	2008年	2009年
石油加工、炼焦及核燃料加工业					
化学原料及化学制品制造业	0.02		0.01	0.01	
医药制造业					
化学纤维制造业					
橡胶制品业					
塑料制品业					
非金属矿物制品业	0.01	0.01			
黑色金属冶炼及压延加工业	0.01	0.01			
有色金属冶炼及压延加工业	0.07	0.15	0.16	0.14	0.10
金属制品业		0.01			
通用设备制造业	0.01	0.02	0.02	0.02	0.01
专用设备制造业					
交通运输设备制造业	0.02	0.02	0.02	0.02	0.02
电气机械及器材制造业					
通信设备、计算机及其他电子设备制造业					
仪器仪表及文化、办公用机械制造业					
工艺品及其他制造业					
废弃资源和废旧材料回收加工业					
电力、热力的生产和供应业					
燃气生产和供应业					
水的生产和供应业					

7-19 分行业规模以上工业柴油消费量

单位：万吨

行业	2005年	2006年	2007年	2008年	2009年
全部工业企业	**16.95**	**21.29**	**25.34**	**29.45**	**26.30**
轻工业	**2.27**	**2.20**	**2.76**	**2.57**	**2.45**
重工业	**14.67**	**19.09**	**22.58**	**26.88**	**23.85**
煤炭开采和洗选业	0.98	1.80	1.94	3.34	3.40
石油和天然气开采业					
黑色金属矿采选业	2.54	2.20	2.74	3.85	2.87
有色金属矿采选业	0.91	1.80	2.05	2.62	2.42
非金属矿采选业	1.14	2.01	2.84	4.11	4.20
其他采矿业					
农副食品加工业	0.97	1.06	1.41	1.20	0.97
食品制造业	0.52	0.47	0.65	0.58	0.45
饮料制造业	0.16	0.06	0.09	0.14	0.27
烟草制品业	0.28	0.22	0.15	0.15	0.23
纺织业	0.02	0.01	0.01	0.01	0.01
纺织服装、鞋、帽制造业	0.02	0.02	0.03	0.02	0.02
皮革、毛皮、羽毛(绒)及其制品业					
木材加工及木、竹、藤、棕、草制品业	0.06	0.09	0.06	0.09	0.10
家具制造业	0.01	0.01	0.01	0.01	0.01
造纸及纸制品业	0.10	0.16	0.16	0.17	0.14
印刷业和记录媒介的复制	0.03	0.03	0.04	0.05	0.04
文教体育用品制造业					

7-19 分行业规模以上工业柴油消费量（续）

单位：万吨

行 业	2005年	2006年	2007年	2008年	2009年
石油加工、炼焦及核燃料加工业	0.17	0.34	0.47	0.57	0.40
化学原料及化学制品制造业	1.36	1.24	1.64	1.66	1.63
医药制造业	0.09	0.08	0.14	0.10	0.15
化学纤维制造业					
橡胶制品业					
塑料制品业	0.17	0.17	0.17	0.17	0.16
非金属矿物制品业	0.97	1.54	2.19	2.01	2.40
黑色金属冶炼及压延加工业	1.42	0.98	1.08	1.17	1.00
有色金属冶炼及压延加工业	1.48	2.40	2.87	3.23	2.61
金属制品业	0.05	0.04	0.03	0.04	0.06
通用设备制造业	0.04	0.06	0.06	0.06	0.05
专用设备制造业	0.20	0.40	0.27	0.34	0.31
交通运输设备制造业	0.66	0.45	0.35	0.34	0.50
电气机械及器材制造业	0.07	0.07	0.07	0.09	0.07
通信设备、计算机及其他电子设备制造业					
仪器仪表及文化、办公用机械制造业	0.01		0.01	0.01	0.01
工艺品及其他制造业	0.01	0.01	0.01	0.04	0.07
废弃资源和废旧材料回收加工业	0.03	0.04	0.02	0.02	0.02
电力、热力的生产和供应业	2.44	3.49	3.72	3.22	1.67
燃气生产和供应业	0.02	0.03	0.03	0.03	0.03
水的生产和供应业	0.01	0.02	0.01	0.01	0.01

7-20 分行业规模以上工业燃料油消费量

单位：万吨

行 业	2005年	2006年	2007年	2008年	2009年
全部工业企业	**3.91**	**4.72**	**5.02**	**5.11**	**5.16**
轻工业	**0.04**	**0.18**	**0.18**	**0.18**	**0.20**
重工业	**3.87**	**4.55**	**4.83**	**4.93**	**4.96**
煤炭开采和洗选业					
石油和天然气开采业					
黑色金属矿采选业					
有色金属矿采选业					0.03
非金属矿采选业					
其他采矿业					
农副食品加工业		0.02			
食品制造业					
饮料制造业		0.10	0.13	0.12	0.13
烟草制品业					
纺织业					
纺织服装、鞋、帽制造业					
皮革、毛皮、羽毛(绒)及其制品业					
木材加工及木、竹、藤、棕、草制品业					
家具制造业					
造纸及纸制品业					
印刷业和记录媒介的复制					
文教体育用品制造业					

7-20 分行业规模以上工业燃料油消费量（续）

单位：万吨

行　业	2005年	2006年	2007年	2008年	2009年
石油加工、炼焦及核燃料加工业					
化学原料及化学制品制造业	0.18	0.21	0.13	0.16	0.08
医药制造业	0.04	0.05	0.05	0.06	0.07
化学纤维制造业					
橡胶制品业					
塑料制品业					
非金属矿物制品业	2.87	3.46	3.66	3.87	4.00
黑色金属冶炼及压延加工业					
有色金属冶炼及压延加工业	0.80	0.86	1.04	0.89	0.84
金属制品业					0.01
通用设备制造业	0.01	0.01			
专用设备制造业					
交通运输设备制造业					
电气机械及器材制造业					
通信设备、计算机及其他电子设备制造业					
仪器仪表及文化、办公用机械制造业					
工艺品及其他制造业					
废弃资源和废旧材料回收加工业					
电力、热力的生产和供应业					
燃气生产和供应业					
水的生产和供应业					

7-21 分行业规模以上工业液化石油气消费量

单位：万吨

行 业	2005年	2006年	2007年	2008年	2009年
全部工业企业	**0.08**	**0.10**	**0.22**	**0.39**	**0.30**
轻工业	**0.01**	**0.01**	**0.02**	**0.01**	**0.01**
重工业	**0.07**	**0.08**	**0.20**	**0.37**	**0.28**
煤炭开采和洗选业					
石油和天然气开采业					
黑色金属矿采选业					
有色金属矿采选业					
非金属矿采选业					
其他采矿业					
农副食品加工业					
食品制造业					
饮料制造业					
烟草制品业			0.01	0.01	0.01
纺织业					
纺织服装、鞋、帽制造业					
皮革、毛皮、羽毛(绒)及其制品业					
木材加工及木、竹、藤、棕、草制品业					
家具制造业					
造纸及纸制品业					
印刷业和记录媒介的复制					
文教体育用品制造业					

7-21　分行业规模以上工业液化石油气消费量（续）

单位：万吨

行　业	2005年	2006年	2007年	2008年	2009年
石油加工、炼焦及核燃料加工业					
化学原料及化学制品制造业					
医药制造业					
化学纤维制造业					
橡胶制品业					
塑料制品业					
非金属矿物制品业	0.03	0.04	0.03	0.02	0.05
黑色金属冶炼及压延加工业	0.01			0.12	0.08
有色金属冶炼及压延加工业	0.02	0.02	0.04	0.04	0.04
金属制品业			0.04	0.04	0.05
通用设备制造业					
专用设备制造业					
交通运输设备制造业					
电气机械及器材制造业		0.01	0.01		
通信设备、计算机及其他电子设备制造业					
仪器仪表及文化、办公用机械制造业					
工艺品及其他制造业					
废弃资源和废旧材料回收加工业					
电力、热力的生产和供应业				0.01	
燃气生产和供应业	0.01	0.02	0.09	0.13	0.07
水的生产和供应业					

7-22 分行业规模以上工业其他石油制品消费量

单位：万吨

行 业	2005年	2006年	2007年	2008年	2009年
全部工业企业	**2.53**	**2.86**	**4.56**	**4.60**	**4.90**
轻工业	**0.01**	**0.03**	**0.03**	**0.03**	**0.06**
重工业	**2.52**	**2.83**	**4.53**	**4.57**	**4.84**
煤炭开采和洗选业					
石油和天然气开采业					
黑色金属矿采选业					
有色金属矿采选业			0.14	0.11	0.12
非金属矿采选业					
其他采矿业					
农副食品加工业					
食品制造业					
饮料制造业					
烟草制品业					
纺织业	0.01	0.01	0.01	0.01	0.01
纺织服装、鞋、帽制造业					
皮革、毛皮、羽毛(绒)及其制品业					
木材加工及木、竹、藤、棕、草制品业					
家具制造业					
造纸及纸制品业					
印刷业和记录媒介的复制					
文教体育用品制造业					

7-22 分行业规模以上工业其他石油制品消费量（续）

单位：万吨

行 业	2005年	2006年	2007年	2008年	2009年
石油加工、炼焦及核燃料加工业					
化学原料及化学制品制造业		0.02	0.02	0.02	0.05
医药制造业					
化学纤维制造业					
橡胶制品业	0.01	0.01			
塑料制品业	0.23	0.06	0.04		
非金属矿物制品业	0.01	0.04	0.12	0.15	
黑色金属冶炼及压延加工业	0.36	1.17	1.04	0.98	1.01
有色金属冶炼及压延加工业	1.86	1.48	3.11	3.25	3.63
金属制品业					
通用设备制造业	0.01	0.01	0.02	0.01	0.01
专用设备制造业					
交通运输设备制造业	0.01	0.02	0.02	0.02	0.02
电气机械及器材制造业	0.04	0.04	0.04	0.04	0.05
通信设备、计算机及其他电子设备制造业					
仪器仪表及文化、办公用机械制造业					
工艺品及其他制造业					
废弃资源和废旧材料回收加工业					
电力、热力的生产和供应业					
燃气生产和供应业					
水的生产和供应业					

7-23 分行业规模以上工业热力消费量

单位：万百万千焦

行 业	2005年	2006年	2007年	2008年	2009年
全部工业企业	**65.69**	**964.29**	**875.19**	**416.62**	**395.47**
轻工业	**25.13**	**22.23**	**36.16**	**46.57**	**43.61**
重工业	**40.56**	**942.06**	**839.04**	**370.06**	**351.86**
煤炭开采和洗选业					
石油和天然气开采业					
黑色金属矿采选业					
有色金属矿采选业					
非金属矿采选业					
其他采矿业					
农副食品加工业					
食品制造业					
饮料制造业		3.18	4.49	2.62	
烟草制品业	23.41	16.49	20.16	31.97	30.63
纺织业			0.99	0.61	
纺织服装、鞋、帽制造业					
皮革、毛皮、羽毛(绒)及其制品业					
木材加工及木、竹、藤、棕、草制品业					
家具制造业					
造纸及纸制品业		0.70	2.66	2.65	3.32
印刷业和记录媒介的复制			0.37	0.29	0.63
文教体育用品制造业					

7-23　分行业规模以上工业热力消费量（续）

单位：万百万千焦

行　业	2005年	2006年	2007年	2008年	2009年
石油加工、炼焦及核燃料加工业	39.86	37.24	30.24	33.86	27.18
化学原料及化学制品制造业	0.04	904.18	813.36	341.80	226.59
医药制造业	1.72	1.86	1.31	1.40	2.22
化学纤维制造业					
橡胶制品业					
塑料制品业					
非金属矿物制品业					13.77
黑色金属冶炼及压延加工业					
有色金属冶炼及压延加工业			0.99	0.82	90.50
金属制品业					
通用设备制造业					
专用设备制造业					
交通运输设备制造业					
电气机械及器材制造业					
通信设备、计算机及其他电子设备制造业	0.65	0.64	0.63	0.61	0.64
仪器仪表及文化、办公用机械制造业					
工艺品及其他制造业					
废弃资源和废旧材料回收加工业					
电力、热力的生产和供应业					
燃气生产和供应业					
水的生产和供应业					

7-24 分行业规模以上工业电力消费量

单位：亿千瓦时

行　业	2005年	2006年	2007年	2008年	2009年
全部工业企业	**400.05**	**461.18**	**531.55**	**559.01**	**599.92**
轻工业	**21.49**	**21.06**	**24.21**	**25.63**	**26.38**
重工业	**378.55**	**440.13**	**507.34**	**533.38**	**573.54**
煤炭开采和洗选业	5.21	5.67	6.44	11.16	9.78
石油和天然气开采业					
黑色金属矿采选业	6.11	7.73	9.40	11.26	12.96
有色金属矿采选业	11.22	16.36	18.16	13.01	17.41
非金属矿采选业	2.94	4.82	5.39	4.30	5.40
其他采矿业					
农副食品加工业	5.23	5.43	7.11	7.52	7.60
食品制造业	0.50	0.79	1.00	0.98	0.92
饮料制造业	1.35	1.09	1.40	1.76	1.86
烟草制品业	4.45	4.38	4.58	4.59	4.73
纺织业	1.75	1.04	0.97	1.05	0.67
纺织服装、鞋、帽制造业	0.02	0.04	0.04	0.03	0.02
皮革、毛皮、羽毛(绒)及其制品业	0.02	0.01			
木材加工及木、竹、藤、棕、草制品业	1.83	2.10	2.41	2.77	2.74
家具制造业	0.01	0.01	0.01	0.01	0.02
造纸及纸制品业	3.97	3.52	4.53	4.80	4.86
印刷业和记录媒介的复制	0.71	0.80	0.77	0.77	0.83
文教体育用品制造业	0.01	0.01			

7-24 分行业规模以上工业电力消费量（续）

单位：亿千瓦小时

行 业	2005年	2006年	2007年	2008年	2009年
石油加工、炼焦及核燃料加工业	2.22	2.62	4.50	7.73	8.44
化学原料及化学制品制造业	92.77	109.57	110.02	125.55	128.23
医药制造业	0.86	0.95	1.08	1.25	1.76
化学纤维制造业	0.55	0.58	0.58	0.55	0.55
橡胶制品业	0.17	0.19	0.23	0.28	0.34
塑料制品业	1.40	1.47	1.61	2.02	2.38
非金属矿物制品业	40.14	42.53	44.71	45.47	54.46
黑色金属冶炼及压延加工业	53.12	61.98	75.26	78.61	80.57
有色金属冶炼及压延加工业	98.47	116.22	147.76	152.42	159.46
金属制品业	0.40	0.52	0.43	0.62	0.97
通用设备制造业	1.35	1.24	1.41	1.52	1.30
专用设备制造业	0.90	0.54	0.66	0.84	0.94
交通运输设备制造业	1.26	0.94	1.09	1.01	1.40
电气机械及器材制造业	0.58	0.71	0.69	0.80	0.88
通信设备、计算机及其他电子设备制造业	0.06	0.09	0.13	0.18	0.13
仪器仪表及文化、办公用机械制造业	0.26	0.24	0.32	0.27	0.26
工艺品及其他制造业	0.25	0.17	0.18	0.22	0.22
废弃资源和废旧材料回收加工业	0.04	0.05	0.38	0.04	0.06
电力、热力的生产和供应业	58.38	64.96	76.73	73.77	85.76
燃气生产和供应业	0.48	0.48	0.51	0.75	0.77
水的生产和供应业	1.06	1.33	1.02	1.14	1.24

7-25 分行业规模以上工业其他燃料消费量

单位：万吨标准煤

行 业	2005年	2006年	2007年	2008年	2009年
全部工业企业	**93.74**	**97.61**	**177.37**	**118.01**	**123.16**
轻工业	**74.69**	**77.17**	**92.15**	**91.82**	**93.84**
重工业	**19.05**	**20.44**	**85.22**	**26.19**	**29.33**
煤炭开采和洗选业	6.12	10.38	13.53	14.74	14.03
石油和天然气开采业					
黑色金属矿采选业	1.11				
有色金属矿采选业	1.62	2.85	2.85	0.04	0.01
非金属矿采选业					
其他采矿业					
农副食品加工业	73.62	76.21	85.74	85.26	86.90
食品制造业			0.01	0.01	0.02
饮料制造业	0.55	0.93	0.32	0.08	0.13
烟草制品业					
纺织业					
纺织服装、鞋、帽制造业					
皮革、毛皮、羽毛(绒)及其制品业					
木材加工及木、竹、藤、棕、草制品业	0.92	1.26	0.58	1.22	1.07
家具制造业					
造纸及纸制品业			6.06	6.46	6.77
印刷业和记录媒介的复制					
文教体育用品制造业					

7-25 分行业规模以上工业其他燃料消费量（续）

单位：万吨标准煤

行 业	2005年	2006年	2007年	2008年	2009年
石油加工、炼焦及核燃料加工业			1.00	1.47	1.85
化学原料及化学制品制造业	0.70	0.39	7.75	5.22	6.68
医药制造业	0.47				
化学纤维制造业					
橡胶制品业					
塑料制品业					
非金属矿物制品业	0.19	0.75	0.83	0.37	0.46
黑色金属冶炼及压延加工业	4.52	0.45	56.33	0.02	
有色金属冶炼及压延加工业	3.88	4.34	2.36	0.07	0.32
金属制品业					
通用设备制造业					
专用设备制造业	0.03	0.03			
交通运输设备制造业					
电气机械及器材制造业		0.01			
通信设备、计算机及其他电子设备制造业					
仪器仪表及文化、办公用机械制造业					
工艺品及其他制造业					
废弃资源和废旧材料回收加工业					
电力、热力的生产和供应业				3.05	4.93
燃气生产和供应业					
水的生产和供应业					

7-26 分行业规模以上工业煤矸石消费量

单位：万吨

行　业	2005年	2006年	2007年	2008年	2009年
全部工业企业		**18.77**	**112.79**	**86.04**	**101.18**
轻工业					
重工业		**18.77**	**112.79**	**86.04**	**101.18**
煤炭开采和洗选业		16.57	59.70	56.22	51.17
石油和天然气开采业					
黑色金属矿采选业					
有色金属矿采选业			0.07		
非金属矿采选业					
其他采矿业					
农副食品加工业					
食品制造业					
饮料制造业					
烟草制品业					
纺织业					
纺织服装、鞋、帽制造业					
皮革、毛皮、羽毛(绒)及其制品业					
木材加工及木、竹、藤、棕、草制品业					
家具制造业					
造纸及纸制品业					
印刷业和记录媒介的复制					
文教体育用品制造业					

7-26 分行业规模以上工业煤矸石消费量（续）

单位：万吨

行 业	2005年	2006年	2007年	2008年	2009年
石油加工、炼焦及核燃料加工业			5.59	8.25	10.36
化学原料及化学制品制造业		0.36	43.40	19.96	37.40
医药制造业					
化学纤维制造业					
橡胶制品业					
塑料制品业					
非金属矿物制品业		0.83	4.02	1.61	2.26
黑色金属冶炼及压延加工业		1.01			
有色金属冶炼及压延加工业					
金属制品业					
通用设备制造业					
专用设备制造业					
交通运输设备制造业					
电气机械及器材制造业					
通信设备、计算机及其他电子设备制造业					
仪器仪表及文化、办公用机械制造业					
工艺品及其他制造业					
废弃资源和废旧材料回收加工业					
电力、热力的生产和供应业					
燃气生产和供应业					
水的生产和供应业					

7-27 分行业规模以上工业生物质能消费量

单位：万吨标准煤

行　业	2005年	2006年	2007年	2008年	2009年
全部工业企业		**74.00**	**81.38**	**86.18**	**88.02**
轻工业		**72.48**	**79.78**	**85.36**	**87.07**
重工业		**1.52**	**1.60**	**0.82**	**0.96**
煤炭开采和洗选业					
石油和天然气开采业					
黑色金属矿采选业					
有色金属矿采选业		0.30		0.04	0.01
非金属矿采选业					
其他采矿业					
农副食品加工业		72.02	79.76	85.26	86.90
食品制造业			0.01	0.01	0.02
饮料制造业		0.44	0.01	0.08	0.13
烟草制品业					
纺织业					
纺织服装、鞋、帽制造业					
皮革、毛皮、羽毛(绒)及其制品业					
木材加工及木、竹、藤、棕、草制品业		0.44	0.46	0.73	0.65
家具制造业					
造纸及纸制品业					
印刷业和记录媒介的复制					
文教体育用品制造业					

7-27 分行业规模以上工业生物质能消费量（续）

单位：万吨标准煤

行 业	2005年	2006年	2007年	2008年	2009年
石油加工、炼焦及核燃料加工业					
化学原料及化学制品制造业					
医药制造业					
化学纤维制造业					
橡胶制品业					
塑料制品业					
非金属矿物制品业		0.08			
黑色金属冶炼及压延加工业			0.61		
有色金属冶炼及压延加工业		0.72	0.52	0.07	0.32
金属制品业					
通用设备制造业					
专用设备制造业					
交通运输设备制造业					
电气机械及器材制造业					
通信设备、计算机及其他电子设备制造业					
仪器仪表及文化、办公用机械制造业					
工艺品及其他制造业					
废弃资源和废旧材料回收加工业					
电力、热力的生产和供应业					
燃气生产和供应业					
水的生产和供应业					

7-28　分行业规模以上工业工业废料消费量

单位：万吨标准煤

行　业	2005年	2006年	2007年	2008年	2009年
全部工业企业		**0.63**	**6.90**	**6.95**	**7.22**
轻工业			**6.06**	**6.46**	**6.77**
重工业		**0.63**	**0.84**	**0.50**	**0.45**
煤炭开采和洗选业					
石油和天然气开采业					
黑色金属矿采选业					
有色金属矿采选业					
非金属矿采选业					
其他采矿业					
农副食品加工业					
食品制造业					
饮料制造业					
烟草制品业					
纺织业					
纺织服装、鞋、帽制造业					
皮革、毛皮、羽毛(绒)及其制品业					
木材加工及木、竹、藤、棕、草制品业		0.17		0.48	0.42
家具制造业					
造纸及纸制品业			6.06	6.46	6.77
印刷业和记录媒介的复制					
文教体育用品制造业					

7-28　分行业规模以上工业工业废料消费量（续）

单位：万吨标准煤

行　业	2005年	2006年	2007年	2008年	2009年
石油加工、炼焦及核燃料加工业					
化学原料及化学制品制造业					
医药制造业					
化学纤维制造业					
橡胶制品业					
塑料制品业					
非金属矿物制品业				0.01	0.03
黑色金属冶炼及压延加工业					
有色金属冶炼及压延加工业		0.46	0.84		
金属制品业					
通用设备制造业					
专用设备制造业					
交通运输设备制造业					
电气机械及器材制造业					
通信设备、计算机及其他电子设备制造业					
仪器仪表及文化、办公用机械制造业					
工艺品及其他制造业					
废弃资源和废旧材料回收加工业					
电力、热力的生产和供应业					
燃气生产和供应业					
水的生产和供应业					

7-29 分行业规模以上工业城市固体垃圾消费量

单位：万吨标准煤

行 业	2005年	2006年	2007年	2008年	2009年
全部工业企业				**3.05**	**4.93**
轻工业					
重工业				**3.05**	**4.93**
煤炭开采和洗选业					
石油和天然气开采业					
黑色金属矿采选业					
有色金属矿采选业					
非金属矿采选业					
其他采矿业					
农副食品加工业					
食品制造业					
饮料制造业					
烟草制品业					
纺织业					
纺织服装、鞋、帽制造业					
皮革、毛皮、羽毛(绒)及其制品业					
木材加工及木、竹、藤、棕、草制品业					
家具制造业					
造纸及纸制品业					
印刷业和记录媒介的复制					
文教体育用品制造业					

7-29 分行业规模以上工业城市固体垃圾消费量（续）

单位：万吨标准煤

行 业	2005年	2006年	2007年	2008年	2009年
石油加工、炼焦及核燃料加工业					
化学原料及化学制品制造业					
医药制造业					
化学纤维制造业					
橡胶制品业					
塑料制品业					
非金属矿物制品业					
黑色金属冶炼及压延加工业					
有色金属冶炼及压延加工业					
金属制品业					
通用设备制造业					
专用设备制造业					
交通运输设备制造业					
电气机械及器材制造业					
通信设备、计算机及其他电子设备制造业					
仪器仪表及文化、办公用机械制造业					
工艺品及其他制造业					
废弃资源和废旧材料回收加工业					
电力、热力的生产和供应业				3.05	4.93
燃气生产和供应业					
水的生产和供应业					

7-30　分地区规模以上工业综合能源消费量（当量热值）

单位：万吨标准煤

地　区	2005年	2006年	2007年	2008年	2009年
云南省	**3546.35**	**4095.81**	**4269.52**	**4220.53**	**4446.47**
昆明市	806.50	917.09	983.36	988.54	1047.88
曲靖市	931.26	1195.88	1162.40	1212.63	1386.03
玉溪市	483.81	554.53	601.50	578.86	587.31
保山市	46.69	57.15	50.39	50.26	48.02
昭通市	133.65	147.10	155.27	144.37	142.49
丽江市	77.87	76.74	94.02	119.99	109.63
普洱市	59.23	70.46	58.27	58.91	48.47
临沧市	40.36	33.97	26.43	24.98	17.44
楚雄州	124.23	145.20	150.18	151.93	150.76
红河州	569.34	544.66	632.76	562.93	585.69
文山州	61.45	73.82	84.40	92.62	98.85
西双版纳州	15.06	13.23	16.72	7.43	7.19
大理州	142.33	196.38	203.31	174.63	163.00
德宏州	41.24	45.15	32.91	32.34	34.74
怒江州	8.23	17.56	14.87	12.93	12.37
迪庆州	5.10	6.89	2.72	7.20	6.56

7-31　分地区规模以上工业综合能源消费量（等价热值）

单位：万吨标准煤

地　区	2005年	2006年	2007年	2008年	2009年
云南省	**3766.97**	**4374.02**	**4492.32**	**4668.37**	**4660.29**
昆明市	1004.10	1079.71	1133.00	1204.51	1203.79
曲靖市	724.42	980.07	878.05	1003.69	1001.23
玉溪市	590.58	672.48	729.12	716.43	723.43
保山市	64.85	79.67	79.22	85.26	88.55
昭通市	160.37	189.87	201.99	189.78	192.28
丽江市	86.02	85.41	103.89	131.02	121.29
普洱市	72.72	82.23	74.03	75.25	65.11
临沧市	46.58	40.38	39.26	38.68	28.96
楚雄州	152.04	173.77	185.16	183.54	181.79
红河州	442.61	489.27	549.15	555.08	570.84
文山州	95.27	116.12	142.70	153.44	163.79
西双版纳州	24.50	19.63	20.59	11.32	12.03
大理州	213.63	250.12	259.33	216.57	205.27
德宏州	58.94	64.90	60.68	59.41	62.40
怒江州	17.07	34.25	30.30	28.32	25.77
迪庆州	13.26	16.15	5.83	16.06	13.76

7-32　分地区规模以上工业原煤消费量

单位：万吨

地　区	2005年	2006年	2007年	2008年	2009年
云南省	**4611.95**	**5182.09**	**5978.89**	**6087.26**	**6939.84**
昆明市	745.26	903.68	1078.12	981.69	1125.49
曲靖市	2130.90	2365.69	2409.50	2713.95	3182.77
玉溪市	164.42	172.73	209.25	195.93	217.30
保山市	26.48	32.99	28.79	32.82	29.87
昭通市	65.90	76.04	87.37	115.14	115.58
丽江市	220.23	212.78	276.02	366.49	395.13
普洱市	54.62	55.49	62.12	61.31	56.82
临沧市	28.32	29.51	32.62	30.85	19.65
楚雄州	125.00	125.42	121.47	110.62	114.54
红河州	857.79	963.11	1430.86	1237.11	1448.78
文山州	38.00	37.05	36.82	51.71	48.20
西双版纳州	6.44	7.69	7.81	7.14	6.28
大理州	126.37	170.23	170.05	156.28	150.47
德宏州	17.12	18.07	19.76	19.22	21.71
怒江州	4.91	11.42	8.14	6.72	7.16
迪庆州	0.19	0.18	0.20	0.27	0.09

7-33 分地区规模以上工业洗精煤消费量

单位：万吨

地　区	2005年	2006年	2007年	2008年	2009年
云南省	**571.34**	**719.66**	**998.86**	**1233.03**	**1371.25**
昆明市	321.58	317.47	331.65	347.16	378.67
曲靖市	150.46	251.67	488.37	674.84	779.58
玉溪市	1.80	0.09	0.09	27.80	36.23
保山市	0.41	0.46	2.28	0.65	0.83
昭通市		0.40	1.71	4.17	7.96
丽江市	8.67	4.91	12.84	14.27	13.20
普洱市					
临沧市	0.29	0.35	0.38	0.24	0.07
楚雄州	71.71	77.89	94.22	95.13	95.36
红河州	2.45	45.05	42.30	52.74	42.07
文山州		0.12	0.23	0.22	0.19
西双版纳州					
大理州	13.80	20.81	24.27	15.18	16.26
德宏州	0.16	0.44	0.52	0.63	0.83
怒江州					
迪庆州					

7-34　分地区规模以上工业其他洗煤消费量

单位：万吨

地　区	2005年	2006年	2007年	2008年	2009年
云南省	**28.05**	**20.37**	**40.64**	**73.23**	**59.76**
昆明市	0.99	0.14	1.90	2.57	1.12
曲靖市	15.24	9.21	26.80	56.11	45.49
玉溪市	2.82	3.57	3.64	3.28	3.53
保山市	1.95	2.25	1.87	2.01	1.93
昭通市					
丽江市	2.47				
普洱市					
临沧市		0.06	0.02	0.24	0.28
楚雄州	0.79	1.54	2.26	1.59	0.76
红河州	3.74	3.59	2.65	4.40	5.32
文山州				0.04	0.09
西双版纳州	0.06				
大理州			1.50	0.82	
德宏州					
怒江州					
迪庆州				2.16	1.25

7-35 分地区规模以上工业煤制品消费量

单位：万吨

地　区	2005年	2006年	2007年	2008年	2009年
云南省	**4.56**	**16.92**	**14.53**	**12.95**	**10.87**
昆明市		0.33	0.36	0.30	0.04
曲靖市	3.45	10.41	3.51	2.04	7.94
玉溪市		0.12	0.08	1.79	1.77
保山市			3.11	2.76	0.16
昭通市					
丽江市					
普洱市					
临沧市					
楚雄州	1.10	6.05	4.24	0.03	0.03
红河州			3.24	6.02	0.94
文山州					
西双版纳州					
大理州					
德宏州					
怒江州					
迪庆州					

7-36 分地区规模以上工业型煤消费量

单位：万吨

地　区	2005年	2006年	2007年	2008年	2009年
云南省		**8.68**	**4.60**	**6.03**	**0.97**
昆明市		0.01	0.04	0.02	0.02
曲靖市		8.68	1.19	0.06	
玉溪市				0.02	0.02
保山市					
昭通市					
丽江市					
普洱市					
临沧市					
楚雄州			0.13		
红河州			3.24	5.92	0.93
文山州					
西双版纳州					
大理州					
德宏州					
怒江州					
迪庆州					

7-37 分地区规模以上工业水煤浆消费量

单位：万吨

地 区	2005年	2006年	2007年	2008年	2009年
云南省			**0.04**	**0.56**	**0.69**
昆明市					
曲靖市					
玉溪市			0.04	0.56	0.68
保山市					
昭通市					
丽江市					
普洱市					
临沧市					
楚雄州					0.01
红河州					
文山州					
西双版纳州					
大理州					
德宏州					
怒江州					
迪庆州					

7-38 分地区规模以上工业煤粉消费量

单位：万吨

地　区	2005年	2006年	2007年	2008年	2009年
云南省		**5.62**	**9.89**	**6.36**	**9.21**
昆明市		0.33	0.32	0.28	0.02
曲靖市		1.62	2.31	1.97	7.94
玉溪市		0.04	0.03	1.21	1.06
保山市			3.11	2.76	0.16
昭通市					
丽江市					
普洱市					
临沧市					
楚雄州		3.63	4.11	0.03	0.03
红河州				0.11	
文山州					
西双版纳州					
大理州					
德宏州					
怒江州					
迪庆州					

7-39 分地区规模以上工业焦炭消费量

单位：万吨

地 区	2005年	2006年	2007年	2008年	2009年
云南省	**1038.29**	**1168.12**	**1291.30**	**1262.70**	**1174.14**
昆明市	261.57	288.92	304.21	315.55	311.41
曲靖市	271.85	279.25	291.93	271.29	223.33
玉溪市	327.37	378.26	412.95	391.37	381.65
保山市	0.30	0.20	1.02	0.67	1.06
昭通市	3.44	7.42	7.73	6.18	8.31
丽江市	0.92	0.24	0.22	0.16	0.06
普洱市	1.37	1.00	1.07	0.93	0.82
临沧市	0.20	0.05			
楚雄州	53.27	57.44	67.72	87.17	84.89
红河州	90.85	106.95	152.50	138.65	117.74
文山州	16.83	23.83	26.91	25.00	27.39
西双版纳州	1.13	0.63	0.96	0.72	0.69
大理州	8.39	22.26	23.24	22.24	14.21
德宏州	0.01			0.01	0.01
怒江州					
迪庆州	0.80	1.70	0.83	2.78	2.58

7-40 分地区规模以上工业其他焦化产品消费量

单位：万吨

地 区	2005年	2006年	2007年	2008年	2009年
云南省	**9.61**	**2.75**	**15.23**	**24.03**	**24.80**
昆明市	4.53	0.84	4.90	10.97	13.81
曲靖市	4.16		6.91	9.90	10.26
玉溪市			0.26		
保山市					
昭通市					
丽江市					
普洱市			0.22	0.14	
临沧市					
楚雄州					
红河州	0.43	0.57	2.00	2.05	0.02
文山州	0.48	0.36	0.10		
西双版纳州					
大理州	0.01	0.58	0.84	0.97	0.72
德宏州		0.41			
怒江州					
迪庆州					

7-41 分地区规模以上工业焦炉煤气消费量

单位：亿立方米

地　区	2005年	2006年	2007年	2008年	2009年
云南省	**6.80**	**8.51**	**8.74**	**13.49**	**18.38**
昆明市	5.95	6.26	6.42	5.96	6.32
曲靖市	0.16	0.65	1.49	6.78	11.40
玉溪市					
保山市					
昭通市					
丽江市					
普洱市					
临沧市					
楚雄州	0.68	1.60	0.83	0.75	0.65
红河州					
文山州					
西双版纳州					
大理州					
德宏州					
怒江州					
迪庆州					

7-42 分地区规模以上工业高炉煤气消费量

单位：亿立方米

地　区	2005年	2006年	2007年	2008年	2009年
云南省	**57.97**	**66.57**	**98.58**	**101.28**	**139.42**
昆明市	50.01	55.96	63.19	64.63	71.52
曲靖市	0.90	2.68	2.78	7.36	9.96
玉溪市				14.42	18.43
保山市					
昭通市					
丽江市					
普洱市					
临沧市					
楚雄州	7.05	7.92	9.35	14.86	15.62
红河州			23.26		23.88
文山州					
西双版纳州					
大理州					
德宏州					
怒江州					
迪庆州					

7-43 分地区规模以上工业其他煤气消费量

单位：亿立方米

地 区	2005年	2006年	2007年	2008年	2009年
云南省	**0.14**	**1.32**	**2.52**	**3.34**	**4.91**
昆明市	0.14	1.32	2.52	3.04	3.96
曲靖市				0.30	
玉溪市					0.08
保山市					
昭通市					
丽江市					
普洱市					
临沧市					
楚雄州					
红河州					0.87
文山州					
西双版纳州					
大理州					
德宏州					
怒江州					
迪庆州					

7-44 分地区规模以上工业天然气消费量

单位：亿立方米

地　区	2005年	2006年	2007年	2008年	2009年
云南省	**5.91**	**5.21**	**5.29**	**4.97**	**4.19**
昆明市					
曲靖市	0.13	0.12	0.12	0.01	
玉溪市					
保山市					
昭通市	5.77	5.09	5.16	4.95	4.19
丽江市					
普洱市					
临沧市					
楚雄州					
红河州					
文山州					
西双版纳州					
大理州					
德宏州					
怒江州					
迪庆州					

7-45 分地区规模以上工业原油消费量

单位：万吨

地　区	2005年	2006年	2007年	2008年	2009年
云南省	**0.09**	**0.07**	**0.08**	**0.06**	**0.07**
昆明市					
曲靖市					
玉溪市					
保山市					
昭通市					
丽江市					
普洱市	0.09	0.07	0.08	0.06	0.07
临沧市					
楚雄州					
红河州					
文山州					
西双版纳州					
大理州					
德宏州					
怒江州					
迪庆州					

7-46 分地区规模以上工业汽油消费量

单位：万吨

地　区	2005年	2006年	2007年	2008年	2009年
云南省	**3.73**	**3.68**	**4.01**	**4.10**	**3.83**
昆明市	1.38	1.26	1.27	1.34	1.36
曲靖市	0.38	0.31	0.39	0.48	0.43
玉溪市	0.34	0.37	0.35	0.36	0.36
保山市	0.19	0.18	0.23	0.10	0.08
昭通市	0.07	0.08	0.10	0.13	0.13
丽江市	0.06	0.03	0.03	0.03	0.04
普洱市	0.10	0.13	0.11	0.12	0.13
临沧市	0.06	0.07	0.09	0.08	0.08
楚雄州	0.12	0.12	0.14	0.15	0.14
红河州	0.46	0.39	0.35	0.42	0.35
文山州	0.11	0.09	0.11	0.12	0.10
西双版纳州	0.03	0.04	0.05	0.04	0.04
大理州	0.31	0.48	0.67	0.60	0.48
德宏州	0.07	0.07	0.06	0.06	0.06
怒江州	0.05	0.06	0.07	0.06	0.03
迪庆州					0.01

7-47 分地区规模以上工业煤油消费量

单位：万吨

地　区	2005年	2006年	2007年	2008年	2009年
云南省	**0.18**	**0.23**	**0.25**	**0.21**	**0.16**
昆明市	0.07	0.10	0.12	0.06	0.05
曲靖市	0.02	0.01	0.01	0.01	
玉溪市	0.01	0.03	0.03	0.02	0.02
保山市					
昭通市					
丽江市	0.02	0.02	0.02	0.03	0.02
普洱市		0.01	0.02	0.02	0.01
临沧市					
楚雄州	0.01	0.02	0.01	0.03	0.02
红河州	0.01	0.02	0.03	0.03	0.01
文山州					
西双版纳州					
大理州	0.04	0.03	0.01	0.02	0.01
德宏州					
怒江州					
迪庆州					

7-48 分地区规模以上工业柴油消费量

单位：万吨

地　区	2005年	2006年	2007年	2008年	2009年
云南省	**16.95**	**21.29**	**25.34**	**29.45**	**26.30**
昆明市	5.85	7.40	9.11	10.98	10.63
曲靖市	2.84	3.88	3.82	4.20	3.17
玉溪市	2.48	2.67	3.01	3.38	2.35
保山市	0.42	0.35	0.51	0.65	0.60
昭通市	0.16	0.30	0.30	0.84	0.76
丽江市	0.04	0.05	0.13	0.25	0.24
普洱市	0.46	0.44	0.61	1.11	0.90
临沧市	0.19	0.20	0.40	0.37	0.13
楚雄州	0.66	0.41	0.37	0.59	0.69
红河州	1.48	1.91	2.23	2.01	2.03
文山州	0.36	1.30	1.12	1.57	1.80
西双版纳州	0.59	0.38	0.76	0.83	0.83
大理州	0.94	1.32	2.08	1.72	1.44
德宏州	0.34	0.40	0.63	0.66	0.55
怒江州	0.11	0.20	0.25	0.18	0.12
迪庆州	0.03	0.07	0.03	0.11	0.06

7-49　分地区规模以上工业燃料油消费量

单位：万吨

地　区	2005年	2006年	2007年	2008年	2009年
云南省	**3.91**	**4.72**	**5.02**	**5.11**	**5.16**
昆明市	3.76	4.64	4.88	4.98	4.88
曲靖市					0.09
玉溪市					
保山市					
昭通市					
丽江市					
普洱市					
临沧市					
楚雄州					
红河州					
文山州					
西双版纳州					
大理州					0.01
德宏州	0.15	0.09	0.13	0.13	0.16
怒江州					
迪庆州					0.03

7-50　分地区规模以上工业液化石油气消费量

单位：万吨

地　区	2005年	2006年	2007年	2008年	2009年
云南省	**0.08**	**0.10**	**0.22**	**0.39**	**0.30**
昆明市	0.01	0.03	0.15	0.20	0.13
曲靖市					
玉溪市	0.03	0.03	0.03	0.15	0.11
保山市					
昭通市				0.01	
丽江市					
普洱市					
临沧市					
楚雄州					
红河州	0.03	0.04	0.03		0.03
文山州					
西双版纳州					
大理州				0.02	0.02
德宏州					
怒江州					
迪庆州					

7-51　分地区规模以上工业其他石油制品消费量

单位：万吨

地　区	2005年	2006年	2007年	2008年	2009年
云南省	**2.53**	**2.86**	**4.56**	**4.60**	**4.90**
昆明市	0.13	0.18	0.37	0.17	0.24
曲靖市	0.14				
玉溪市					
保山市	0.47	0.30	0.50	0.91	1.14
昭通市					
丽江市					
普洱市					
临沧市	0.38	0.59	0.75	0.68	0.66
楚雄州	0.02	0.01	0.01	0.01	0.01
红河州	0.08	0.03	0.03	0.03	0.04
文山州				0.01	
西双版纳州					
大理州	0.04	0.58	0.28	0.30	0.31
德宏州	1.26	1.17	2.62	2.49	2.49
怒江州					
迪庆州					

7-52 分地区规模以上工业热力消费量

单位：万百万千焦

地　区	2005年	2006年	2007年	2008年	2009年
云南省	**65.69**	**964.29**	**875.19**	**416.62**	**395.47**
昆明市	2.37	2.50	10.36	134.67	106.03
曲靖市	39.86	941.42	300.54	262.12	270.91
玉溪市					
保山市					
昭通市					
丽江市					
普洱市					
临沧市				0.91	1.85
楚雄州					
红河州	23.46	16.49	559.79	16.30	16.68
文山州					
西双版纳州					
大理州		3.88	4.49	2.62	
德宏州					
怒江州					
迪庆州					

7-53 分地区规模以上工业电力消费量

单位：亿千瓦时

地 区	2005年	2006年	2007年	2008年	2009年
云南省	**400.05**	**461.18**	**531.55**	**559.01**	**599.92**
昆明市	129.16	142.09	153.05	162.06	168.60
曲靖市	64.29	79.16	96.17	111.36	121.32
玉溪市	43.67	51.03	57.07	62.02	65.24
保山市	8.84	10.14	13.34	16.39	19.83
昭通市	10.96	18.68	20.84	20.27	23.33
丽江市	3.34	4.51	5.39	6.06	6.36
普洱市	6.97	6.63	8.39	9.01	9.37
临沧市	4.33	3.87	7.04	7.57	6.91
楚雄州	12.90	14.05	17.33	17.62	18.51
红河州	55.24	65.41	77.47	73.99	83.18
文山州	13.85	18.33	25.90	27.32	30.77
西双版纳州	3.83	2.71	2.04	1.97	2.42
大理州	27.59	23.64	25.22	19.11	20.20
德宏州	8.08	9.52	13.93	13.53	14.16
怒江州	3.65	7.35	6.98	7.04	6.43
迪庆州	3.37	4.08	1.41	3.71	3.30

7-54 分地区规模以上工业其他燃料消费量

单位：万吨标准煤

地　区	2005年	2006年	2007年	2008年	2009年
云南省	**93.74**	**97.61**	**177.37**	**118.01**	**123.16**
昆明市	0.03	0.03	55.72	3.07	5.01
曲靖市	3.39	1.62	18.62	15.94	18.33
玉溪市	7.23	3.58	3.66	3.50	4.83
保山市	14.37	19.12	21.07	16.46	16.07
昭通市	0.50	0.52	0.18	0.13	0.25
丽江市	0.27	0.04	1.19	4.62	2.33
普洱市	15.12	23.62	16.56	16.53	16.02
临沧市	17.09	13.07	21.52	25.43	27.64
楚雄州	3.02	9.04	2.58	1.37	2.15
红河州	7.07	2.08	2.45	2.86	4.03
文山州				0.13	0.15
西双版纳州	6.07	4.53	6.95	5.60	5.35
大理州	1.13	1.39	1.62	0.12	0.16
德宏州	18.44	18.96	25.27	22.23	20.85
怒江州					
迪庆州				0.02	

7-55 分地区规模以上工业煤矸石消费量

单位：万吨

地 区	2005年	2006年	2007年	2008年	2009年
云南省		**18.77**	**112.79**	**86.04**	**101.18**
昆明市				0.11	0.46
曲靖市		8.36	88.20	54.65	74.37
玉溪市		0.84	3.20	0.18	1.73
保山市		0.16	0.37		
昭通市		0.19	0.55	0.25	0.76
丽江市			6.03	23.85	10.82
普洱市					
临沧市					0.15
楚雄州		9.04	14.45	6.65	12.89
红河州		0.18			
文山州					
西双版纳州					
大理州					
德宏州					
怒江州					
迪庆州				0.35	

7-56　分地区规模以上工业生物质能消费量

单位：万吨标准煤

地　区	2005年	2006年	2007年	2008年	2009年
云南省		**74.00**	**81.38**	**86.18**	**88.02**
昆明市					
曲靖市					
玉溪市		2.70	3.09	3.45	4.49
保山市		11.16	16.85	16.32	16.07
昭通市		0.49	0.08	0.09	0.12
丽江市		0.04	0.11	0.36	0.40
普洱市		22.48	6.72	9.59	8.83
临沧市		12.92	21.52	25.43	27.59
楚雄州					
红河州		1.59	1.61	2.86	4.03
文山州				0.13	0.15
西双版纳州		4.53	4.50	5.60	5.35
大理州		1.05	1.62	0.12	0.16
德宏州		17.05	25.27	22.23	20.85
怒江州					
迪庆州					

7-57 分地区规模以上工业工业废料消费量

单位：万吨标准煤

地　区	2005年	2006年	2007年	2008年	2009年
云南省		**0.63**	**6.90**	**6.95**	**7.22**
昆明市					
曲靖市					
玉溪市				0.01	0.03
保山市		0.17			
昭通市					
丽江市					
普洱市			6.06	6.94	7.19
临沧市					
楚雄州					
红河州		0.46	0.84		
文山州					
西双版纳州					
大理州					
德宏州					
怒江州					
迪庆州					

7-58 分地区规模以上工业城市固体垃圾消费量

单位：万吨标准煤

地 区	2005年	2006年	2007年	2008年	2009年
云南省				**3.05**	**4.93**
昆明市				3.05	4.93
曲靖市					
玉溪市					
保山市					
昭通市					
丽江市					
普洱市					
临沧市					
楚雄州					
红河州					
文山州					
西双版纳州					
大理州					
德宏州					
怒江州					
迪庆州					

7-59 分行业规模以上工业原煤终端消费量

单位：万吨

行 业	2005年	2006年	2007年	2008年	2009年
全部工业企业	**1255.05**	**1386.16**	**1576.84**	**1782.34**	**1857.17**
轻工业	**133.58**	**136.62**	**185.04**	**200.60**	**178.15**
重工业	**1121.47**	**1249.53**	**1391.80**	**1581.73**	**1679.03**
煤炭开采和洗选业	5.05	10.58	10.35	7.52	3.44
石油和天然气开采业					
黑色金属矿采选业	6.29	7.19	9.02	10.47	10.22
有色金属矿采选业	5.81	13.00	12.43	1.12	7.27
非金属矿采选业	11.94	12.60	26.92	30.32	29.83
其他采矿业					
农副食品加工业	18.99	16.36	37.68	50.83	36.61
食品制造业	9.85	9.23	9.14	10.88	7.49
饮料制造业	14.78	11.57	17.47	19.35	17.11
烟草制品业	24.44	26.09	21.50	24.40	23.36
纺织业	7.49	9.71	11.20	9.46	6.22
纺织服装、鞋、帽制造业	0.20	0.65	0.62	0.22	0.18
皮革、毛皮、羽毛(绒)及其制品业	0.20	0.07	0.02	0.01	
木材加工及木、竹、藤、棕、草制品业	10.43	9.28	8.24	7.48	4.85
家具制造业		0.09	0.07		0.01
造纸及纸制品业	29.90	34.49	56.66	53.44	55.00
印刷业和记录媒介的复制	0.28	0.36	0.32	0.10	0.18
文教体育用品制造业					

7-59 分行业规模以上工业原煤终端消费量(续)

单位：万吨

行 业	2005年	2006年	2007年	2008年	2009年
石油加工、炼焦及核燃料加工业	1.60	1.14	2.35	1.29	1.51
化学原料及化学制品制造业	358.11	356.59	422.20	536.05	583.82
医药制造业	9.82	9.33	9.66	11.34	11.12
化学纤维制造业	6.13	6.76	6.73	7.05	7.26
橡胶制品业	1.19	1.25	1.58	1.40	1.47
塑料制品业	0.14	1.19	0.99	0.92	0.96
非金属矿物制品业	551.88	627.95	622.43	669.75	709.88
黑色金属冶炼及压延加工业	95.45	114.54	174.50	190.18	212.18
有色金属冶炼及压延加工业	76.56	91.03	96.29	107.35	95.06
金属制品业	0.82	1.35	1.27	0.97	1.34
通用设备制造业	0.93	1.00	1.36	2.21	1.41
专用设备制造业	2.81	0.91	0.81	1.62	1.48
交通运输设备制造业	1.56	1.04	1.46	1.06	1.24
电气机械及器材制造业	0.63	0.60	0.41	0.31	0.02
通信设备、计算机及其他电子设备制造业					
仪器仪表及文化、办公用机械制造业	0.28	0.17	0.15	0.16	0.17
工艺品及其他制造业	1.36	1.04	1.13	0.91	1.18
废弃资源和废旧材料回收加工业	0.01	0.01	0.01	0.31	0.46
电力、热力的生产和供应业	0.10	8.98	8.88	19.80	21.88
燃气生产和供应业			3.00	4.04	2.96
水的生产和供应业					

7-60 分行业规模以上工业洗精煤终端消费量

单位：万吨

行　业	2005年	2006年	2007年	2008年	2009年
全部工业企业	**17.63**	**27.81**	**31.87**	**28.87**	**30.74**
轻工业	**8.54**	**8.81**	**7.88**	**5.71**	**3.88**
重工业	**9.09**	**19.00**	**24.00**	**23.16**	**26.87**
煤炭开采和洗选业					
石油和天然气开采业					
黑色金属矿采选业					
有色金属矿采选业		3.83	4.60		
非金属矿采选业		0.01	0.12	0.03	0.09
其他采矿业					
农副食品加工业	0.29	0.04	0.05	0.07	0.05
食品制造业		0.19	0.20	0.28	0.24
饮料制造业	8.14	7.82	5.41	4.76	3.44
烟草制品业		0.72	2.18	0.36	0.03
纺织业					
纺织服装、鞋、帽制造业					
皮革、毛皮、羽毛(绒)及其制品业					
木材加工及木、竹、藤、棕、草制品业					
家具制造业					
造纸及纸制品业	0.11			0.16	0.10
印刷业和记录媒介的复制					
文教体育用品制造业					

7-60 分行业规模以上工业洗精煤终端消费量（续）

单位：万吨

行 业	2005年	2006年	2007年	2008年	2009年
石油加工、炼焦及核燃料加工业	0.23	0.19		4.14	0.12
化学原料及化学制品制造业	1.28	1.13	1.71	4.09	7.76
医药制造业		0.05	0.04	0.08	0.02
化学纤维制造业					
橡胶制品业					
塑料制品业					
非金属矿物制品业	5.68	7.47	11.18	6.28	11.07
黑色金属冶炼及压延加工业	0.28	4.51	1.92	2.64	4.06
有色金属冶炼及压延加工业	1.50	1.66	4.36	5.89	3.76
金属制品业	0.11	0.12			
通用设备制造业					
专用设备制造业					
交通运输设备制造业	0.01	0.09	0.01		
电气机械及器材制造业					
通信设备、计算机及其他电子设备制造业					
仪器仪表及文化、办公用机械制造业					
工艺品及其他制造业					
废弃资源和废旧材料回收加工业					
电力、热力的生产和供应业			0.09	0.08	
燃气生产和供应业			0.01		
水的生产和供应业					

7-61 分行业规模以上工业其他洗煤终端消费量

单位：万吨

行　业	2005年	2006年	2007年	2008年	2009年
全部工业企业	**6.24**	**7.57**	**11.89**	**16.00**	**14.01**
轻工业	**2.55**	**2.98**	**2.72**	**3.03**	**1.83**
重工业	**3.69**	**4.60**	**9.16**	**12.96**	**12.18**
煤炭开采和洗选业	0.05		0.01	1.49	1.99
石油和天然气开采业					
黑色金属矿采选业					
有色金属矿采选业					
非金属矿采选业					
其他采矿业					
农副食品加工业	0.10	0.35	0.39	0.47	0.31
食品制造业	0.88	0.73	0.18	0.01	0.02
饮料制造业	0.14	0.12	0.19	0.19	0.15
烟草制品业					
纺织业					
纺织服装、鞋、帽制造业					
皮革、毛皮、羽毛(绒)及其制品业					
木材加工及木、竹、藤、棕、草制品业	0.24	0.01	0.01		
家具制造业					
造纸及纸制品业	1.37	1.78	1.96	2.36	1.20
印刷业和记录媒介的复制					
文教体育用品制造业					

7-61　分行业规模以上工业其他洗煤终端消费量（续）

单位：万吨

行　业	2005年	2006年	2007年	2008年	2009年
石油加工、炼焦及核燃料加工业			0.21	0.38	0.79
化学原料及化学制品制造业	1.11	1.49	3.36	2.96	1.97
医药制造业	0.06				0.14
化学纤维制造业					
橡胶制品业					
塑料制品业					
非金属矿物制品业	1.95	2.25	1.97	4.70	3.76
黑色金属冶炼及压延加工业		0.70	0.63	0.46	1.05
有色金属冶炼及压延加工业	0.35	0.15	2.87	2.90	1.88
金属制品业					0.66
通用设备制造业					
专用设备制造业			0.10	0.08	0.08
交通运输设备制造业					
电气机械及器材制造业					
通信设备、计算机及其他电子设备制造业					
仪器仪表及文化、办公用机械制造业					
工艺品及其他制造业					
废弃资源和废旧材料回收加工业					
电力、热力的生产和供应业					
燃气生产和供应业					
水的生产和供应业					

7-62　分行业规模以上工业煤制品终端消费量

单位：万吨

行　业	2005年	2006年	2007年	2008年	2009年
全部工业企业	**4.56**	**16.92**	**14.53**	**12.95**	**10.87**
轻工业		**0.08**	**0.04**	**0.59**	**0.69**
重工业	**4.56**	**16.84**	**14.48**	**12.36**	**10.18**
煤炭开采和洗选业					
石油和天然气开采业					
黑色金属矿采选业					
有色金属矿采选业					
非金属矿采选业					
其他采矿业					
农副食品加工业		0.08		0.03	
食品制造业					
饮料制造业					
烟草制品业					
纺织业					
纺织服装、鞋、帽制造业					
皮革、毛皮、羽毛(绒)及其制品业					
木材加工及木、竹、藤、棕、草制品业					
家具制造业					
造纸及纸制品业				0.42	0.51
印刷业和记录媒介的复制					
文教体育用品制造业					

7-62 分行业规模以上工业煤制品终端消费量（续）

单位：万吨

行 业	2005年	2006年	2007年	2008年	2009年
石油加工、炼焦及核燃料加工业					0.18
化学原料及化学制品制造业	4.54	14.84	8.58	5.98	0.90
医药制造业			0.04	0.13	0.18
化学纤维制造业					
橡胶制品业					
塑料制品业					
非金属矿物制品业		0.06	0.32	1.42	1.08
黑色金属冶炼及压延加工业		1.60	2.03	1.90	7.76
有色金属冶炼及压延加工业	0.01	0.32	3.50	3.02	0.22
金属制品业					
通用设备制造业		0.02	0.05	0.04	0.04
专用设备制造业					
交通运输设备制造业					
电气机械及器材制造业					
通信设备、计算机及其他电子设备制造业					
仪器仪表及文化、办公用机械制造业					
工艺品及其他制造业					
废弃资源和废旧材料回收加工业					
电力、热力的生产和供应业					
燃气生产和供应业					
水的生产和供应业					

7-63 分行业规模以上工业型煤终端消费量

单位：万吨

行 业	2005年	2006年	2007年	2008年	2009年
全部工业企业		**8.68**	**4.60**	**6.03**	**0.97**
轻工业					
重工业		**8.68**	**4.60**	**6.03**	**0.97**
煤炭开采和洗选业					
石油和天然气开采业					
黑色金属矿采选业					
有色金属矿采选业					
非金属矿采选业					
其他采矿业					
农副食品加工业					
食品制造业					
饮料制造业					
烟草制品业					
纺织业					
纺织服装、鞋、帽制造业					
皮革、毛皮、羽毛(绒)及其制品业					
木材加工及木、竹、藤、棕、草制品业					
家具制造业					
造纸及纸制品业					
印刷业和记录媒介的复制					
文教体育用品制造业					

7-63　分行业规模以上工业型煤终端消费量（续）

单位：万吨

行　业	2005年	2006年	2007年	2008年	2009年
石油加工、炼焦及核燃料加工业					
化学原料及化学制品制造业		8.68	4.56	5.98	0.90
医药制造业					
化学纤维制造业					
橡胶制品业					
塑料制品业					
非金属矿物制品业				0.02	0.02
黑色金属冶炼及压延加工业					
有色金属冶炼及压延加工业					0.03
金属制品业					
通用设备制造业		0.01	0.04	0.02	0.02
专用设备制造业					
交通运输设备制造业					
电气机械及器材制造业					
通信设备、计算机及其他电子设备制造业					
仪器仪表及文化、办公用机械制造业					
工艺品及其他制造业					
废弃资源和废旧材料回收加工业					
电力、热力的生产和供应业					
燃气生产和供应业					
水的生产和供应业					

7-64 分行业规模以上工业水煤浆终端消费量

单位：万吨

行 业	2005年	2006年	2007年	2008年	2009年
全部工业企业			**0.04**	**0.56**	**0.69**
轻工业			**0.04**	**0.56**	**0.69**
重工业					
煤炭开采和洗选业					
石油和天然气开采业					
黑色金属矿采选业					
有色金属矿采选业					
非金属矿采选业					
其他采矿业					
农副食品加工业					
食品制造业					
饮料制造业					
烟草制品业					
纺织业					
纺织服装、鞋、帽制造业					
皮革、毛皮、羽毛(绒)及其制品业					
木材加工及木、竹、藤、棕、草制品业					
家具制造业					
造纸及纸制品业				0.42	0.51
印刷业和记录媒介的复制					
文教体育用品制造业					

7-64　分行业规模以上工业水煤浆终端消费量（续）

单位：万吨

行　业	2005年	2006年	2007年	2008年	2009年
石油加工、炼焦及核燃料加工业					
化学原料及化学制品制造业					
医药制造业			0.04	0.13	0.18
化学纤维制造业					
橡胶制品业					
塑料制品业					
非金属矿物制品业					
黑色金属冶炼及压延加工业					
有色金属冶炼及压延加工业					
金属制品业					
通用设备制造业					
专用设备制造业					
交通运输设备制造业					
电气机械及器材制造业					
通信设备、计算机及其他电子设备制造业					
仪器仪表及文化、办公用机械制造业					
工艺品及其他制造业					
废弃资源和废旧材料回收加工业					
电力、热力的生产和供应业					
燃气生产和供应业					
水的生产和供应业					

7-65 分行业规模以上工业煤粉终端消费量

单位：万吨

行 业	2005年	2006年	2007年	2008年	2009年
全部工业企业		**5.62**	**9.89**	**6.36**	**9.21**
轻工业				**0.03**	
重工业		**5.62**	**9.89**	**6.33**	**9.21**
煤炭开采和洗选业					
石油和天然气开采业					
黑色金属矿采选业					
有色金属矿采选业					
非金属矿采选业					
其他采矿业					
农副食品加工业				0.03	
食品制造业					
饮料制造业					
烟草制品业					
纺织业					
纺织服装、鞋、帽制造业					
皮革、毛皮、羽毛(绒)及其制品业					
木材加工及木、竹、藤、棕、草制品业					
家具制造业					
造纸及纸制品业					
印刷业和记录媒介的复制					
文教体育用品制造业					

7-65 分行业规模以上工业煤粉终端消费量（续）

单位：万吨

行 业	2005年	2006年	2007年	2008年	2009年
石油加工、炼焦及核燃料加工业					0.18
化学原料及化学制品制造业		3.63	4.02		
医药制造业					
化学纤维制造业					
橡胶制品业					
塑料制品业					
非金属矿物制品业		0.06	0.32	1.40	1.06
黑色金属冶炼及压延加工业		1.60	2.03	1.90	7.76
有色金属冶炼及压延加工业		0.32	3.50	3.02	0.19
金属制品业					
通用设备制造业		0.01	0.01	0.02	0.02
专用设备制造业					
交通运输设备制造业					
电气机械及器材制造业					
通信设备、计算机及其他电子设备制造业					
仪器仪表及文化、办公用机械制造业					
工艺品及其他制造业					
废弃资源和废旧材料回收加工业					
电力、热力的生产和供应业					
燃气生产和供应业					
水的生产和供应业					

7-66 分行业规模以上工业焦炭终端消费量

单位：万吨

行　业	2005年	2006年	2007年	2008年	2009年
全部工业企业	**953.87**	**1073.61**	**1147.20**	**1258.75**	**1172.36**
轻工业	**0.41**	**5.00**	**0.16**	**0.18**	**0.22**
重工业	**953.46**	**1068.61**	**1147.04**	**1258.57**	**1172.14**
煤炭开采和洗选业	10.87	9.28	5.67	4.89	0.80
石油和天然气开采业					
黑色金属矿采选业	3.57	7.93	9.22	14.86	10.07
有色金属矿采选业	0.72	0.38	1.47	0.51	0.39
非金属矿采选业		0.14	0.05		
其他采矿业					
农副食品加工业	0.15	0.08	0.12	0.16	0.18
食品制造业				0.01	
饮料制造业	0.03				
烟草制品业					
纺织业					0.02
纺织服装、鞋、帽制造业					
皮革、毛皮、羽毛(绒)及其制品业					
木材加工及木、竹、藤、棕、草制品业					
家具制造业					
造纸及纸制品业					
印刷业和记录媒介的复制					
文教体育用品制造业					

7-66　分行业规模以上工业焦炭终端消费量（续）

单位：万吨

行　业	2005年	2006年	2007年	2008年	2009年
石油加工、炼焦及核燃料加工业	5.39	4.92	4.53	5.67	0.09
化学原料及化学制品制造业	249.73	262.73	275.70	257.72	229.28
医药制造业		4.65			
化学纤维制造业					
橡胶制品业					
塑料制品业					
非金属矿物制品业	4.40	6.56	6.60	2.15	1.77
黑色金属冶炼及压延加工业	646.18	727.55	778.69	907.86	858.27
有色金属冶炼及压延加工业	27.69	44.47	59.68	58.85	58.48
金属制品业	0.41	0.34	0.36	0.34	0.33
通用设备制造业	2.34	2.47	3.15	3.70	2.72
专用设备制造业	0.48	0.40	0.37	0.35	0.27
交通运输设备制造业	0.99	0.87	1.17	1.13	9.62
电气机械及器材制造业	0.52	0.57	0.19	0.01	0.01
通信设备、计算机及其他电子设备制造业					
仪器仪表及文化、办公用机械制造业	0.02	0.02	0.01		
工艺品及其他制造业	0.02	0.02	0.01		
废弃资源和废旧材料回收加工业				0.38	
电力、热力的生产和供应业	0.36	0.21	0.20	0.15	0.04
燃气生产和供应业					
水的生产和供应业					

7-67 分行业规模以上工业其他焦化产品终端消费量

单位：万吨

行 业	2005年	2006年	2007年	2008年	2009年
全部工业企业	**9.61**	**2.75**	**14.56**	**16.88**	**15.65**
轻工业	**0.04**	**0.56**	**0.66**	**0.54**	**0.43**
重工业	**9.57**	**2.19**	**13.90**	**16.34**	**15.21**
煤炭开采和洗选业					
石油和天然气开采业					
黑色金属矿采选业					
有色金属矿采选业					
非金属矿采选业					
其他采矿业					
农副食品加工业					
食品制造业					
饮料制造业					
烟草制品业					
纺织业					
纺织服装、鞋、帽制造业					
皮革、毛皮、羽毛(绒)及其制品业					
木材加工及木、竹、藤、棕、草制品业					
家具制造业					
造纸及纸制品业					
印刷业和记录媒介的复制					
文教体育用品制造业					

7-67 分行业规模以上工业其他焦化产品终端消费量（续）

单位：万吨

行 业	2005年	2006年	2007年	2008年	2009年
石油加工、炼焦及核燃料加工业	1.05	0.76	7.03	9.89	10.26
化学原料及化学制品制造业	4.98	0.02	3.28	2.76	3.57
医药制造业					
化学纤维制造业					
橡胶制品业					
塑料制品业					
非金属矿物制品业		0.54	0.63	0.53	0.64
黑色金属冶炼及压延加工业	3.14	0.36	0.85	0.79	0.79
有色金属冶炼及压延加工业	0.44	1.07	2.77	2.91	0.39
金属制品业					
通用设备制造业					
专用设备制造业					
交通运输设备制造业					
电气机械及器材制造业					
通信设备、计算机及其他电子设备制造业					
仪器仪表及文化、办公用机械制造业					
工艺品及其他制造业					
废弃资源和废旧材料回收加工业					
电力、热力的生产和供应业					
燃气生产和供应业					
水的生产和供应业					

7-68 分行业规模以上工业焦炉煤气终端消费量

单位：亿立方米

行　业	2005年	2006年	2007年	2008年	2009年
全部工业企业	**6.01**	**7.28**	**6.95**	**11.31**	**14.58**
轻工业		**0.06**	**0.06**	**0.10**	**0.17**
重工业	**6.01**	**7.22**	**6.88**	**11.21**	**14.41**
煤炭开采和洗选业					
石油和天然气开采业					
黑色金属矿采选业	0.29	0.24	0.33	0.33	0.46
有色金属矿采选业					
非金属矿采选业					
其他采矿业					
农副食品加工业					
食品制造业		0.04	0.05	0.07	0.08
饮料制造业		0.02	0.02	0.03	0.08
烟草制品业					
纺织业					0.01
纺织服装、鞋、帽制造业					
皮革、毛皮、羽毛(绒)及其制品业					
木材加工及木、竹、藤、棕、草制品业					
家具制造业					
造纸及纸制品业					
印刷业和记录媒介的复制					
文教体育用品制造业					

7-68 分行业规模以上工业焦炉煤气终端消费量（续）

单位：亿立方米

行 业	2005年	2006年	2007年	2008年	2009年
石油加工、炼焦及核燃料加工业		1.12	0.11	5.27	6.53
化学原料及化学制品制造业			0.30	0.73	3.37
医药制造业					
化学纤维制造业					
橡胶制品业					
塑料制品业					
非金属矿物制品业	0.01	0.04	0.04	0.15	0.32
黑色金属冶炼及压延加工业	5.70	5.80	6.00	4.57	3.44
有色金属冶炼及压延加工业		0.02	0.05	0.06	0.10
金属制品业					
通用设备制造业					
专用设备制造业					0.08
交通运输设备制造业			0.05	0.05	0.05
电气机械及器材制造业			0.02	0.05	0.06
通信设备、计算机及其他电子设备制造业					
仪器仪表及文化、办公用机械制造业					
工艺品及其他制造业					
废弃资源和废旧材料回收加工业					
电力、热力的生产和供应业					
燃气生产和供应业					
水的生产和供应业					

7-69 分行业规模以上工业高炉煤气终端消费量

单位：亿立方米

行　业	2005年	2006年	2007年	2008年	2009年
全部工业企业	**42.01**	**47.41**	**76.87**	**65.02**	**91.61**
轻工业					
重工业	**42.01**	**47.41**	**76.87**	**65.02**	**91.61**
煤炭开采和洗选业					
石油和天然气开采业					
黑色金属矿采选业	4.78	2.36	3.87	4.36	9.58
有色金属矿采选业					
非金属矿采选业					
其他采矿业					
农副食品加工业					
食品制造业					
饮料制造业					
烟草制品业					
纺织业					
纺织服装、鞋、帽制造业					
皮革、毛皮、羽毛(绒)及其制品业					
木材加工及木、竹、藤、棕、草制品业					
家具制造业					
造纸及纸制品业					
印刷业和记录媒介的复制					
文教体育用品制造业					

7-69 分行业规模以上工业高炉煤气终端消费量（续）

单位：亿立方米

行 业	2005年	2006年	2007年	2008年	2009年
石油加工、炼焦及核燃料加工业				8.17	8.35
化学原料及化学制品制造业					
医药制造业					
化学纤维制造业					
橡胶制品业					
塑料制品业					
非金属矿物制品业	0.01	0.01	0.01	0.01	
黑色金属冶炼及压延加工业	37.21	45.03	72.99	52.48	73.68
有色金属冶炼及压延加工业					
金属制品业					
通用设备制造业					
专用设备制造业					
交通运输设备制造业					
电气机械及器材制造业					
通信设备、计算机及其他电子设备制造业					
仪器仪表及文化、办公用机械制造业					
工艺品及其他制造业					
废弃资源和废旧材料回收加工业		0.01			
电力、热力的生产和供应业					
燃气生产和供应业					
水的生产和供应业					

7-70 分行业规模以上工业其他煤气终端消费量

单位：亿立方米

行 业	2005年	2006年	2007年	2008年	2009年
全部工业企业	**0.14**	**1.32**	**2.52**	**3.34**	**4.11**
轻工业			**0.01**		
重工业	**0.14**	**1.31**	**2.52**	**3.34**	**4.11**
煤炭开采和洗选业					
石油和天然气开采业					
黑色金属矿采选业	0.06				0.48
有色金属矿采选业					
非金属矿采选业					
其他采矿业					
农副食品加工业					
食品制造业					
饮料制造业					
烟草制品业					
纺织业					
纺织服装、鞋、帽制造业					
皮革、毛皮、羽毛(绒)及其制品业					
木材加工及木、竹、藤、棕、草制品业					
家具制造业					
造纸及纸制品业					
印刷业和记录媒介的复制					
文教体育用品制造业					

7-70 分行业规模以上工业其他煤气终端消费量（续）

单位：亿立方米

行 业	2005年	2006年	2007年	2008年	2009年
石油加工、炼焦及核燃料加工业					
化学原料及化学制品制造业	0.07			0.30	
医药制造业			0.01		
化学纤维制造业					
橡胶制品业					
塑料制品业					
非金属矿物制品业					
黑色金属冶炼及压延加工业		1.31	2.52	3.04	3.63
有色金属冶炼及压延加工业					
金属制品业					
通用设备制造业					
专用设备制造业					
交通运输设备制造业					
电气机械及器材制造业					
通信设备、计算机及其他电子设备制造业					
仪器仪表及文化、办公用机械制造业					
工艺品及其他制造业					
废弃资源和废旧材料回收加工业					
电力、热力的生产和供应业					
燃气生产和供应业					
水的生产和供应业					

7-71　分行业规模以上工业天然气终端消费量

单位：亿立方米

行　业	2005年	2006年	2007年	2008年	2009年
全部工业企业	**5.91**	**5.21**	**5.29**	**4.97**	**4.19**
轻工业	**0.01**	**0.01**	**0.01**		
重工业	**5.90**	**5.21**	**5.28**	**4.96**	**4.19**
煤炭开采和洗选业					
石油和天然气开采业					
黑色金属矿采选业					
有色金属矿采选业					
非金属矿采选业					
其他采矿业					
农副食品加工业					
食品制造业					
饮料制造业					
烟草制品业					
纺织业					
纺织服装、鞋、帽制造业					
皮革、毛皮、羽毛(绒)及其制品业					
木材加工及木、竹、藤、棕、草制品业					
家具制造业					
造纸及纸制品业					
印刷业和记录媒介的复制					
文教体育用品制造业					

7-71 分行业规模以上工业天然气终端消费量（续）

单位：亿立方米

行 业	2005年	2006年	2007年	2008年	2009年
石油加工、炼焦及核燃料加工业					
化学原料及化学制品制造业	5.90	5.21	5.29	4.96	4.19
医药制造业					
化学纤维制造业					
橡胶制品业					
塑料制品业					
非金属矿物制品业					
黑色金属冶炼及压延加工业					
有色金属冶炼及压延加工业					
金属制品业					
通用设备制造业					
专用设备制造业					
交通运输设备制造业					
电气机械及器材制造业					
通信设备、计算机及其他电子设备制造业					
仪器仪表及文化、办公用机械制造业					
工艺品及其他制造业					
废弃资源和废旧材料回收加工业					
电力、热力的生产和供应业					
燃气生产和供应业					
水的生产和供应业					

7-72　分行业规模以上工业原油终端消费量

单位：万吨

行　业	2005年	2006年	2007年	2008年	2009年
全部工业企业	**0.09**	**0.07**	**0.08**	**0.06**	**0.07**
轻工业	**0.04**	**0.02**	**0.05**	**0.03**	**0.03**
重工业	**0.05**	**0.05**	**0.03**	**0.03**	**0.03**
煤炭开采和洗选业					
石油和天然气开采业					
黑色金属矿采选业					
有色金属矿采选业					
非金属矿采选业					
其他采矿业					
农副食品加工业					
食品制造业					
饮料制造业					
烟草制品业					
纺织业					
纺织服装、鞋、帽制造业					
皮革、毛皮、羽毛(绒)及其制品业					
木材加工及木、竹、藤、棕、草制品业	0.05	0.05	0.03	0.03	0.03
家具制造业					
造纸及纸制品业	0.04	0.02	0.05	0.03	0.03
印刷业和记录媒介的复制					
文教体育用品制造业					

7-72 分行业规模以上工业原油终端消费量（续）

单位：万吨

行 业	2005年	2006年	2007年	2008年	2009年
石油加工、炼焦及核燃料加工业					
化学原料及化学制品制造业					
医药制造业					
化学纤维制造业					
橡胶制品业					
塑料制品业					
非金属矿物制品业					
黑色金属冶炼及压延加工业					
有色金属冶炼及压延加工业					
金属制品业					
通用设备制造业					
专用设备制造业					
交通运输设备制造业					
电气机械及器材制造业					
通信设备、计算机及其他电子设备制造业					
仪器仪表及文化、办公用机械制造业					
工艺品及其他制造业					
废弃资源和废旧材料回收加工业					
电力、热力的生产和供应业					
燃气生产和供应业					
水的生产和供应业					

7-73 分行业规模以上工业汽油终端消费量

单位：万吨

行　业	2005年	2006年	2007年	2008年	2009年
全部工业企业	**3.70**	**3.68**	**4.01**	**4.10**	**3.83**
轻工业	**0.91**	**0.96**	**1.03**	**0.98**	**0.94**
重工业	**2.79**	**2.72**	**2.97**	**3.11**	**2.89**
煤炭开采和洗选业	0.20	0.17	0.24	0.40	0.37
石油和天然气开采业					
黑色金属矿采选业	0.18	0.08	0.13	0.12	0.12
有色金属矿采选业	0.16	0.24	0.32	0.18	0.15
非金属矿采选业	0.04	0.05	0.04	0.04	0.04
其他采矿业					
农副食品加工业	0.17	0.18	0.18	0.22	0.19
食品制造业	0.13	0.08	0.13	0.10	0.10
饮料制造业	0.05	0.12	0.11	0.11	0.09
烟草制品业	0.15	0.14	0.15	0.15	0.15
纺织业	0.02	0.04	0.02	0.02	0.02
纺织服装、鞋、帽制造业	0.01	0.01	0.01	0.01	0.01
皮革、毛皮、羽毛(绒)及其制品业					
木材加工及木、竹、藤、棕、草制品业	0.04	0.04	0.03	0.03	0.03
家具制造业	0.01	0.01	0.01	0.01	0.01
造纸及纸制品业	0.05	0.08	0.10	0.08	0.06
印刷业和记录媒介的复制	0.09	0.09	0.09	0.08	0.09
文教体育用品制造业					

7-73　分行业规模以上工业汽油终端消费量（续）

单位：万吨

行　业	2005年	2006年	2007年	2008年	2009年
石油加工、炼焦及核燃料加工业	0.02	0.03	0.05	0.09	0.05
化学原料及化学制品制造业	0.30	0.32	0.33	0.32	0.28
医药制造业	0.11	0.08	0.11	0.08	0.10
化学纤维制造业					
橡胶制品业	0.03	0.02	0.02	0.02	0.02
塑料制品业	0.04	0.03	0.04	0.08	0.12
非金属矿物制品业	0.21	0.17	0.17	0.15	0.16
黑色金属冶炼及压延加工业	0.14	0.09	0.07	0.11	0.12
有色金属冶炼及压延加工业	0.29	0.32	0.32	0.43	0.25
金属制品业	0.05	0.05	0.08	0.10	0.10
通用设备制造业	0.08	0.10	0.11	0.09	0.09
专用设备制造业	0.08	0.10	0.14	0.07	0.10
交通运输设备制造业	0.11	0.12	0.16	0.14	0.16
电气机械及器材制造业	0.07	0.07	0.06	0.07	0.07
通信设备、计算机及其他电子设备制造业	0.01	0.01	0.01	0.01	0.01
仪器仪表及文化、办公用机械制造业	0.02	0.02	0.02	0.02	0.02
工艺品及其他制造业	0.01	0.01	0.01	0.01	0.02
废弃资源和废旧材料回收加工业	0.01	0.01			
电力、热力的生产和供应业	0.75	0.70	0.67	0.67	0.68
燃气生产和供应业	0.03	0.03	0.03	0.03	0.02
水的生产和供应业	0.05	0.05	0.04	0.04	0.04

7-74　分行业规模以上工业煤油终端消费量

单位：万吨

行　业	2005年	2006年	2007年	2008年	2009年
全部工业企业	**0.18**	**0.23**	**0.25**	**0.21**	**0.16**
轻工业	**0.04**		**0.01**		
重工业	**0.14**	**0.23**	**0.24**	**0.20**	**0.16**
煤炭开采和洗选业		0.01		0.01	
石油和天然气开采业					
黑色金属矿采选业					
有色金属矿采选业		0.01	0.01		0.01
非金属矿采选业					
其他采矿业					
农副食品加工业					
食品制造业	0.03				
饮料制造业					
烟草制品业					
纺织业					
纺织服装、鞋、帽制造业					
皮革、毛皮、羽毛(绒)及其制品业					
木材加工及木、竹、藤、棕、草制品业					
家具制造业					
造纸及纸制品业					
印刷业和记录媒介的复制					
文教体育用品制造业					

7-74 分行业规模以上工业煤油终端消费量（续）

单位：万吨

行 业	2005年	2006年	2007年	2008年	2009年
石油加工、炼焦及核燃料加工业					
化学原料及化学制品制造业	0.02		0.01	0.01	
医药制造业					
化学纤维制造业					
橡胶制品业					
塑料制品业					
非金属矿物制品业	0.01	0.01			
黑色金属冶炼及压延加工业	0.01	0.01			
有色金属冶炼及压延加工业	0.07	0.15	0.16	0.14	0.10
金属制品业		0.01			
通用设备制造业	0.01	0.02	0.02	0.02	0.01
专用设备制造业					
交通运输设备制造业	0.02	0.02	0.02	0.02	0.02
电气机械及器材制造业					
通信设备、计算机及其他电子设备制造业					
仪器仪表及文化、办公用机械制造业					
工艺品及其他制造业					
废弃资源和废旧材料回收加工业					
电力、热力的生产和供应业					
燃气生产和供应业					
水的生产和供应业					

7-75 分行业规模以上工业柴油终端消费量

单位：万吨

行 业	2005年	2006年	2007年	2008年	2009年
全部工业企业	**15.14**	**18.28**	**23.05**	**27.22**	**25.81**
轻工业	**2.27**	**2.20**	**2.76**	**2.57**	**2.45**
重工业	**12.87**	**16.08**	**20.29**	**24.65**	**23.36**
煤炭开采和洗选业	0.98	1.80	1.94	3.34	3.40
石油和天然气开采业					
黑色金属矿采选业	2.54	2.20	2.74	3.85	2.87
有色金属矿采选业	0.91	1.80	2.05	2.62	2.42
非金属矿采选业	1.14	2.01	2.84	4.11	4.20
其他采矿业					
农副食品加工业	0.97	1.06	1.41	1.20	0.97
食品制造业	0.52	0.47	0.65	0.58	0.45
饮料制造业	0.16	0.06	0.09	0.14	0.27
烟草制品业	0.28	0.22	0.15	0.15	0.23
纺织业	0.02	0.01	0.01	0.01	0.01
纺织服装、鞋、帽制造业	0.02	0.02	0.03	0.02	0.02
皮革、毛皮、羽毛(绒)及其制品业					
木材加工及木、竹、藤、棕、草制品业	0.06	0.09	0.07	0.09	0.10
家具制造业	0.01	0.01	0.01	0.01	0.01
造纸及纸制品业	0.10	0.16	0.16	0.17	0.14
印刷业和记录媒介的复制	0.03	0.03	0.04	0.05	0.04
文教体育用品制造业					

7-75 分行业规模以上工业柴油终端消费量（续）

单位：万吨

行 业	2005年	2006年	2007年	2008年	2009年
石油加工、炼焦及核燃料加工业	0.17	0.34	0.47	0.57	0.40
化学原料及化学制品制造业	1.36	1.24	1.64	1.65	1.62
医药制造业	0.09	0.08	0.14	0.10	0.15
化学纤维制造业					
橡胶制品业					
塑料制品业	0.17	0.17	0.17	0.17	0.16
非金属矿物制品业	0.97	1.54	2.19	2.01	2.40
黑色金属冶炼及压延加工业	1.42	0.98	1.08	1.17	1.00
有色金属冶炼及压延加工业	1.48	2.40	2.87	3.23	2.61
金属制品业	0.05	0.04	0.03	0.04	0.06
通用设备制造业	0.04	0.06	0.06	0.06	0.05
专用设备制造业	0.20	0.40	0.27	0.34	0.31
交通运输设备制造业	0.66	0.45	0.35	0.34	0.50
电气机械及器材制造业	0.07	0.07	0.07	0.09	0.07
通信设备、计算机及其他电子设备制造业					
仪器仪表及文化、办公用机械制造业	0.01		0.01	0.01	0.01
工艺品及其他制造业	0.01	0.01	0.01	0.04	0.07
废弃资源和废旧材料回收加工业	0.03	0.04	0.02	0.02	0.02
电力、热力的生产和供应业	0.63	0.48	1.43	1.00	1.19
燃气生产和供应业	0.02	0.03	0.03	0.03	0.03
水的生产和供应业	0.01	0.02	0.01	0.01	0.01

7-76 分行业规模以上工业燃料油终端消费量

单位：万吨

行业	2005年	2006年	2007年	2008年	2009年
全部工业企业	**3.91**	**4.72**	**4.90**	**5.11**	**5.16**
轻工业	**0.04**	**0.18**	**0.18**	**0.18**	**0.20**
重工业	**3.87**	**4.55**	**4.72**	**4.93**	**4.96**
煤炭开采和洗选业					
石油和天然气开采业					
黑色金属矿采选业					
有色金属矿采选业					0.03
非金属矿采选业					
其他采矿业					
农副食品加工业		0.02			
食品制造业					
饮料制造业		0.10	0.13	0.12	0.13
烟草制品业					
纺织业					
纺织服装、鞋、帽制造业					
皮革、毛皮、羽毛(绒)及其制品业					
木材加工及木、竹、藤、棕、草制品业					
家具制造业					
造纸及纸制品业					
印刷业和记录媒介的复制					
文教体育用品制造业					

7-76 分行业规模以上工业燃料油终端消费量（续）

单位：万吨

行 业	2005年	2006年	2007年	2008年	2009年
石油加工、炼焦及核燃料加工业					
化学原料及化学制品制造业	0.18	0.21	0.13	0.16	0.08
医药制造业	0.04	0.05	0.05	0.06	0.07
化学纤维制造业					
橡胶制品业					
塑料制品业					
非金属矿物制品业	2.87	3.46	3.66	3.87	4.00
黑色金属冶炼及压延加工业					
有色金属冶炼及压延加工业	0.80	0.86	1.04	0.89	0.84
金属制品业					0.01
通用设备制造业	0.01	0.01			
专用设备制造业					
交通运输设备制造业					
电气机械及器材制造业					
通信设备、计算机及其他电子设备制造业					
仪器仪表及文化、办公用机械制造业					
工艺品及其他制造业					
废弃资源和废旧材料回收加工业					
电力、热力的生产和供应业					
燃气生产和供应业					
水的生产和供应业					

7-77 分行业规模以上工业液化石油气终端消费量

单位：万吨

行　业	2005年	2006年	2007年	2008年	2009年
全部工业企业	**0.08**	**0.10**	**0.13**	**0.26**	**0.23**
轻工业	**0.01**	**0.01**	**0.02**	**0.01**	**0.01**
重工业	**0.07**	**0.08**	**0.11**	**0.24**	**0.22**
煤炭开采和洗选业					
石油和天然气开采业					
黑色金属矿采选业					
有色金属矿采选业					
非金属矿采选业					
其他采矿业					
农副食品加工业					
食品制造业					
饮料制造业					
烟草制品业			0.01	0.01	0.01
纺织业					
纺织服装、鞋、帽制造业					
皮革、毛皮、羽毛(绒)及其制品业					
木材加工及木、竹、藤、棕、草制品业					
家具制造业					
造纸及纸制品业					
印刷业和记录媒介的复制					
文教体育用品制造业					

7-77 分行业规模以上工业液化石油气终端消费量(续)

单位：万吨

行　业	2005年	2006年	2007年	2008年	2009年
石油加工、炼焦及核燃料加工业					
化学原料及化学制品制造业					
医药制造业					
化学纤维制造业					
橡胶制品业					
塑料制品业					
非金属矿物制品业	0.03	0.04	0.03	0.02	0.05
黑色金属冶炼及压延加工业	0.01			0.12	0.08
有色金属冶炼及压延加工业	0.02	0.02	0.04	0.04	0.04
金属制品业			0.04	0.04	0.05
通用设备制造业					
专用设备制造业					
交通运输设备制造业					
电气机械及器材制造业		0.01	0.01		
通信设备、计算机及其他电子设备制造业					
仪器仪表及文化、办公用机械制造业					
工艺品及其他制造业					
废弃资源和废旧材料回收加工业					
电力、热力的生产和供应业				0.01	
燃气生产和供应业	0.01	0.02			
水的生产和供应业					

7-78　分行业规模以上工业其他石油制品终端消费量

单位：万吨

行　业	2005年	2006年	2007年	2008年	2009年
全部工业企业	**2.53**	**2.86**	**4.56**	**4.60**	**4.90**
轻工业	**0.01**	**0.03**	**0.03**	**0.03**	**0.06**
重工业	**2.52**	**2.83**	**4.53**	**4.57**	**4.84**
煤炭开采和洗选业					
石油和天然气开采业					
黑色金属矿采选业					
有色金属矿采选业			0.14	0.11	0.12
非金属矿采选业					
其他采矿业					
农副食品加工业					
食品制造业					
饮料制造业					
烟草制品业					
纺织业	0.01	0.01	0.01	0.01	0.01
纺织服装、鞋、帽制造业					
皮革、毛皮、羽毛(绒)及其制品业					
木材加工及木、竹、藤、棕、草制品业					
家具制造业					
造纸及纸制品业					
印刷业和记录媒介的复制					
文教体育用品制造业					

7-78　分行业规模以上工业其他石油制品终端消费量（续）

单位：万吨

行　业	2005年	2006年	2007年	2008年	2009年
石油加工、炼焦及核燃料加工业					
化学原料及化学制品制造业		0.02	0.02	0.02	0.05
医药制造业					
化学纤维制造业					
橡胶制品业	0.01	0.01			
塑料制品业	0.23	0.06	0.04		
非金属矿物制品业	0.01	0.04	0.12	0.15	
黑色金属冶炼及压延加工业	0.36	1.17	1.04	0.98	1.01
有色金属冶炼及压延加工业	1.86	1.48	3.11	3.25	3.63
金属制品业					
通用设备制造业	0.01	0.01	0.02	0.01	0.01
专用设备制造业					
交通运输设备制造业	0.01	0.02	0.02	0.02	0.02
电气机械及器材制造业	0.04	0.04	0.04	0.04	0.05
通信设备、计算机及其他电子设备制造业					
仪器仪表及文化、办公用机械制造业					
工艺品及其他制造业					
废弃资源和废旧材料回收加工业					
电力、热力的生产和供应业					
燃气生产和供应业					
水的生产和供应业					

7-79 分行业规模以上工业热力终端消费量

单位：万百万千焦

行 业	2005年	2006年	2007年	2008年	2009年
全部工业企业	**65.69**	**964.29**	**875.19**	**416.62**	**271.09**
轻工业	**25.13**	**22.23**	**36.16**	**46.57**	**43.61**
重工业	**40.56**	**942.06**	**839.04**	**370.06**	**227.49**
煤炭开采和洗选业					
石油和天然气开采业					
黑色金属矿采选业					
有色金属矿采选业					
非金属矿采选业					
其他采矿业					
农副食品加工业					
食品制造业					
饮料制造业		3.18	4.49	2.62	
烟草制品业	23.41	16.49	20.16	31.97	30.63
纺织业			0.99	0.61	
纺织服装、鞋、帽制造业					
皮革、毛皮、羽毛(绒)及其制品业					
木材加工及木、竹、藤、棕、草制品业					
家具制造业					
造纸及纸制品业		0.70	2.66	2.65	3.32
印刷业和记录媒介的复制			0.37	0.29	0.63
文教体育用品制造业					

7-79 分行业规模以上工业热力终端消费量（续）

单位：万百万千焦

行 业	2005年	2006年	2007年	2008年	2009年
石油加工、炼焦及核燃料加工业	39.86	37.24	30.24	33.86	27.18
化学原料及化学制品制造业	0.04	904.18	813.36	341.80	204.40
医药制造业	1.72	1.86	1.31	1.40	2.22
化学纤维制造业					
橡胶制品业					
塑料制品业					
非金属矿物制品业					
黑色金属冶炼及压延加工业					
有色金属冶炼及压延加工业			0.99	0.82	2.07
金属制品业					
通用设备制造业					
专用设备制造业					
交通运输设备制造业					
电气机械及器材制造业					
通信设备、计算机及其他电子设备制造业	0.65	0.64	0.63	0.61	0.64
仪器仪表及文化、办公用机械制造业					
工艺品及其他制造业					
废弃资源和废旧材料回收加工业					
电力、热力的生产和供应业					
燃气生产和供应业					
水的生产和供应业					

7-80 分行业规模以上工业电力终端消费量

单位：亿千瓦时

行　业	2005年	2006年	2007年	2008年	2009年
全部工业企业	**400.05**	**461.18**	**531.55**	**559.01**	**599.92**
轻工业	**21.49**	**21.06**	**24.21**	**25.63**	**26.38**
重工业	**378.55**	**440.13**	**507.34**	**533.38**	**573.54**
煤炭开采和洗选业	5.21	5.67	6.44	11.16	9.78
石油和天然气开采业					
黑色金属矿采选业	6.11	7.73	9.40	11.26	12.96
有色金属矿采选业	11.22	16.36	18.16	13.01	17.41
非金属矿采选业	2.94	4.82	5.39	4.30	5.40
其他采矿业					
农副食品加工业	5.23	5.43	7.11	7.52	7.60
食品制造业	0.50	0.79	1.00	0.98	0.92
饮料制造业	1.35	1.09	1.40	1.76	1.86
烟草制品业	4.45	4.38	4.58	4.59	4.73
纺织业	1.75	1.04	0.97	1.05	0.67
纺织服装、鞋、帽制造业	0.02	0.04	0.04	0.03	0.02
皮革、毛皮、羽毛(绒)及其制品业	0.02	0.01			
木材加工及木、竹、藤、棕、草制品业	1.83	2.10	2.41	2.77	2.74
家具制造业	0.01	0.01	0.01	0.01	0.02
造纸及纸制品业	3.97	3.52	4.53	4.80	4.86
印刷业和记录媒介的复制	0.71	0.80	0.77	0.77	0.83
文教体育用品制造业	0.01	0.01			

7-80 分行业规模以上工业电力终端消费量（续）

单位：亿千瓦时

行　业	2005年	2006年	2007年	2008年	2009年
石油加工、炼焦及核燃料加工业	2.22	2.62	4.50	7.73	8.44
化学原料及化学制品制造业	92.77	109.57	110.02	125.55	128.23
医药制造业	0.86	0.95	1.08	1.25	1.76
化学纤维制造业	0.55	0.58	0.58	0.55	0.55
橡胶制品业	0.17	0.19	0.23	0.28	0.34
塑料制品业	1.40	1.47	1.61	2.02	2.38
非金属矿物制品业	40.14	42.53	44.71	45.47	54.46
黑色金属冶炼及压延加工业	53.12	61.98	75.26	78.61	80.57
有色金属冶炼及压延加工业	98.47	116.22	147.76	152.42	159.46
金属制品业	0.40	0.52	0.43	0.62	0.97
通用设备制造业	1.35	1.24	1.41	1.52	1.30
专用设备制造业	0.90	0.54	0.66	0.84	0.94
交通运输设备制造业	1.26	0.94	1.09	1.01	1.40
电气机械及器材制造业	0.58	0.71	0.69	0.80	0.88
通信设备、计算机及其他电子设备制造业	0.06	0.09	0.13	0.18	0.13
仪器仪表及文化、办公用机械制造业	0.26	0.24	0.32	0.27	0.26
工艺品及其他制造业	0.25	0.17	0.18	0.22	0.22
废弃资源和废旧材料回收加工业	0.04	0.05	0.38	0.04	0.06
电力、热力的生产和供应业	58.38	64.96	76.73	73.77	85.76
燃气生产和供应业	0.48	0.48	0.51	0.75	0.77
水的生产和供应业	1.06	1.33	1.02	1.14	1.24

7-81 分行业规模以上工业其他燃料终端消费量

单位：万吨标准煤

行　业	2005年	2006年	2007年	2008年	2009年
全部工业企业	**34.02**	**25.10**	**115.50**	**72.29**	**74.15**
轻工业	**21.58**	**15.50**	**52.25**	**66.85**	**69.26**
重工业	**12.44**	**9.60**	**63.26**	**5.44**	**4.89**
煤炭开采和洗选业				3.02	0.99
石油和天然气开采业					
黑色金属矿采选业	1.11				
有色金属矿采选业	1.62	2.85	2.85	0.04	0.01
非金属矿采选业					
其他采矿业					
农副食品加工业	20.51	14.60	49.85	64.53	66.64
食品制造业			0.01	0.01	0.02
饮料制造业	0.55	0.87	0.32	0.08	0.13
烟草制品业					
纺织业					
纺织服装、鞋、帽制造业					
皮革、毛皮、羽毛(绒)及其制品业					
木材加工及木、竹、藤、棕、草制品业	0.92	1.26	0.58	1.22	1.07
家具制造业					
造纸及纸制品业			2.04	2.21	2.45
印刷业和记录媒介的复制					
文教体育用品制造业					

7-81 分行业规模以上工业其他燃料终端消费量（续）

单位：万吨标准煤

行　业	2005年	2006年	2007年	2008年	2009年
石油加工、炼焦及核燃料加工业			1.00	0.69	1.85
化学原料及化学制品制造业	0.67	0.39	0.15	0.02	0.17
医药制造业	0.47				
化学纤维制造业					
橡胶制品业					
塑料制品业					
非金属矿物制品业	0.19	0.75	0.83	0.37	0.46
黑色金属冶炼及压延加工业	4.52	0.45	56.33	0.02	
有色金属冶炼及压延加工业	3.43	3.89	1.52	0.07	0.32
金属制品业					
通用设备制造业					
专用设备制造业	0.03	0.03			
交通运输设备制造业					
电气机械及器材制造业		0.01			
通信设备、计算机及其他电子设备制造业					
仪器仪表及文化、办公用机械制造业					
工艺品及其他制造业					
废弃资源和废旧材料回收加工业					
电力、热力的生产和供应业					0.05
燃气生产和供应业					
水的生产和供应业					

7-82 分行业规模以上工业煤矸石终端消费量

单位：万吨

行 业	2005年	2006年	2007年	2008年	2009年
全部工业企业		**2.20**	**10.55**	**22.51**	**19.07**
轻工业					
重工业		**2.20**	**10.55**	**22.51**	**19.07**
煤炭开采和洗选业				16.93	5.52
石油和天然气开采业					
黑色金属矿采选业					
有色金属矿采选业			0.07		
非金属矿采选业					
其他采矿业					
农副食品加工业					
食品制造业					
饮料制造业					
烟草制品业					
纺织业					
纺织服装、鞋、帽制造业					
皮革、毛皮、羽毛(绒)及其制品业					
木材加工及木、竹、藤、棕、草制品业					
家具制造业					
造纸及纸制品业					
印刷业和记录媒介的复制					
文教体育用品制造业					

7-82　分行业规模以上工业煤矸石终端消费量（续）

单位：万吨

行　业	2005年	2006年	2007年	2008年	2009年
石油加工、炼焦及核燃料加工业			5.59	3.85	10.36
化学原料及化学制品制造业		0.36	0.87	0.12	0.94
医药制造业					
化学纤维制造业					
橡胶制品业					
塑料制品业					
非金属矿物制品业		0.83	4.02	1.61	2.26
黑色金属冶炼及压延加工业		1.01			
有色金属冶炼及压延加工业					
金属制品业					
通用设备制造业					
专用设备制造业					
交通运输设备制造业					
电气机械及器材制造业					
通信设备、计算机及其他电子设备制造业					
仪器仪表及文化、办公用机械制造业					
工艺品及其他制造业					
废弃资源和废旧材料回收加工业					
电力、热力的生产和供应业					
燃气生产和供应业					
水的生产和供应业					

7-83 分行业规模以上工业生物质能终端消费量

单位：万吨标准煤

行　业	2005年	2006年	2007年	2008年	2009年
全部工业企业		**12.34**	**46.34**	**65.45**	**67.76**
轻工业		**10.81**	**44.74**	**64.63**	**66.81**
重工业		**1.52**	**1.60**	**0.82**	**0.96**
煤炭开采和洗选业					
石油和天然气开采业					
黑色金属矿采选业					
有色金属矿采选业		0.30		0.04	0.01
非金属矿采选业					
其他采矿业					
农副食品加工业		10.41	44.71	64.53	66.64
食品制造业			0.01	0.01	0.02
饮料制造业		0.38	0.01	0.08	0.13
烟草制品业					
纺织业					
纺织服装、鞋、帽制造业					
皮革、毛皮、羽毛(绒)及其制品业					
木材加工及木、竹、藤、棕、草制品业		0.44	0.46	0.73	0.65
家具制造业					
造纸及纸制品业					
印刷业和记录媒介的复制					
文教体育用品制造业					

7-83 分行业规模以上工业生物质能终端消费量（续）

单位：万吨标准煤

行　业	2005年	2006年	2007年	2008年	2009年
石油加工、炼焦及核燃料加工业					
化学原料及化学制品制造业					
医药制造业					
化学纤维制造业					
橡胶制品业					
塑料制品业					
非金属矿物制品业		0.08			
黑色金属冶炼及压延加工业			0.61		
有色金属冶炼及压延加工业		0.72	0.52	0.07	0.32
金属制品业					
通用设备制造业					
专用设备制造业					
交通运输设备制造业					
电气机械及器材制造业					
通信设备、计算机及其他电子设备制造业					
仪器仪表及文化、办公用机械制造业					
工艺品及其他制造业					
废弃资源和废旧材料回收加工业					
电力、热力的生产和供应业					
燃气生产和供应业					
水的生产和供应业					

7-84 分行业规模以上工业工业废料终端消费量

单位：万吨标准煤

行 业	2005年	2006年	2007年	2008年	2009年
全部工业企业		**0.17**	**2.04**	**2.71**	**2.90**
轻工业			**2.04**	**2.21**	**2.45**
重工业		**0.17**		**0.50**	**0.45**
煤炭开采和洗选业					
石油和天然气开采业					
黑色金属矿采选业					
有色金属矿采选业					
非金属矿采选业					
其他采矿业					
农副食品加工业					
食品制造业					
饮料制造业					
烟草制品业					
纺织业					
纺织服装、鞋、帽制造业					
皮革、毛皮、羽毛(绒)及其制品业					
木材加工及木、竹、藤、棕、草制品业		0.17		0.48	0.42
家具制造业					
造纸及纸制品业			2.04	2.21	2.45
印刷业和记录媒介的复制					
文教体育用品制造业					

7-84 分行业规模以上工业工业废料终端消费量（续）

单位：万吨标准煤

行　业	2005年	2006年	2007年	2008年	2009年
石油加工、炼焦及核燃料加工业					
化学原料及化学制品制造业					
医药制造业					
化学纤维制造业					
橡胶制品业					
塑料制品业					
非金属矿物制品业				0.01	0.03
黑色金属冶炼及压延加工业					
有色金属冶炼及压延加工业					
金属制品业					
通用设备制造业					
专用设备制造业					
交通运输设备制造业					
电气机械及器材制造业					
通信设备、计算机及其他电子设备制造业					
仪器仪表及文化、办公用机械制造业					
工艺品及其他制造业					
废弃资源和废旧材料回收加工业					
电力、热力的生产和供应业					
燃气生产和供应业					
水的生产和供应业					

7-85 分行业规模以上工业城市固体垃圾终端消费量

单位：万吨标准煤

行　业	2005年	2006年	2007年	2008年	2009年
全部工业企业					**0.05**
轻工业					
重工业					**0.05**
煤炭开采和洗选业					
石油和天然气开采业					
黑色金属矿采选业					
有色金属矿采选业					
非金属矿采选业					
其他采矿业					
农副食品加工业					
食品制造业					
饮料制造业					
烟草制品业					
纺织业					
纺织服装、鞋、帽制造业					
皮革、毛皮、羽毛(绒)及其制品业					
木材加工及木、竹、藤、棕、草制品业					
家具制造业					
造纸及纸制品业					
印刷业和记录媒介的复制					
文教体育用品制造业					

7-85 分行业规模以上工业城市固体垃圾终端消费量（续）

单位：万吨标准煤

行 业	2005年	2006年	2007年	2008年	2009年
石油加工、炼焦及核燃料加工业					
化学原料及化学制品制造业					
医药制造业					
化学纤维制造业					
橡胶制品业					
塑料制品业					
非金属矿物制品业					
黑色金属冶炼及压延加工业					
有色金属冶炼及压延加工业					
金属制品业					
通用设备制造业					
专用设备制造业					
交通运输设备制造业					
电气机械及器材制造业					
通信设备、计算机及其他电子设备制造业					
仪器仪表及文化、办公用机械制造业					
工艺品及其他制造业					
废弃资源和废旧材料回收加工业					
电力、热力的生产和供应业					0.05
燃气生产和供应业					
水的生产和供应业					

7-86 分地区规模以上工业原煤终端消费量

单位：万吨

地　区	2005年	2006年	2007年	2008年	2009年
云南省	**1255.05**	**1386.16**	**1576.84**	**1782.34**	**1857.17**
昆明市	304.98	340.91	384.87	430.03	421.75
曲靖市	191.04	187.52	202.44	248.37	282.41
玉溪市	141.43	165.89	195.98	193.26	213.63
保山市	24.55	30.43	27.59	32.82	29.87
昭通市	65.25	75.92	87.15	81.05	72.23
丽江市	44.55	37.42	51.08	57.97	62.44
普洱市	41.80	48.88	62.01	61.20	56.73
临沧市	23.23	19.80	23.55	26.56	17.48
楚雄州	42.09	51.70	57.08	56.94	60.13
红河州	185.63	183.91	243.00	357.40	406.72
文山州	38.00	37.05	36.82	51.65	48.14
西双版纳州	6.00	7.42	7.43	6.62	6.28
大理州	126.30	170.08	169.75	152.27	150.40
德宏州	15.10	17.63	19.76	19.22	21.71
怒江州	4.91	11.42	8.14	6.72	7.16
迪庆州	0.19	0.18	0.20	0.27	0.09

7-87 分地区规模以上工业洗精煤终端消费量

单位：万吨

地　区	2005年	2006年	2007年	2008年	2009年
云南省	**17.63**	**27.81**	**31.87**	**28.87**	**30.74**
昆明市	2.51	2.27	4.21	2.80	1.64
曲靖市	0.01	0.16	0.27	1.40	0.29
玉溪市	0.37	0.09	0.09	0.19	2.18
保山市	0.41	0.46	2.28	0.65	0.83
昭通市		0.40	1.71	4.17	7.96
丽江市	0.09	0.09	0.40	0.44	0.26
普洱市					
临沧市	0.29	0.35	0.38	0.24	0.07
楚雄州		1.80	0.22	0.16	0.13
红河州		0.82		2.78	0.12
文山州		0.12	0.23	0.22	0.19
西双版纳州					
大理州	13.80	20.81	21.57	15.18	16.26
德宏州	0.16	0.44	0.52	0.63	0.83
怒江州					
迪庆州					

7-88 分地区规模以上工业其他洗煤终端消费量

单位：万吨

地　区	2005年	2006年	2007年	2008年	2009年
云南省	**6.24**	**7.57**	**11.89**	**16.00**	**14.01**
昆明市	0.99	0.14	1.90	2.57	1.12
曲靖市	0.10		0.01	0.18	1.46
玉溪市	2.36	3.57	3.64	3.28	3.53
保山市	1.95	2.25	1.87	2.01	1.93
昭通市					
丽江市					
普洱市					
临沧市		0.06	0.02	0.24	0.28
楚雄州	0.79	1.54	2.26	1.59	0.76
红河州			0.68	3.09	3.60
文山州				0.04	0.09
西双版纳州	0.06				
大理州			1.50	0.82	
德宏州					
怒江州					
迪庆州				2.16	1.25

7-89 分地区规模以上工业煤制品终端消费量

单位：万吨

地　区	2005年	2006年	2007年	2008年	2009年
云南省	**4.56**	**16.92**	**14.53**	**12.95**	**10.87**
昆明市		0.33	0.36	0.30	0.04
曲靖市	3.45	10.41	3.51	2.04	7.94
玉溪市		0.12	0.08	1.79	1.77
保山市			3.11	2.76	0.16
昭通市					
丽江市					
普洱市					
临沧市					
楚雄州	1.10	6.05	4.24	0.03	0.03
红河州			3.24	6.02	0.94
文山州					
西双版纳州					
大理州					
德宏州					
怒江州					
迪庆州					

7-90 分地区规模以上工业型煤终端消费量

单位：万吨

地　区	2005年	2006年	2007年	2008年	2009年
云南省		**8.68**	**4.60**	**6.03**	**0.97**
昆明市		0.01	0.04	0.02	0.02
曲靖市		8.68	1.19	0.06	
玉溪市				0.02	0.02
保山市					
昭通市					
丽江市					
普洱市					
临沧市					
楚雄州			0.13		
红河州			3.24	5.92	0.93
文山州					
西双版纳州					
大理州					
德宏州					
怒江州					
迪庆州					

7-91 分地区规模以上工业水煤浆终端消费量

单位：万吨

地　区	2005年	2006年	2007年	2008年	2009年
云南省			**0.04**	**0.56**	**0.69**
昆明市					
曲靖市					
玉溪市			0.04	0.56	0.68
保山市					
昭通市					
丽江市					
普洱市					
临沧市					
楚雄州					0.01
红河州					
文山州					
西双版纳州					
大理州					
德宏州					
怒江州					
迪庆州					

7-92　分地区规模以上工业煤粉终端消费量

单位：万吨

地　区	2005年	2006年	2007年	2008年	2009年
云南省		**5.62**	**9.89**	**6.36**	**9.21**
昆明市		0.33	0.32	0.28	0.02
曲靖市		1.62	2.31	1.97	7.94
玉溪市		0.04	0.03	1.21	1.06
保山市			3.11	2.76	0.16
昭通市					
丽江市					
普洱市					
临沧市					
楚雄州		3.63	4.11	0.03	0.03
红河州				0.11	
文山州					
西双版纳州					
大理州					
德宏州					
怒江州					
迪庆州					

7-93 分地区规模以上工业焦炭终端消费量

单位：万吨

地　区	2005年	2006年	2007年	2008年	2009年
云南省	**953.87**	**1073.61**	**1147.20**	**1258.75**	**1172.36**
昆明市	191.23	210.31	205.53	314.34	311.26
曲靖市	270.88	275.59	288.03	271.29	223.33
玉溪市	326.49	376.94	410.80	389.87	380.03
保山市	0.30	0.20	1.02	0.67	1.06
昭通市	3.44	7.42	7.73	6.18	8.31
丽江市	0.92	0.24	0.22	0.16	0.06
普洱市	1.37	1.00	1.07	0.93	0.82
临沧市	0.20	0.05			
楚雄州	48.49	46.95	67.72	87.17	84.89
红河州	83.40	106.51	113.14	137.41	117.74
文山州	16.83	23.83	26.91	25.00	27.39
西双版纳州	1.13	0.63	0.96	0.72	0.69
大理州	8.39	22.26	23.24	22.24	14.21
德宏州	0.01			0.01	0.01
怒江州					
迪庆州	0.80	1.70	0.83	2.78	2.58

7-94　分地区规模以上工业其他焦化产品终端消费量

单位：万吨

地　区	2005年	2006年	2007年	2008年	2009年
云南省	**9.61**	**2.75**	**14.56**	**16.88**	**15.65**
昆明市	4.53	0.84	4.23	3.82	4.65
曲靖市	4.16		6.91	9.90	10.26
玉溪市			0.26		
保山市					
昭通市					
丽江市					
普洱市			0.22	0.14	
临沧市					
楚雄州					
红河州	0.43	0.57	2.00	2.05	0.02
文山州	0.48	0.36	0.10		
西双版纳州					
大理州	0.01	0.58	0.84	0.97	0.72
德宏州		0.41			
怒江州					
迪庆州					

7-95　分地区规模以上工业焦炉煤气终端消费量

单位：亿立方米

地　区	2005年	2006年	2007年	2008年	2009年
云南省	**6.01**	**7.28**	**6.95**	**11.31**	**14.58**
昆明市	5.43	5.57	5.71	4.66	4.71
曲靖市		0.12	0.41	5.89	9.22
玉溪市					
保山市					
昭通市					
丽江市					
普洱市					
临沧市					
楚雄州	0.58	1.60	0.83	0.75	0.65
红河州					
文山州					
西双版纳州					
大理州					
德宏州					
怒江州					
迪庆州					

7-96 分地区规模以上工业高炉煤气终端消费量

单位：亿立方米

地　区	2005年	2006年	2007年	2008年	2009年
云南省	**42.01**	**47.41**	**76.87**	**65.02**	**91.61**
昆明市	42.01	47.41	56.05	51.67	55.49
曲靖市					
玉溪市				13.35	16.38
保山市					
昭通市					
丽江市					
普洱市					
临沧市					
楚雄州					
红河州			20.82		19.74
文山州					
西双版纳州					
大理州					
德宏州					
怒江州					
迪庆州					

7-97 分地区规模以上工业其他煤气终端消费量

单位：亿立方米

地　区	2005年	2006年	2007年	2008年	2009年
云南省	**0.14**	**1.32**	**2.52**	**3.34**	**4.11**
昆明市	0.14	1.32	2.52	3.04	3.27
曲靖市				0.30	
玉溪市					0.08
保山市					
昭通市					
丽江市					
普洱市					
临沧市					
楚雄州					
红河州					0.76
文山州					
西双版纳州					
大理州					
德宏州					
怒江州					
迪庆州					

7-98　分地区规模以上工业天然气终端消费量

单位：亿立方米

地　区	2005年	2006年	2007年	2008年	2009年
云南省	**5.91**	**5.21**	**5.29**	**4.97**	**4.19**
昆明市					
曲靖市	0.13	0.12	0.12	0.01	
玉溪市					
保山市					
昭通市	5.77	5.09	5.16	4.95	4.19
丽江市					
普洱市					
临沧市					
楚雄州					
红河州					
文山州					
西双版纳州					
大理州					
德宏州					
怒江州					
迪庆州					

7-99 分地区规模以上工业原油终端消费量

单位：万吨

地　区	2005年	2006年	2007年	2008年	2009年
云南省	**0.09**	**0.07**	**0.08**	**0.06**	**0.07**
昆明市					
曲靖市					
玉溪市					
保山市					
昭通市					
丽江市					
普洱市	0.09	0.07	0.08	0.06	0.07
临沧市					
楚雄州					
红河州					
文山州					
西双版纳州					
大理州					
德宏州					
怒江州					
迪庆州					

7-100 分地区规模以上工业汽油终端消费量

单位：万吨

地　区	2005年	2006年	2007年	2008年	2009年
云南省	**3.70**	**3.68**	**4.01**	**4.10**	**3.83**
昆明市	1.38	1.26	1.27	1.34	1.36
曲靖市	0.38	0.31	0.39	0.48	0.43
玉溪市	0.34	0.37	0.35	0.36	0.36
保山市	0.19	0.18	0.23	0.10	0.08
昭通市	0.07	0.08	0.10	0.13	0.13
丽江市	0.06	0.03	0.03	0.03	0.04
普洱市	0.10	0.13	0.11	0.12	0.13
临沧市	0.06	0.07	0.09	0.08	0.08
楚雄州	0.12	0.12	0.14	0.15	0.14
红河州	0.44	0.39	0.35	0.42	0.35
文山州	0.11	0.09	0.11	0.12	0.10
西双版纳州	0.03	0.04	0.05	0.04	0.04
大理州	0.31	0.48	0.67	0.60	0.48
德宏州	0.07	0.07	0.06	0.06	0.06
怒江州	0.05	0.06	0.07	0.06	0.03
迪庆州					0.01

7-101 分地区规模以上工业煤油终端消费量

单位：万吨

地 区	2005年	2006年	2007年	2008年	2009年
云南省	**0.18**	**0.23**	**0.25**	**0.21**	**0.16**
昆明市	0.07	0.10	0.12	0.06	0.05
曲靖市	0.02	0.01	0.01	0.01	
玉溪市	0.01	0.03	0.03	0.02	0.02
保山市					
昭通市					
丽江市	0.02	0.02	0.02	0.03	0.02
普洱市		0.01	0.02	0.02	0.01
临沧市					
楚雄州	0.01	0.02	0.01	0.03	0.02
红河州	0.01	0.02	0.03	0.03	0.01
文山州					
西双版纳州					
大理州	0.04	0.03	0.01	0.02	0.01
德宏州					
怒江州					
迪庆州					

7-102 分地区规模以上工业柴油终端消费量

单位：万吨

地　区	2005年	2006年	2007年	2008年	2009年
云南省	**15.14**	**18.28**	**23.05**	**27.22**	**25.81**
昆明市	5.85	7.14	8.50	10.23	10.57
曲靖市	1.25	1.68	2.80	2.95	2.87
玉溪市	2.48	2.67	3.01	3.38	2.35
保山市	0.42	0.35	0.51	0.65	0.60
昭通市	0.16	0.30	0.30	0.84	0.76
丽江市	0.04	0.05	0.13	0.25	0.24
普洱市	0.46	0.44	0.61	1.11	0.90
临沧市	0.19	0.20	0.40	0.37	0.13
楚雄州	0.66	0.41	0.37	0.59	0.69
红河州	1.25	1.37	1.57	1.78	1.90
文山州	0.36	1.30	1.12	1.57	1.80
西双版纳州	0.59	0.38	0.76	0.83	0.83
大理州	0.94	1.32	2.08	1.72	1.44
德宏州	0.34	0.40	0.63	0.66	0.55
怒江州	0.11	0.20	0.25	0.18	0.12
迪庆州	0.03	0.07	0.03	0.11	0.06

7-103　分地区规模以上工业燃料油终端消费量

单位：万吨

地　区	2005年	2006年	2007年	2008年	2009年
云南省	**3.91**	**4.72**	**4.90**	**5.11**	**5.16**
昆明市	3.76	4.64	4.77	4.98	4.88
曲靖市					0.09
玉溪市					
保山市					
昭通市					
丽江市					
普洱市					
临沧市					
楚雄州					
红河州					
文山州					
西双版纳州					
大理州					0.01
德宏州	0.15	0.09	0.13	0.13	0.16
怒江州					
迪庆州					0.03

7-104 分地区规模以上工业液化石油气终端消费量

单位：万吨

地　区	2005年	2006年	2007年	2008年	2009年
云南省	**0.08**	**0.10**	**0.13**	**0.26**	**0.23**
昆明市	0.01	0.03	0.07	0.07	0.06
曲靖市					
玉溪市	0.03	0.03	0.03	0.15	0.11
保山市					
昭通市				0.01	
丽江市					
普洱市					
临沧市					
楚雄州					
红河州	0.03	0.04	0.03		0.03
文山州					
西双版纳州					
大理州				0.02	0.02
德宏州					
怒江州					
迪庆州					

7-105 分地区规模以上工业其他石油制品终端消费量

单位：万吨

地 区	2005年	2006年	2007年	2008年	2009年
云南省	**2.53**	**2.86**	**4.56**	**4.60**	**4.90**
昆明市	0.13	0.18	0.37	0.17	0.24
曲靖市	0.14				
玉溪市					
保山市	0.47	0.30	0.50	0.91	1.14
昭通市					
丽江市					
普洱市					
临沧市	0.38	0.59	0.75	0.68	0.66
楚雄州	0.02	0.01	0.01	0.01	0.01
红河州	0.08	0.03	0.03	0.03	0.04
文山州				0.01	
西双版纳州					
大理州	0.04	0.58	0.28	0.30	0.31
德宏州	1.26	1.17	2.62	2.49	2.49
怒江州					
迪庆州					

7-106 分地区规模以上工业热力终端消费量

单位：万百万千焦

地　区	2005年	2006年	2007年	2008年	2009年
云南省	**65.69**	**964.29**	**875.19**	**416.62**	**271.09**
昆明市	2.37	2.50	10.36	134.67	106.03
曲靖市	39.86	941.42	300.54	262.12	146.53
玉溪市					
保山市					
昭通市					
丽江市					
普洱市					
临沧市				0.91	1.85
楚雄州					
红河州	23.46	16.49	559.79	16.30	16.68
文山州					
西双版纳州					
大理州		3.88	4.49	2.62	
德宏州					
怒江州					
迪庆州					

7-107 分地区规模以上工业电力终端消费量

单位：亿千瓦时

地 区	2005年	2006年	2007年	2008年	2009年
云南省	**400.05**	**461.18**	**531.55**	**559.01**	**599.92**
昆明市	129.16	142.09	153.05	162.06	168.60
曲靖市	64.29	79.16	96.17	111.36	121.32
玉溪市	43.67	51.03	57.07	62.02	65.24
保山市	8.84	10.14	13.34	16.39	19.83
昭通市	10.96	18.68	20.84	20.27	23.33
丽江市	3.34	4.51	5.39	6.06	6.36
普洱市	6.97	6.63	8.39	9.01	9.37
临沧市	4.33	3.87	7.04	7.57	6.91
楚雄州	12.90	14.05	17.33	17.62	18.51
红河州	55.24	65.41	77.47	73.99	83.18
文山州	13.85	18.33	25.90	27.32	30.77
西双版纳州	3.83	2.71	2.04	1.97	2.42
大理州	27.59	23.64	25.22	19.11	20.20
德宏州	8.08	9.52	13.93	13.53	14.16
怒江州	3.65	7.35	6.98	7.04	6.43
迪庆州	3.37	4.08	1.41	3.71	3.30

7-108 分地区规模以上工业其他燃料终端消费量

单位：万吨标准煤

地　区	2005年	2006年	2007年	2008年	2009年
云南省	**34.02**	**25.10**	**115.50**	**72.29**	**74.15**
昆明市	0.03	0.03	55.72	0.02	0.14
曲靖市	0.29	0.30		0.03	1.17
玉溪市	6.68	2.83	2.43	1.76	3.12
保山市	8.50	9.89	9.34	13.72	13.59
昭通市		0.04	0.10	0.07	0.20
丽江市			1.08	3.84	1.94
普洱市	2.96	2.03	10.58	9.53	9.31
临沧市	4.22	1.87	9.52	19.66	20.96
楚雄州			0.07	0.15	0.02
红河州	5.49	0.72	1.28	2.20	3.20
文山州					
西双版纳州	1.28	0.64	5.07	3.64	4.03
大理州	0.18	0.34	0.61		
德宏州	4.38	6.40	19.70	17.65	16.48
怒江州					
迪庆州				0.02	

7-109 分地区规模以上工业煤矸石终端消费量

单位：万吨

地　区	2005年	2006年	2007年	2008年	2009年
云南省		**2.20**	**10.55**	**22.51**	**19.07**
昆明市				0.11	0.46
曲靖市		1.01		0.18	6.53
玉溪市		0.84	3.20	0.18	1.73
保山市		0.16	0.37		
昭通市		0.19	0.55	0.25	0.76
丽江市			6.03	20.60	9.34
普洱市					
临沧市					0.15
楚雄州			0.41	0.85	0.10
红河州					
文山州					
西双版纳州					
大理州					
德宏州					
怒江州					
迪庆州				0.35	

7-110 分地区规模以上工业生物质能终端消费量

单位：万吨标准煤

地　区	2005年	2006年	2007年	2008年	2009年
云南省		**12.34**	**46.34**	**65.45**	**67.76**
昆明市					
曲靖市					
玉溪市		1.95	1.86	1.71	2.79
保山市		1.93	5.13	13.58	13.59
昭通市				0.02	0.06
丽江市				0.16	0.27
普洱市		0.89	4.77	6.83	6.44
临沧市		1.72	9.52	19.66	20.91
楚雄州					
红河州		0.72	1.28	2.20	3.20
文山州					
西双版纳州		0.64	3.47	3.64	4.03
大理州			0.61		
德宏州		4.49	19.70	17.65	16.48
怒江州					
迪庆州					

7-111　分地区规模以上工业工业废料终端消费量

单位：万吨标准煤

地　区	2005年	2006年	2007年	2008年	2009年
云南省		**0.17**	**2.04**	**2.71**	**2.90**
昆明市					
曲靖市					
玉溪市				0.01	0.03
保山市		0.17			
昭通市					
丽江市					
普洱市			2.04	2.70	2.87
临沧市					
楚雄州					
红河州					
文山州					
西双版纳州					
大理州					
德宏州					
怒江州					
迪庆州					

7-112　分地区规模以上工业城市固体垃圾终端消费量

单位：万吨标准煤

地　区	2005年	2006年	2007年	2008年	2009年
云南省					**0.05**
昆明市					0.05
曲靖市					
玉溪市					
保山市					
昭通市					
丽江市					
普洱市					
临沧市					
楚雄州					
红河州					
文山州					
西双版纳州					
大理州					
德宏州					
怒江州					
迪庆州					

7-113 规模以上工业企业能源加工转换投入

能源名称	计量单位	2005年	2006年	2007年	2008年	2009年
原煤	吨	33568992.00	37959334.00	44020447.53	43049172.55	50826645.56
洗精煤	吨	5537084.00	6918481.00	9669860.20	12041637.68	13405049.74
其他洗煤	吨	218107.00	127960.00	287537.50	572345.10	457453.93
煤制品	吨					
型煤	吨					
水煤浆	吨					
煤粉	吨					
焦炭	吨	844173.00	945125.00	1441022.37	39453.57	17821.80
其他焦化产品	吨			6695.00	71457.80	91579.00
焦炉煤气	万立方米	7892.00	12321.00	17979.10	21747.00	37981.77
高炉煤气	万立方米	159596.00	191510.00	217082.04	362571.48	478121.71
其他煤气	万立方米					7957.56
天然气	万立方米					
液化天然气	吨					
原油	吨					
汽油	吨	217.00				
煤油	吨	3.00				
柴油	吨	18091.00	30049.00	22880.36	22281.41	4892.30
燃料油	吨			1144.00		
液化石油气	吨			862.00	1303.00	684.00
炼厂干气	吨					
其他石油制品	吨					
热力	百万千焦					1243772.00
电力	万千瓦时					
其他燃料	吨标准煤	597175.00	725068.00	618701.73	457244.64	490124.93
煤矸石	吨		165689.00	1022424.00	635293.06	821069.00
生物质能	吨标准煤		616644.00	350409.33	207285.47	202575.53
工业废料	吨标准煤		4581.00	48575.00	42422.38	43210.25
城市固体垃圾	吨标准煤				30486.00	48746.00

7-114 规模以上工业企业火力发电投入合计

能源名称	计量单位	2005年	2006年	2007年	2008年	2009年
原煤	吨	20747285.00	27332352.00	31228772.01	25922684.69	33066352.13
洗精煤	吨	1549.00	38.00	77830.00		
其他洗煤	吨	188775.00	127960.00	287537.50	571142.10	449232.68
煤制品	吨					
型煤	吨					
水煤浆	吨					
煤粉	吨					
焦炭	吨	80453.00	13144.00	21528.60	27386.57	16286.80
其他焦化产品	吨					
焦炉煤气	万立方米	7892.00	12321.00	17979.10	21747.00	24838.58
高炉煤气	万立方米	159596.00	191510.00	217082.04	362571.48	478121.71
其他煤气	万立方米					7957.56
天然气	万立方米					
液化天然气	吨					
原油	吨					
汽油	吨	217.00				
煤油	吨	3.00				
柴油	吨	18091.00	30049.00	22880.36	22281.41	4892.30
燃料油	吨					
液化石油气	吨					
炼厂干气	吨					
其他石油制品	吨					
热力	百万千焦					1243772.00
电力	万千瓦时					
其他燃料	吨标准煤	597175.00	725068.00	618701.73	457244.64	490124.93
煤矸石	吨		165689.00	1022424.00	635293.06	821069.00
生物质能	吨标准煤		616644.00	350409.33	207285.47	202575.53
工业废料	吨标准煤		4581.00	48575.00	42422.38	43210.25
城市固体垃圾	吨标准煤				30486.00	48746.00

7-115 规模以上工业企业供热投入合计

能源名称	计量单位	2005年	2006年	2007年	2008年	2009年
原煤	吨	399048.00	9520.00	674010.55	201103.87	121155.68
洗精煤	吨			27018.19		
其他洗煤	吨					
煤制品	吨					
型煤	吨					
水煤浆	吨					
煤粉	吨					
焦炭	吨					
其他焦化产品	吨					
焦炉煤气	万立方米					
高炉煤气	万立方米					
其他煤气	万立方米					
天然气	万立方米					
液化天然气	吨					
原油	吨					
汽油	吨					
煤油	吨					
柴油	吨					
燃料油	吨					
液化石油气	吨					
炼厂干气	吨					
其他石油制品	吨					
热力	百万千焦					
电力	万千瓦时					
其他燃料	吨标准煤					
煤矸石	吨					
生物质能	吨标准煤					
工业废料	吨标准煤					
城市固体垃圾	吨标准煤					

7-116 规模以上工业企业原煤入洗投入合计

能源名称	计量单位	2005年	2006年	2007年	2008年	2009年
原煤	吨	7119004.00	6306591.00	7861034.87	11857094.21	12483413.90
洗精煤	吨					
其他洗煤	吨					
煤制品	吨					
型煤	吨					
水煤浆	吨					
煤粉	吨					
焦炭	吨					
其他焦化产品	吨					
焦炉煤气	万立方米					
高炉煤气	万立方米					
其他煤气	万立方米					
天然气	万立方米					
液化天然气	吨					
原油	吨					
汽油	吨					
煤油	吨					
柴油	吨					
燃料油	吨					
液化石油气	吨					
炼厂干气	吨					
其他石油制品	吨					
热力	百万千焦					
电力	万千瓦时					
其他燃料	吨标准煤					
煤矸石	吨					
生物质能	吨标准煤					
工业废料	吨标准煤					
城市固体垃圾	吨标准煤					

7-117 规模以上工业企业炼焦投入合计

能源名称	计量单位	2005年	2006年	2007年	2008年	2009年
原煤	吨	5122554.00	4237922.00	4167744.10	5063350.78	5155723.85
洗精煤	吨	4824057.00	6295146.00	8822955.40	10731656.68	11851511.74
其他洗煤	吨	29332.00			1203.00	8221.25
煤制品	吨					
型煤	吨					
水煤浆	吨					
煤粉	吨					
焦炭	吨					
其他焦化产品	吨			6695.00	2544.00	3052.00
焦炉煤气	万立方米					
高炉煤气	万立方米					
其他煤气	万立方米					
天然气	万立方米					
液化天然气	吨					
原油	吨					
汽油	吨					
煤油	吨					
柴油	吨					
燃料油	吨					
液化石油气	吨					
炼厂干气	吨					
其他石油制品	吨					
热力	百万千焦					
电力	万千瓦时					
其他燃料	吨标准煤					
煤矸石	吨					
生物质能	吨标准煤					
工业废料	吨标准煤					
城市固体垃圾	吨标准煤					

7-118 规模以上工业企业制气投入合计

能源名称	计量单位	2005年	2006年	2007年	2008年	2009年
原煤	吨	152747.00	6584.00	88886.00	4939.00	
洗精煤	吨	711478.00	623297.00	742056.61	1309981.00	1553538.00
其他洗煤	吨					
煤制品	吨					
型煤	吨					
水煤浆	吨					
煤粉	吨					
焦炭	吨	763720.00	931981.00	1419493.77	12067.00	1535.00
其他焦化产品	吨				53201.00	88527.00
焦炉煤气	万立方米					13143.19
高炉煤气	万立方米					
其他煤气	万立方米					
天然气	万立方米					
液化天然气	吨					
原油	吨					
汽油	吨					
煤油	吨					
柴油	吨					
燃料油	吨					
液化石油气	吨			862.00	1303.00	684.00
炼厂干气	吨					
其他石油制品	吨					
热力	百万千焦					
电力	万千瓦时					
其他燃料	吨标准煤					
煤矸石	吨					
生物质能	吨标准煤					
工业废料	吨标准煤					
城市固体垃圾	吨标准煤					

7-119 规模以上工业企业加工型煤投入合计

能源名称	计量单位	2005年	2006年	2007年	2008年	2009年
原煤	吨	28354.00	66365.00			
洗精煤	吨					
其他洗煤	吨					
煤制品	吨					
型煤	吨					
水煤浆	吨					
煤粉	吨					
焦炭	吨					
其他焦化产品	吨					
焦炉煤气	万立方米					
高炉煤气	万立方米					
其他煤气	万立方米					
天然气	万立方米					
液化天然气	吨					
原油	吨					
汽油	吨					
煤油	吨					
柴油	吨					
燃料油	吨					
液化石油气	吨					
炼厂干气	吨					
其他石油制品	吨					
热力	百万千焦					
电力	万千瓦时					
其他燃料	吨标准煤					
煤矸石	吨					
生物质能	吨标准煤					
工业废料	吨标准煤					
城市固体垃圾	吨标准煤					

7-120 规模以上工业企业回收能利用合计

能源名称	计量单位	2005年	2006年	2007年	2008年	2009年
原煤	吨					
洗精煤	吨					
其他洗煤	吨					
煤制品	吨					
型煤	吨					
水煤浆	吨					
煤粉	吨					
焦炭	吨					
其他焦化产品	吨					
焦炉煤气	万立方米					
高炉煤气	万立方米			93521.04	1008806.67	1265961.29
其他煤气	万立方米				31851.72	38158.28
天然气	万立方米					
液化天然气	吨					
原油	吨					
汽油	吨					
煤油	吨					
柴油	吨					
燃料油	吨					
液化石油气	吨					
炼厂干气	吨					
其他石油制品	吨					
热力	百万千焦					1243772.00
电力	万千瓦时					
其他燃料	吨标准煤			1351726.62	988969.90	1159590.31
煤矸石	吨			138568.00	642924.09	979776.86
生物质能	吨标准煤			698617.70	756971.74	792317.96
工业废料	吨标准煤			69014.63	70161.98	67707.66
城市固体垃圾	吨标准煤					

八、能源平衡表

8-1　2005年云南省

指标名称	煤合计 万吨	原煤 万吨	洗精煤 万吨	其它洗煤 万吨
甲	1	2	3	4
一.可供本地区消费的能源量	**6681.53**	**6550.89**	**138.79**	**-7.96**
1.年初库存量	261.48	206.63	49.02	5.59
2.一次能源生产量	6462.14	6462.14		
3.回收能				
4.外省（区、市）调入量	832.33	509.35	303.16	19.82
5.进 口 量				
6.我轮.机在外国加油量				
7.本省（区、市）调出量（一）	-585.09	-405.73	-169.33	-10.03
8.出 口 量(-)				
9.外轮.机在我国加油量(-)				
10.年末库存量(-)	-289.33	-221.50	-44.06	-23.34
二.加工转换投入(-)产出(+)量	**-4053.53**	**-4136.45**	**-67.57**	**140.01**
1.火力发电	-2009.58	-1975.55	-0.15	-33.88
2.供　　热	-39.91	-39.91		
3.煤 炭 洗 选	-293.18	-1020.80	550.80	176.82
4.炼　　焦	-1624.50	-1074.50	-547.07	-2.93
5.炼　　油				
6.制　　气	-86.42	-15.27	-71.15	
其中：焦炭再投入量(-)				
7.煤制品加工	0.06	-10.42		
三.损 失 量				
其中：运输和输配损失				
四.终端消费量	**2628.00**	**2414.43**	**71.22**	**132.06**
(一)第一产业	196.71	196.71		
1.农.林.牧.渔业	196.71	196.71		
(二)第二产业	1954.42	1808.17	71.22	71.27
1.工　　业	1928.46	1782.89	71.22	70.59
#用作原料.材料		197.26	0.59	1.95
2.建 筑 业	25.96	25.28		0.68
(三)第三产业	89.34	88.87		0.47
1.交通运输.仓储和邮政业	28.20	27.73		0.47
2.批发、零售业和住宿、餐饮业	28.67	28.67		
3.其他	32.47	32.47		
(四)生活消费	387.53	320.68		60.32
1. 城　　镇	70.82	45.31		22.67
2. 乡　　村	316.71	275.37		37.65
五.平衡差额（+、-）		**0.01**		**-0.01**
六.消费量合计	**6681.53**	**6550.88**	**689.59**	**168.87**

地区能源平衡表（实物量）

煤制品 万吨	焦炭 万吨	焦炉煤气 亿立方米	其它煤气 亿立方米	石油合计 万吨	原油 万吨	汽油 万吨
5	6	7	8	9	10	11
-0.19	**9.66**			**457.88**	**0.07**	**122.91**
0.24	38.71			21.01	0.03	7.11
				0.09	0.09	
				0.01		
	131.88			472.83		126.89
				0.31		
	-85.01			-12.73		-0.24
				-0.31		
-0.43	-75.92			-23.33	-0.05	-10.85
10.48	**1129.30**	**7.92**	**48.40**	**-1.81**	**0.00**	
	-8.05	-0.79	-15.96	-1.81		
	1213.72					
				0.00	0.00	
		8.71	64.36			
	-76.37					
10.48						
			5.88			
10.29	**1138.94**	**8.05**	**42.52**	**456.10**	**0.07**	**122.95**
	0.41			20.11		6.33
	0.41			20.11		6.33
3.76	1135.41	6.03	42.14	52.28	0.07	9.33
3.76	1133.84	6.03	42.14	34.42	0.07	5.28
	69.87			1.19		
	1.57			17.86		4.05
	2.62			357.53		97.01
	0.61			337.99		89.03
	0.34			7.48		2.95
	1.67			12.06		5.03
6.53	0.50	2.02	0.38	26.18		10.28
2.84	0.25	2.02	0.38	15.12		8.41
3.69	0.25			11.06		1.87
	0.02	**-0.13**		**-0.03**	**0.00**	**-0.04**
10.29	**1223.36**	**8.84**	**64.36**	**457.91**	**0.07**	**122.95**

8-1 2005年云南省地

指标名称	煤油 万吨	柴油 万吨	燃料油 万吨	液化石油气 万吨
甲	12	13	14	15
一. 可供本地区消费的能源量	**28.71**	**283.90**	**3.91**	**12.28**
1. 年初库存量	0.77	10.78	0.86	0.19
2. 一次能源生产量				
3. 回收能				
4. 外省（区、市）调入量	28.65	294.40	3.91	12.71
5. 进 口 量				
6. 我轮. 机在外国加油量	0.31			
7. 本省（区、市）调出量（－）	-0.02	-12.47		
8. 出 口 量(-)				
9. 外轮. 机在我国加油量(-)	-0.31			
10. 年末库存量(-)	-0.69	-8.81	-0.86	-0.62
二. 加工转换投入(-)产出(+)量		**-1.81**		
1. 火力发电		-1.81		
2. 供 热				
3. 煤 炭 洗 选				
4. 炼 焦				
5. 炼 油				
6. 制 气				
其中：焦炭再投入量(-)				
7. 煤制品加工				
三. 损 失 量				
其中：运输和输配损失				
四. 终端消费量	**28.71**	**282.09**	**3.91**	**12.28**
(一) 第一产业	0.43	13.35		
1. 农. 林. 牧. 渔业	0.43	13.35		
(二) 第二产业	0.85	34.42	3.91	0.29
1. 工 业	0.57	20.89	3.91	0.29
#用作原料. 材料			0.05	
2. 建 筑 业	0.28	13.53		
(三) 第三产业	27.40	227.27		3.17
1. 交通运输. 仓储和邮政业	26.82	219.58		
2. 批发、零售业和住宿、餐饮业	0.01	1.35		3.05
3. 其他	0.57	6.34		0.12
(四) 生活消费	0.03	7.05		8.82
1. 城 镇	0.03	2.17		4.51
2. 乡 村		4.88		4.31
五. 平衡差额（+、-）				
六. 消费量合计	**28.71**	**283.90**	**3.91**	**12.28**

区能源平衡表（实物量）(续)

炼厂干气 万吨	天然气 亿立方米	其它石油制品 万吨	其它焦化产品 万吨	热力 万百万千焦	电力 亿千瓦时	其它能源 万吨标煤
16	17	18	19	20	21	22
0.01	**6.12**	**6.09**	**-0.26**		**282.23**	**236.09**
		1.27	0.48			0.77
	0.22				349.19	236.05
0.01						
	5.90	6.27			1.31	
					-65.00	
					-3.27	
		-1.45	-0.74			-0.73
			17.78	**496.68**	**275.01**	**-59.72**
					275.01	-59.72
				496.68		
			17.78			
					51.57	
					51.57	
	6.12	**6.09**	**17.62**	**497.32**	**505.68**	**176.37**
					8.79	64.58
					8.79	64.58
	5.92	3.41	17.02	497.32	383.36	70.15
	5.92	3.41	16.42	497.32	374.37	70.15
	5.77	1.14	3.47			4.42
			0.60		8.99	
		2.68	0.60		40.05	
		2.56			15.20	
		0.12	0.60		3.50	
					21.35	
	0.20				73.48	41.64
	0.20				53.19	0.73
					20.29	40.91
0.01			**-0.10**	**-0.64**	**-0.01**	
	6.12	**6.09**	**17.62**	**497.32**	**557.25**	**236.09**

8-2　2005年云南省地区能源

指标名称	煤合计	原煤	洗精煤	其它洗煤	煤制品
甲	YC	1	2	3	4
一.可供本地区消费的能源量	**3873.89**	**3753.28**	**124.91**	**-4.18**	**-0.11**
1.年初库存量	194.79	147.60	44.12	2.94	0.14
2.一次能源生产量	3689.88	3689.88			
3.回收能					
4.外省（区、市）调入量	647.08	363.83	272.84	10.41	
5.进 口 量					
6.我轮.机在外国加油量					
7.本省（区、市）调出量（一）	-447.48	-289.81	-152.40	-5.27	
8.出 口 量(-)					
9.外轮.机在我国加油量(-)					
10.年末库存量(-)	-210.39	-158.22	-39.65	-12.26	-0.26
二.加工转换投入(-)产出(+)量	**-2532.84**	**-2551.85**	**-60.81**	**73.53**	**6.29**
1.火力发电	-1026.25	-1008.32	-0.14	-17.79	
2.供　　热	-28.51	-28.51			
3.煤 炭 洗 选	-140.57	-729.16	495.72	92.87	
4.炼　　焦	-1261.42	-767.52	-492.36	-1.54	
5.炼　　油					
6.制　　气	-74.94	-10.91	-64.04		
其中：焦炭再投入量(-)					
7.煤制品加工	-1.16	-7.44			6.29
三.损 失 量					
其中：运输和输配损失					
四.终端消费量	**1341.05**	**1201.42**	**64.10**	**69.36**	**6.17**
(一)第一产业	97.88	97.88			
1.农.林.牧.渔业	97.88	97.88			
(二)第二产业	1003.53	899.74	64.10	37.43	2.26
1.工　　业	990.59	887.17	64.10	37.07	2.26
#用作原料.材料	99.71	98.16	0.53	1.02	
2.建 筑 业	12.94	12.58		0.36	
(三)第三产业	44.47	44.22		0.25	
1.交通运输.仓储和邮政业	14.05	13.80		0.25	
2.批发、零售业和住宿、餐饮业	14.27	14.27			
3.其他	16.16	16.16			
(四)生活消费	195.17	159.57		31.68	3.92
1. 城　　镇	36.16	22.55		11.91	1.70
2. 乡　　村	159.01	137.02		19.77	2.21
五.平衡差额 (+、-)	**0.00**	**0.00**		**-0.01**	
六.消费量合计					

平衡表（标准量，万吨标准煤）

焦炭	焦炉煤气	其它煤气	石油合计	原油	汽油	煤油	柴油
5	6	7	Y0	8	9	10	11
9.38			**671.25**	**0.10**	**180.85**	**42.24**	**413.67**
37.60			30.51	0.04	10.46	1.13	15.71
			0.13	0.13			
			0.02				
128.11			693.17		186.71	42.16	428.97
			0.46			0.46	
-82.58			-18.55		-0.35	-0.03	-18.17
			-0.46			-0.46	
-73.75			-34.02	-0.07	-15.96	-1.02	-12.84
1097.00	**48.65**	**62.19**	**-2.64**	**0.00**			**-2.64**
-7.82	-4.85	-20.51	-2.64				-2.64
1179.01							
			0.00	0.00			
	53.51	82.70					
-74.19							
		7.56					
1106.37	**49.45**	**54.64**	**668.66**	**0.10**	**180.91**	**42.24**	**411.03**
0.40			29.40		9.31	0.63	19.45
0.40			29.40		9.31	0.63	19.45
1102.94	37.04	54.15	75.65	0.10	13.73	1.25	50.15
1101.41	37.04	54.15	49.56	0.10	7.77	0.84	30.44
67.87			1.51				
1.53			26.09		5.96	0.41	19.71
2.55			523.05		142.74	40.32	331.16
0.59			493.66		131.00	39.46	319.95
0.33			11.70		4.34	0.01	1.97
1.62			17.68		7.40	0.84	9.24
0.49	12.41	0.49	40.56		15.13	0.04	10.27
0.24	12.41	0.49	23.31		12.37	0.04	3.16
0.24			17.25		2.75		7.11
0.02	**-0.80**		**-0.04**	**0.00**	**-0.06**		

8-2　2005年云南省地区能源平

指标名称	燃料油	液化石油气	炼厂干气	天然气	其它石油制品
甲	12	13	14	15	16
一.可供本地区消费的能源量	**5.59**	**21.05**	**0.02**	**81.40**	**7.73**
1.年初库存量	1.23	0.33			1.61
2.一次能源生产量				2.93	
3.回收能			0.02		
4.外省（区、市）调入量	5.59	21.79		78.47	7.96
5.进 口 量					
6.我轮.机在外国加油量					
7.本省（区、市）调出量（一）					
8.出 口 量(-)					
9.外轮.机在我国加油量(-)					
10.年末库存量(-)	-1.23	-1.06			-1.84
二.加工转换投入(-)产出(+)量					
1.火力发电					
2.供　热					
3.煤 炭 洗 选					
4.炼　焦					
5.炼　油					
6.制　气					
其中：焦炭再投入量(-)					
7.煤制品加工					
三.损 失 量					
其中：运输和输配损失					
四.终端消费量	**5.59**	**21.05**		**81.40**	**7.73**
(一)第一产业					
1.农.林.牧.渔业					
(二)第二产业	5.59	0.50		78.74	4.33
1.工　业	5.59	0.50		78.74	4.33
#用作原料.材料	0.06			76.74	1.45
2.建 筑 业					
(三)第三产业		5.43			3.40
1.交通运输.仓储和邮政业					3.25
2.批发、零售业和住宿、餐饮业		5.23			0.15
3.其他		0.21			
(四)生活消费		15.12		2.66	
1. 城　镇		7.73		2.66	
2. 乡　村		7.39			
五.平衡差额（+、-）			**0.02**		
六.消费量合计					

衡表（标准量，万吨标准煤）（续）

其它焦化产品	热力		电力		其它能源	合计	
	当量值	等价值	当量值	等价值		当量值	等价值
17	18	19	20	21	22	23	24
-0.30			**346.86**	**1151.24**	**236.09**	**5218.58**	**6022.95**
0.55					0.77	264.23	264.23
			429.15	1424.37	236.05	4358.14	5353.36
						0.02	0.02
			1.61	5.34		1548.44	1552.17
						0.46	0.46
			-79.89	-265.14		-628.49	-813.75
			-4.02	-13.34		-4.02	-13.34
						-0.46	-0.46
-0.85					-0.73	-319.74	-319.74
20.45	**16.94**	**28.51**	**337.99**	**1121.79**	**-59.72**	**-1011.98**	**-216.61**
			337.99	1121.79	-59.72	-783.80	0.00
	16.94	28.51				-11.57	0.00
						-140.57	-140.57
20.45						-61.96	-61.96
						0.00	0.00
						61.27	61.27
						-74.19	-74.19
						-1.16	-1.16
			63.38	**210.36**		**70.94**	**217.91**
			63.38	210.36		63.38	210.36
20.26	**16.96**	**28.54**	**621.48**	**2062.71**	**176.37**	**4136.63**	**5589.45**
			10.80	35.86	64.58	203.06	228.12
			10.80	35.86	64.58	203.06	228.12
19.57	16.96	28.54	471.15	1563.76	70.15	2929.87	4034.07
18.88	16.96	28.54	460.10	1527.09	70.15	2877.59	3956.16
3.99					4.42	254.24	254.24
0.69			11.05	36.67		52.29	77.91
0.69			49.22	163.37		619.97	734.12
			18.68	62.00		526.98	570.30
0.69			4.30	14.28		31.29	41.27
			26.24	87.09		61.70	122.55
			90.31	299.73	41.64	383.72	593.14
			65.37	216.97	0.73	141.37	292.96
			24.94	82.76	40.91	242.35	300.18
-0.12	**-0.02**	**-0.04**	**-0.01**	**-0.04**		**-0.97**	**-1.01**
						5219.55	**6023.97**

8-3 2006年云南省地区能

指标名称	煤合计 万吨	原煤 万吨	洗精煤 万吨	其它洗煤 万吨
甲	1	2	3	4
一.可供本地区消费的能源量	**7481.98**	**7355.16**	**129.31**	**-1.91**
1.年初库存量	289.33	221.50	44.06	23.34
2.一次能源生产量	7339.08	7339.08		
3.回收能				
4.外省（区、市）调入量	829.04	503.58	307.21	18.25
5.进 口 量				
6.我轮.机在外国加油量				
7.本省（区、市）调出量（一）	-611.34	-427.60	-165.42	-18.32
8.出 口 量(-)				
9.外轮.机在我国加油量(-)				
10.年末库存量(-)	-364.13	-281.40	-56.54	-25.18
二.加工转换投入(-)产出(+)量	**-4822.51**	**-4928.66**	**-51.80**	**133.60**
1.火力发电	-2781.68	-2735.88		-45.80
2.供 热	-7.56	-7.56		
3.煤 炭 洗 选	-302.36	-1214.99	733.23	179.40
4.炼 焦	-1666.09	-946.91	-719.18	
5.炼 油				
6.制 气	-66.51	-0.66	-65.85	
其中：焦炭再投入量(-)				
7.煤制品加工	1.69	-22.66		
三.损 失 量				
其中：运输和输配损失				
四.终端消费量	**2659.49**	**2426.51**	**77.51**	**131.69**
(一)第一产业	200.64	200.64		
1.农.林.牧.渔业	200.64	200.64		
(二)第二产业	2023.45	1857.27	77.51	71.74
1.工 业	1996.95	1831.49	77.51	71.03
#用作原料.材料		197.89	1.53	1.88
2.建 筑 业	26.50	25.79		0.71
(三)第三产业	79.98	79.98		
1.交通运输.仓储和邮政业	24.96	24.96		
2.批发、零售业和住宿、餐饮业	25.80	25.80		
3.其他	29.22	29.22		
(四)生活消费	355.42	288.61		59.95
1. 城 镇	66.16	40.78		22.40
2. 乡 村	289.26	247.83		37.55
五.平衡差额（+、-）	**-0.02**	**-0.01**	**0.00**	**0.00**
六.消费量合计	**7482.00**	**7355.17**	**862.54**	**177.49**

源平衡表（实物量）

煤制品 万吨	焦炭 万吨	焦炉煤气 亿立方米	其它煤气 亿立方米	石油合计 万吨	原油 万吨	汽油 万吨
5	6	7	8	9	10	11
-0.58	**18.34**			**520.62**	**0.07**	**128.11**
0.43	75.92			23.33	0.05	10.85
				0.08	0.08	
				0.01		
	131.88			535.47		127.38
				0.37		
	-91.85			-14.99		-0.26
				-0.37		
-1.01	-97.61			-23.28	-0.06	-9.86
24.35	**1139.15**	**5.79**	**48.95**	**-3.00**		
	-1.31	-2.06	-19.15	-3.00		
	1233.67					
		7.86	68.10			
	-93.20					
24.35						
23.77	**1157.49**	**5.79**	**49.03**	**517.61**	**0.07**	**128.12**
	0.42			21.60		6.53
	0.42			21.60		6.53
16.92	1153.80	3.57	48.73	58.97	0.07	9.83
16.92	1152.26	3.57	48.73	37.74	0.07	5.47
3.67	97.02			1.79		
	1.54			21.23		4.36
	2.75			408.08		100.45
	0.64			384.96		91.67
	0.36			8.88		3.25
	1.75			14.24		5.53
6.86	0.53	2.22	0.30	28.96		11.31
2.98	0.26	2.22	0.30	16.71		9.25
3.87	0.26			12.25		2.06
0.00	**0.01**	**0.00**	**-0.08**	**0.00**	**0.00**	**0.00**
23.77	**1252.01**	**7.85**	**68.18**	**520.61**	**0.07**	**128.12**

指标名称	煤油 万吨	柴油 万吨	燃料油 万吨	液化石油气 万吨
甲	12	13	14	15
一.可供本地区消费的能源量	**35.06**	**331.65**	**4.73**	**13.83**
1.年初库存量	0.69	8.81	0.86	0.62
2.一次能源生产量				
3.回收能				
4.外省（区、市）调入量	36.26	346.40	4.57	13.83
5.进 口 量				
6.我轮.机在外国加油量	0.37			
7.本省（区、市）调出量（－）	-0.02	-14.70		
8.出 口 量(-)				
9.外轮.机在我国加油量(-)	-0.37			
10.年末库存量(-)	-1.87	-8.85	-0.70	-0.62
二.加工转换投入(-)产出(+)量		**-3.00**		
1.火力发电		-3.00		
2.供　　热				
3.煤 炭 洗 选				
4.炼　　焦				
5.炼　　油				
6.制　　气				
其中：焦炭再投入量(-)				
7.煤制品加工				
三.损 失 量				
其中：运输和输配损失				
四.终端消费量	**35.06**	**328.66**	**4.72**	**13.83**
(一)第一产业	0.45	14.62		
1.农.林.牧.渔业	0.45	14.62		
(二)第二产业	0.88	39.00	4.72	0.31
1.工　　业	0.57	22.44	4.72	0.31
#用作原料.材料	0.03	0.11	0.05	
2.建 筑 业	0.31	16.56		
(三)第三产业	33.71	267.28		3.64
1.交通运输.仓储和邮政业	33.10	257.32		
2.批发、零售业和住宿、餐饮业	0.01	1.99		3.51
3.其他	0.60	7.97		0.13
(四)生活消费	0.02	7.76		9.88
1. 城　　镇	0.02	2.39		5.05
2. 乡　　村		5.37		4.83
五.平衡差额（+、-）	**0.00**	**-0.01**	**0.00**	**0.00**
六.消费量合计	**35.06**	**331.66**	**4.72**	**13.83**

区能源平衡表（实物量）(续)

炼厂干气 万吨	天然气 亿立方米	其它石油制品 万吨	其它焦化产品 万吨	热力 万百万千焦	电力 亿千瓦时	其它能源 万吨标煤
16	17	18	19	20	21	22
0.01	**5.45**	**7.16**	**-15.13**		**247.70**	**135.87**
		1.45	0.74			0.73
	0.24				355.72	136.01
0.01						
	5.21	7.03			8.91	
			-15.10		-109.32	
					-7.61	
		-1.32	-0.77			-0.87
			34.95	**150.53**	**397.91**	**-20.29**
					397.91	-20.29
				150.53		
			34.95			
					65.33	
					65.33	
	5.45	**7.16**	**19.82**	**150.53**	**580.29**	**115.58**
					14.50	6.78
					14.50	6.78
	5.25	4.16	19.25	150.53	452.68	60.65
	5.25	4.16	18.68	150.53	441.58	60.65
	5.21	1.60	3.47			4.42
			0.57		11.10	
		3.00	0.57		36.40	
		2.87			12.57	
		0.13	0.57		8.10	
					15.73	
	0.20				76.71	48.15
	0.20				52.06	0.51
					24.65	47.64
0.01	**0.00**	**0.00**	**0.00**		**-0.01**	**0.00**
	5.45	**7.16**	**19.82**	**150.53**	**645.62**	**135.87**

8-4 2006年云南省地区能源

指标名称	煤合计	原煤	洗精煤	其它洗煤	煤制品
甲	YC	1	2	3	4
一.可供本地区消费的能源量	**4700.23**	**4585.20**	**116.38**	**-1.00**	**-0.35**
1.年初库存量	210.39	158.22	39.65	12.26	0.26
2.一次能源生产量	4573.72	4573.72			
3.回收能					
4.外省（区、市）调入量	645.78	359.71	276.49	9.58	
5.进口量					
6.我轮.机在外国加油量					
7.本省（区、市）调出量（一）	-463.93	-305.43	-148.88	-9.62	
8.出口量(-)					
9.外轮.机在我国加油量(-)					
10.年末库存量(-)	-265.72	-201.00	-50.89	-13.22	-0.61
二.加工转换投入(-)产出(+)量	**-2964.48**	**-3002.64**	**-46.62**	**70.17**	**14.61**
1.火力发电	-1460.39	-1436.34		-24.05	
2.供热	-5.40	-5.40			
3.煤炭洗选	-113.74	-867.87	659.91	94.22	
4.炼焦	-1323.64	-676.38	-647.26		
5.炼油					
6.制气	-59.74	-0.47	-59.26		
其中：焦炭再投入量(-)					
7.煤制品加工	-1.58	-16.19			14.61
三.损失量					
其中：运输和输配损失					
四.终端消费量	**1735.76**	**1582.57**	**69.76**	**69.17**	**14.26**
(一)第一产业	130.86	130.86			
1.农.林.牧.渔业	130.86	130.86			
(二)第二产业	1328.90	1211.31	69.76	37.68	10.15
1.工业	1311.71	1194.49	69.76	37.30	10.15
#用作原料.材料	133.62	129.06	1.37	0.99	2.20
2.建筑业	17.19	16.82		0.37	
(三)第三产业	52.16	52.16			
1.交通运输.仓储和邮政业	16.28	16.28			
2.批发、零售业和住宿、餐饮业	16.83	16.83			
3.其他	19.06	19.06			
(四)生活消费	223.83	188.23		31.49	4.11
1.城镇	40.15	26.60		11.76	1.79
2.乡村	183.68	161.64		19.72	2.32
五.平衡差额（+、-）	**-0.01**	**-0.01**	**0.00**	**0.00**	**0.00**
六.消费量合计					

平衡表（标准量，万吨标准煤）

焦炭	焦炉煤气	其它煤气	石油合计	原油	汽油	煤油	柴油
5	6	7	Y0	8	9	10	11
17.82			**763.01**	**0.10**	**188.50**	**51.58**	**483.25**
73.75			34.02	0.07	15.96	1.02	12.84
			0.11	0.11			
			0.02				
128.11			784.68		187.43	53.35	504.73
			0.54			0.54	
-89.22			-21.84		-0.38	-0.03	-21.43
			-0.54			-0.54	
-94.81			-33.98	-0.09	-14.51	-2.75	-12.89
1106.57	**35.59**	**62.90**	**-4.38**				**-4.38**
-1.28	-12.67	-24.61	-4.38				-4.38
1198.38							
	48.26	87.51					
-90.53							
1124.39	**35.58**	**63.01**	**758.62**	**0.10**	**188.51**	**51.58**	**478.88**
0.41			31.57		9.61	0.66	21.30
0.41			31.57		9.61	0.66	21.30
1120.80	21.93	62.62	85.24	0.10	14.46	1.29	56.83
1119.31	21.93	62.62	54.24	0.10	8.05	0.84	32.70
94.25			2.29			0.04	0.16
1.49			31.00		6.42	0.45	24.13
2.67			596.90		147.80	49.60	389.45
0.62			562.17		134.88	48.70	374.94
0.35			13.87		4.77	0.01	2.90
1.70			20.86		8.14	0.88	11.61
0.51	13.65	0.39	44.90		16.64	0.03	11.30
0.25	13.65	0.39	25.78		13.61	0.03	3.48
0.25			19.12		3.03		7.82
0.00	**0.01**	**-0.10**	**0.01**	**0.00**	**-0.01**	**0.00**	**-0.01**

8-4 2006年云南省地区能源平

指标名称	燃料油	液化石油气	炼厂干气	天然气	其它石油制品
甲	12	13	14	15	16
一.可供本地区消费的能源量	**6.75**	**23.71**	**0.02**	**72.48**	**9.09**
1.年初库存量	1.23	1.06			1.84
2.一次能源生产量				3.18	
3.回收能			0.02		
4.外省（区、市）调入量	6.53	23.71		69.29	8.93
5.进 口 量					
6.我轮.机在外国加油量					
7.本省（区、市）调出量（一）					
8.出 口 量(-)					
9.外轮.机在我国加油量(-)					
10.年末库存量(-)	-1.01	-1.06			-1.68
二.加工转换投入(-)产出(+)量					
1.火力发电					
2.供　　热					
3.煤 炭 洗 选					
4.炼　　焦					
5.炼　　油					
6.制　　气					
其中：焦炭再投入量(-)					
7.煤制品加工					
三.损 失 量					
其中：运输和输配损失					
四.终端消费量	**6.75**	**23.70**		**72.49**	**9.09**
(一)第一产业					
1.农.林.牧.渔业					
(二)第二产业	6.75	0.53		69.83	5.28
1.工　　业	6.75	0.53		69.83	5.28
#用作原料.材料	0.06			69.35	2.03
2.建 筑 业					
(三)第三产业		6.24			3.81
1.交通运输.仓储和邮政业					3.64
2.批发、零售业和住宿、餐饮业		6.01			0.17
3.其他		0.23			
(四)生活消费		16.93		2.66	
1. 城　　镇		8.66		2.66	
2. 乡　　村		8.28			
五.平衡差额（+、-）	**0.00**	**0.01**	**0.02**	**-0.01**	**0.00**
六.消费量合计					

衡表（标准量，万吨标准煤）（续）

其它焦化产品	热力		电力		其它能源	合计	
	当量值	等价值	当量值	等价值		当量值	等价值
17	18	19	20	21	22	23	24
-17.40			**304.42**	**948.44**	**135.87**	**5976.42**	**6620.44**
0.85					0.73	319.74	319.74
			437.18	1362.06	136.01	5150.21	6075.09
						0.02	0.02
			10.94	34.10		1638.81	1661.96
						0.54	0.54
-17.37			-134.35	-418.59		-726.72	-1010.95
			-9.35	-29.14		-9.35	-29.14
						-0.54	-0.54
-0.89					-0.87	-396.27	-396.27
40.20	**5.13**	**5.40**	**489.04**	**1523.61**	**-20.29**	**-1249.72**	**-214.87**
			489.04	1523.61	-20.29	-1034.58	0.00
	5.13	5.40				-0.27	
						-113.74	-113.74
40.20						-85.06	-85.06
						76.04	76.04
						-90.53	-90.53
						-1.58	-1.58
			80.29	**250.15**		**80.29**	**250.15**
			80.29	250.15		80.29	250.15
22.79	**5.13**	**5.40**	**713.18**	**2221.93**	**115.58**	**4646.52**	**6155.55**
			17.82	55.52	6.78	187.44	225.14
			17.82	55.52	6.78	187.44	225.14
22.14	5.13	5.40	556.34	1733.32	60.65	3333.58	4510.82
21.48	5.13	5.40	542.70	1690.81	60.65	3269.60	4417.98
3.99					4.42	307.93	307.93
0.66			13.64	42.50		63.98	92.84
0.66			44.74	139.38		697.13	791.77
			15.45	48.13		594.52	627.20
0.66			9.95	31.01		41.66	62.72
			19.33	60.23		60.96	101.86
			94.28	293.72	48.15	428.37	627.81
			63.98	199.34	0.51	147.37	282.73
			30.29	94.39	47.64	281.00	345.09
0.00			**-0.01**	**-0.03**	**0.00**	**-0.10**	**-0.12**
						5976.53	**6620.57**

8-5 2007年云南省地区能

指标名称	煤合计	原煤	洗精煤	其它洗煤
	万吨	万吨	万吨	万吨
甲	1	2	3	4
一.可供本地区消费的能源量	**7620.32**	**7454.23**	**478.20**	**-311.62**
1.年初库存量	364.13	281.40	56.54	25.18
2.一次能源生产量	7755.19	7755.19		
3.回收能				
4.外省（区、市）调入量	1154.87	483.58	659.04	12.25
5.进 口 量				
6.我轮.机在外国加油量				
7.本省（区、市）调出量（一）	-1114.53	-608.02	-165.42	-341.09
8.出 口 量(-)				
9.外轮.机在我国加油量(-)				
10.年末库存量(-)	-539.34	-457.92	-71.96	-7.96
二.加工转换投入(-)产出(+)量	**-5130.13**	**-5122.72**	**-400.63**	**372.73**
1.火力发电	-3185.44	-3170.79		-14.64
2.供　　热	-87.33	-84.63	-2.70	
3.煤 炭 洗 选	-207.81	-1266.09	670.91	387.37
4.炼　　焦	-1534.53	-561.54	-972.99	
5.炼　　油				
6.制　　气	-117.29	-21.44	-95.85	
其中：焦炭再投入量(-)				
7.煤制品加工	2.27	-18.23		
三.损 失 量				
其中：运输和输配损失				
四.终端消费量	**2490.33**	**2331.63**	**77.57**	**61.11**
(一)第一产业	205.64	205.64		
1.农.林.牧.渔业	205.64	205.64		
(二)第二产业	1910.70	1796.18	77.57	22.42
1.工　　业	1884.30	1770.50	77.57	21.70
#用作原料.材料		232.12	1.71	1.06
2.建 筑 业	26.39	25.68		0.71
(三)第三产业	58.20	58.20		
1.交通运输.仓储和邮政业	24.96	24.96		
2.批发、零售业和住宿、餐饮业	16.82	16.82		
3.其他	16.42	16.42		
(四)生活消费	315.79	271.61		38.69
1. 城　镇	57.53	37.78		18.14
2. 乡　村	258.26	233.83		20.55
五.平衡差额（+、-）	**-0.13**	**-0.13**	**0.00**	**0.00**
六.消费量合计	**7620.45**	**7454.36**	**1149.12**	**75.75**

源平衡表（实物量）

煤制品 万吨	焦炭 万吨	焦炉煤气 亿立方米	其它煤气 亿立方米	石油合计 万吨	原油 万吨	汽油 万吨
5	6	7	8	9	10	11
-0.49	**192.99**			**602.04**	**0.11**	**157.98**
1.01	97.61			23.28	0.06	9.86
				0.10	0.10	
				0.00		
	285.45			622.24		161.84
				0.35		
	-72.85			-12.70		-2.20
				-0.35		
-1.50	-117.22			-30.88	-0.05	-11.52
20.50	**1089.05**	**6.06**	**79.65**	**-2.37**		
	-2.15	-1.80	-21.63	-2.29		
	1184.40					
		7.86	101.28	-0.09		
	-93.20					
20.50						
20.01	**1282.04**	**6.06**	**79.65**	**599.82**	**0.11**	**158.11**
	0.38			23.03		7.89
	0.38			23.03		7.89
14.53	1279.68	3.84	79.40	59.40	0.11	7.40
14.53	1278.14	3.84	79.40	38.46	0.11	4.03
7.39	218.16			1.14		0.03
	1.54			20.94		3.37
	1.45			448.49		99.98
	0.64			415.50		78.82
	0.26			18.81		11.86
	0.55			14.19		9.30
5.48	0.53	2.22	0.25	68.89		42.84
1.61	0.26	2.22	0.25	34.03		21.60
3.87	0.26			34.86		21.24
0.00	**0.00**	**0.00**	**0.00**	**-0.15**		**-0.13**
20.01	**1377.39**	**7.86**	**101.28**	**602.19**	**0.11**	**158.11**

8-5 2007年云南省地

指标名称	煤油 万吨	柴油 万吨	燃料油 万吨	液化石油气 万吨
甲	12	13	14	15
一.可供本地区消费的能源量	**36.19**	**382.13**	**5.04**	**14.35**
1.年初库存量	1.87	8.85	0.70	0.62
2.一次能源生产量				
3.回收能				
4.外省（区、市）调入量	35.69	398.97	5.03	14.41
5.进 口 量				
6.我轮.机在外国加油量	0.35			
7.本省（区、市）调出量（—）	-0.02	-10.48		
8.出 口 量(-)				
9.外轮.机在我国加油量(-)	-0.35			
10.年末库存量(-)	-1.35	-15.21	-0.69	-0.68
二.加工转换投入(-)产出(+)量		**-2.29**		**-0.09**
1.火力发电		-2.29		
2.供 热				
3.煤 炭 洗 选				
4.炼 焦				
5.炼 油				
6.制 气				-0.09
其中：焦炭再投入量(-)				
7.煤制品加工				
三.损 失 量				
其中：运输和输配损失				
四.终端消费量	**36.18**	**379.86**	**5.04**	**14.27**
(一)第一产业	0.07	15.07		
1.农.林.牧.渔业	0.07	15.07		
(二)第二产业	0.25	41.90	5.04	0.13
1.工 业	0.24	24.34	5.04	0.13
#用作原料.材料	0.07	0.56	0.15	
2.建 筑 业	0.01	17.56		
(三)第三产业	35.84	306.84		4.15
1.交通运输.仓储和邮政业	35.23	299.87		
2.批发、零售业和住宿、餐饮业	0.01	2.99		3.92
3.其他	0.60	3.99		0.23
(四)生活消费	0.02	16.04		9.99
1. 城 镇	0.02	7.31		5.10
2. 乡 村		8.73		4.89
五.平衡差额（+、-）	**0.00**	**-0.02**	**0.00**	**-0.01**
六.消费量合计	**36.18**	**382.15**	**5.04**	**14.36**

区能源平衡表（实物量）(续)

炼厂干气 万吨	天然气 亿立方米	其它石油制品 万吨	其它焦化产品 万吨	热力 万百万千焦	电力 亿千瓦时	其它能源 万吨标煤
16	17	18	19	20	21	22
0.00	**5.49**	**6.24**	**-27.48**		**271.97**	**157.49**
		1.32	0.77			0.87
	0.20				430.96	159.36
0.00						
0.00	5.29	6.30			6.87	
			-27.07		-140.30	
					-25.56	
		-1.38	-1.18			-2.74
			43.85	**875.20**	**473.55**	**-50.30**
					473.55	-50.30
				875.20		
			43.85			
					64.13	
					64.13	
	5.49	**6.24**	**16.37**	**875.20**	**681.39**	**107.19**
					15.19	11.66
					15.19	11.66
	5.29	4.56	15.80	875.19	537.65	82.69
	5.29	4.56	15.23	875.19	525.22	82.69
	5.28	0.33	6.91			1.15
			0.57		12.43	
		1.68	0.57	0.01	41.97	
		1.58			13.10	
		0.03	0.57		10.94	
		0.07		0.01	17.93	
	0.20				86.58	12.84
	0.20				58.19	3.17
					28.39	9.67
0.00	**0.00**	**0.00**	**0.00**	**0.00**	**0.00**	**0.00**
	5.49	**6.24**	**16.37**	**875.20**	**745.52**	**157.49**

8-6　2007年云南省地区能源

指标名称	煤合计	原煤	洗精煤	其它洗煤	煤制品
甲	YC	1	2	3	4
一.可供本地区消费的能源量	**4884.49**	**4618.06**	**430.38**	**-163.66**	**-0.29**
1.年初库存量	265.72	201.00	50.89	13.22	0.61
2.一次能源生产量	4833.03	4833.03			
3.回收能					
4.外省（区、市）调入量	944.99	345.42	593.14	6.43	
5.进 口 量					
6.我轮.机在外国加油量					
7.本省（区、市）调出量（一）	-762.33	-434.31	-148.88	-179.14	
8.出 口 量(-)					
9.外轮.机在我国加油量(-)					
10.年末库存量(-)	-396.94	-327.09	-64.76	-4.18	-0.90
二.加工转换投入(-)产出(+)量	**-3211.44**	**-3058.93**	**-360.57**	**195.76**	**12.30**
1.火力发电	-1672.36	-1664.67		-7.69	
2.供　　热	-62.88	-60.45	-2.43		
3.煤 炭 洗 选	-97.10	-904.37	603.82	203.45	
4.炼　　焦	-1276.80	-401.11	-875.69		
5.炼　　油					
6.制　　气	-101.58	-15.31	-86.26		
其中：焦炭再投入量(-)					
7.煤制品加工	-0.72	-13.02			12.30
三.损 失 量					
其中：运输和输配损失					
四.终端消费量	**1673.13**	**1559.21**	**69.82**	**32.09**	**12.01**
(一)第一产业	137.52	137.52			
1.农.林.牧.渔业	137.52	137.52			
(二)第二产业	1291.45	1201.15	69.82	11.77	8.72
1.工　　业	1273.90	1183.97	69.82	11.40	8.72
#用作原料.材料	161.75	155.23	1.54	0.55	4.43
2.建 筑 业	17.55	17.17		0.37	
(三)第三产业	38.92	38.92			
1.交通运输.仓储和邮政业	16.69	16.69			
2.批发、零售业和住宿、餐饮业	11.25	11.25			
3.其他	10.98	10.98			
(四)生活消费	205.24	181.63		20.32	3.29
1. 城　　镇	35.76	25.26		9.53	0.97
2. 乡　　村	169.49	156.37		10.79	2.32
五.平衡差额（+、-）	**-0.09**	**-0.09**	**0.00**	**0.00**	**0.00**
六.消费量合计					

平衡表（标准量，万吨标准煤）

焦炭	焦炉煤气	其它煤气	石油合计	原油	汽油	煤油	柴油
5	6	7	Y0	8	9	10	11
187.47			**882.39**	**0.16**	**232.45**	**53.25**	**556.80**
94.81			33.98	0.09	14.51	2.75	12.89
			0.14	0.14			
			0.00				
277.29			911.88		238.13	52.51	581.34
			0.51			0.51	
-70.77			-18.54		-3.24	-0.03	-15.27
			-0.51			-0.51	
-113.87			-45.07	-0.07	-16.95	-1.99	-22.16
1057.90	**37.24**	**102.34**	**-3.48**				**-3.33**
-2.09	-11.04	-27.80	-3.33				-3.33
1150.53							
	48.28	130.14	-0.15				
-90.53							
1245.37	**37.24**	**102.35**	**879.13**	**0.16**	**232.65**	**53.24**	**553.49**
0.37			33.67		11.61	0.10	21.96
0.37			33.67		11.61	0.10	21.96
1243.08	23.59	102.03	85.70	0.16	10.89	0.37	61.06
1241.59	23.59	102.03	55.14	0.16	5.93	0.36	35.47
211.92			1.56		0.05	0.10	0.81
1.49			30.56		4.96	0.01	25.59
1.41			656.20		147.11	52.73	447.10
0.62			606.76		115.98	51.84	436.94
0.25			28.58		17.45	0.01	4.36
0.53			20.86		13.68	0.88	5.81
0.51	13.65	0.32	103.56		63.03	0.03	23.37
0.25	13.65	0.32	51.21		31.78	0.03	10.65
0.25			52.36		31.25		12.72
0.00	**0.00**	**0.00**	**-0.22**		**-0.19**	**0.00**	**-0.03**

8-6 2007年云南省地区能源平

指标名称	燃料油	液化石油气	炼厂干气	天然气	其它石油制品
甲	12	13	14	15	16
一.可供本地区消费的能源量	**7.21**	**24.60**	**0.00**	**73.02**	**7.92**
1.年初库存量	1.01	1.06			1.68
2.一次能源生产量				2.66	
3.回收能			0.00		
4.外省（区、市）调入量	7.19	24.70	0.00	70.36	8.00
5.进 口 量					
6.我轮.机在外国加油量					
7.本省（区、市）调出量（一）					
8.出 口 量(-)					
9.外轮.机在我国加油量(-)					
10.年末库存量(-)	-0.99	-1.17			-1.75
二.加工转换投入(-)产出(+)量		**-0.15**			
1.火力发电					
2.供 热					
3.煤 炭 洗 选					
4.炼 焦					
5.炼 油					
6.制 气		-0.15			
其中：焦炭再投入量(-)					
7.煤制品加工					
三.损 失 量					
其中：运输和输配损失					
四.终端消费量	**7.20**	**24.47**		**72.99**	**7.93**
(一)第一产业					
1.农.林.牧.渔业					
(二)第二产业	7.20	0.22		70.33	5.79
1.工 业	7.20	0.22		70.33	5.79
#用作原料.材料	0.18			70.22	0.42
2.建 筑 业					
(三)第三产业		7.11			2.13
1.交通运输.仓储和邮政业					2.01
2.批发、零售业和住宿、餐饮业		6.72			0.04
3.其他		0.39			0.09
(四)生活消费		17.13		2.66	
1. 城 镇		8.74		2.66	
2. 乡 村		8.38			
五.平衡差额（+、-）	**0.01**	**-0.01**	**0.00**	**0.02**	**0.00**
六.消费量合计					

衡表（标准量，万吨标准煤）（续）

其它焦化产品	热力		电力		其它能源	合计	
	当量值	等价值	当量值	等价值		当量值	等价值
17	18	19	20	21	22	23	24
-31.60			**334.25**	**979.09**	**157.49**	**6487.49**	**7132.33**
0.89					0.87	396.27	396.27
			529.65	1551.46	159.36	5524.85	6546.65
						0.00	0.00
			8.44	24.73		2212.95	2229.24
						0.51	0.51
-31.13			-172.43	-505.08		-1055.20	-1387.85
			-31.41	-92.02		-31.41	-92.02
						-0.51	-0.51
-1.36					-2.74	-559.98	-559.98
50.43	**29.84**	**62.88**	**581.99**	**1704.78**	**-50.30**	**-1405.48**	**-249.65**
			581.99	1704.78	-50.30	-1184.94	-62.15
	29.84	62.88				-33.04	0.00
						-97.10	-97.10
50.43						-75.84	-75.84
						76.70	76.70
						-90.53	-90.53
						-0.72	-0.72
			78.82	**230.87**		**78.82**	**230.87**
			78.82	230.87		78.82	230.87
18.82	**29.84**	**62.88**	**837.43**	**2453.01**	**107.19**	**5003.50**	**6652.12**
			18.67	54.68	11.66	201.89	237.90
			18.67	54.68	11.66	201.89	237.90
18.17	29.84	62.88	660.77	1935.54	82.69	3607.66	4915.46
17.51	29.84	62.88	645.50	1890.80	82.69	3542.12	4820.46
7.95					1.15	454.56	454.56
0.66			15.28	44.75		65.53	95.01
0.66	0.00	0.00	51.58	151.09		748.76	848.27
			16.10	47.16		640.17	671.23
0.66			13.45	39.38		54.18	80.12
	0.00	0.00	22.04	64.55		54.41	96.92
			106.41	311.69	12.84	445.19	650.47
			71.52	209.48	3.17	178.53	316.50
			34.89	102.20	9.67	266.66	333.97
0.00	**0.00**	**0.00**	**0.00**	**0.00**	**0.00**	**-0.30**	**-0.30**
						6487.79	**7132.63**

8-7 2008年云南省地区能

指标名称	煤合计 万吨	原煤 万吨	洗精煤 万吨	其它洗煤 万吨
甲	1	2	3	4
一.可供本地区消费的能源量	**7915.94**	**7852.96**	**339.43**	**-276.98**
1.年初库存量	539.34	457.92	71.96	7.96
2.一次能源生产量	8657.43	8657.43		
3.回收能				
4.外省（区、市）调入量	595.47	83.68	499.54	12.25
5.进 口 量				
6.我轮.机在外国加油量				
7.本省（区、市）调出量（—）	-1007.01	-590.50	-135.42	-281.09
8.出 口 量(-)				
9.外轮.机在我国加油量(-)				
10.年末库存量(-)	-869.29	-755.57	-96.65	-16.10
二.加工转换投入(-)产出(+)量	**-5242.47**	**-5292.65**	**-305.76**	**335.11**
1.火力发电	-2823.96	-2766.85		-57.11
2.供　　热	-46.44	-46.44		
3.煤 炭 洗 选	-390.97	-1654.65	871.47	392.22
4.炼　　焦	-1842.20	-795.97	-1046.23	
5.炼　　油				
6.制　　气	-141.49	-10.49	-131.00	
其中：焦炭再投入量(-)				
7.煤制品加工	2.59	-18.25		
三.损 失 量				
其中：运输和输配损失				
四.终端消费量	**2673.22**	**2560.00**	**33.70**	**58.13**
(一)第一产业	205.28	205.28		
1.农.林.牧.渔业	205.28	205.28		
(二)第二产业	2082.33	2009.12	33.70	23.50
1.工　　业	2053.12	1980.64	33.70	22.76
#用作原料.材料		245.60	3.03	0.82
2.建 筑 业	29.21	28.47		0.74
(三)第三产业	93.16	93.16		
1.交通运输.仓储和邮政业	18.75	18.75		
2.批发、零售业和住宿、餐饮业	43.89	43.89		
3.其他	30.52	30.52		
(四)生活消费	292.45	252.45		34.63
1. 城　　镇	49.59	32.78		15.28
2. 乡　　村	242.86	219.67		19.35
五.平衡差额（+、-）	**0.25**	**0.30**	**-0.04**	**-0.01**
六.消费量合计	**7915.69**	**7852.66**	**1210.93**	**115.24**

源平衡表（实物量）

煤制品 万吨	焦炭 万吨	焦炉煤气 亿立方米	其它煤气 亿立方米	石油合计 万吨	原油 万吨	汽油 万吨
5	6	7	8	9	10	11
0.53	**-60.19**		**105.27**	**656.64**	**0.11**	**178.86**
1.50	117.22			30.88	0.05	11.52
				0.07	0.07	
			105.27	0.00		
	25.45			672.17		183.58
				0.35		
	-65.90			-13.79		-3.99
				-1.03		
				-0.35		
-0.97	-136.96			-31.66	-0.01	-12.25
20.84	**1387.66**	**14.36**	**-35.55**	**-2.41**		
	-2.74	-2.17	-35.71	-2.28		
	1297.91	14.25				
	93.70	2.28	0.16	-0.13		
	-1.21					
20.84						
21.38	**1327.48**	**14.36**	**70.61**	**654.16**	**0.06**	**178.86**
	0.38			23.01		8.29
	0.38			23.01		8.29
16.01	1325.66	10.54	69.43	93.59	0.06	19.86
16.01	1324.04	10.54	69.43	58.39	0.06	7.72
5.92	146.34			1.10		0.04
	1.62			35.20		12.13
	1.01		0.91	471.56		105.71
	0.45		0.00	430.42		80.78
	0.13		0.47	17.15		9.31
	0.43		0.44	23.99		15.62
5.37	0.43	3.82	0.27	66.00		45.01
1.53	0.21	3.82	0.27	32.09		22.80
3.84	0.22			33.91		22.21
-0.01	**0.00**		**-0.89**	**0.07**	**0.05**	**0.00**
21.38	**1331.43**	**16.53**	**106.32**	**656.57**	**0.06**	**178.86**

8-7 2008年云南省地

指标名称	煤油 万吨	柴油 万吨	燃料油 万吨	液化石油气 万吨
甲	12	13	14	15
一.可供本地区消费的能源量	**38.19**	**411.95**	**5.21**	**14.60**
1.年初库存量	1.35	15.21	0.69	0.68
2.一次能源生产量				
3.回收能				
4.外省（区、市）调入量	38.12	423.09	5.14	14.50
5.进 口 量				
6.我轮.机在外国加油量	0.35			
7.本省（区、市）调出量（一）	-0.02	-9.78		
8.出 口 量(-)		-1.03		
9.外轮.机在我国加油量(-)	-0.35			
10.年末库存量(-)	-1.26	-15.54	-0.62	-0.58
二.加工转换投入(-)产出(+)量		**-2.28**		**-0.13**
1.火力发电		-2.28		
2.供 热				
3.煤 炭 洗 选				
4.炼 焦				
5.炼 油				
6.制 气				-0.13
其中：焦炭再投入量(-)				
7.煤制品加工				
三.损 失 量				
其中：运输和输配损失				
四.终端消费量	**38.19**	**409.67**	**5.20**	**14.47**
(一)第一产业	0.07	14.65		
1.农.林.牧.渔业	0.07	14.65		
(二)第二产业	1.42	60.85	5.20	0.27
1.工 业	0.20	39.00	5.20	0.27
#用作原料.材料	0.05	0.15	0.06	0.02
2.建 筑 业	1.21	21.85		
(三)第三产业	36.68	323.33		4.06
1.交通运输.仓储和邮政业	35.19	312.75		0.02
2.批发、零售业和住宿、餐饮业	0.85	4.36		2.60
3.其他	0.64	6.23		1.44
(四)生活消费	0.02	10.84		10.13
1. 城 镇	0.01	4.11		5.17
2. 乡 村	0.01	6.73		4.96
五.平衡差额（+、-）	**0.00**	**0.00**	**0.01**	**0.00**
六.消费量合计	**38.19**	**411.95**	**5.20**	**14.60**

区能源平衡表（实物量）(续)

炼厂干气 万吨	天然气 亿立方米	其它石油制品 万吨	其它焦化产品 万吨	热力 万百万千焦	电力 亿千瓦时	其它能源 万吨标煤
16	17	18	19	20	21	22
0.00	**5.27**	**7.71**	**-19.04**		**411.84**	**123.58**
		1.38	1.18			2.74
	0.12				621.96	123.67
0.00						
0.00	5.15	7.73			2.44	
			-19.17		-181.00	
					-31.56	
		-1.40	-1.05			-2.83
			46.12	**416.63**	**417.60**	**-42.63**
					417.60	-42.63
				416.63		
			42.48			
			8.96			
			-5.32			
					66.69	
					66.69	
	5.28	**7.71**	**27.08**	**416.64**	**762.75**	**80.95**
					13.16	11.66
					13.16	11.66
	5.08	5.93	26.54	416.63	596.75	57.43
	5.08	5.93	25.87	416.63	583.83	57.43
	4.97	0.79				3.21
			0.67		12.92	
	0.02	1.78	0.54	0.01	46.25	
		1.68			14.24	
	0.01	0.03	0.52		11.99	
	0.01	0.07	0.02	0.01	20.02	
	0.18				106.59	11.86
	0.18				71.09	2.17
					35.51	9.69
0.00	**0.00**	**0.00**	**0.00**	**-0.01**	**0.00**	
	5.28	**7.71**	**32.40**	**416.64**	**829.44**	**123.58**

8-8 2008年云南省地区能源

指标名称	煤合计	原煤	洗精煤	其它洗煤	煤制品
甲	YC	1	2	3	4
一.可供本地区消费的能源量	**4816.52**	**4656.18**	**305.49**	**-145.47**	**0.32**
1.年初库存量	396.94	327.09	64.76	4.18	0.90
2.一次能源生产量	5230.82	5230.82			
3.回收能					
4.外省（区、市）调入量	515.79	59.77	449.59	6.43	
5.进 口 量					
6.我轮.机在外国加油量					
7.本省（区、市）调出量（－）	-691.30	-421.79	-121.88	-147.63	
8.出 口 量(-)					
9.外轮.机在我国加油量(-)					
10.年末库存量(-)	-635.73	-539.70	-86.99	-8.46	-0.58
二.加工转换投入(-)产出(+)量	**-3343.46**	**-3256.78**	**-275.19**	**176.00**	**12.50**
1.火力发电	-1482.59	-1452.60		-29.99	
2.供　　热	-33.17	-33.17			
3.煤 炭 洗 选	-191.60	-1181.92	784.32	205.99	
4.炼　　焦	-1510.17	-568.56	-941.61		
5.炼　　油					
6.制　　气	-125.39	-7.49	-117.90		
其中：焦炭再投入量(-)					
7.煤制品加工	-0.53	-13.04			12.50
三.损 失 量					
其中：运输和输配损失					
四.终端消费量	**1472.93**	**1399.24**	**30.33**	**30.53**	**12.83**
(一)第一产业	112.20	112.20			
1.农.林.牧.渔业	112.20	112.20			
(二)第二产业	1150.42	1098.14	30.33	12.34	9.60
1.工　　业	1134.47	1082.58	30.33	11.96	9.60
#用作原料.材料	140.94	134.24	2.72	0.43	3.55
2.建 筑 业	15.95	15.56		0.39	
(三)第三产业	50.92	50.92			
1.交通运输.仓储和邮政业	10.25	10.25			
2.批发、零售业和住宿、餐饮业	23.99	23.99			
3.其他	16.68	16.68			
(四)生活消费	159.39	137.98		18.19	3.22
1. 城　　镇	26.86	17.92		8.03	0.92
2. 乡　　村	132.53	120.07		10.16	2.30
五.平衡差额（+、-）	**0.12**	**0.16**	**-0.03**	**0.00**	**0.00**
六.消费量合计					

平衡表（标准量，万吨标准煤）

焦炭	焦炉煤气	其它煤气	石油合计	原油	汽油	煤油	柴油
5	6	7	Y0	8	9	10	11
-58.47		**135.27**	**962.06**	**0.16**	**263.18**	**56.19**	**600.26**
113.87			45.07	0.07	16.95	1.99	22.16
			0.10	0.10			
		135.27	0.00				
24.72			984.73		270.12	56.10	616.49
			0.51			0.51	
-64.02			-20.16		-5.87	-0.03	-14.25
			-1.50				-1.50
			-0.51			-0.51	
-133.04			-46.19	-0.01	-18.02	-1.85	-22.64
1347.98	**88.21**	**-45.68**	**-3.55**				**-3.32**
-2.66	-13.33	-45.89	-3.32				-3.32
1260.79	87.54						
91.02	14.01	0.21	-0.22				
-1.18							
1289.51	**88.21**	**90.74**	**958.41**	**0.09**	**263.18**	**56.19**	**596.93**
0.37			33.65		12.20	0.10	21.35
0.37			33.65		12.20	0.10	21.35
1287.75	64.75	89.22	135.48	0.09	29.22	2.08	88.66
1286.17	64.75	89.22	84.00	0.09	11.37	0.30	56.82
142.16			1.45		0.06	0.07	0.22
1.57			51.48		17.85	1.78	31.84
0.98		1.17	689.86		155.54	53.97	471.13
0.44		0.00	628.51		118.86	51.78	455.71
0.12		0.61	25.79		13.70	1.26	6.35
0.42		0.56	35.55		22.98	0.94	9.07
0.42	23.47	0.35	99.42		66.23	0.03	15.79
0.20	23.47	0.35	48.41		33.55	0.01	5.99
0.21			51.00		32.68	0.01	9.81
0.00		**-1.15**	**0.10**	**0.08**	**0.00**	**0.01**	**0.00**

8-8　2008年云南省地区能源平

指标名称	燃料油	液化石油气	炼厂干气	天然气	其它石油制品
甲	12	13	14	15	16
一.可供本地区消费的能源量	**7.44**	**25.03**	**0.00**	**70.15**	**9.79**
1.年初库存量	0.99	1.17			1.75
2.一次能源生产量				1.66	
3.回收能			0.00		
4.外省（区、市）调入量	7.34	24.86	0.00	68.50	9.82
5.进 口 量					
6.我轮.机在外国加油量					
7.本省（区、市）调出量（一）					
8.出 口 量(-)					
9.外轮.机在我国加油量(-)					
10.年末库存量(-)	-0.89	-0.99			-1.78
二.加工转换投入(-)产出(+)量		**-0.22**			
1.火力发电					
2.供　　热					
3.煤 炭 洗 选					
4.炼　　焦					
5.炼　　油					
6.制　　气		-0.22			
其中：焦炭再投入量(-)					
7.煤制品加工					
三.损 失 量					
其中：运输和输配损失					
四.终端消费量	**7.43**	**24.80**		**70.20**	**9.80**
(一)第一产业					
1.农.林.牧.渔业					
(二)第二产业	7.43	0.47		67.56	7.54
1.工　　业	7.43	0.47		67.56	7.54
#用作原料.材料	0.06	0.03		66.12	1.00
2.建 筑 业					
(三)第三产业		6.97		0.24	2.26
1.交通运输.仓储和邮政业		0.03			2.13
2.批发、零售业和住宿、餐饮业		4.46		0.14	0.04
3.其他		2.48		0.10	0.09
(四)生活消费		17.37		2.39	
1. 城　　镇		8.86		2.39	
2. 乡　　村		8.50			
五.平衡差额（+、-）	**0.01**	**0.01**	**0.00**	**-0.05**	**-0.01**
六.消费量合计					

衡表（标准量，万吨标准煤）(续)

其它焦化产品	热力		电力		其它能源	合计	
	当量值	等价值	当量值	等价值		当量值	等价值
17	18	19	20	21	22	23	24
-21.90			**506.16**	**1482.64**	**123.58**	**6533.37**	**7509.85**
1.36					2.74	559.98	559.98
			764.39	2239.06	123.67	6120.64	7595.31
						135.27	135.27
			3.00	8.80		1596.74	1602.53
						0.51	0.51
-22.05			-222.45	-651.62		-1019.97	-1449.13
			-38.78	-113.61		-40.28	-115.11
						-0.51	-0.51
-1.21					-2.83	-819.00	-819.00
53.04	**14.21**	**33.17**	**513.23**	**1503.36**	**-42.63**	**-1418.65**	**-409.56**
			513.23	1503.36	-42.63	-1077.19	-87.06
	14.21	33.17				-18.96	
						-191.60	-191.60
48.85						-112.99	-112.99
10.30						-10.08	-10.08
-6.12						-7.29	-7.29
						-0.53	-0.53
			81.96	**240.08**		**81.96**	**240.08**
			81.96	240.08		81.96	240.08
31.15	**14.21**	**33.17**	**937.42**	**2745.91**	**80.95**	**5033.73**	**6861.18**
			16.18	47.38	11.66	174.06	205.26
			16.18	47.38	11.66	174.06	205.26
30.53	14.21	33.17	733.41	2148.30	57.43	3630.75	5064.61
29.76	14.21	33.17	717.53	2101.79	57.43	3545.10	4948.32
					3.21	353.89	353.89
0.77			15.88	46.52		85.66	116.29
0.62	0.00	0.00	56.84	166.49		800.62	910.28
			17.50	51.25		656.70	690.45
0.60			14.73	43.16		65.99	94.41
0.02	0.00	0.00	24.61	72.08		77.94	125.41
			131.00	383.73	11.86	428.30	681.03
			87.37	255.91	2.17	191.22	359.77
			43.64	127.82	9.69	237.08	321.26
0.00	**0.00**	**0.00**	**0.00**	**0.01**		**-0.98**	**-0.97**
						6534.34	**7510.82**

8-9 2009年云南省地区能

指标名称	煤合计 万吨	原煤 万吨	洗精煤 万吨	其它洗煤 万吨
甲	1	2	3	4
一. 可供本地区消费的能源量	**8885.40**	**8521.79**	**648.35**	**-283.16**
1. 年初库存量	869.29	755.57	96.65	16.10
2. 一次能源生产量	8921.02	8921.02		
3. 回收能				
4. 外省（区、市）调入量	805.80	85.38	715.17	5.25
5. 进 口 量				
6. 我轮. 机在外国加油量				
7. 本省（区、市）调出量（一）	-985.12	-638.11	-55.42	-291.59
8. 出 口 量(-)				
9. 外轮. 机在我国加油量(-)				
10. 年末库存量(-)	-725.59	-602.07	-108.05	-12.92
二. 加工转换投入(-)产出(+)量	**-5694.31**	**-5456.01**	**-610.31**	**348.92**
1. 火力发电	-3356.36	-3311.44		-44.92
2. 供　热	-24.02	-24.02		
3. 煤 炭 洗 选	-353.36	-1574.28	826.25	394.66
4. 炼　焦	-1797.60	-515.57	-1281.20	-0.82
5. 炼　油				
6. 制　气	-165.84	-10.49	-155.35	
其中：焦炭再投入量(-)				
7. 煤制品加工	2.87	-20.22		
三. 损 失 量				
其中：运输和输配损失				
四. 终端消费量	**3191.30**	**3065.99**	**38.00**	**65.77**
(一)第一产业	223.46	223.46		
1. 农. 林. 牧. 渔业	223.46	223.46		
(二)第二产业	2526.15	2448.98	38.00	23.46
1. 工　业	2505.71	2428.93	38.00	23.08
#用作原料. 材料		284.78	2.80	0.40
2. 建 筑 业	20.44	20.06		0.38
(三)第三产业	101.92	101.92		
1. 交通运输. 仓储和邮政业	18.33	18.33		
2. 批发、零售业和住宿、餐饮业	51.80	51.80		
3. 其他	31.79	31.79		
(四)生活消费	339.78	291.63		42.31
1. 城　镇	81.80	60.94		18.96
2. 乡　村	257.98	230.69		23.35
五. 平衡差额（+、-）	**-0.21**	**-0.20**	**0.04**	**-0.01**
六. 消费量合计	**8885.61**	**8522.00**	**1474.56**	**111.51**

源平衡表（实物量）

煤制品 万吨	焦炭 万吨	焦炉煤气 亿立方米	其它煤气 亿立方米	石油合计 万吨	原油 万吨	汽油 万吨
5	6	7	8	9	10	11
-1.58	**-180.22**		**144.74**	**697.68**	**0.05**	**193.31**
0.97	136.96			31.66	0.01	12.25
				0.05	0.05	
			144.74	0.00		
	25.45			710.91		197.12
				0.37		
	-235.83			-13.79		-3.99
				-0.86		
				-0.37		
-2.55	-106.80			-30.29	-0.02	-12.07
23.09	**1454.74**	**15.46**	**-48.58**	**-0.56**		
	-1.63	-2.48	-48.61	-0.49		
	1346.44	15.16				
	110.09	2.78	0.03	-0.07		
	-0.15					
23.09						
21.54	**1274.55**	**15.46**	**96.25**	**697.31**	**0.07**	**193.27**
	0.38			20.44		7.72
	0.38			20.44		7.72
15.71	1273.77	14.58	95.25	117.98	0.07	24.83
15.71	1273.77	14.58	95.24	71.73	0.07	10.33
1.23	113.90			0.64		0.03
			0.01	46.25		14.51
			0.73	491.23		115.64
			0.00	442.66		89.02
			0.62	26.36		11.88
			0.10	22.21		14.73
5.84	0.40	0.88	0.27	67.65		45.08
1.90	0.19	0.88	0.27	33.41		22.83
3.94	0.21			34.24		22.25
-0.03	**-0.03**	**0.00**	**-0.09**	**-0.19**	**-0.02**	**0.04**
21.54	**1276.33**	**17.94**	**144.86**	**697.87**	**0.07**	**193.27**

8-9 2009年云南省地

指标名称	煤油 万吨	柴油 万吨	燃料油 万吨	液化石油气 万吨
甲	12	13	14	15
一.可供本地区消费的能源量	**37.23**	**437.64**	**5.09**	**17.07**
1.年初库存量	1.26	15.54	0.62	0.58
2.一次能源生产量				
3.回收能				
4.外省（区、市）调入量	37.73	446.30	5.16	17.03
5.进 口 量				
6.我轮.机在外国加油量	0.37			
7.本省（区、市）调出量（—）	-0.02	-9.78		
8.出 口 量(-)		-0.86		
9.外轮.机在我国加油量(-)	-0.37			
10.年末库存量(-)	-1.74	-13.56	-0.69	-0.54
二.加工转换投入(-)产出(+)量		**-0.49**		**-0.07**
1.火力发电		-0.49		
2.供　　热				
3.煤 炭 洗 选				
4.炼　　焦				
5.炼　　油				
6.制　　气				-0.07
其中：焦炭再投入量(-)				
7.煤制品加工				
三.损 失 量				
其中：运输和输配损失				
四.终端消费量	**37.24**	**437.21**	**5.16**	**17.02**
(一)第一产业	0.07	12.64		
1.农.林.牧.渔业	0.07	12.64		
(二)第二产业	1.27	80.67	5.16	0.42
1.工　　业	0.24	50.01	5.16	0.35
#用作原料.材料	0.03	0.15		
2.建 筑 业	1.03	30.65		0.06
(三)第三产业	35.87	332.80		5.14
1.交通运输.仓储和邮政业	34.38	317.53		0.04
2.批发、零售业和住宿、餐饮业	1.43	8.83		4.19
3.其他	0.06	6.44		0.91
(四)生活消费	0.02	11.09		11.46
1. 城　　镇	0.01	4.16		6.41
2. 乡　　村	0.01	6.93		5.05
五.平衡差额（+、-）	**-0.01**	**-0.06**	**-0.07**	**-0.02**
六.消费量合计	**37.24**	**437.70**	**5.16**	**17.09**

区能源平衡表（实物量）(续)

炼厂干气 万吨	天然气 亿立方米	其它石油制品 万吨	其它焦化产品 万吨	热力 万百万千焦	电力 亿千瓦时	其它能源 万吨标煤
16	17	18	19	20	21	22
0.00	**4.53**	**7.29**	**-40.91**		**343.12**	**215.10**
		1.40	1.05			2.83
	0.02				625.75	215.85
0.00						
	4.51	7.56			3.65	
					15.28	
			-39.57		-260.14	
					-41.42	
		-1.67	-2.39			-3.58
			57.78	**271.09**	**548.07**	**-49.01**
					548.07	-49.01
				271.09		
			51.92			
			14.72			
			-8.85			
					65.40	
					65.40	
	4.52	**7.34**	**16.78**	**271.10**	**825.79**	**166.09**
					9.66	22.79
					9.66	22.79
	4.29	5.56	16.78	271.09	627.49	86.44
	4.29	5.56	16.11	271.09	613.36	86.44
	4.18	0.44				1.67
			0.67		14.12	
	0.05	1.78		0.01	53.58	
		1.68			14.59	
	0.04	0.03			14.83	
	0.01	0.07		0.01	24.15	
	0.18				135.06	56.86
	0.18				88.05	25.40
					47.01	31.46
0.00	**0.00**	**-0.05**	**0.09**	**-0.01**	**0.00**	**0.00**
	4.52	**7.34**	**25.63**	**271.10**	**891.19**	**215.10**

8-10 2009年云南省地区能源

指标名称	煤合计	原煤	洗精煤	其它洗煤	煤制品
甲	YC	1	2	3	4
一.可供本地区消费的能源量	**5538.76**	**5104.91**	**583.51**	**-148.72**	**-0.95**
1.年初库存量	635.73	539.70	86.99	8.46	0.58
2.一次能源生产量	5390.08	5390.08			
3.回收能					
4.外省（区、市）调入量	707.40	60.99	643.65	2.76	
5.进 口 量					
6.我轮.机在外国加油量					
7.本省（区、市）调出量（一）	-658.82	-455.80	-49.88	-153.14	
8.出 口 量(-)					
9.外轮.机在我国加油量(-)					
10.年末库存量(-)	-535.62	-430.06	-97.25	-6.79	-1.53
二.加工转换投入(-)产出(+)量	**-3697.72**	**-3345.54**	**-549.28**	**183.25**	**13.85**
1.火力发电	-1837.27	-1813.67		-23.59	
2.供　　热	-17.16	-17.16			
3.煤 炭 洗 选	-173.60	-1124.51	743.62	207.28	
4.炼　　焦	-1521.79	-368.27	-1153.08	-0.43	
5.炼　　油					
6.制　　气	-147.31	-7.49	-139.82		
其中：焦炭再投入量(-)					
7.煤制品加工	-0.59	-14.44			13.85
三.损 失 量					
其中：运输和输配损失					
四.终端消费量	**1841.15**	**1759.49**	**34.20**	**34.54**	**12.93**
(一)第一产业	128.24	128.24			
1.农.林.牧.渔业	128.24	128.24			
(二)第二产业	1461.35	1405.40	34.20	12.32	9.42
1.工　　业	1449.64	1393.90	34.20	12.12	9.42
#用作原料.材料	166.90	163.43	2.52	0.21	0.74
2.建 筑 业	11.71	11.51		0.20	
(三)第三产业	58.49	58.49			
1.交通运输.仓储和邮政业	10.52	10.52			
2.批发、零售业和住宿、餐饮业	29.73	29.73			
3.其他	18.24	18.24			
(四)生活消费	193.08	167.36		22.22	3.50
1. 城　　镇	46.07	34.97		9.96	1.14
2. 乡　　村	147.01	132.39		12.26	2.36
五.平衡差额（+、-）	**-0.11**	**-0.12**	**0.04**	**-0.01**	**-0.02**
六.消费量合计					

平衡表（标准量，万吨标准煤）

焦炭	焦炉煤气	其它煤气	石油合计	原油	汽油	煤油	柴油
5	6	7	Y0	8	9	10	11
-175.06		**185.99**	**1022.76**	**0.07**	**284.44**	**54.77**	**637.68**
133.04			46.19	0.01	18.02	1.85	22.64
			0.07	0.07			
		185.99	0.00				
24.72			1042.04		290.05	55.52	650.30
			0.54			0.54	
-229.09			-20.16		-5.87	-0.03	-14.25
			-1.25				-1.25
			-0.54			-0.54	
-103.74			-44.13	-0.02	-17.76	-2.57	-19.76
1413.14	**94.94**	**-62.42**	**-0.83**				**-0.71**
-1.58	-15.26	-62.46	-0.71				-0.71
1307.93	93.10						
106.94	17.10	0.04	-0.12				
-0.15							
1238.10	**94.96**	**123.68**	**1022.20**	**0.09**	**284.38**	**54.79**	**637.05**
0.37			29.89		11.36	0.11	18.42
0.37			29.89		11.36	0.11	18.42
1237.34	89.55	122.40	171.20	0.09	36.54	1.87	117.54
1237.34	89.55	122.38	103.57	0.09	15.19	0.36	72.88
110.64			0.86		0.04	0.04	0.22
		0.02	67.63		21.35	1.51	44.67
		0.93	718.93		170.15	52.78	484.93
		0.00	646.46		130.99	50.59	462.68
		0.80	39.68		17.48	2.11	12.87
		0.13	32.79		21.68	0.08	9.39
0.39	5.41	0.35	102.17		66.33	0.03	16.16
0.18	5.41	0.35	50.66		33.59	0.01	6.06
0.20			51.51		32.74	0.01	10.10
-0.03	**-0.01**	**-0.11**	**-0.27**	**-0.03**	**0.06**	**-0.01**	**-0.09**

8-10 2009年云南省地区能源平

指标名称	燃料油	液化石油气	炼厂干气	天然气	其它石油制品
甲	12	13	14	15	16
一.可供本地区消费的能源量	**7.28**	**29.26**	**0.00**	**60.21**	**9.26**
1.年初库存量	0.89	0.99			1.78
2.一次能源生产量				0.22	
3.回收能			0.00		
4.外省（区、市）调入量	7.38	29.19		59.98	9.60
5.进 口 量					
6.我轮.机在外国加油量					
7.本省（区、市）调出量（一）					
8.出 口 量(-)					
9.外轮.机在我国加油量(-)					
10.年末库存量(-)	-0.99	-0.93			-2.12
二.加工转换投入(-)产出(+)量		**-0.12**			
1.火力发电					
2.供 热					
3.煤 炭 洗 选					
4.炼 焦					
5.炼 油					
6.制 气		-0.12			
其中：焦炭再投入量(-)					
7.煤制品加工					
三.损 失 量					
其中：运输和输配损失					
四.终端消费量	**7.38**	**29.18**		**60.14**	**9.33**
(一)第一产业					
1.农.林.牧.渔业					
(二)第二产业	7.38	0.71		57.11	7.07
1.工 业	7.38	0.61		57.11	7.07
#用作原料.材料				55.65	0.56
2.建 筑 业		0.11			
(三)第三产业		8.81		0.64	2.26
1.交通运输.仓储和邮政业		0.07			2.13
2.批发、零售业和住宿、餐饮业		7.18		0.57	0.04
3.其他		1.55		0.08	0.09
(四)生活消费		19.65		2.39	
1. 城 镇		11.00		2.39	
2. 乡 村		8.66			
五.平衡差额（+、-）	**-0.10**	**-0.03**	**0.00**	**0.06**	**-0.07**
六.消费量合计					

衡表（标准量，万吨标准煤）（续）

其它焦化产品	热力		电力		其它能源	合计	
	当量值	等价值	当量值	等价值		当量值	等价值
17	18	19	20	21	22	23	24
-47.05			**421.69**	**1231.00**	**215.10**	**7222.40**	**8031.70**
1.21					2.83	819.00	819.00
			769.04	2244.98	215.85	6375.27	7851.21
						185.99	185.99
			4.49	13.10		1838.63	1847.24
			18.78	54.83		18.78	54.83
						0.54	0.54
-45.51			-319.71	-933.30		-1273.28	-1886.87
			-50.91	-148.61		-52.16	-149.86
						-0.54	-0.54
-2.75					-3.58	-689.83	-689.83
66.45	**9.24**	**17.16**	**673.58**	**1966.29**	**-49.01**	**-1552.63**	**-252.00**
			673.58	1966.29	-49.01	-1292.72	0.00
	9.24	17.16				-7.91	0.00
						-173.60	-173.60
59.70						-61.05	-61.05
16.93						-6.43	-6.43
-10.18						-10.33	-10.33
						-0.59	-0.59
			80.38	**234.64**		**80.38**	**234.64**
			80.38	234.64		80.38	234.64
19.30	**9.24**	**17.16**	**1014.89**	**2962.64**	**166.09**	**5589.75**	**7545.42**
			11.87	34.65	22.79	193.16	215.93
			11.87	34.65	22.79	193.16	215.93
19.30	9.24	17.16	771.18	2251.22	86.44	4025.11	5513.06
18.52	9.24	17.16	753.82	2200.54	86.44	3927.62	5382.26
					1.67	335.72	335.72
0.77			17.36	50.68		97.49	130.80
	0.00	0.00	65.85	192.22		844.84	971.21
			17.93	52.34		674.92	709.33
			18.23	53.22		89.00	123.99
	0.00	0.00	29.69	86.66		80.92	137.90
			165.99	484.56	56.86	526.64	845.21
			108.22	315.90	25.40	238.68	446.36
			57.78	168.66	31.46	287.96	398.85
0.10	**0.00**	**0.00**	**0.00**	**0.01**	**0.00**	**-0.36**	**-0.36**
						7222.76	**8032.06**

九、规模以上工业能效

9-1 分行业规模以上工业单位产值能耗（当量热值）

按当年价计算　　　　单位：吨标准煤/万元

行　业	2005年	2006年	2007年	2008年	2009年
全部工业企业	**1.3727**	**1.2085**	**0.8825**	**0.7914**	**0.8426**
轻工业	**0.2519**	**0.2313**	**0.1531**	**0.1209**	**0.0900**
重工业	**1.9585**	**1.6173**	**1.1238**	**1.0337**	**1.1779**
煤炭开采和洗选业	3.4664	2.1653	0.9154	0.8368	0.7353
石油和天然气开采业	0.0008	0.0006	0.0006	0.0013	0.0019
黑色金属矿采选业	1.8590	1.0257	0.8933	0.4766	0.7885
有色金属矿采选业	0.3665	0.3102	0.0867	0.1605	0.2553
非金属矿采选业	1.0586	0.8724	0.7558	0.6011	0.5531
其他采矿业					
农副食品加工业	1.1474	0.9211	0.3438	0.2504	0.1126
食品制造业	0.7144	0.4849	0.3804	0.2806	0.1899
饮料制造业	0.7344	0.4930	0.3198	0.2822	0.2170
烟草制品业	0.0382	0.0370	0.0292	0.0249	0.0217
纺织业	0.8455	0.8830	0.8825	0.8712	0.5466
纺织服装、鞋、帽制造业	0.2272	0.4302	0.3272	0.1321	0.1120
皮革、毛皮、羽毛(绒)及其制品业	0.3368	0.4155	0.1626	0.0499	0.0131
木材加工及木、竹、藤、棕、草制品业	0.8469	0.7305	0.6091	0.4328	0.3770
家具制造业	0.0625	0.1808	0.1519	0.0446	0.0434
造纸及纸制品业	1.0576	1.0907	1.1659	0.4636	0.8541
印刷业和记录媒介的复制	0.0326	0.0336	0.0290	0.0255	0.0254
文教体育用品制造业	0.3063	0.5121	0.0522		

9-1 分行业规模以上工业单位产值能耗（当量热值）（续）

按当年价计算　　　　单位：吨标准煤/万元

行　业	2005年	2006年	2007年	2008年	2009年
石油加工、炼焦及核燃料加工业	1.4821	1.4602	1.1346	1.2155	1.4083
化学原料及化学制品制造业	2.8043	2.7152	2.2231	1.5219	1.6692
医药制造业	0.1761	0.2138	0.1070	0.1018	0.0874
化学纤维制造业	0.7656	0.8016	0.7312	0.6227	0.5794
橡胶制品业	0.6010	0.2331	0.4607	0.3502	0.0983
塑料制品业	0.1266	0.1354	0.1282	0.1071	0.1101
非金属矿物制品业	5.7389	4.7039	2.9938	3.4850	3.1648
黑色金属冶炼及压延加工业	2.9754	3.1391	2.2613	1.5856	1.7806
有色金属冶炼及压延加工业	0.5273	0.3460	0.3357	0.3397	0.4257
金属制品业	0.1450	0.1386	0.1153	0.0802	0.0634
通用设备制造业	0.2012	0.1383	0.1179	0.1290	0.1050
专用设备制造业	0.1373	0.0840	0.0649	0.0654	0.0630
交通运输设备制造业	0.0764	0.0557	0.0559	0.0393	0.0876
电气机械及器材制造业	0.0522	0.0419	0.0296	0.0243	0.0225
通信设备、计算机及其他电子设备制造业	0.0119	0.0132	0.0161	0.0179	0.0148
仪器仪表及文化、办公用机械制造业	0.0717	0.0486	0.0539	0.0350	0.0311
工艺品及其他制造业	0.3052	0.1494	0.1535	0.1337	0.0834
废弃资源和废旧材料回收加工业	0.0147	0.0231	0.3590	0.3875	0.2920
电力、热力的生产和供应业	2.5853	2.5790	1.7443	1.4749	1.7388
燃气生产和供应业	1.8933	0.6996	0.6119	0.5833	0.5323
水的生产和供应业	0.1599	0.1451	0.0989	0.1180	0.1045

9-2 分行业规模以上工业单位产值能耗(等价热值)

按当年价计算　　单位：吨标准煤/万元

行业	2005年	2006年	2007年	2008年	2009年
全部工业企业	**1.4581**	**1.2906**	**0.9285**	**0.8754**	**0.8831**
轻工业	**0.2924**	**0.2710**	**0.1892**	**0.1542**	**0.1182**
重工业	**2.0674**	**1.7171**	**1.1731**	**1.1360**	**1.2239**
煤炭开采和洗选业	2.9606	2.1765	0.9046	0.9019	0.7873
石油和天然气开采业	0.0027	0.0018	0.0017	0.0037	0.0050
黑色金属矿采选业	2.4214	1.4846	1.1291	0.5713	0.8920
有色金属矿采选业	0.8609	0.6174	0.1710	0.3851	0.5908
非金属矿采选业	1.5041	1.2116	1.0656	0.7870	0.7487
其他采矿业					
农副食品加工业	1.1155	0.9524	0.3841	0.2847	0.1385
食品制造业	0.8093	0.5815	0.4739	0.3468	0.2392
饮料制造业	0.8579	0.5629	0.3711	0.3450	0.2755
烟草制品业	0.0593	0.0556	0.0456	0.0407	0.0342
纺织业	1.4557	1.1891	1.1258	1.0776	0.7025
纺织服装、鞋、帽制造业	0.4012	0.5110	0.4084	0.2129	0.1949
皮革、毛皮、羽毛(绒)及其制品业	0.4206	0.5143	0.2405	0.0909	0.0405
木材加工及木、竹、藤、棕、草制品业	1.2264	1.0651	0.9710	0.7150	0.6646
家具制造业	0.1514	0.2592	0.2392	0.1195	0.0915
造纸及纸制品业	1.2843	1.3110	1.3700	0.5625	1.0248
印刷业和记录媒介的复制	0.0862	0.0830	0.0708	0.0665	0.0627
文教体育用品制造业	0.9127	1.4129	0.1613		

9-2 分行业规模以上工业单位产值能耗(等价热值)(续)

按当年价计算　　　　单位：吨标准煤/万元

行　业	2005年	2006年	2007年	2008年	2009年
石油加工、炼焦及核燃料加工业	1.6553	1.5374	1.1610	1.2718	1.4646
化学原料及化学制品制造业	3.6680	3.5151	2.8684	1.9976	2.1986
医药制造业	0.2200	0.2531	0.1401	0.1323	0.1199
化学纤维制造业	0.7779	0.8078	0.7535	0.6618	0.6182
橡胶制品业	0.8360	0.3233	0.6512	0.5300	0.1502
塑料制品业	0.3155	0.2905	0.2865	0.2497	0.2560
非金属矿物制品业	7.0852	5.6170	3.6002	4.2663	3.8083
黑色金属冶炼及压延加工业	3.4000	3.5645	2.5935	1.8279	2.0507
有色金属冶炼及压延加工业	1.1242	0.6957	0.6804	0.6933	0.8730
金属制品业	0.2348	0.2243	0.1831	0.1399	0.1162
通用设备制造业	0.3610	0.2332	0.1868	0.1919	0.1656
专用设备制造业	0.2175	0.1306	0.1079	0.1074	0.1015
交通运输设备制造业	0.1303	0.0911	0.0877	0.0623	0.1082
电气机械及器材制造业	0.0983	0.0768	0.0598	0.0513	0.0498
通信设备、计算机及其他电子设备制造业	0.0298	0.0337	0.0424	0.0470	0.0368
仪器仪表及文化、办公用机械制造业	0.1885	0.1089	0.1275	0.0827	0.0748
工艺品及其他制造业	0.4543	0.2393	0.2349	0.2053	0.1228
废弃资源和废旧材料回收加工业	0.0319	0.0429	0.9592	0.4364	0.3796
电力、热力的生产和供应业	0.7634	1.0854	0.4695	0.4674	0.4757
燃气生产和供应业	1.9705	0.7777	0.6796	0.6417	0.5942
水的生产和供应业	0.5000	0.4252	0.2825	0.3343	0.2926

9-3 分地区规模以上工业单位产值能耗（当量热值）

按当年价计算　　　　　　　　　　　　　　　　　　　　单位：吨标准煤/万元

地　区	2005年	2006年	2007年	2008年	2009年
云南省	**1.3727**	**1.2085**	**0.8825**	**0.7914**	**0.8426**
昆明市	0.7984	0.6465	0.5899	0.5059	0.5117
曲靖市	2.5958	2.9025	2.0211	1.7118	1.9666
玉溪市	1.2334	1.2081	0.9731	0.7410	0.7872
保山市	1.4436	1.2643	0.8990	0.6997	0.5749
昭通市	1.8416	1.5053	1.3147	0.9464	0.9023
丽江市	4.5728	3.4006	0.4270	3.1649	2.1298
普洱市	1.6488	1.6354	1.0236	0.8552	0.6332
临沧市	1.3376	0.8434	0.5226	2.5410	0.2791
楚雄州	1.0501	1.0128	0.8084	0.6715	0.6358
红河州	1.8807	1.3929	1.2738	0.6707	0.9936
文山州	1.2067	0.9870	0.7140	0.6533	0.6770
西双版纳州	1.1240	0.5927	0.4814	0.2139	0.1716
大理州	1.3021	1.3807	1.1421	0.8202	0.6783
德宏州	2.0051	1.5624	0.8570	0.7498	0.7274
怒江州	0.6925	0.4434	0.0359	0.4286	0.5016
迪庆州	0.7161	0.8157	0.2791	0.3596	0.3405

9-4　分地区规模以上工业单位产值能耗（等价热值）

按当年价计算　　　　单位：吨标准煤/万元

地　区	2005年	2006年	2007年	2008年	2009年
云南省	**1.4581**	**1.2906**	**0.9285**	**0.8754**	**0.8831**
昆明市	0.9940	0.7612	0.6797	0.6165	0.5878
曲靖市	2.0192	2.3788	1.5267	1.4169	1.4206
玉溪市	1.5056	1.4651	1.1796	0.9171	0.9696
保山市	2.0049	1.7625	1.4133	1.1868	1.0602
昭通市	2.2097	1.9429	1.7103	1.2441	1.2176
丽江市	5.0519	3.7847	0.4718	3.4558	2.3562
普洱市	2.0245	1.9083	1.3006	1.0925	0.8504
临沧市	1.5437	1.0024	0.7763	3.9350	0.4634
楚雄州	1.2852	1.2121	0.9966	0.8113	0.7667
红河州	1.4620	1.2512	1.1055	0.6614	0.9684
文山州	1.8708	1.5525	1.2072	1.0824	1.1217
西双版纳州	1.8280	0.8795	0.5928	0.3259	0.2870
大理州	1.9544	1.7586	1.4567	1.0172	0.8542
德宏州	2.8662	2.2459	1.5802	1.3774	1.3065
怒江州	1.4371	0.8648	0.0731	0.9389	1.0451
迪庆州	1.8599	1.9118	0.5990	0.8023	0.7137

9-5 规模以上工业主要单位产品综合能源消耗

2008年

指标名称	计量单位	指标值	最大值	最小值
吨原煤生产综合能耗	千克标准煤/吨	1.92	13.73	0.44
其中：1、露天矿	千克标准煤/吨	1.18	1.18	1.18
2、矿井	千克标准煤/吨	3.58	13.73	0.44
3、其他	千克标准煤/吨			
铁矿采矿工序单位能耗	千克标准煤/吨			
其中：1、露天矿	千克标准煤/吨			
铁矿选矿工序单位能耗	千克标准煤/吨			
每吨纱(线)混合数综合能耗	千克标准煤/吨			
其中：1、棉、化纤纺织	千克标准煤/吨			
万米布混合数综合能耗	千克标准煤/万米			
其中：1、棉、化纤纺织	千克标准煤/万米			
机制纸及纸板综合能耗	千克标准煤/吨	1003.32	2181.53	502.10
炼焦工序单位能耗	千克标准煤/吨	344.02	1460.44	44.75
单位烧碱生产综合能耗	千克标准煤/吨	894.79		
单位烧碱生产综合能耗(离子膜法30%)	千克标准煤/吨	858.37	1309.46	426.84
单位烧碱生产综合能耗(隔膜法30%)	千克标准煤/吨			
单位烧碱生产综合能耗(隔膜法42%)	千克标准煤/吨	1197.00	1197.00	1197.00
单位电石生产综合能耗	千克标准煤/吨	10900.28	1195.81	968.26
单位黄磷生产综合能耗	千克标准煤/吨	3272.24	3272.24	3272.24
单位合成氨生产综合能耗	千克标准煤/吨	1643.83	2902.78	1140.16
吨水泥熟料综合能耗	千克标准煤/吨	149.39	484.90	72.03
其中：1、新型干法	千克标准煤/吨	146.23	484.90	111.82
2、立窑	千克标准煤/吨	152.96	267.75	72.03
3、湿法窑	千克标准煤/吨	171.95	314.53	123.00
4、中空窑	千克标准煤/吨			
5、预热器窑	千克标准煤/吨	153.91	153.91	153.91
7、其他	千克标准煤/吨	193.80	229.74	179.50

9-5 规模以上工业主要单位产品综合能源消耗（续）

2008年

指标名称	计量单位	指标值	最大值	最小值
吨水泥综合能耗	千克标准煤/吨	115.78	451.85	3.00
其中：1、新型干法	千克标准煤/吨	118.03	451.85	85.85
2、立窑	千克标准煤/吨	113.61	213.06	3.00
3、湿法窑	千克标准煤/吨	103.06	256.85	73.15
4、中空窑	千克标准煤/吨			
5、预热器窑	千克标准煤/吨	125.37	125.37	125.37
6、粉磨站	千克标准煤/吨	88.78	108.40	6.05
7、其他	千克标准煤/吨	136.47	172.81	123.50
每重量箱平板玻璃综合能耗	千克标准煤/重量箱	17.25	17.25	17.25
其中：1、浮法	千克标准煤/重量箱	17.25	17.25	17.25
吨钢综合能耗	千克标准煤/吨	631.27	919.23	51.18
硅铁工序单位能耗	千克标准煤/吨	1046.97	1046.97	1046.97
硅锰合金工序单位能耗	千克标准煤/吨	1246.31	1274.25	1197.82
吨钢耗新水	吨/吨	5.24	8.90	0.37
单位粗铜综合能耗	千克标准煤/吨	451.01	1237.40	153.63
单位铜精炼综合能耗	千克标准煤/吨			
单位铜冶炼综合能耗	千克标准煤/吨	307.84	3254.02	302.77
单位电解铝综合能耗	千克标准煤/吨	1730.30	1820.23	1717.23
单位粗铅综合能耗	千克标准煤/吨	489.42	1552.35	335.71
单位铅冶炼综合能耗	千克标准煤/吨	440.07	796.42	71.27
蒸馏锌综合标准煤耗单耗	千克标准煤/吨	317.71	1776.64	242.85
单位精锌（电锌）综合能耗	千克标准煤/吨	986.15	2024.73	691.81
吨铝加工材消耗能源量	千克标准煤/吨	42.31	42.31	42.31
电厂火力发电标准煤耗	克标准煤/千瓦时	337.59	621.26	313.75

9-6 规模以上工业主要单位产品电耗

2008年

指标名称	计量单位	指标值	最大值	最小值
吨原煤生产耗电	千瓦时/吨	10.23	111.72	2.90
其中：1、露天矿	千瓦时/吨	3.98	3.98	3.98
2、 矿井	千瓦时/吨	24.29	111.72	2.90
3、其他	千瓦时/吨			
选煤电力单耗	千瓦时/吨	5.94	19.94	1.01
每吨纱(线)混合数生产用电量	千瓦时/吨			
其中：1、棉、化纤纺织	千瓦时/吨			
万米布混合数生产用电量	千瓦时/万米			
其中：1、棉、化纤纺织	千瓦时/万米			
机制纸及纸板耗电	千瓦时/吨	943.77	1487.49	475.42
单位烧碱耗电	千瓦时/吨	2425.40		
单位烧碱生产耗交流电(离子膜法30%)	千瓦时/吨	2395.38	2426.19	2365.90
单位烧碱生产耗交流电(隔膜法30%)	千瓦时/吨			
单位烧碱生产耗交流电(隔膜法42%)	千瓦时/吨	2674.56	2674.56	2674.56
单位纯碱耗电	千瓦时/吨	1566.10		
单位电石生产电力消耗	千瓦时/吨	3509.18	3952.07	3449.78
单位黄磷生产电力消耗	千瓦时/吨	13311.07	13311.07	13311.07
单位合成氨耗电	千瓦时/吨	1207.64	2928.98	130.01
吨水泥熟料综合电耗	千瓦时/吨	89.44	192.32	21.96
其中：1、新型干法	千瓦时/吨	92.88	192.32	43.57
2、立窑	千瓦时/吨	89.14	179.84	21.96
3、湿法窑	千瓦时/吨	82.32	110.60	62.08
4、中空窑	千瓦时/吨			
5、预热器窑	千瓦时/吨	77.61	77.61	77.61
7、其他	千瓦时/吨	77.08	109.43	64.21

9-6 规模以上工业主要单位产品电耗（续）

2008年

指标名称	计量单位	指标值	最大值	最小值
吨水泥综合电耗	千瓦时/吨	108.04	261.26	24.44
其中：1、新型干法	千瓦时/吨	114.83	195.36	69.20
2、立窑	千瓦时/吨	99.93	261.26	24.44
3、湿法窑	千瓦时/吨	92.60	109.23	71.02
4、中空窑	千瓦时/吨			
5、预热器窑	千瓦时/吨	108.92	108.92	108.92
6、粉磨站	千瓦时/吨	84.44	92.71	49.11
7、其他	千瓦时/吨	102.78	127.22	94.07
每重量箱平板玻璃耗电	千瓦时/重量箱	4.65	4.65	4.65
其中：1、浮法	千瓦时/重量箱	4.65	4.65	4.65
吨钢耗电	千瓦时/吨	399.32	995.87	270.56
电炉炼钢综合电力消耗	千瓦时/吨	958.74	995.87	936.00
硅铁单位电耗	千瓦时/标准吨	13678.50	13678.50	13678.50
硅锰合金单位电耗	千瓦时/标准吨	4987.26	5159.03	4689.06
轧钢工序单位电力消耗	千瓦时/吨	114.24	996.94	69.81
铜电解直流电单耗	千瓦时/吨	319.65	878.86	284.70
单位铝锭综合交流电耗	千瓦时/吨	13234.49	16040.34	11917.46
析出铅直流电单耗	千瓦时/吨	125.69	169.74	99.35
析出锌（湿法）直流电单耗	千瓦时/吨	3379.77	6410.21	3086.81
吨铝加工材消耗电量	千瓦时/吨	191.58	191.58	191.58
发电厂用电率	%	7.27	17.25	5.86

9-7 规模以上工业主要单位产品综合能源消耗

2009年

指标名称	计量单位	指标值	最大值	最小值
吨原煤生产综合能耗	千克标准煤/吨	2.20	7.35	0.75
其中：1、露天矿	千克标准煤/吨	1.31	2.97	1.25
2、矿井	千克标准煤/吨	5.73	7.35	0.75
3、其他	千克标准煤/吨	6.41	6.52	6.30
铁矿采矿工序单位能耗	千克标准煤/吨	3.65	3.65	3.65
其中：1、露天矿	千克标准煤/吨	3.65	3.65	3.65
铁矿选矿工序单位能耗	千克标准煤/吨	4.57	4.57	4.57
每吨纱(线)混合数综合能耗	千克标准煤/吨	866.33	866.33	866.33
其中：1、棉、化纤纺织	千克标准煤/吨	866.33	866.33	866.33
万米布混合数综合能耗	千克标准煤/万米	4644.00	4644.00	4644.00
其中：1、棉、化纤纺织	千克标准煤/万米	4644.00	4644.00	4644.00
机制纸及纸板综合能耗	千克标准煤/吨	1148.84	1653.53	564.17
炼焦工序单位能耗	千克标准煤/吨	245.18	1402.65	48.21
单位烧碱生产综合能耗	千克标准煤/吨	465.72		
单位烧碱生产综合能耗(离子膜法30%)	千克标准煤/吨	394.81	414.45	373.60
单位烧碱生产综合能耗(隔膜法30%)	千克标准煤/吨	647.02	647.02	647.02
单位烧碱生产综合能耗(隔膜法42%)	千克标准煤/吨	1483.39	1483.39	1483.39
单位电石生产综合能耗	千克标准煤/吨	1015.96	1247.11	864.97
单位黄磷生产综合能耗	千克标准煤/吨	3319.30	4623.96	2450.70
单位合成氨生产综合能耗	千克标准煤/吨	1597.12	2686.88	1156.99
吨水泥熟料综合能耗	千克标准煤/吨	137.89	471.82	70.17
其中：1、新型干法	千克标准煤/吨	133.04	201.48	107.92
2、立窑	千克标准煤/吨	143.78	471.82	70.17
3、湿法窑	千克标准煤/吨	182.26	430.00	119.73
4、中空窑	千克标准煤/吨	210.79	210.79	210.79
5、预热器窑	千克标准煤/吨	147.72	148.22	146.22
7、其他	千克标准煤/吨	213.99	213.98	213.98

9-7　规模以上工业主要单位产品综合能源消耗（续）

2009年

指标名称	计量单位	指标值	最大值	最小值
吨水泥综合能耗	千克标准煤/吨	105.13	435.65	3.84
其中：1、新型干法	千克标准煤/吨	105.34	191.16	38.19
2、立窑	千克标准煤/吨	101.56	435.65	3.84
3、湿法窑	千克标准煤/吨	73.56	172.47	11.22
4、中空窑	千克标准煤/吨	179.92	179.92	179.92
5、预热器窑	千克标准煤/吨	119.89	126.09	109.25
6、粉磨站	千克标准煤/吨			
7、其他	千克标准煤/吨	154.40	154.40	154.40
每重量箱平板玻璃综合能耗	千克标准煤/重量箱	17.20	17.20	17.20
其中：1、浮法	千克标准煤/重量箱	17.20	17.20	17.20
吨钢综合能耗	千克标准煤/吨	584.00	908.47	270.51
硅铁工序单位能耗	千克标准煤/吨	2450.32	2914.32	1983.91
硅锰合金工序单位能耗	千克标准煤/吨	1071.39	1569.05	433.93
吨钢耗新水	吨/吨	4.84	8.92	0.45
单位粗铜综合能耗	千克标准煤/吨	525.88	1008.83	152.13
单位铜精炼综合能耗	千克标准煤/吨	143.20	143.20	143.20
单位铜冶炼综合能耗	千克标准煤/吨	300.48	300.48	300.48
单位电解铝综合能耗	千克标准煤/吨	1764.17	1866.20	1679.92
单位粗铅综合能耗	千克标准煤/吨	409.03	623.67	274.74
单位铅冶炼综合能耗	千克标准煤/吨	451.62	597.39	108.73
蒸镏锌综合标准煤耗单耗	千克标准煤/吨			
单位精锌（电锌）综合能耗	千克标准煤/吨	968.63	1360.01	796.13
吨铝加工材消耗能源量	千克标准煤/吨	37.61	37.61	37.61
电厂火力发电标准煤耗	克标准煤/千瓦时	328.19	929.93	176.07

9-8 规模以上工业主要单位产品电耗

2009年

指标名称	计量单位	指标值	最大值	最小值
吨原煤生产耗电	千瓦时/吨	11.21	59.83	4.10
其中：1、露天矿	千瓦时/吨	4.70	23.52	4.10
2、 矿井	千瓦时/吨	39.00	59.83	6.10
3、其他	千瓦时/吨	26.16	35.93	16.43
选煤电力单耗	千瓦时/吨	6.02	10.56	0.58
每吨纱(线)混合数生产用电量	千瓦时/吨	7049.07	7049.07	7049.07
其中：1、棉、化纤纺织	千瓦时/吨	7049.07	7049.07	7049.07
万米布混合数生产用电量	千瓦时/万米	17600.00	17600.00	17600.00
其中：1、棉、化纤纺织	千瓦时/万米	17600.00	17600.00	17600.00
机制纸及纸板耗电	千瓦时/吨	942.50	1608.23	457.97
单位烧碱耗电	千瓦时/吨	2329.36		
单位烧碱生产耗交流电(离子膜法30%)	千瓦时/吨	2307.57	2332.70	2280.44
单位烧碱生产耗交流电(隔膜法30%)	千瓦时/吨	2355.94	2355.94	2355.94
单位烧碱生产耗交流电(隔膜法42%)	千瓦时/吨	2654.53	2654.53	2654.53
单位纯碱耗电	千瓦时/吨			
单位电石生产电力消耗	千瓦时/吨	3421.48	3483.86	3024.84
单位黄磷生产电力消耗	千瓦时/吨	13310.57	15024.56	11457.29
单位合成氨耗电	千瓦时/吨	1191.93	2354.59	127.23
吨水泥熟料综合电耗	千瓦时/吨	83.40	142.80	20.40
其中：1、新型干法	千瓦时/吨	85.56	134.29	56.83
2、立窑	千瓦时/吨	79.13	142.80	20.40
3、湿法窑	千瓦时/吨	64.27	96.69	54.35
4、中空窑	千瓦时/吨	73.21	73.21	73.21
5、预热器窑	千瓦时/吨	78.97	79.41	77.68
7、其他	千瓦时/吨	92.34	92.34	92.34

9-8 规模以上工业主要单位产品电耗（续）

2009年

指标名称	计量单位	指标值	最大值	最小值
吨水泥综合电耗	千瓦时/吨	99.92	228.48	26.26
其中：1、新型干法	千瓦时/吨	102.72	141.40	30.08
2、立窑	千瓦时/吨	94.96	228.48	26.26
3、湿法窑	千瓦时/吨	76.71	127.29	64.44
4、中空窑	千瓦时/吨	103.21	103.21	103.21
5、预热器窑	千瓦时/吨	116.08	116.60	115.78
6、粉磨站	千瓦时/吨			
7、其他	千瓦时/吨	105.27	105.26	105.26
每重量箱平板玻璃耗电	千瓦时/重量箱	5.17	5.17	5.17
其中：1、浮法	千瓦时/重量箱	5.17	5.17	5.17
吨钢耗电	千瓦时/吨	395.54	994.17	268.24
电炉炼钢综合电力消耗	千瓦时/吨	906.07	994.17	868.23
硅铁单位电耗	千瓦时/标准吨	11539.41	12742.67	8959.12
硅锰合金单位电耗	千瓦时/标准吨	4364.62	4773.44	3530.74
轧钢工序单位电力消耗	千瓦时/吨	98.07	655.92	79.15
铜电解直流电单耗	千瓦时/吨	264.78	2027.39	228.00
单位铝锭综合交流电耗	千瓦时/吨	13661.05	16192.34	13276.39
析出铅直流电单耗	千瓦时/吨	124.72	156.52	96.00
析出锌（湿法）直流电单耗	千瓦时/吨	3274.14	3785.54	2890.00
吨铝加工材消耗电量	千瓦时/吨	169.81	169.81	169.81
发电厂用电率	%	6.95	100.00	0.75

十、规模以上工业水消费

10-1 分行业规模以上工业企业水消费总量

单位：万立方米

行　业	2005年	2006年	2007年	2008年	2009年
全部工业企业	**119448.30**	**118228.10**	**132992.71**	**126485.28**	**134809.71**
轻工业	**71654.58**	**71353.70**	**74936.49**	**70552.21**	**80313.16**
重工业	**47793.73**	**46874.40**	**58056.23**	**55933.07**	**54496.55**
煤炭开采和洗选业	1103.93	969.01	1176.46	1469.91	1235.15
石油和天然气开采业	0.80	8.55	9.85	4.00	
黑色金属矿采选业	3146.10	1009.66	1976.75	2735.06	2990.43
有色金属矿采选业	2183.70	2611.76	4059.56	4643.97	4249.17
非金属矿采选业	938.78	1663.40	1302.63	1466.72	1759.06
其他采矿业				6.40	
农副食品加工业	16472.69	13060.69	16881.34	15931.71	14232.46
食品制造业	498.22	350.07	353.96	514.43	454.23
饮料制造业	663.41	794.31	920.03	1095.61	1300.20
烟草制品业	837.28	885.74	1367.84	1050.79	1215.71
纺织业	410.45	553.46	761.84	873.82	423.58
纺织服装、鞋、帽制造业	26.86	24.73	14.36	13.29	13.28
皮革、毛皮、羽毛(绒)及其制品业	19.20	19.29	1.80	1.99	1.01
木材加工及木、竹、藤、棕、草制品业	206.23	238.86	230.97	237.17	269.77
家具制造业	2.13	2.50	2.36	2.30	2.77
造纸及纸制品业	3143.89	3271.52	2649.54	2596.32	2509.64
印刷业和记录媒介的复制	127.38	107.19	89.27	81.96	77.04
文教体育用品制造业	0.30	0.05	0.52		

10-1 分行业规模以上工业企业水消费总量（续）

单位：万立方米

行　业	2005年	2006年	2007年	2008年	2009年
石油加工、炼焦及核燃料加工业	517.41	463.15	1418.05	2202.54	2007.47
化学原料及化学制品制造业	11395.01	10670.57	12756.84	12539.81	12701.48
医药制造业	581.80	523.87	645.21	598.12	621.75
化学纤维制造业	86.54	131.26	115.78	71.59	69.96
橡胶制品业	25.74	30.38	58.16	49.21	55.13
塑料制品业	108.41	131.28	137.01	145.68	115.00
非金属矿物制品业	2467.58	2520.19	2838.08	2498.98	2585.72
黑色金属冶炼及压延加工业	5375.60	6860.01	5906.74	6984.56	6549.83
有色金属冶炼及压延加工业	3878.39	4613.33	5291.72	5570.72	5293.08
金属制品业	46.70	53.22	43.73	41.80	104.44
通用设备制造业	279.76	214.08	160.12	184.84	164.98
专用设备制造业	247.82	181.31	130.44	151.64	103.31
交通运输设备制造业	1131.96	157.02	158.69	169.85	125.15
电气机械及器材制造业	112.60	108.20	118.47	95.96	72.87
通信设备、计算机及其他电子设备制造业	24.34	34.28	32.03	33.38	24.07
仪器仪表及文化、办公用机械制造业	87.65	263.02	67.63	58.11	60.29
工艺品及其他制造业	49.61	44.01	36.65	30.41	38.81
废弃资源和废旧材料回收加工业	17.08	50.30	28.12	29.59	7.31
电力、热力的生产和供应业	14388.99	13990.92	20102.62	14558.56	13978.61
燃气生产和供应业	220.00	179.21	166.15	155.71	145.35
水的生产和供应业	48623.97	51437.74	50981.37	47588.79	59251.59

10-2 分行业规模以上工业企业地表水消费量

单位：万立方米

行 业	2005年	2006年	2007年	2008年	2009年
全部工业企业	**97776.68**	**97588.50**	**109747.09**	**103351.39**	**117236.51**
轻工业	**61738.71**	**61981.86**	**64945.95**	**61597.75**	**73320.18**
重工业	**36037.97**	**35606.64**	**44801.14**	**41753.64**	**43916.33**
煤炭开采和洗选业	868.85	601.02	824.67	891.45	761.81
石油和天然气开采业			9.85	4.00	
黑色金属矿采选业	2943.83	917.83	1839.77	2651.66	2835.79
有色金属矿采选业	1827.92	1609.66	2583.73	3477.22	3180.63
非金属矿采选业	41.91	1189.56	1033.60	1218.25	1493.75
其他采矿业				6.40	
农副食品加工业	14558.20	11470.12	14768.64	13579.49	12732.96
食品制造业	219.74	107.41	76.78	61.06	44.99
饮料制造业	388.93	390.19	445.91	497.34	680.67
烟草制品业	78.92	315.26	199.29	116.24	128.12
纺织业	68.99	291.43	563.86	675.38	303.74
纺织服装、鞋、帽制造业					1.20
皮革、毛皮、羽毛(绒)及其制品业	19.20	12.51		1.99	1.01
木材加工及木、竹、藤、棕、草制品业	86.52	149.38	120.56	93.27	148.75
家具制造业					
造纸及纸制品业	1868.72	2973.98	2314.44	2250.37	2221.55
印刷业和记录媒介的复制	0.39	0.19	0.36	0.36	0.03
文教体育用品制造业					

10-2 分行业规模以上工业企业地表水消费量（续）

单位：万立方米

行　业	2005年	2006年	2007年	2008年	2009年
石油加工、炼焦及核燃料加工业	332.50	370.47	1189.68	1754.27	1710.88
化学原料及化学制品制造业	9100.42	8325.60	10819.73	9785.43	9630.33
医药制造业	98.14	78.56	79.47	81.12	75.10
化学纤维制造业					
橡胶制品业	19.74		15.00	15.00	15.03
塑料制品业	2.67	28.39	19.73	8.31	7.88
非金属矿物制品业	1670.24	1187.96	1700.52	1321.10	1425.05
黑色金属冶炼及压延加工业	2773.38	6340.68	5258.04	6128.82	5704.96
有色金属冶炼及压延加工业	1429.22	1645.35	2566.79	3714.10	3827.31
金属制品业	9.41	15.93	12.08	4.35	13.52
通用设备制造业	12.40	30.64	13.68	14.74	20.46
专用设备制造业	37.69	69.74	10.04	17.59	23.02
交通运输设备制造业	928.36	24.54	5.39	2.42	2.19
电气机械及器材制造业	6.63	4.04			0.30
通信设备、计算机及其他电子设备制造业		2.63	2.49		
仪器仪表及文化、办公用机械制造业					0.32
工艺品及其他制造业	0.95	0.94	0.93	2.77	3.01
废弃资源和废旧材料回收加工业	16.72	6.00	27.29	18.18	4.02
电力、热力的生产和供应业	13992.75	13131.56	16774.93	10651.80	13138.80
燃气生产和供应业				2.33	
水的生产和供应业	44373.34	46296.94	46469.86	44304.56	57099.32

10-3 分行业规模以上工业企业地下水消费量

单位：万立方米

行业	2005年	2006年	2007年	2008年	2009年
全部工业企业	**9460.69**	**8701.22**	**12337.55**	**12315.74**	**8608.00**
轻工业	**3329.15**	**3092.10**	**4142.44**	**3866.12**	**3583.17**
重工业	**6131.54**	**5609.12**	**8195.11**	**8449.63**	**5024.83**
煤炭开采和洗选业	113.52	257.90	304.06	415.29	337.43
石油和天然气开采业					
黑色金属矿采选业	167.31	86.83	92.16	68.10	138.62
有色金属矿采选业	310.28	941.67	1417.08	1022.84	884.56
非金属矿采选业	895.49	438.21	244.81	247.16	256.46
其他采矿业					
农副食品加工业	626.35	195.27	559.81	1184.29	881.19
食品制造业	75.05	93.96	109.14	114.95	123.83
饮料制造业	83.58	220.34	225.16	279.84	224.09
烟草制品业	287.57	16.77	561.63	304.40	473.22
纺织业	219.95	40.58	71.65	91.86	89.96
纺织服装、鞋、帽制造业		3.60	3.50		
皮革、毛皮、羽毛(绒)及其制品业		6.78			
木材加工及木、竹、藤、棕、草制品业	21.06	10.16	25.71	26.31	18.96
家具制造业					
造纸及纸制品业	1067.02	170.14	178.08	206.15	222.29
印刷业和记录媒介的复制	4.69	3.12	2.68	1.78	2.62
文教体育用品制造业					

10-3 分行业规模以上工业企业地下水消费量（续）

单位：万立方米

行业	2005年	2006年	2007年	2008年	2009年
石油加工、炼焦及核燃料加工业	81.39	41.60	71.83	281.34	250.47
化学原料及化学制品制造业	1459.36	1114.02	735.04	730.86	724.42
医药制造业	109.86	86.96	157.53	90.28	87.56
化学纤维制造业					
橡胶制品业		23.41	25.77		35.22
塑料制品业	6.45	5.84	5.29	9.91	3.78
非金属矿物制品业	516.91	891.06	812.99	613.62	592.93
黑色金属冶炼及压延加工业	1113.98	150.30	422.68	425.18	420.25
有色金属冶炼及压延加工业	783.93	788.98	894.00	898.56	793.85
金属制品业	12.08	8.96	10.52	12.59	47.47
通用设备制造业	93.95	72.61	52.24	53.28	39.42
专用设备制造业	89.34	25.63	61.57	56.67	12.48
交通运输设备制造业	56.07	42.51	56.92	73.90	36.16
电气机械及器材制造业	45.41	22.80	11.74	14.17	12.71
通信设备、计算机及其他电子设备制造业					0.62
仪器仪表及文化、办公用机械制造业	70.58	199.87	6.57	6.46	6.53
工艺品及其他制造业	17.08	42.39	1.72	0.45	4.02
废弃资源和废旧材料回收加工业	0.36	44.30	0.04	0.49	0.17
电力、热力的生产和供应业	97.19	311.08	2822.80	3375.37	311.53
燃气生产和供应业	211.78	173.73	162.26	149.26	140.19
水的生产和供应业	823.10	2169.84	2230.56	1560.38	1435.00

10-4 分行业规模以上工业企业自来水消费量

单位：万立方米

行业	2005年	2006年	2007年	2008年	2009年
全部工业企业	**11108.54**	**10280.85**	**8974.36**	**7893.89**	**6627.91**
轻工业	**6562.53**	**6132.68**	**5064.63**	**4498.35**	**3361.07**
重工业	**4546.01**	**4148.17**	**3909.74**	**3395.54**	**3266.84**
煤炭开采和洗选业	120.26	40.59	7.22	138.53	118.66
石油和天然气开采业	0.80	8.55			
黑色金属矿采选业	0.12		44.82	12.38	6.53
有色金属矿采选业	45.44	12.62	5.67	34.61	43.07
非金属矿采选业	1.27	3.77	1.03	1.31	3.41
其他采矿业					
农副食品加工业	1287.94	1389.95	945.82	699.88	586.82
食品制造业	203.43	148.69	168.04	334.03	282.13
饮料制造业	190.90	162.61	247.22	316.31	393.94
烟草制品业	461.83	545.17	598.14	622.63	610.00
纺织业	121.52	209.95	126.33	103.20	29.87
纺织服装、鞋、帽制造业	26.86	21.13	10.86	13.29	12.07
皮革、毛皮、羽毛(绒)及其制品业			1.80		
木材加工及木、竹、藤、棕、草制品业	89.99	59.22	73.33	87.90	75.14
家具制造业	2.13	2.50	2.36	2.30	2.77
造纸及纸制品业	206.44	111.32	52.38	55.09	65.34
印刷业和记录媒介的复制	121.98	103.42	85.85	79.81	73.19
文教体育用品制造业	0.30	0.05	0.52		

10-4 分行业规模以上工业企业自来水消费量（续）

单位：万立方米

行业	2005年	2006年	2007年	2008年	2009年
石油加工、炼焦及核燃料加工业	84.91	51.07	41.66	164.95	38.52
化学原料及化学制品制造业	470.53	663.22	713.22	792.46	911.11
医药制造业	361.62	355.86	391.41	409.75	453.82
化学纤维制造业	86.54	94.33	75.05	71.59	69.94
橡胶制品业	6.00	6.96	17.39	34.20	4.86
塑料制品业	90.12	91.78	111.99	114.40	97.65
非金属矿物制品业	203.35	223.27	239.68	305.18	428.85
黑色金属冶炼及压延加工业	1468.05	338.08	107.03	324.46	277.66
有色金属冶炼及压延加工业	1126.24	1671.48	1642.65	495.50	365.60
金属制品业	25.13	28.30	21.08	24.86	43.44
通用设备制造业	173.41	110.83	93.64	116.73	104.88
专用设备制造业	120.78	85.40	58.84	77.38	67.76
交通运输设备制造业	147.47	89.96	96.39	93.32	84.07
电气机械及器材制造业	55.67	81.02	85.18	70.78	59.07
通信设备、计算机及其他电子设备制造业	24.33	31.65	29.54	33.37	23.43
仪器仪表及文化、办公用机械制造业	17.08	63.15	61.06	51.65	53.43
工艺品及其他制造业	31.57	0.68	34.00	27.19	31.79
废弃资源和废旧材料回收加工业			0.80	0.52	3.12
电力、热力的生产和供应业	298.93	540.07	497.53	456.37	483.63
燃气生产和供应业	8.22	5.48	3.89	4.12	5.17
水的生产和供应业	3427.40	2928.72	2280.95	1723.85	717.22

10-5 分行业规模以上工业企业其他水消费量

单位：万立方米

行 业	2005年	2006年	2007年	2008年	2009年
全部工业企业	**1102.39**	**1657.53**	**1933.71**	**2924.26**	**2337.29**
轻工业	**24.19**	**147.06**	**783.47**	**589.99**	**48.74**
重工业	**1078.21**	**1510.47**	**1150.24**	**2334.26**	**2288.55**
煤炭开采和洗选业	1.30	69.50	40.51	24.64	17.25
石油和天然气开采业					
黑色金属矿采选业	34.84	5.00		2.92	9.49
有色金属矿采选业	0.06	47.81	53.08	109.30	140.91
非金属矿采选业	0.11	31.86	23.19	0.00	5.44
其他采矿业					
农副食品加工业	0.20	5.35	607.07	468.05	31.49
食品制造业		0.01		4.39	3.28
饮料制造业		21.17	1.74	2.12	1.50
烟草制品业	8.96	8.54	8.78	7.52	4.37
纺织业	-0.01	11.50		3.38	0.01
纺织服装、鞋、帽制造业					0.01
皮革、毛皮、羽毛(绒)及其制品业		0.00			
木材加工及木、竹、藤、棕、草制品业	8.66	20.10	11.37	29.69	26.92
家具制造业					
造纸及纸制品业	1.71	16.08	104.64	84.71	0.46
印刷业和记录媒介的复制	0.32	0.46	0.38	0.01	1.20
文教体育用品制造业					

10-5 分行业规模以上工业企业其他水消费量（续）

单位：万立方米

行 业	2005年	2006年	2007年	2008年	2009年
石油加工、炼焦及核燃料加工业	18.61	0.01	114.88	1.98	7.60
化学原料及化学制品制造业	364.70	567.73	488.85	1231.06	1435.62
医药制造业	12.18	2.49	16.80	16.97	5.27
化学纤维制造业		36.93	40.73		0.02
橡胶制品业		0.01		0.01	0.02
塑料制品业	9.17	5.27		13.06	5.69
非金属矿物制品业	77.08	217.90	84.89	259.08	138.89
黑色金属冶炼及压延加工业	20.19	30.95	118.99	106.10	146.96
有色金属冶炼及压延加工业	539.00	507.52	188.28	462.56	306.32
金属制品业	0.08	0.03	0.05		0.01
通用设备制造业			0.56	0.09	0.22
专用设备制造业	0.01	0.54	-0.01		0.05
交通运输设备制造业	0.06	0.01	-0.01	0.21	2.73
电气机械及器材制造业	4.89	0.34	21.55	11.01	0.79
通信设备、计算机及其他电子设备制造业	0.01			0.01	0.02
仪器仪表及文化、办公用机械制造业	-0.01				0.01
工艺品及其他制造业	0.01				-0.01
废弃资源和废旧材料回收加工业	0.00		-0.01	10.40	
电力、热力的生产和供应业	0.12	8.21	7.36	75.02	44.65
燃气生产和供应业		0.00	0.00		-0.01
水的生产和供应业	0.13	42.24		0.00	0.05

10-6 分行业规模以上工业企业重复用水量

单位：万立方米

行业	2005年	2006年	2007年	2008年	2009年
全部工业企业	**156971.78**	**182315.58**	**249597.29**	**256975.62**	**328222.96**
轻工业	**7174.53**	**6551.28**	**18967.62**	**12251.88**	**12861.55**
重工业	**149797.25**	**175764.29**	**230629.67**	**244723.74**	**315361.41**
煤炭开采和洗选业	1557.85	611.80	891.74	1157.34	1794.32
石油和天然气开采业					
黑色金属矿采选业	21666.60	4394.49	8765.97	10149.89	10740.43
有色金属矿采选业	769.53	1380.31	4071.74	5581.60	4985.72
非金属矿采选业	1088.99	1824.14	1594.64	8908.46	15857.98
其他采矿业					
农副食品加工业	5585.24	5270.91	12113.03	9752.69	7927.84
食品制造业	187.08	15.13	102.61	97.17	162.25
饮料制造业	25.17	27.59	46.44	59.76	152.99
烟草制品业	28.91	77.67	112.69	200.24	577.02
纺织业	40.93	12.05	1.27	5.30	2.40
纺织服装、鞋、帽制造业		0.30	0.30		0.50
皮革、毛皮、羽毛(绒)及其制品业					
木材加工及木、竹、藤、棕、草制品业	7.50	15.49	20.87	11.34	65.06
家具制造业					0.15
造纸及纸制品业	718.16	793.23	803.24	1009.78	1899.13
印刷业和记录媒介的复制	8.78	2.06	0.58	4.87	4.05
文教体育用品制造业					

10-6 分行业规模以上工业企业重复用水量（续）

单位：万立方米

行　业	2005年	2006年	2007年	2008年	2009年
石油加工、炼焦及核燃料加工业	105.50	229.74	7445.21	6895.55	7173.11
化学原料及化学制品制造业	61756.83	66327.14	94233.32	94228.93	141217.93
医药制造业	54.82	259.65	408.75	648.10	1360.79
化学纤维制造业	46.06	60.64	5348.49	31.64	22.28
橡胶制品业	41.01	36.53	44.11	43.97	195.54
塑料制品业	5.57	3.93	6.35	198.07	212.22
非金属矿物制品业	1467.99	2255.74	2374.21	2751.21	6595.57
黑色金属冶炼及压延加工业	56322.15	70050.53	100072.88	109924.75	120774.07
有色金属冶炼及压延加工业	2446.70	1176.55	4804.64	4528.10	5290.29
金属制品业	16.41	6.60	5.94	0.30	11.34
通用设备制造业	41.75	43.95	36.69	27.62	104.83
专用设备制造业	352.90	5.16	31.68	26.46	47.56
交通运输设备制造业	0.17	3.47	149.00	6.27	70.47
电气机械及器材制造业	119.52	134.07	138.25	186.29	104.08
通信设备、计算机及其他电子设备制造业				1.20	11.97
仪器仪表及文化、办公用机械制造业	1.67	7.84	2.86	10.23	22.61
工艺品及其他制造业					0.01
废弃资源和废旧材料回收加工业	101.50		133.89	252.00	40.13
电力、热力的生产和供应业	2406.48	27288.88	5835.90	206.51	321.06
燃气生产和供应业				69.99	130.18
水的生产和供应业					347.10

10-7　分地区规模以上工业企业水消费总量

单位：万立方米

地　区	2005年	2006年	2007年	2008年	2009年
云南省	**119448.30**	**118228.10**	**132992.71**	**126485.28**	**134809.71**
昆明市	47366.82	52569.53	53070.65	51170.62	51482.51
曲靖市	11272.34	7730.03	17781.91	15186.39	17963.44
玉溪市	6419.66	5938.32	6220.64	6535.58	6441.41
保山市	6705.70	6059.16	6589.65	7490.07	6188.49
昭通市	2781.24	3167.31	3468.34	1442.41	2609.40
丽江市	438.65	128.40	569.11	439.25	2469.54
普洱市	5236.06	5315.73	5322.34	5498.63	5998.85
临沧市	2874.99	4025.79	4171.51	3831.37	3490.43
楚雄州	4935.51	5621.49	5320.49	5547.96	5778.03
红河州	16039.94	14446.86	15548.14	15774.77	16245.81
文山州	2930.82	2074.78	2243.65	2501.87	2994.08
西双版纳州	2681.65	2379.39	2243.28	2804.81	3582.97
大理州	3397.85	3975.33	3792.38	3877.34	3460.28
德宏州	6305.29	4761.81	6385.00	3558.53	5163.33
怒江州	61.78	34.16	217.16	559.46	569.09
迪庆州			48.46	266.21	372.05

10-8 分地区规模以上工业企业地表水消费量

单位：万立方米

地　区	2005年	2006年	2007年	2008年	2009年
云南省	**97776.68**	**97588.50**	**109747.09**	**103351.39**	**117236.51**
昆明市	41436.72	47430.19	48484.92	44996.38	44979.68
曲靖市	8925.42	5179.37	12247.54	9998.02	16379.18
玉溪市	4241.25	4341.89	4191.61	4414.35	4636.00
保山市	4404.42	3918.72	4670.49	6584.28	4842.11
昭通市	2170.36	2318.08	2511.56	939.79	2038.12
丽江市	399.21	55.98	301.86	348.02	2304.79
普洱市	4701.16	4635.16	4845.82	4516.35	5423.01
临沧市	2183.08	2997.83	2870.88	3001.79	3013.36
楚雄州	3144.49	4099.61	4042.12	4240.66	4609.52
红河州	11931.32	10640.80	11672.32	11801.74	13901.60
文山州	2695.41	1852.26	2015.74	2256.01	2712.83
西双版纳州	2628.77	2178.65	2185.57	2688.58	3458.95
大理州	2777.08	3266.21	3384.70	3418.06	2972.38
德宏州	6076.21	4639.61	6058.13	3488.75	5092.34
怒江州	61.78	34.16	217.16	514.20	519.52
迪庆州			46.66	144.40	353.12

10-9 分地区规模以上工业企业地下水消费量

单位：万立方米

地 区	2005年	2006年	2007年	2008年	2009年
云南省	**9460.69**	**8701.22**	**12337.55**	**12315.74**	**8608.00**
昆明市	3096.60	2215.24	1894.60	2505.46	2466.11
曲靖市	1221.96	1011.59	3577.26	4274.21	1176.42
玉溪市	992.36	639.28	908.23	519.64	676.56
保山市	1013.61	919.52	891.78	655.39	1141.97
昭通市	526.75	596.13	849.16	379.72	448.71
丽江市	18.00	55.99	227.99	42.51	111.93
普洱市	124.80	173.87	54.68	651.77	400.64
临沧市	0.03	209.62	232.10	379.86	266.39
楚雄州	1303.56	1003.25	963.51	943.48	893.12
红河州	926.85	1713.19	2360.00	1761.00	873.45
文山州	122.14	29.59	20.10	25.37	19.03
西双版纳州	31.75	5.86	10.92	8.33	24.71
大理州	68.58	119.32	59.75	76.56	72.13
德宏州	13.69	8.78	287.48	11.85	21.00
怒江州				30.49	
迪庆州				50.10	15.82

10-10 分地区规模以上工业企业自来水消费量

单位：万立方米

地　区	2005年	2006年	2007年	2008年	2009年
云南省	**11108.54**	**10280.85**	**8974.36**	**7893.89**	**6627.91**
昆明市	2723.08	2614.57	2173.36	2513.97	2436.70
曲靖市	973.67	1473.31	1809.76	911.86	374.84
玉溪市	921.88	683.74	845.04	933.05	999.30
保山市	1247.82	1213.33	1024.93	240.65	165.45
昭通市	84.13	60.93	99.85	90.09	100.87
丽江市	21.44	16.43	36.64	48.69	52.50
普洱市	408.25	506.03	420.26	85.06	174.91
临沧市	691.83	815.83	459.13	229.26	210.51
楚雄州	468.41	495.89	311.14	363.03	271.47
红河州	2677.86	1592.68	1337.81	1798.81	1171.81
文山州	113.27	135.39	136.70	183.56	155.08
西双版纳州	21.13	194.88	41.82	100.88	99.30
大理州	540.37	406.66	236.72	265.34	312.51
德宏州	215.40	71.19	39.39	57.93	49.99
怒江州					49.57
迪庆州			1.80	71.72	3.11

10-11 分地区规模以上工业企业其他水消费量

单位：万立方米

地　区	2005年	2006年	2007年	2008年	2009年
云南省	**1102.39**	**1657.53**	**1933.71**	**2924.26**	**2337.29**
昆明市	110.42	309.53	517.77	1154.81	1600.02
曲靖市	151.29	65.76	147.35	2.30	33.00
玉溪市	264.17	273.41	275.76	668.54	129.55
保山市	39.85	7.59	2.45	9.75	38.96
昭通市	0.00	192.17	7.77	32.81	21.70
丽江市			2.62	0.03	0.32
普洱市	1.85	0.67	1.58	245.45	0.29
临沧市	0.05	2.51	609.40	220.46	0.17
楚雄州	19.05	22.74	3.72	0.79	3.92
红河州	503.91	500.19	178.01	413.22	298.95
文山州	0.00	57.54	71.11	36.93	107.14
西双版纳州	0.00	0.00	4.97	7.02	0.01
大理州	11.82	183.14	111.21	117.38	103.26
德宏州	-0.01	42.23	0.00	0.00	0.00
怒江州				14.77	
迪庆州			0.00	-0.01	0.00

10-12　分地区规模以上工业企业重复用水量

单位：万立方米

地　区	2005年	2006年	2007年	2008年	2009年
云南省	**156971.78**	**182315.58**	**249597.29**	**256975.62**	**328222.96**
昆明市	66319.17	102144.57	99477.95	101815.12	170097.37
曲靖市	18618.41	11548.21	12116.41	6229.41	15091.44
玉溪市	5987.38	7596.31	21773.92	25438.52	30194.99
保山市	295.42	283.24	705.62	27978.51	1388.41
昭通市	27594.81	27416.47	28665.51	1035.77	28536.91
丽江市	64.52	212.85	386.62	117.47	232.53
普洱市	689.89	451.04	2232.41	594.11	1761.10
临沧市	758.99	693.15	2856.27	3156.34	2051.52
楚雄州	17803.93	19454.72	25401.31	25197.31	33568.13
红河州	14321.29	6732.41	44365.44	53080.18	36414.89
文山州	823.22	1093.76	3252.87	5420.08	3409.83
西双版纳州	1341.30	1601.92	1298.28	921.40	797.17
大理州	230.88	1003.94	1844.94	1543.81	1618.26
德宏州	2122.54	2082.98	5196.19	4437.89	2959.81
怒江州			23.56	9.71	9.71
迪庆州					90.89

十一、主要耗能设备

11-1 2008年分地区炼焦生产企业焦炉情况

地 区	焦炉数量	设计生产能力（万吨/年）			
		合计	按炭化室高度分		
			小于4.3米	大于等于4.3米，小于6米	大于等于6米
云南省	**162**	**2055.1**	**884.1**	**1071.0**	**100.0**
昆明市	20	357.4	77.4	180.0	100.0
曲靖市	119	1343.7	628.7	715.0	
玉溪市	2	55.0		55.0	
保山市					
昭通市					
丽江市	4	20.0	20.0		
普洱市					
临沧市					
楚雄州	2	120.0		120.0	
红河州	12	147.0	147.0		
文山州					
西双版纳州					
大理州	3	12.0	11.0	1.0	
德宏州					
怒江州					
迪庆州					

11-1　2008年分地区炼焦生产企业焦炉情况（续）

地　区	设计生产能力（万吨/年）			
	按投产日期分			
	1980年及以前	1981～1990年	1991～2000年	2001～2008年
云南省	**50.0**	**36.6**	**234.0**	**1734.5**
昆明市	50.0	30.0	80.0	197.4
曲靖市		6.6	128.0	1209.1
玉溪市				55.0
保山市				
昭通市				
丽江市			11.0	9.0
普洱市				
临沧市				
楚雄州				120.0
红河州			15.0	132.0
文山州				
西双版纳州				
大理州				12.0
德宏州				
怒江州				
迪庆州				

11-2 2008年分地区烧碱隔膜电解槽情况

地 区	数量（台、套）	生产能力（万吨/年）				
			按投产日期分			
		合计	1980年及以前	1981～1990年	1991～2000年	2001～2008年
云南省	**141**	**4.9**				
昆明市	85	2.6				
曲靖市	14	0.4				
玉溪市						
保山市						
昭通市						
丽江市						
普洱市	1	0.5				
临沧市						
楚雄州	1	1.0				
红河州	40	0.5				
文山州						
西双版纳州						
大理州						
德宏州						
怒江州						
迪庆州						

11-3 2008年分地区烧碱离子电解槽情况

地 区	数量（台、套）	设计生产能力（万吨/年）			
		合计	按投产日期分		
			1981～1990年	1991～2000年	2001～2008年
云南省	**14**	**23.0**	**2.0**		
昆明市	14	23.0	2.0		
曲靖市					
玉溪市					
保山市					
昭通市					
丽江市					
普洱市					
临沧市					
楚雄州					
红河州					
文山州					
西双版纳州					
大理州					
德宏州					
怒江州					
迪庆州					

11-4　2008年分地区电石生产内燃式电石炉情况

地　区	数量（台、套）	电石炉容量（千伏安）				
		合计	按电石炉容量分			
			6300及以下	6301～12500	12501～16500	16500以上
云南省	**22**	**260000.0**	**29500.0**	**85000.0**	**16500.0**	**129000.0**
昆明市	4	30100.0	7600.0	22500.0		
曲靖市	3	37500.0	3000.0		16500.0	18000.0
玉溪市	1	6300.0	6300.0			
保山市						
昭通市	10	119800.0	6300.0	62500.0		51000.0
丽江市	1	6300.0	6300.0			
普洱市						
临沧市						
楚雄州						
红河州						
文山州	3	60000.0				60000.0
西双版纳州						
大理州						
德宏州						
怒江州						
迪庆州						

11-4 2008年分地区电石生产内燃式电石炉情况（续）

地 区	电石炉容量（千伏安）			
	按投产日期分			
	1980年及以前	1981～1990年	1991～2000年	2001～2008年
云南省			**6300.0**	**253700.0**
昆明市				30100.0
曲靖市				37500.0
玉溪市				6300.0
保山市				
昭通市				119800.0
丽江市			6300.0	
普洱市				
临沧市				
楚雄州				
红河州				
文山州				60000.0
西双版纳州				
大理州				
德宏州				
怒江州				
迪庆州				

11-5 2008年分地区电石生产密闭式电石炉情况

地 区	数量（台、套）	电石炉容量（千伏安）				
		合计	按电石炉容量分			
			6300及以下	6301～12500	12501～16500	16500以上
云南省	**2**	**38000.0**		**12500.0**		**25500.0**
昆明市						
曲靖市	1	25500.0				25500.0
玉溪市						
保山市						
昭通市	1	12500.0		12500.0		
丽江市						
普洱市						
临沧市						
楚雄州						
红河州						
文山州						
西双版纳州						
大理州						
德宏州						
怒江州						
迪庆州						

11-5 2008年分地区电石生产密闭式电石炉情况（续）

地 区	数量（台、套）	电石炉容量（千伏安）				
		合计	按投产日期分			
			1980年及以前	1981～1990年	1991～2000年	2001～2008年
云南省	**2**	**38000.0**				**38000.0**
昆明市						
曲靖市	1	25500.0				25500.0
玉溪市						
保山市						
昭通市	1	12500.0				12500.0
丽江市						
普洱市						
临沧市						
楚雄州						
红河州						
文山州						
西双版纳州						
大理州						
德宏州						
怒江州						
迪庆州						

11-6 2008年分地区黄磷生产企业主要设备情况

地 区	数量（台、套）	电炉容量（千伏安）				
		合计	按电炉容量分			
			5000以下	5000-8000	8000-20000	20000以上
云南省	**116**	**1595965.00**		**187400.0**	**973315.0**	**435250.0**
昆明市	26	463250.00		42500.0	216500.0	204250.0
曲靖市	27	281000.00		84500.0	196500.0	
玉溪市	33	522815.00			312815.0	210000.0
保山市						
昭通市	1	12000.00			12000.0	
丽江市						
普洱市						
临沧市						
楚雄州	2	27500.00			27500.0	
红河州	25	276400.00		47400.0	208000.0	21000.0
文山州	2	13000.00		13000.0		
西双版纳州						
大理州						
德宏州						
怒江州						
迪庆州						

11-6 2008年分地区黄磷生产企业主要设备情况（续）

地 区	数量（台、套）	电炉容量（千伏安）				
		合计	按投产日期分			
			1980年及以前	1981～1990年	1991～2000年	2001～2008年
云南省	**116**	**1595965.00**		**138950.0**	**1457015.0**	
昆明市	26	463250.00		24250.0	439000.0	
曲靖市	27	281000.00		23600.0	257400.0	
玉溪市	33	522815.00		40000.0	482815.0	
保山市						
昭通市	1	12000.00			12000.0	
丽江市						
普洱市						
临沧市						
楚雄州	2	27500.00			27500.0	
红河州	25	276400.00		43600.0	232800.0	
文山州	2	13000.00		7500.0	5500.0	
西双版纳州						
大理州						
德宏州						
怒江州						
迪庆州						

11-7　2008年分地区铜冶炼企业熔炼炉情况

地　区	数量（台、套）	生产能力（万吨/年）			
		合计	按设备类型分		
			铜反射熔炼炉	铜鼓风熔炼炉	10M2富氧密闭鼓风熔炼炉
云南省	**23**	**67.38**		**22.88**	**14.50**
昆明市	12	34.98		10.98	4.00
曲靖市	1	0.30		0.30	
玉溪市	2	5.00			5.00
保山市					
昭通市					
丽江市					
普洱市					
临沧市					
楚雄州	5	21.10		11.10	
红河州	3	6.00		0.50	5.50
文山州					
西双版纳州					
大理州					
德宏州					
怒江州					
迪庆州					

11-7　2008年分地区铜冶炼企业熔炼炉情况（续1）

地　区	生产能力（万吨/年）				
	按设备类型分				
	铜电熔炼炉	铜闪速熔炼炉	铜诺兰达熔炼炉	铜艾萨熔炼炉	铜奥斯迈特熔炼炉
云南省				**30.00**	
昆明市				20.00	
曲靖市					
玉溪市					
保山市					
昭通市					
丽江市					
普洱市					
临沧市					
楚雄州				10.00	
红河州					
文山州					
西双版纳州					
大理州					
德宏州					
怒江州					
迪庆州					

11-7 2008年分地区铜冶炼企业熔炼炉情况（续2）

地 区	生产能力（万吨/年）			
	按投产日期分			
	1980年以前	1981～1990年	1991～2000年	2001～2008年
云南省			**7.50**	**59.88**
昆明市			2.00	32.98
曲靖市				0.30
玉溪市			5.00	
保山市				
昭通市				
丽江市				
普洱市				
临沧市				
楚雄州				21.10
红河州			0.50	5.50
文山州				
西双版纳州				
大理州				
德宏州				
怒江州				
迪庆州				

11-8 2008年分地区铜冶炼企业吹炼炉情况

地　区	数量（台、套）	生产能力（万吨/年）			
		合计	按设备类型分		
			铜卧式转炉吹炼炉	铜奥斯迈特吹炼炉	铜闪速吹炼炉
云南省	**16**	**63.60**	**63.60**		
昆明市	8	52.00	52.00		
曲靖市					
玉溪市	3	7.50	7.50		
保山市					
昭通市					
丽江市					
普洱市					
临沧市					
楚雄州					
红河州	4	2.10	2.10		
文山州					
西双版纳州					
大理州	1	2.00	2.00		
德宏州					
怒江州					
迪庆州					

11-8　2008年分地区铜冶炼企业吹炼炉情况（续）

地　区	数量（台、套）	生产能力（万吨/年）		
		合计	按投产日期分	
			1991～2000年	2001～2008年
云南省	**16**	**63.60**	**7.50**	**56.10**
昆明市	8	52.00		52.00
曲靖市				
玉溪市	3	7.50	7.50	
保山市				
昭通市				
丽江市				
普洱市				
临沧市				
楚雄州				
红河州	4	2.10		2.10
文山州				
西双版纳州				
大理州	1	2.00		2.00
德宏州				
怒江州				
迪庆州				

11-9 2008年分地区铝冶炼冶炼企业铝电解槽情况

地 区	数量（台、套）	生产能力（万吨/年）					
		合计	按电解槽电流分				
			100KA及以下	100KA以上200KA以下	200KA及以上290KA以下	290KA及以上350KA以下	350KA及以上
云南省	**1001**	**48.66**	**6.00**	**11.55**	**11.11**	**20.00**	
昆明市	559	33.05	1.50	11.55		20.00	
曲靖市	312	12.41	1.30		11.11		
玉溪市							
保山市							
昭通市							
丽江市							
普洱市							
临沧市							
楚雄州	74	1.90	1.90				
红河州							
文山州							
西双版纳州							
大理州							
德宏州	56	1.30	1.30				
怒江州							
迪庆州							

11-9 2008年分地区铝冶炼冶炼企业铝电解槽情况（续）

地区	数量（台、套）	生产能力（万吨/年）				
		合计	按投产日期分			
			1980年以前	1981～1990年	1991～2000年	2001～2008年
云南省	**1001**	**48.66**			**12.59**	**36.07**
昆明市	559	33.05			10.00	23.05
曲靖市	312	12.41			0.69	11.72
玉溪市						
保山市						
昭通市						
丽江市						
普洱市						
临沧市						
楚雄州	74	1.90			0.60	1.30
红河州						
文山州						
西双版纳州						
大理州						
德宏州	56	1.30			1.30	
怒江州						
迪庆州						

11-10 2008年分地区铅、锌冶炼企业铅鼓风炉（含ISP工艺）情况

地 区	数量（台、套）	生产能力（万吨/年）				
		合计	按投产日期分			
			1980年及以前	1981～1990年	1991～2000年	2001～2008年
云南省	**45**	**90.90**	**2.95**		**10.90**	**77.05**
昆明市	11	27.30			4.50	22.80
曲靖市	10	19.40	1.00			18.40
玉溪市						
保山市						
昭通市						
丽江市						
普洱市	1	1.50	1.50			
临沧市						
楚雄州	1	0.50				0.50
红河州	19	34.20	0.45		6.40	27.35
文山州						
西双版纳州						
大理州	3	8.00				8.00
德宏州						
怒江州						
迪庆州						

11-11 2008年分地区铅、锌冶炼企业铅烧结炉(含ISP工艺)情况

地区	数量（台、套）	生产能力（万吨/年）				
		合计	按投产日期分			
			1980年及以前	1981～1990年	1991～2000年	2001～2008年
云南省	**62**	**10.00**				**10.0**
昆明市	3	2.50				2.5
曲靖市	46	6.50				6.5
玉溪市						
保山市						
昭通市						
丽江市						
普洱市						
临沧市						
楚雄州	11	0.50				0.5
红河州	2	0.50				0.5
文山州						
西双版纳州						
大理州						
德宏州						
怒江州						
迪庆州						

11-12 2008年分地区铅、锌冶炼企业铅富氧底吹炉情况

地 区	数量（台、套）	生产能力（万吨/年）		
		合计	按投产日期分	
			1991～2000年	2001～2008年
云南省	**2**	**18.00**		**18.0**
昆明市				
曲靖市				
玉溪市				
保山市				
昭通市				
丽江市				
普洱市				
临沧市				
楚雄州				
红河州				
文山州	1	15.00		15.0
西双版纳州				
大理州	1	3.00		3.0
德宏州				
怒江州				
迪庆州				

11-13 2008年分地区铅、锌冶炼企业炼锌竖罐（蒸馏炉）情况

地　区	数量（台、套）	生产能力（万吨/年）				
		合计	按投产日期分			
			1980年及以前	1981～1990年	1991～2000年	2001～2008年
云南省	**40**	**23.70**			**2.00**	**21.70**
昆明市						
曲靖市	24	9.00			2.00	7.00
玉溪市						
保山市						
昭通市	5	7.00				7.00
丽江市						
普洱市						
临沧市						
楚雄州						
红河州						
文山州	10	6.70				6.70
西双版纳州						
大理州	1	1.00				1.00
德宏州						
怒江州						
迪庆州						

11-14 2008年分地区铅、锌冶炼企业锌湿法冶炼回转窑情况

地　区	数量（台、套）	生产能力（万吨/年）				
		合计	按投产日期分			
			1980年及以前	1981～1990年	1991～2000年	2001～2008年
云南省	**31**	**119.64**			**8.0**	**111.6**
昆明市	4	5.30				5.3
曲靖市	11	42.70			7.4	35.3
玉溪市	3	1.10			0.5	0.6
保山市	1	2.00				2.0
昭通市	1	0.50				0.5
丽江市						
普洱市						
临沧市						
楚雄州	1	0.14				0.1
红河州	7	27.80				27.8
文山州						
西双版纳州						
大理州	3	40.10			0.1	40.0
德宏州						
怒江州						
迪庆州						

11-15　2008年分地区铅、锌冶炼企业锌电解槽情况

地　区	数量（台、套）	生产能力（万吨/年）				
		合计	按投产日期分			
			1980年及以前	1981～1990年	1991～2000年	2001～2008年
云南省	**4262**	**80.71**	**3.70**		**8.56**	**68.45**
昆明市	222	5.25				5.25
曲靖市	1366	28.70	3.70		1.80	23.20
玉溪市						
保山市	206	3.50			2.00	1.50
昭通市						
丽江市						
普洱市	81	2.00				2.00
临沧市	154	2.10				2.10
楚雄州	142	0.80				0.80
红河州	317	3.20			0.20	3.00
文山州	37	0.80				0.80
西双版纳州						
大理州	996	20.86			2.56	18.30
德宏州						
怒江州	693	12.00			2.00	10.00
迪庆州	48	1.50				1.50

11-16 2008年分地区水泥生产企业水泥窑情况

地 区	数量（台、套）	生产能力（万吨/年）			
		合计	按设备类型分		
			立窑	新型干法回转窑	预热器回转窑
云南省	**296**	**5624.53**	**2044.95**	**3173.00**	**105.00**
昆明市	39	824.86	377.20	355.00	28.00
曲靖市	50	1004.62	318.70	667.00	10.00
玉溪市	62	864.60	371.60	493.00	
保山市	9	171.00	17.00	130.00	8.00
昭通市	18	317.30	128.30	161.00	28.00
丽江市	10	419.00	7.00	402.00	
普洱市	15	296.80	94.80	202.00	
临沧市	10	89.00	48.00	15.00	
楚雄州	10	86.00	68.00		
红河州	20	298.80	134.80	148.00	16.00
文山州	11	195.59	63.59	112.00	
西双版纳州	5	64.80	46.80		
大理州	22	808.66	276.66	432.00	
德宏州	11	132.50	56.50	56.00	
怒江州	2	23.00	23.00		
迪庆州	2	28.00	13.00		15.00

11-16 2008年分地区水泥生产企业水泥窑情况（续1）

地 区	数量（台、套）	生产能力（万吨/年）			
		合计	按设备类型分		
			立波尔回转窑(半干法)	中空回转窑	湿法回转窑
云南省	**296**	**5624.53**	**8.00**	**106.70**	**186.88**
昆明市	39	824.86		6.70	57.96
曲靖市	50	1004.62			8.92
玉溪市	62	864.60			
保山市	9	171.00	8.00		8.00
昭通市	18	317.30			
丽江市	10	419.00			10.00
普洱市	15	296.80			
临沧市	10	89.00			26.00
楚雄州	10	86.00			18.00
红河州	20	298.80			
文山州	11	195.59			20.00
西双版纳州	5	64.80			18.00
大理州	22	808.66		100.00	
德宏州	11	132.50			20.00
怒江州	2	23.00			
迪庆州	2	28.00			

11-16　2008年分地区水泥生产企业水泥窑情况（续2）

地　区	数量（台、套）	生产能力（万吨/年）			
		按投产日期分			
		1980年以前	1981～1990年	1991～2000年	2001～2008年
云南省	**296**	**45.00**	**236.37**	**1252.18**	**4090.98**
昆明市	39		81.37	100.49	643.00
曲靖市	50		32.00	164.90	807.72
玉溪市	62	26.00	70.00	185.60	583.00
保山市	9		10.00	46.00	115.00
昭通市	18		12.00	76.00	229.30
丽江市	10			130.00	289.00
普洱市	15			48.80	248.00
临沧市	10	4.00		31.00	54.00
楚雄州	10	7.00		39.00	40.00
红河州	20		31.00	107.80	160.00
文山州	11	8.00		96.79	90.80
西双版纳州	5			24.80	40.00
大理州	22			164.50	644.16
德宏州	11			28.50	104.00
怒江州	2			8.00	15.00
迪庆州	2				28.00

11-17 2008年分地区水泥生产企业磨机情况

地　区	数量（台、套）	生产能力（万吨/年）		
		合计	按设备类型分	
			管磨机	立式磨机
云南省	**507**	**10504.94**	**7971.84**	**2533.10**
昆明市	89	2156.24	1483.24	673.00
曲靖市	56	1332.30	1126.20	206.10
玉溪市	106	1515.90	1079.90	436.00
保山市	12	447.00	228.00	219.00
昭通市	32	526.00	526.00	
丽江市	9	20.00	10.00	10.00
普洱市	29	651.00	561.00	90.00
临沧市	17	148.20	133.00	15.20
楚雄州	23	350.80	350.80	
红河州	41	624.10	543.10	81.00
文山州	21	426.60	224.80	201.80
西双版纳州	7	61.00	41.00	20.00
大理州	44	1975.80	1394.80	581.00
德宏州	20	240.00	240.00	
怒江州	1	30.00	30.00	
迪庆州				

11-17 2008年分地区水泥生产企业磨机情况（续）

地 区	生产能力（万吨/年）			
	按投产日期分			
	1980年以前	1981～1990年	1991～2000年	2001～2008年
云南省	**122.98**	**405.63**	**2081.23**	**7895.10**
昆明市	26.98	140.13	259.63	1729.50
曲靖市		18.00	239.70	1074.60
玉溪市	28.00	154.00	369.50	964.40
保山市			52.00	395.00
昭通市		15.00	50.00	461.00
丽江市				20.00
普洱市		6.00	88.00	557.00
临沧市		3.20	103.00	42.00
楚雄州			114.00	236.80
红河州	60.00	63.30	208.80	292.00
文山州	8.00		127.60	291.00
西双版纳州			41.00	20.00
大理州			361.00	1614.80
德宏州		6.00	67.00	167.00
怒江州				30.00
迪庆州				

11-18 2008年分地区钢铁生产企业炼铁高炉情况

地 区	数量（座）	生产能力（万吨/年）			
		合计	按有效容积分		
			200立方米以下	200（含）～400立方米	400（含）～1000立方米
云南省	**123**	**2509.5**	**383.7**	**979.7**	**915.0**
昆明市	21	508.1	38.1	207.0	131.0
曲靖市	29	641.7	284.0	317.7	40.0
玉溪市	49	922.0	23.0	395.0	504.0
保山市					
昭通市	4	2.7	2.7		
丽江市	2	2.7	2.7		
普洱市					
临沧市					
楚雄州	7	156.1	6.1		150.0
红河州	3	189.2			90.0
文山州	3	5.0	5.0		
西双版纳州					
大理州	5	82.0	22.0	60.0	
德宏州					
怒江州					
迪庆州					

11-18　2008年分地区钢铁生产企业炼铁高炉情况（续1）

地　区	数量（座）	生产能力（万吨/年）			
		合计	按有效容积分		
			1000（含）～2000立方米	2000（含）～3000立方米	3000（含）立方米以上
云南省	**123**	**2509.5**	**99.2**	**132.0**	
昆明市	21	508.1		132.0	
曲靖市	29	641.7			
玉溪市	49	922.0			
保山市					
昭通市	4	2.7			
丽江市	2	2.7			
普洱市					
临沧市					
楚雄州	7	156.1			
红河州	3	189.2	99.2		
文山州	3	5.0			
西双版纳州					
大理州	5	82.0			
德宏州					
怒江州					
迪庆州					

11-18　2008年分地区钢铁生产企业炼铁高炉情况（续2）

地　区	生产能力（万吨/年）			
	按投产日期分			
	1980年以前	1981～1990年	1991～2000年	2001～2008年
云南省	**6.0**		**481.0**	**2022.5**
昆明市			132.0	376.1
曲靖市				641.7
玉溪市	6.0		299.0	617.0
保山市				
昭通市				2.7
丽江市				2.7
普洱市				
临沧市				
楚雄州			50.0	106.1
红河州				189.2
文山州				5.0
西双版纳州				
大理州				82.0
德宏州				
怒江州				
迪庆州				

11-19 2008年分地区钢铁生产企业炼钢转炉情况

地　区	数量（座）	生产能力（万吨/年）						
		合计	按公称容积分					
			30吨以下	30（含）～50吨	50（含）～100吨	100（含）～150吨	150（含）～200吨	200吨及以上
云南省	**25**	**1310.8**	**385.0**	**120.0**	**805.8**			
昆明市	8	470.0	150.0		320.0			
曲靖市								
玉溪市	12	498.0	185.0	120.0	193.0			
保山市								
昭通市								
丽江市								
普洱市								
临沧市								
楚雄州	3	250.0	50.0		200.0			
红河州	2	92.8			92.8			
文山州								
西双版纳州								
大理州								
德宏州								
怒江州								
迪庆州								

11-19　2008年分地区钢铁生产企业炼钢转炉情况（续）

地　区	生产能力（万吨/年）			
	按投产日期分			
	1980年以前	1981～1990年	1991～2000年	2001～2008年
云南省			**130.0**	**1180.8**
昆明市			130.0	340.0
曲靖市				
玉溪市				498.0
保山市				
昭通市				
丽江市				
普洱市				
临沧市				
楚雄州				250.0
红河州				92.8
文山州				
西双版纳州				
大理州				
德宏州				
怒江州				
迪庆州				

11-20　2008年分地区钢铁生产企业炼钢电弧炉情况

地　区	数量（座）	生产能力（万吨/年）		
		合计	按公称容积分	
			10吨以下	10（含）～30吨
云南省	**34**	**457.7**	**6.7**	**1.0**
昆明市	19	278.6	2.6	1.0
曲靖市	4	95.0		
玉溪市	6	2.9	2.9	
保山市	2	50.0		
昭通市				
丽江市				
普洱市				
临沧市				
楚雄州				
红河州				
文山州	1	1.2	1.2	
西双版纳州				
大理州	2	30.0		
德宏州				
怒江州				
迪庆州				

11-20 2008年分地区钢铁生产企业炼钢电弧炉情况（续1）

地 区	生产能力（万吨/年）			
	按公称容积分			
	30（含）～50吨	50（含）～100吨	100（含）～150吨	150吨及以上
云南省	**175.0**	**215.0**	**60.0**	
昆明市	95.0	180.0		
曲靖市		35.0	60.0	
玉溪市				
保山市	50.0			
昭通市				
丽江市				
普洱市				
临沧市				
楚雄州				
红河州				
文山州				
西双版纳州				
大理州	30.0			
德宏州				
怒江州				
迪庆州				

11-20 2008年分地区钢铁生产企业炼钢电弧炉情况（续2）

地 区	生产能力（万吨/年）			
	按投产日期分			
	1980年以前	1981～1990年	1991～2000年	2001～2008年
云南省		**2.7**	**2.5**	**452.5**
昆明市		2.5		276.1
曲靖市				95.0
玉溪市		0.2	2.5	0.2
保山市				50.0
昭通市				
丽江市				
普洱市				
临沧市				
楚雄州				
红河州				
文山州				1.2
西双版纳州				
大理州				30.0
德宏州				
怒江州				
迪庆州				

11-21 2008年分地区钢铁生产企业连铸机情况

地 区	数量（座）	生产能力（万吨/年）			
		合计	按投产日期分		
			1981～1990年	1991～2000年	2001～2008年
云南省	**35**	**1375.65**			**1375.7**
昆明市	13	537.00			537.0
曲靖市	1	35.00			35.0
玉溪市	15	473.65			473.7
保山市	1	50.00			50.0
昭通市					
丽江市					
普洱市					
临沧市					
楚雄州	2	150.00			150.0
红河州	2	90.00			90.0
文山州					
西双版纳州					
大理州	1	40.00			40.0
德宏州					
怒江州					
迪庆州					

11-22 2008年分地区钢铁生产企业轧机（包括冷拔机）情况

地　区	数量（座）	生产能力（万吨/年）				
		合计	按投产日期分			
			1980年以前	1981～1990年	1991～2000年	2001～2008年
云南省	**154**	**1362.54**	**4.8**	**27.6**	**116.4**	**1213.8**
昆明市	55	449.81	4.8	27.2	93.6	324.3
曲靖市						
玉溪市	89	559.33			19.8	539.5
保山市	2	50.00				50.0
昭通市						
丽江市						
普洱市						
临沧市						
楚雄州	5	153.40		0.4	3.0	150.0
红河州	2	120.00				120.0
文山州						
西双版纳州						
大理州	1	30.00				30.0
德宏州						
怒江州						
迪庆州						

11-23 2008年分地区钢铁生产企业铁合金炉情况

地 区	数量（座）	生产能力（万吨/年）				
		合计	按设备类型分			
			铁合金高炉	铁合金转炉	铁合金电弧炉	铁合金矿热炉
云南省	**153**	**140.50**	**8.8**		**31.7**	**100.0**
昆明市	8	7.02	3.5		1.2	2.3
曲靖市	15	15.05			7.0	8.0
玉溪市	7	7.64			3.7	3.9
保山市						
昭通市	5	3.00			1.0	2.0
丽江市	8	5.00				5.0
普洱市	3	2.35				2.3
临沧市						
楚雄州	9	1.09	0.3		0.8	
红河州	25	24.13	5.0		2.8	16.3
文山州	56	58.28			10.6	47.6
西双版纳州	3	3.34			0.5	2.8
大理州	6	6.00			3.0	3.0
德宏州						
怒江州						
迪庆州	8	7.60			1.1	6.5

11-23　2008年分地区钢铁生产企业铁合金炉情况(续)

地　区	生产能力（万吨/年）			
	按投产日期分			
	1980年以前	1981～1990年	1991～2000年	2001～2008年
云南省		**3.3**	**15.8**	**121.4**
昆明市			5.0	2.1
曲靖市		3.0	1.0	11.1
玉溪市			0.7	6.9
保山市				
昭通市			1.9	1.1
丽江市			2.0	3.0
普洱市				2.4
临沧市				
楚雄州			0.4	0.7
红河州		0.3	0.3	23.5
文山州			3.4	54.9
西双版纳州				3.3
大理州			1.2	4.8
德宏州				
怒江州				
迪庆州				7.6

11-24 2008年分地区电力生产企业机组设备情况

地 区	数量（台、套）	装机容量（万千瓦）					
		合计	按机组类型分				
			火电	水电	风电	核电	其它
云南省	**3126**	**2978.7**	**1020.3**	**1932.8**	**9.0**		**16.3**
昆明市	197	616.8	170.6	443.8			2.4
曲靖市	236	813.9	647.0	152.4	4.3		10.2
玉溪市	175	41.3	7.0	34.3			
保山市	159	64.3		64.3			
昭通市	357	66.3		66.3			
丽江市	141	31.1		28.7			2.4
普洱市	181	137.7		137.7			
临沧市	198	178.8	0.3	178.1			0.5
楚雄州	121	34.1		34.1			
红河州	310	340.4	194.3	145.2			0.6
文山州	259	304.0		304.0			
西双版纳州	63	20.7		20.7			
大理州	345	105.4	1.0	99.3	4.8		0.3
德宏州	185	114.1		114.1			
怒江州	136	66.9		66.9			
迪庆州	62	42.6		42.6			

11-24　2008年分地区电力生产企业机组设备情况（续）

地　区	装机容量（万千瓦）			
	按投产日期分			
	1980年以前	1981～1990年	1991～2000年	2001～2008年
云南省	**106.6**	**120.5**	**616.9**	**2134.8**
昆明市	1.6	4.6	179.6	431.0
曲靖市	39.3	53.9	183.6	537.0
玉溪市	5.8	3.7	16.5	15.3
保山市	2.4	2.5	8.5	50.9
昭通市	2.8	7.4	9.9	46.2
丽江市	0.3	2.2	6.1	22.4
普洱市	4.4	4.7	4.0	124.6
临沧市	3.1	3.4	129.3	43.1
楚雄州	1.1	3.0	8.3	21.8
红河州	9.0	13.7	10.8	306.9
文山州	5.5	2.1	17.9	278.5
西双版纳州	0.8	5.5	6.2	8.2
大理州	28.2	6.3	15.4	55.5
德宏州	1.5	3.7	10.0	98.9
怒江州	0.1	0.2	0.5	66.2
迪庆州	0.6	3.5	10.2	28.3

十二、主要指标解释

主要指标解释

生产总值（GDP） 生产总值是指按市场价格计算的一个国家（或地区）所有常住单位在一定时期内生产活动的最终成果。国内生产总值有三种表现形态，即价值形态、收入形态和产品形态。从价值形态看，它是所有常住单位在一定时期内生产的全部货物和服务价值超过同期投入的全部非固定资产货物和服务价值的差额，即所有常住单位的增加值之和；从收入形态看，它是所有常住单位在一定时期内创造并分配给常住单位和非常住单位的初次收入之和；从产品形态看，它是所有常住单位在一定时期内最终使用的货物和服务价值减去货物和服务进口价值。在实际核算中，国内生产总值有三种计算方法，即生产法、收入法和支出法。

总产值 总产值是以货币形式表现的，企业在一定时期内生产的最终产品或提供劳务活动。

增加值 增加值指企业在报告期内以货币形式表现的生产活动的最终成果，是企业全部生产活动的总成果扣除了在生产过程中消耗或转移的物质产品和劳务价值后的余额，是企业生产过程中新增加的价值。

三次产业 根据社会生产活动历史发展的顺序对产业结构的划分，产品直接取自自然界的部门称为第一产业。对初级产品进行再加工的部门称为第二产业。为生产和消费提供各种服务的部门称为第三产业。它是世界上通用的产业结构分类，但各国的划分不尽一致。我国的三次产业划分是：

第一产业：农业（包括种植业、林业、牧业、副业和渔业）。

第二产业：工业（包括采掘业、制造业、自来水、电力、蒸汽、热水、煤气）和建筑业。

第三产业：除第一、第二产业以外的其他行业。

能源生产总量 指报告期内全部能源工业企业一次能源生产量的总和。一次能源生产总量包括原煤、原油、天然气、水电及其它动力发电量（风能、太阳能、潮汐能、地热能等发电）。不包括生物质能利用以及由一次能源加工转换产出的二次能源产量，一次能源生产总量是观察一个国家（地区）能源生产水平、规模、构成和发展速度的总量指标。

能源消费总量 能源消费总量指一定时期内全国（地区）各行业和居民生活消费的各种能源的总和，是观察能源消费水平、构成和增长速度的总量指标。能源消费总量分为三部分，即终端能源消费量、能源加工转换损失量和能源损失量。

（1）终端能源消费量 终端能源消费量指一定时期内全国（地区）各行业和居民生活消费的各种能源在扣除了用于加工转换二次能源消费量和损失量以后的数量。

（2）能源加工转换损失量 能源加工转换损失量指一定时期内全国（地区）投入加工转换的各种能源数量之和与产出各种能源产品之和的差额。它是观察能源在加工转换过程中损失量变化的指标。

（3）能源损失量 能源损失量指一定时期内能源在输送、分配、储存过程中发生的损失和由客观原因造成的各种损失量。不包括各种气体能源放空、放散量。

综合能源消费量 综合能源消费量是指物质生产部门、非物质生产部门和生活所消费的各种能源的折标准量总和（包括终端消费量和能源加工转换损失量、能源损失量）。目前，在国内能源折标准量中，存在着等价热值与当量热值两个标准，同样的能源消费实物量根据不同的折标标准会有不同的能源折标量。因此在计算综合能源消费量时，要注明是等价热值还是当量热值。用生产总值（GDP）与综合能源消费量进行对比，可以综合反映能源消费所获得的经济成果。

一次能源和二次能源 一次能源指自然界中以现成形式存在，不经任何改变或转换的天然能源资源，即从自然界直接取得并不改变其形态和品位的能源。如原煤、原油、油页岩、天然气、核燃料、植物燃料、水能、风能、太阳能、地热能、海洋能、潮汐能等。

二次能源指为了满足生产工艺和生活的特定需要以及合理利用能源，将一次能源直接或间接加工转换生产的其它种类和形式的人工能源。如由原煤加工产出的洗煤，由煤炭加工转换出的焦炭、煤气，由原油加工产出的汽油、煤油、柴油、燃料油、液化石油气、炼厂干气等，由煤炭、石油、天然气转换产出的电力。

标准燃料 标准燃料是计算能源总量的一种模拟的综合计算单位。在能源使用中主要利用它的热能，因此，习惯上都采用热量来作为能源的共同换算标准。由于煤、油、气等各种燃料质量不同，所含热值不同，为了便于对各种能源进行计算、对比和分析，必须统一折合成标准燃料。标准燃料可分为标准煤、标准油、标准气等。国际上一般采用标准煤、标准油指标较多。世界各国都按本国的用能特点确定自己的能源标准量。一些经济发达国家以用油为主，采用标准油；西欧有些国家以用电力为主，采用标准电；我国以煤为主，采用标准煤为计算基准，即将各种能源按其发热量折算为标准煤。

标准煤 标准煤亦称煤当量，具有统一的热值标准。我国规定每千克标准煤的热值为 29271 千焦耳。将不同品种、不同含量的能源按各自不同的热值换算成每千克热值为 29271 千焦耳的标准煤。

能源折标准煤系数＝某种能源实际热值（千焦耳/千克）/29271（千焦耳/千克）

在各种能源折算标准煤之前，首先直测算各种能源的实际平均热值，再折算标准煤。平均热值也称平均发热量，是指不同种类或品种的能源实测发热量的加权平均值。计算公式为：

平均热值(千焦耳 / 千克)＝[Σ（某种能源实测低发热量）×该能源数量]÷能源总量（吨）

当量热值 当量热值又称理论热值(或实际发热值)是指某种能源一个度量单位本身所含热量。当量热值是能源统计中经常使用的一个热值概念，其热值的计算可根据试样在充氧的弹筒中(放有浸没氧弹的水的容器)完全燃烧所放出的热量(用燃烧后水温升高计算出来的)进行实测。

等价热值 等价热值也是能源统计经常使用的一个热值概念，是指加工转换产出的某种二次能源与相应投入的一次能源的当量，即获得一个度量单位的某种二次能源所消耗的，以热值表示的一次能源量，也就是消耗一个度量单位的某种二次能源，就等价于消耗了以热值表示的一次能源量。因此，等价热值是个变动值，随着能源加工转换工艺的提高和能源管理工作的加强，转换损失逐渐减少，等价热值会不断降低。等价热值是对二次能源及消耗工质而言，因一次能源不存在折算问题，因此也无所谓等价热值。

等价热值=二次能源具有的能量÷转换效率

能源弹性系数 常用的宏观能源经济效益指标是能源弹性系数，能源弹性系数亦称能源弹性。弹性可简单地理解为反应性或敏感性。它是衡量某一变量的变化所引起的另一相关变量的相对变化的指标。通常表示为在某一变量变化为 1%时，另一变量变化的相对程度。能源弹性系数的特点是综合性强并能概括多种因素。能源与很多经济现象存在着相互依存和制约的数量关系。为研究能源在社会经济发展中的作用，分析能源生产的增长、能源消费的增长对经济增长的影响，可分别计算能源生产弹性系数和能源消费弹性系数，通过这些指标可反映出能源的发展与社会经济的发展相互制约的关系以及发展趋势和规律。能源弹性系数基本计算公式为：

能源弹性系数=能源量的增长率÷经济总量的增长率

能源弹性系数的种类及其计算

1. 能源生产弹性系数：能源生产弹性系数亦称能源生产增长系数，是指能源生产增长率与国民经济增长率的比值，是反映能源生产量的增长同国民经济增长之间的关系指标。

能源生产弹性系数=能源生产总量年平均增长速度÷国民经济指标年平均增长速度

国民经济指标根据研究问题的不同需要，可采用生产总值、工业总产值等指标。

能源生产总量是指一次能源生产总量，不包括二次能源产量，因为二次能源是由一次能源加工转换而来的，它只改变能量形态，并不增加能源的资源量。

2. 电力生产弹性系数：电力生产弹性系数是指发电增长率与国民经济增长率的比值，是反映发电量的增长同国民经济增长之间关系的指标。

电力生产弹性系数=发电量年平均增长速度÷国民经济年平均增长速度

3. 能源消费弹性系数：能源消费弹性系数是指能源消费量增长率与国民经济增长率的比值，从总体上综合反映能源消费总量增长与国民经济增长之间的相互关系。

能源消费弹性系数的大小与生产力发展水平、国民经济结构、技术装备和生产工艺水平、能源管理水平以及居民消费水平等密切相关。因此，这项指标受多种因素影响，弹性较大。

能源消费弹性系数=能源消费量年平均增长速度÷国民经济年平均增长速度

4. 电力消费弹性系数：电力消费弹性系数是指电力消费增长率与国民经济增长率的比值，它是反应电力消费量增长同国民经济增长之间关系的指标。

电力消费弹性系数=电力消费量年平均增长速度÷国民经济年平均增长速度

能源弹性系数在一个国家的年度之间以及不同国家之间有很大的差异。它受各国或各时期的经济结构、管理体制、资源状况、技术水平、人口多寡、气候条件等多种因素影响。能源消费弹性系数反映一个国家或地区经济发展与能源消费增长之间一定的比例关系。一般情况下，弹性系数愈小愈好。能源消费弹性系数的大小与生产力发展水平、经济结构、产品结构、技术装备、生产工艺、能源管理水平以及居民生活消费水平等密切相关。

从国内外经济发展情况看，在工业化初期，能源消费弹性系数一般大于 1，实现了工业化或工业有较大发展后，一般小于 1；发达国家的能源消费弹性系数大致等于或小于 1，发展中国家则大多数大于 1，而且国民收入越低，弹性系数越大。因为电力消费增长一般快于国民经济增长，在前苏联和东欧等国家称作电力超前系数。电力弹性系数反映电力工业发展与国民经济发展之间的关系，是宏观经济学中说明发展总趋势的一种概括性指标，可作为衡量电力发展是否适应国民经济发展的一个参数。从世界各国长时期的电力工业发展与国民经济发展的关系中可以看出，由于各国在经济发展中都致力于不断提高电气化程度，充分利用电力所具有的方便、清洁、高效率等优点来促进经济发展和提高人民的生活水平，因而在生产和生活领域中，用电范围不断扩大，用电数量迅速增长，电力工业的发展速度一直快于国民经济的发展速度。因此，电力弹性系数一般大于国民经济发展速度。应当指出，电力弹性系数并不能揭示造成这种结果的许多相关因素互相影响的规律。用它表达过去，只能说明既成事实。用它预测未来，只能获得各种经济因素发展的预测结果之后的概括，不可能简单地事先用某一弹性系数来规定未来电力发展规模。

节能量 节能是指在满足相等需要或达到相同目的的条件下，使能源消费量减少，这种减少就是节能。其减少的数量就是节能的数量。

节能是一个相对比较的概念。相对比较必须有一个前提，这就是满足相等的需要或达到相同的目地。但这是一个抽象的概念。要进行具体的计算还应把“相等的需要”或“相同的目的”用一个指标值表示出来。例如，以生产同样数量和质量的产品（或产值）为目的，尽可能地减少能源消费量，或者以同样数量的能源，生产出更多、更好的符合社会需要的产品（或产值）。生活方面的节能就是要保持与前期相等的生活水平而尽可能少用的能源，或者是以同样多的能源使生活水平得到提高或改善。节能可分为直接和间接节能。

直接节能 直接节能又称技术节能，它是指能源系统流程各环节中，由于加强企业经济管理和节能科学管理，减少跑、冒、滴、漏；改革低效率的生产工艺，采用新工艺、新设备、新技术和综合利用等方法，提高能量有效利用率从而降低单位产品（工作量）的能源消费量所实现的节能。

间接节能 间接节能又称结构节能，是指通过合理调整、优化经济结构、产业结构和产品结构，提高产品质量，节约使用各种物资等途径而达到的节约效果。

全社会节能量 全社会节能量是指全国或地区一定时期节能总量，包括工业、建筑业、运输邮电业、其它各行业以及生活等所节约的全部能源数量。它从宏观上综合反映能源合理利用的效益总况，是检查全国或地区节能计划完成情况的依据，计算公式为：

全社会节能量=（基期单位 GDP 能源消费量－报告期单位 GDP 能源消费量）×报告期 GDP

能源加工转换效率 能源加工转换效率指二次能源的产出量与能源投入量之间的百分比，即能源加工转换实际产出率。其计算公式如下：

能源加工转换效率=加工转换产出量（标准煤）÷加工转换投入量（标准煤）×100%

能源加工、转换效率是反映能源在加工、转换过程中能量的有效利用程度，是考核能源加工、转换技术水平及管理水平高低的重要依据。

煤炭 煤炭是指原煤及煤炭加工品的统称。不包括焦炭、下脚煤和石煤。

煤炭的分类方法有：

1、按其加工方法和质量规格可分为精煤、粒级煤、洗选煤、原煤、低质煤五大类。

2、按其煤质构成划分可分为烟煤、无烟煤、焦煤、成型煤和动力配煤。

3、按其用途划分可分为动力用煤、冶金用煤和化工用煤三大类。

原煤 原煤是指煤矿生产出来的未经洗选、筛选加工而只经人工拣矸和杂物的产品。包括天然焦及劣质煤，不包括低热值煤(如石煤、泥炭、油页岩等)；原煤按其成因可分为腐植煤、腐泥煤和腐植腐泥煤三大类；按其碳化程度可分为泥煤、褐煤、烟煤、无烟煤。

无烟煤 无烟煤又称白煤或硬煤，是碳化程度最高的一种煤，因其燃烧时无黑烟而称无烟煤。

烟煤 褐煤进一步碳化就成烟煤，因燃烧时有烟而得此称。

褐煤 褐煤是未经过成岩阶段，没有或很少经过变质过程的煤，外观呈褐色或褐黑色，含碳量比较低、挥发分高、不粘结、易燃烧。

选煤 选煤是指将煤矿开采出来的原煤经过洗选(应用重力选矿的原理，以水为介质对原煤进行洗选)和筛选等加工后，已清除或减少原煤中所含的灰分、矸石、硫分等杂质，并按不同煤种、灰分、热值和粒度分成若干品种等级的煤。

洗精煤 洗精煤是指经洗煤厂机械加工后，降低了灰分、硫分，去掉了一些杂质，适合一些专门用途的优质煤。包括炼焦用、非炼焦用的洗精煤和加热、动力用的洗混煤、洗块煤、洗末煤等。不包括洗中煤、矸石和煤泥。洗精煤可分为冶炼用炼焦洗精煤和其它用炼焦洗精煤。

其它洗煤 其它洗煤是除洗精煤以外的其它洗煤产品，

焦炭 焦炭是在高温下由煤经过干馏后所得到的固体产品。焦炭呈黑灰色块状，有光泽、燃烧时烟气少，具有不粘结、不结块、低硫、低灰、坚硬、耐磨、耐压、富于气孔性等特点。

原油 原油是一种褐色或黑色的粘稠状的可燃性物质。它的主要成分是碳和氢，此外，还含硫、氮和氧等成分。原油包括天然原油和人造原油。天然原油是指从油(气)田生产井采出的原油，以及用其它方法，如从报废井、未交采油单位或未具备生产条件的各种井收集的原油，也包括从天然气田回收的凝析油。人造原油是指用油母页岩经干馏所得的原油；从干馏气中回收的轻质油和重质油以及烟煤经过低温干馏或加氢炼制的煤炼原油；用天然气合成原油和草炭、泥煤、松根、桦树皮炼制的原油。不包括用机械化炼焦炉、简易焦炉、机械化煤气发生炉回收的高温焦油(高温焦油含化工原料较多，经加工后主要得苯、酚、萘、蒽等化工产品)当前只统计油页岩炼制的人造原油。

石油炼制品 石油炼制品是指将原油经过脱盐脱水后，送到炼油厂进行蒸馏或裂化焦化等加工炼制出来的各种质量高的产品，包括炼厂气体、汽油、煤油、柴油、燃料油、溶剂油、润滑油、石蜡、地蜡、专用蜡、凡士林、洗涤剂原料、石油脂类、石油沥青、标准油、白节油、软麻油、原料油、石油酸、石油酸皂、石油焦等。

汽油 汽油是指从原油分馏和裂化过程取得的挥发性高、燃点低、无色或淡黄色的轻质油。汽油按用途可分为航空汽油、车用汽油、工业汽油等。

煤油 煤油俗称火油。是一种精制的燃料，挥发度在车用汽油和轻柴油之间，不含诸如粗柴油、润滑油之类重碳氢化台物。煤油具有易燃性、吸油性、纯洁性和安全性。按用途可分为灯用煤油、拖拉机用油、航空煤油和重质煤油。煤油除了作为燃料外，还可用来洗涤机器以及医药工业和油漆工业用的溶剂。

柴油 柴油是指炼油厂炼制石油时，从蒸馏塔底部流出来的液体，属于轻质油，其挥发性比煤油低，燃点比煤油高。根据凝点和用途不同，可分为轻柴油、中柴油和重柴油。使用中将中柴油和重柴油划成一类，统称重柴油。轻柴油呈茶黄色，表面发蓝，有味。主要用作柴油机车、拖拉机和各种高速柴油机的燃料。重柴油呈棕褐色，有臭味，主要用作船舶、发电等各种柴油机的燃料。

燃料油 燃料油也称重油，是在炼油厂炼油时，提取汽油、煤油以及较重的蒸馏物(诸如粗柴油或柴油)之后，从蒸馏塔底部流出来的渣油，加入一部分轻油配制而成。主要用于锅炉燃料。通常是轮船或大型重工业设备上作为熔炼炉或蒸沸器的燃料使用。

煤气 煤气是由煤、焦炭、半焦等固体燃料与燃料油等液体燃料经干馏或气化等过程所得的可燃气体。包括焦炉煤气和其它煤气。

焦炉煤气 焦炉煤气是指用几种烟煤配成炼焦用煤，在炼焦炉中经高温干馏后，在产出焦炭和焦油产品的同时所得到的可燃气体，是炼焦产品的副产品。

高炉煤气 高炉煤气是从高炉炉顶逸出的煤气，是高炉炼铁过程中所得到的一种副产品。高炉燃料的热量约有60%转移到高炉煤气中。

其它煤气 其它煤气是指除焦炉煤气以外的其它各种煤气，主要包括发生炉煤气、压力气化煤气和以重油或其它石油产品为原料制得的油煤气。

取水总量 指工业企业从各种水源提取的，并用于工业生产活动的水量总和，包括地表水、地下水、自来水、由管道供应的未经达标处理的水、经城市污水处理厂处理后回用的中水、海水，以及企业从市场购得的其他水或水的产品（如纯净水、矿泉水、蒸汽、热水、地热水等)。取水总量包括主要工业生产用水、辅助生产（包括机修、运输、空压站等）用水和附属生产（包括厂内绿化、职工食堂、非营业的浴室及保健站、厕所等）用水；不包括非工业生产单位的用水，如厂内居民家庭用水和企业附属幼儿园、学校、对外营业的浴室、游泳池等的用水量。

地表水 指企业直接采自河流、水库、湖泊等地表水源的水（包括企业采自河流、水库、湖泊用于冷却，不重复使用，又排出的水，俗称自流水），不包括水力发电厂的发电动力用水。

地下水 指企业通过自备井直接采自地下的水。

自来水 指地表水、地下水等经过供水企业加工处理，经认定达到自来水供水标准，通过城镇自来水管道供应的水；取水量按报告期自来水表的流量计算。

重复用水量：工业企业重复用水量就是指在企业内部，对生产和生活排放的废水直接或经过处理后回收再利用的水量，不包括企业从城市污水处理厂购买的中水。企业废水在报告期每重复利用一次，计算一次重复用水量。

十三、附录

附　录

（一）有关能源的国际组织

【国际能源机构】 英文简称 IEA(International EnergyAgency)。为了对付 1973～1974 年第一次石油危机后的国际能源形势，在美国倡议下，于 1974 年 11 月建立，是石油消费国的国际机构，总部设在巴黎的经济合作与发展组织(OECD)总部内。现在 IEA 有 26 个成员国：澳大利亚、奥地利、比利时、加拿大、捷克、丹麦、芬兰、法国、德国、希腊、匈牙利、爱尔兰、意大利、日本、韩国、卢森堡、荷兰、新西兰、挪威、葡萄牙、西班牙、瑞典、瑞士、土耳其、英国、美国。主要宗旨和活动有：改善世界能源供应和需求结构；发展可替代能源，以减轻对某一种能源的依赖；提高能源使用效率；促进石油生产国和消费国之间的关系，采取对付紧急情况下石油分配的措施；建立长期的国际石油市场和其它能源的信息体系；环境和能源政策的一体化；与非成员国和国际组织合作，促进全球能源的发展。

【经济合作与发展组织】 英文简称 OECD(Organizationfor Economic Cooperation and evelopment)。1948 年 4 月 16 日，为实施欧洲复兴计划(马歇尔计划)，欧洲 18 个国家成立了欧洲经济合作组织(OEEC)。1961 年 9 月 30 日，欧洲经济合作组织 18 个成员国与美国、加拿大成立了经济台作与发展组织，简称经合组织，总部设在巴黎。现有 30 个成员国：澳大利亚、奥地利、比利时、加拿大、捷克共和国、丹麦、芬兰、法国、德国、希腊、匈牙利、冰岛、爱尔兰、意大利、日本、韩国、卢森堡、墨西哥、荷兰、新西兰、挪威、波兰、葡萄牙、斯洛伐克共和国、西班牙、瑞典、瑞士、土耳其、英国、美国。主要活动是依靠各成员国的努力，促进经济增长，扩大贸易和援助发展中国家。

【世界能源会议】 英文简称 WEC(World Energy Con-ference)。创建于 1924 年，为非政府组织，原名世界动力会议(World Power Conference)，1986 年改现名，总部设在伦敦。世界能源会议的行政机构是国际执行委员会，1985 年我国成为执委会委员。世界能源会议的宗旨是促进能源资源的开发与利用，包括：探讨能源资源的开发、生产、输送、转换和利用方法；研究能源消费与经济增长的关系；收集和发表上述有关数据。

【石油输出国组织】 英文简称 OPEC(Organization ofthe Petroleum Exporting Countries)，1959 年和 1960 年两度出现的石油价格大幅度下跌，迫使石油输出国家采取统一行动，共同对付西方石油公司。1960 年 9 月，由伊拉克、科威特、沙特阿拉伯、委内瑞拉和伊朗 5 国发起成立石油输出国组织。

总部设在维也纳。现有 12 个成员国，除上述 5 国外，还有卡塔尔、印度尼西亚、利比亚、阿拉伯联合酋长国、阿尔及利亚、尼日利亚和加蓬(原成员国厄瓜多尔于 1993 年 1 月 1 日起退出 OPEC)。该组织协调和统一各成员国的石油政策，并为此收集情报和交换意见，确定以最适宜的手段来维护各自的和共同的利益。

【欧洲联盟】 英文简称 EU(European Union)。原名欧洲共同体(European Communities)，1965 年创立，是欧洲经济共同体(EEC)、欧洲煤钢共同体(ECSC)和欧洲原子能共同体(EURATOM)的总称。1993 年 11 月 1 日起改称欧洲联盟，总部设在布鲁塞尔。1986 年 12 月，成员国签署了修改罗马条约协议，即欧洲一体化文件，从 1992 年开始向统一市场过渡。我国于 1975 年 5 月与该组织达成建交协议。 欧盟现有 25 个成员国：法国、德国、意大利、比利时、荷兰、卢森堡、丹麦、爱尔兰、英国、希腊、西班牙、葡萄牙、奥地利、芬兰、瑞典、波兰、塞浦路斯、捷克共和国、爱沙尼亚、匈牙利、拉脱维亚、斯洛伐克、斯洛文尼亚、立陶宛、马耳他。

【国际原子能机构】 英文简称 IAEA(International Atomic Eneogy Agency)。根据 1954 年第 9 届联合国大会决议，于 1957 年成立的专门致力于和平利用原子能的国际机构。总部设在维也纳，现有 113 个成员国。主要活动有：向成员国提供技术援助；与有关国家和国际组织订立“保障协定”，确定技术援助项目不被用于任何军事目的；研究制定核能利用的安全条例；并向世界各国推荐采用；与成员国或专门机构共同进行科学研究；召开科技会议，建立信息网络，出版书刊。1984 年 1 月 1 日，我国成为该机构的正式成员国。

【联合国新能源和可再生能源会议】 (UN Conference on New and Renewable Sources of Energy) 根据 1978 年第 33 届联大决议，于 1981 年 8 月 10 日 21 B 在肯尼亚首都内罗毕举行，目的是在世界面临能源危机的情况下，讨论如何加速开发利用新能源和可再生能源的问题，以满足将来的能源需求。有 150 多个联合国成员国的 4000 多名代表参加。我国派代表团出席了这次会议。会议通过了一项关于开发利用新能源和可再生能源的行动纲领。1983 年成立了政府间开发利用新能源和可再生能源委员会，来指导和监督这一纲领的实施。

【政府间气候变化专业委员会】 英文简称 IPCC(Inter-governmemtal Panel on Climate Change)，鉴于燃烧化石燃料等原因产生的“温室效应”导致全球变暖的问题已引起全世界的普遍关注。1988 年 11 月，世界气象组织和联合国环境规划署共同组建了这一国际性监督组织。1988 年 12 月 6 日，第 43 届联大通过决议确认该委员会为讨论全球气候变化的国际组织。它设有科学评价、影响评价和对策建议三个组。该组织的活动已成为面向 21 世纪的能源政策和环境政策的指南。

（二）各种能源折标准煤参考系数

能源名称	平均低位发热量	折标准煤系数
原煤	20908 千焦（5000 千卡）/千克	0.7143 千克标准煤/千克
洗精煤	26344 千焦（6300 千卡）/千克	0.9000 千克标准煤/千克
其它洗煤		
洗中煤	8363 千焦（2000 千卡）/千克	0.2857 千克标准煤/千克
煤　泥	8363-12545 千焦（2000-3000 千卡）/千克	0.2857-0. 4286 千克标准煤/千克
型煤		0.5-0.7 千克标准煤/千克
焦炭	28435 千焦（6800 千卡）/千克	0.9714 千克标准煤/千克
原油	41816 千焦（10000 千卡）/千克	1.4286 千克标准煤/千克
燃料油	41816 千焦（10000 千卡）/千克	1.4286 千克标准煤/千克
汽油	43070 千焦（10300 千卡）/千克	1.4714 千克标准煤/千克
煤油	43070 千焦（10300 千卡）/千克	1.4714 千克标准煤/千克
柴油	42652 千焦（10200 千卡）/千克	1.4571 千克标准煤/千克
液化石油气	50179 千焦（12000 千卡）/千克	1.7143 千克标准煤/千克
炼厂干气	45998 千焦（11000 千卡）/千克	1.5714 千克标准煤/千克
其他石油制品		1-1.4 千克标准煤/千克
天然气	32198-38931 千焦（7700-9310 千卡）/立方米	1.1-1. 33 千克标准煤/立方米
液化天然气		1.7572 千克标准煤/千克
焦炉煤气	16726-17981 千焦（4000-4300 千卡）/立方米	0.5714-0.6143 千克标准煤/立方米
高炉煤气		1.286 千克标准煤/立方米
其它煤气		0.17-1.2143 千克标准煤/立方米
发生煤气	5227 千焦（1250 千卡）/立方米	0.1786 千克标准煤/立方米
重油催化裂解煤气	19235 千焦（4600 千卡）/立方米	0.6571 千克标准煤/立方米
重油热裂解煤气	35544 千焦（8500 千卡）/立方米	1.2143 千克标准煤/立方米

能源名称	平均低位发热量	折标准煤系数
焦炭制气	16308 千焦（3900 千卡）/立方米	0.5571 千克标准煤/立方米
压力气化煤气	15054 千焦（3600 千卡）/立方米	0.5143 千克标准煤/立方米
水煤气	10454 千焦（2500 千卡）/立方米	0.3571 千克标准煤/立方米
煤焦油	33453 千焦（8000 千卡）/千克	1.1429 千克标准煤/千克
粗苯	41816 千焦（10000 千卡）/千克	1.4286 千克标准煤/千克
其他焦化产品		1.1-1.5 千克标准煤/千克
热力(当量)		0.03412 千克标准煤/百万焦耳
		0.14286 千克标准煤/1000 千卡
电力(当量)	3596 千焦（860 千卡）/千瓦小时	0.1229 千克标准煤/千瓦小时
电力(等价)	按当年火电发电标准煤耗计算	
生物质能		
人粪	18817 千焦/(4500 千卡)/千克	0.643 千克标准煤/千克
牛粪	13799 千焦/(4500 千卡)/千克	0.471 千克标准煤/千克
猪粪	12545 千焦/(4500 千卡)/千克	0.429 千克标准煤/千克
羊、驴、马、骡粪	15472 千焦/(4500 千卡)/千克	0.529 千克标准煤/千克
鸡粪	18817 千焦/(4500 千卡)/千克	0.643 千克标准煤/千克
大豆秆、棉花秆	15890 千焦/(4500 千卡)/千克	0.543 千克标准煤/千克
稻秆	12545 千焦/(4500 千卡)/千克	0.429 千克标准煤/千克
麦秆	14635 千焦/(4500 千卡)/千克	0.500 千克标准煤/千克
玉米秆	15472 千焦/(4500 千卡)/千克	0.529 千克标准煤/千克
杂草	13799 千焦/(4500 千卡)/千克	0.471 千克标准煤/千克
树叶	14635 千焦/(4500 千卡)/千克	0.500 千克标准煤/千克
薪柴	16726 千焦/(4500 千卡)/千克	0.571 千克标准煤/千克
沼气	20908 千焦/(4500 千卡)/千克	0.714 千克标准煤/千克

（三）通用计量单位和有关能源计量单位换算资料

长度单位

单位名称	代号	对主单位的比	废除的计量单位名称
微米	u	百万分之一米（1/1000000 米）	
忽米	cmm	十万分之一米（1/100000 米）	
丝米	dmm	万分之一米（1/10000 米）	公厘
毫米	mm	千分之一米（1/1000 米）	公分
厘米	cm	百分之一米（1/100 米）	公寸
分米	dm	十分之一米（1/10 米）	公尺
米	m	主单位	公丈
十米	dam	米的十倍（10 米）	公引
百米	hm	米的百倍（100 米）	
千米	km	米的千倍（1000 米）	公里

长度换算

	厘米	米	市尺	吋	呎	码
厘米	1	0．01000	0．03000	0．393707	0．032808	0．010936
米	100．000	1	3．00000	39．3707	3．28089	1．09363
市尺	33．3333	0．33333	1	13．1236	1．09363	0．364543
吋	2．53995	0．025399	0．076197	1	0．08333	0．02777
呎	30．4794	0．304794	0．914383	12．0000	1	0．33333
码	91．4383	0．914383	2．74313	36．0000	3．00000	1

1 千米=2 市里=0.621382 英里=0.54054 海里

1 英里=1.609756 千米

1 海里=1.85 千米

重量单位

单位名称	代号	对主单位的比	废除的计量单位名称
毫克	mg	百万分之一千克（1/1000000 千克）	公丝
厘克	cg	十万分之一千克（1/100000 千克）	公毫
分克	dg	万分之一千克（1/10000 千克）	公厘
克	g	千分之一千克（1/1000 千克）	公分
十克	dag	百分之一千克（1/100 千克）	公钱
百克	hg	十分之一千克（1/10 千克）	公两
千克	kg	主单位	公斤
公担	q	千克的百倍（100 千克）	
吨	t	千克的千倍（1000 千克）	公吨

重量换算

单位名称	吨	市担	千克	市斤	英磅	克
吨	1	20	1000	2000	2204. 622	1000000
市担	0. 05	1	50	100	110. 23	50000
千克	0. 001	0. 02	1	2	1. 2046	1000
市斤	0.0005	0.01	0.5	1	1.1023	500
英磅	0. 00045	0. 091	0. 4536	0. 09072	1	453. 6
克=	0. 000001	0. 00002	0. 001	0. 002	0. 0022046	1

1 英磅=16 盎司=28.35 克

1 英吨(长吨)=1.016 公吨

1 美吨（短吨）=0.9072 公吨

1 司马担（港制）=1.21 市担=60.48 千克

容量单位

单位名称	代号	对主单位的比	废除的计量单位名称
毫升	ml	千分之一升（1/1，000 升）	公撮
厘升	cl	百分之一升（1/100 升）	公勺
分升	dl	十分之一升（1/10 升）	公合
升	l	主单位	公升
十升	dal	升的十倍（10 升）	公斗
百升	nl	升的百倍（100 升）	公石
千升	kl	升的千倍（1000 升）	公秉

容量换算

	毫升	升（市升）	加仑（英）	加仑（美）
毫升	1	0．001	0．00022	0．000264
升（市升）	1，000	1	0．220218	0．264186
加仑（英）	4，545．96	4．54596	1	1．201
加仑（美）	3，785．43	3．78543	0．8327	1

面积、体积单位

单位名称	代号	对主单位的比
一、面积		
平方毫米	mm^2	百万分之一平方米(1/1000000 平方米)
平方厘米	cm^2	万分之一平方米(1/10000 平方米)
平方分米	dm^2	百分之一平方米(1/100 平方米)
平方米	m^2	主单位
平方千米	km^2	平方米的百万倍（1000000 平方米）
二、体积		
立方毫米	mm^3	十亿分之一立方米（1/1000000000 立方米）
立方厘米	cm^3	百万分之一立方米（1/1000000 立方米）
立方米	m^3	主单位

面积换算

	平方米	平方呎	平方码	公亩	市亩	公顷
平方米	1	10．7642	1．19603	0．01	0．0015	0．0001
平方呎	0．092893	1	0．11111	0．000928	0．000139	0．000009
平方码	0．836097	9	1	0．00830	0．001254	0．000003
公亩	100	1，076．42	119．603	1	0．15	0．001
市亩	666．7	7，176．49	797．373	5．667	1	0．06667
公顷	10，000	107，642	11，960．3	100	15	1

1 平方千米=100 公顷=10000 公亩

体积换算

1 立方米=35.3134 立方呎=1.3079 立方码

1 升=61.02338 立方吋=0.035313 立方呎

1 立方呎=0.02832 立方米=28.3169 升

1 立方码=0.7946 立方米=764.5595 升

功率单位及换算

1 马力 =0.7457 千瓦
=1.014 公制马力
=550 呎磅 / 秒
=76.04 米千克 / 秒
=0.7042 英热单位 / 秒

1 千瓦 =1．341 马力
=1．3598 公制马力
=737．6 呎磅 / 秒
=102．01 米千克 / 秒
=0．9476 英热单位 / 秒

1 公制马力 =0．736 千瓦
=75 米千克 / 秒
=0．987 马力

1 千伏安=0．9 千瓦

温度换算公式

摄氏温度(℃)=（华氏温度-32）×5/9

华氏温度（℉）= 摄氏温度×9/5+32

开尔文温度(K)=摄氏温度+273.15

升与加仑换算

1 升=0.264 加仑（美）

1 加仑（美）=3.785 升

石油：桶与美加仑、吨换算

1 桶=42 加仑（美）

1 吨=7.35 桶

能量单位及换算

1 呎磅=0.13626 米千克

=1.356 焦耳

=1.2844×10^{-3} 英热单位

1 米千克=7.233 呎磅

=9.8066 焦耳

=9.29×10^{-3} 英热单位

1 呎磅 =5.0506×10^{-7} 马力小时

=3.766×10^{-4} 千瓦小时

1 英热单位=3.93×10^{-4} 马力小时

常用计量单位英文缩写

Mt	百万吨
Gt	10 亿吨
Mtce	百万吨煤当量或百万吨标准煤
Mtoe	百万吨油当量
MW	千千瓦（兆瓦）
GW	百万千瓦
Tw	10 亿千瓦
kWh	千瓦小时
Mwh	千千瓦小时（兆瓦小时）
Gwh	百万千瓦小时
TWh	10 亿千瓦小时
mg	毫克
μg	微克
J	焦耳
TJ	太焦耳(10^{12}焦耳)
Btu	英热单位
Quad	夸特
kcal	千卡
boe	桶油当量

用于构成十进倍数和分数的词头及其英文表示

所有表示的因数	词头名称	英文（词头符号）
10^{18}	艾（可萨）	exa(E)
10^{15}	拍（它）	peta(P)
10^{12}	太（拉）	tera(T)
10^{9}	吉（咖）	giga(G)
10^{6}	兆	mega(M)
10^{3}	千	kilo(k)
10^{2}	百	hecto(h)
10^{1}	十	deca(da)
10^{-1}	分	doci(d)
10^{-2}	厘	centi(c)
10^{-3}	毫	milli(m)
10^{-6}	微	micro(μ)
10^{-9}	纳（诺）	nano(n)
10^{-12}	皮（可）	pico(p)
10^{-15}	飞（母托）	femto(f)
10^{-18}	阿（托）	atto(a)

石油质量和容积换算

	kl（千升）	t(公吨)	bbl(桶)	1000gal（千加仑）
kl（千升）	1	0.863	6.29	0.264
t(公吨)	1.16	1	7.30	0.306
bbl(桶)	0.159	0.137	1	0.042
1000gal（千加仑）	3.79	3.26	23.8	1

压力单位换算表

	巴 (bar)	千克/厘米² (kg/cm^2)	磅/英寸² (lb/in^2)	标准大气压 (atm)	毫米汞柱 (mmHg)	英寸汞柱 (inHg)	米水柱 (mH_2O)	英寸水柱 (inH_2O)
巴	1	1.0197	14.5	0.9869	750	29.53	10.21	401.8
千克/厘米²	0.9807	1	14.22	0.9678	735.5	28.96	10.01	394
磅/英寸²	0.06895	0.07031	1	0.06804	51.71	2.036	0.7037	27.7
标准大气压	1.0133	1.0332	14.7	1	760	29.92	10.34	407.2
毫米汞柱	1.333	1.36	19.34	1.316	1	39.37	13.61	535.67
英寸汞柱	0.03386	0.03453	0.4912	0.03342	25.4	1	0.3456	13.61
米水柱	0.09798	0.09991	1.421	73.49	25.4	2.893	1	39.37
英寸水柱	0.002489	0.002538	0.0369	0.002456	1.867	0.07349	0.254	1

液体比重及容量与重量换算

液体名称	平均比重	容量折合重量数	
		每升	每加仑（美）
原油	0. 86	0. 86 千克	3.25 千克
汽油	0. 73	0. 73 千克	2.76 千克
煤油	0. 82	0. 82 千克	3.10 千克
轻柴油	0. 86	0. 86 千克	3.25 千克
重柴油	0. 92	0. 92 千克	3.48 千克
变压器油	0. 86	0. 76 千克	—
酒精	0. 80	0. 80 千克	3.02 千克
大豆油（植物油）	0. 93	0. 93 千克	3.52 千克
鲸油（动物油）	0. 92	0. 92 千克	3.48 千克
苯	0. 90	0. 90 千克	3.40 千克
甘油	1. 26	1. 26 千克	4.77 千克
乙醚（以脱）	0. 74	0. 74 千克	2.78 千克
蓖麻油	0. 96	0. 96 千克	3.63 千克
亚麻仁油	0. 93	0. 93 千克	3.53 千克
桐油	0. 94	0. 94 千克	3.56 千克
花生油	0. 92	0. 92 千克	3.48 千克
硫酸（100%）	1. 83	1. 83 千克	6.93 千克
硝酸（100%）	1. 51	1. 51 千克	5.72 千克
盐酸（100%）	1. 20	1. 20 千克	4.45 千克
醋酸	1. 05	1. 05 千克	3.97 千克
动力苯	0. 88	0. 88 千克	3.33 千克
毛必鲁油	0. 90	0. 90 千克	—
煤焦油	1. 20	1. 20 千克	4.54 千克
页岩油	0. 91	0. 91 千克	3.44 千克
石炭酸	1. 07	1. 07 千克	4.05 千克
甲苯	0. 88	0. 88 千克	3.33 千克
二甲苯	0. 86	0. 86 千克	3.26 千克
苯胺	1. 04	1. 04 千克	3.91 千克
硝基苯	1. 21	1. 21 千克	4.58 千克
松节油	0. 87	0. 87 千克	3.29 千克
水银	13. 59	13. 59 千克	51.46 千克
矿物机械润滑油	0. 91	0.91 千克	3.44 千克

吨原油和成品油换算系数

油品类型	升	美制加仑	英制加仑	桶	米^3
航空汽油	1370	262	301	8. 62	1. 370
沥青	962	254	212	6. 05	0. 962
燃料油	1099	290	242	6. 91	1. 099
粗柴油	1149	304	253	7. 23	1. 149
汽油	1351	357	297	8. 50	1. 351
喷汽燃料	1235	326	272	7. 77	1. 235
煤油	1235	326	272	7. 77	1. 235
液化石油气	1852	489	407	11. 65	1. 852
润滑油	1111	294	244	6. 99	1. 111
车用汽油	1351	357	297	8. 50	1. 351
石脑油	1389	367	306	8. 74	1. 389
天然汽油	1590	420	350	10. 00	1. 590
石蜡	1250	330	275	7. 86	1. 250
石油焦	877	232	193	8. 52	0. 877
炼厂凝析油	1429	378	214	8. 99	1. 429
残渣燃料油	1053	278	232	6. 62	1. 053
石油溶剂	1235	326	272	7. 77	1. 235
原油	1164	308	256	7. 32	1. 164

（四）常见能源经济与统计名词中英文对照

acid rain 酸雨
air pollution 大气污染
alternative energy 替代能源
anthracite 无烟煤
aviation gasoline 航空汽油

bagasse 甘庶渣
biogas 沼气
biomass energy 生物质能
bionomical balance 生态平衡
bitumen 沥青
bituminite 烟煤
blast furnace gas 高炉煤气
briquettes 型煤

coal 煤炭
coal equivalent 煤当量(标准煤)
coal gasification 煤炭气化
coal liquefaction 煤炭液化
coke 焦炭
combined heat power (CHP), cogeneration 热电联产
commercial energy 商品能源
conventional energy 常规能源
crude oil 原油

diesel oil 柴油
district heating (DH) 区域供热

elasticity of energy consumption 能源消费弹性系数
elasticity of energy production 能源生产弹性系数
energy 能，能量（常用作能源）
energy conservation 节能
energy conversion 能源转换
energy demend 能源需求
energy efficiency 能源效率
energy end-use 终端能源消费
energy sources 能源
energy structure 能源结构
energy supply 能源供应
energy system 能源系统

environment protection 环境保护
ethane 乙烷

firewood plantation 薪炭林
forms of energy 能源类型
first oil crisis 第一次石油危机
fuel cell 燃料电池
fully mechanized coal mining 综合机械化采煤

gaseous fuels 气体燃料
gasoline 汽油
geothermal power 地热发电
greenhouse effcet 温室效应

hydropower station 水电站

installed electric power capacity 电力装机容量

jet fuels 喷气燃料

kerosene 煤油

lignite 褐煤
liquid fuels 液体燃料
liquified natural gas (LNG) 液化天然气
liquified petroleum gas (LPG) 液化石油气
lubricants 润滑油

mineral and fossil fuels 矿物和化石燃料
motor gasoline 车用汽油

natural gas 天然气
naphtha 石脑油
new energy 新能源
non-commercial energy 非商品能源
nuclear energy 核能
nuclear fuel cycle 核燃料循环
nuclear fusion 核聚变

ocean energy 海洋能
oil equivalent 油当量（标准油）

oil processing	石油加工
open-cast mining	露天开采
overall productivity of colliery	煤矿全员效率
paraffin waxes	石腊
particulates	颗粒物
peat	泥炭
petroleum coke	石油焦
petroleum	石油
petroleum products	石油制品
photovoltaice cell(PC)	光电池
power networks	电网
primary energy	一次能源
proved coal reserves	探明煤炭储量
raw coal	原煤
recoverable oil reserves	可采石油储量
refinery gas	炼厂气
renewable energy	可再生能源
residual fuel oil	渣油
rural energy	农村能源
second oil crisis	第二次石油危机
secondary energy	二次能源
small hydropower	小水电
solar energy	太阳能
solid fuels	固体燃料
sulphur dioxide(SO_2)	二氧化硫
towns and villages coal mines	乡镇矿
thermal power station	火电站
tidal power	潮汐发电
white spirit	白色溶剂油（白节油）
wind power	风能